LOUIS MARSCHALKO

LES CONQUÉRANTS DU MONDE
Les vrais criminels de guerre

LOUIS MARSCHALKO

Louis Marschalko, également connu sous le nom de Lajos Marschalko (11 septembre 1903 - 20 mai 1968), était un écrivain nationaliste hongrois, surtout connu pour son livre « Les conquérants du monde » (1958). Il a commencé sa carrière en écrivant pour des journaux nationalistes et a vécu à Debrecen jusqu'en 1936 avant de se rendre à Budapest. Il est l'auteur de la brochure « Qui a trahi la Hongrie en 1918-19 », qui a été interdite après 1945 en raison de son contenu antijuif et antisémite. Après la Seconde Guerre mondiale, Marschalko n'est pas retourné en Hongrie, craignant d'être exécuté par les bolcheviks. Il est resté à Munich et a tenté d'émigrer aux États-Unis, mais sa demande a été rejetée en raison d'une prétendue influence juive.

LES CONQUÉRANTS DU MONDE
Les vrais criminels de guerre

Országhódítók - 1958

Traduit et publié par Omnia Veritas Ltd

www.omnia-veritas.com

© Omnia Veritas Limited - 2024

Tous droits réservés. Aucune partie de cette publication ne peut être reproduite par quelque moyen que ce soit sans l'autorisation préalable de l'éditeur. Le code de la propriété intellectuelle interdit les copies ou reproductions à usage collectif. Toute représentation ou reproduction intégrale ou partielle, par quelque procédé que ce soit, faite sans le consentement de l'éditeur, de l'auteur ou de leurs ayants droit, est illicite et constitue une contrefaçon sanctionnée par les articles du Code de la propriété intellectuelle.

LES CONQUÉRANTS DU MONDE	11
INTRODUCTION	13
CHAPITRE I	**19**
Le plus vieux « nazisme » du monde	19
CHAPITRE II	**36**
Le sens de la résistance du Christ	36
CHAPITRE III	**50**
La domination du monde en trois étapes	50
CHAPITRE IV	**62**
Les banquiers millionnaires soutiennent les bolcheviks	62
CHAPITRE V	**80**
Un mouvement malmené	80
CHAPITRE VI	**93**
Les vrais criminels de guerre	93
CHAPITRE VII	**112**
Pourquoi Hitler devait partir	112
CHAPITRE VIII	**122**
Les vrais vainqueurs de la Seconde Guerre mondiale	122
CHAPITRE IX	**140**
'À nous la vengeance !'	140
CHAPITRE X	**156**
Nouveau Pourim et Nuremberg	156
CHAPITRE XI	**177**
Qu'est-il advenu des six millions de Juifs ?	177
CHAPITRE XII	**202**
Persécution spirituelle et économique	202
CHAPITRE XIII	**221**
Classe biologique — Guerre contre toutes les nations	221
CHAPITRE XIV	**231**
Les Juifs ont la bombe atomique	231
CHAPITRE XV	**243**

La trahison de l'Amérique...243

CHAPITRE XVI **268**
L'accomplissement des protocoles et la lettre d'adieu d'un martyr hongrois 268

CHAPITRE XVII **288**
Les positions clés du pouvoir mondial juif...288

CHAPITRE XVIII **322**
Pouvoirs secrets 322

CHAPITRE XIX **337**
La révolte hongroise pour la liberté 337

ÉPILOGUE **351**
BIBLIOGRAPHIE...**353**
AUTRES TITRES..**359**

LES CONQUÉRANTS DU MONDE

La Seconde Guerre mondiale aurait été menée pour « les droits des petites nations », mais l'auteur, comme d'innombrables autres Hongrois, est littéralement « en fuite devant le communisme ». Il vit en exil depuis 1945 en raison de ses opinions anticommunistes. Bien qu'il n'ait jamais été membre d'un parti, le régime communiste hongrois, avec l'effronterie qui le caractérise, a exigé des autorités américaines qu'elles « livrent Louis Marschalko comme criminel de guerre ».

Ancien correspondant spécial de deux grands journaux de la Hongrie précommuniste, Marschalko est un brillant romancier, dramaturge et poète et compte plusieurs centaines d'articles à son actif.

Les conquérants du monde exprime une partie de l'amertume et du mépris des Européens asservis à l'égard des dirigeants des « nations victorieuses ». Il montre qu'en étant incitées à se débarrasser du joug allemand, les nations d'Europe centrale ont été piégées et sont devenues des satellites de l'Union soviétique. Les conquérants du monde désigne les **véritables criminels de guerre**. Il donne des aperçus horribles de l'agonie derrière le rideau de fer et décrit le complot visant à étendre le système d'esclavage au monde occidental. Des milliers d'exemplaires de l'édition hongroise ont été vendus et cette traduction anglaise est publiée pour mettre en garde l'Occident. Elle est écrite par quelqu'un qui est un ami solide du peuple anglophone mais un ennemi implacable de ses gouvernements vacillants et corrompus.

Dédicace

À la mémoire des martyrs nationalistes et des victimes du bolchevisme

Note de l'éditeur

Dans un grand nombre de cas, le traducteur a pu vérifier les citations tirées de livres et de journaux avec les originaux. Lorsque cela n'a pas été possible, l'éditeur demande l'indulgence du lecteur pour les différences dues à la traduction.

Introduction

DEPUIS plus d'un siècle, sous divers prétextes, une bataille s'est engagée pour le pouvoir sur les nations. L'exercice du pouvoir est devenu le but suprême de nombreuses personnes. Banquiers, politiciens, ecclésiastiques, dirigeants syndicaux et secrétaires du parti communiste sont tous à la recherche du pouvoir. Les troupes d'assaut des dictatures ne crient plus les anciens slogans socialistes. Elles déclarent ouvertement et claironnent brutalement « Le pouvoir, c'est ce que nous voulons ». Et les soi-disant partis démocratiques, bien qu'ils essaient de le garder secret, ont également adopté dans leur cœur le cri de guerre dictatorial : « Le pouvoir, c'est ce que nous voulons ». Le pouvoir, comme la possession de la baguette du magicien, est devenu leur obsession dans la vie et peu importe la manière dont il est obtenu, que ce soit par l'intermédiaire des partis conservateurs ou travaillistes ou des églises chrétiennes.

La structure de la société moderne, avec sa surpopulation, a eu pour conséquence de développer l'idolâtrie du pouvoir. Le veau d'or est descendu de son piédestal et n'est plus qu'un emblème secondaire. L'or, la richesse et toutes les parties de l'animal sacré symbolique du capitalisme peuvent être répartis, distribués ou vendus par quiconque en a le pouvoir, comme s'il s'agissait de viande dans une boucherie. L'Église vise à atteindre le pouvoir en contrôlant l'âme humaine, le marxiste par l'autocratie et l'omnipotence des moyens matériels, le banquier par son or ou en tenant dans sa main le contrôle de la presse, le bolcheviste par la pure brutalité de la mitraillette. Mais tous les partis, groupes, sectes, démocraties, dictatures et églises ont une chose en commun : ils veulent tous le pouvoir. Et c'est bien compréhensible, car le pouvoir semble souvent absolu, plus encore que tout l'or de Fort Knox. En effet, si cet or était réparti uniformément entre tous les habitants de la planète, la part par tête serait si faible qu'elle ne vaudrait presque rien.

Mais le pouvoir sur les empires, les États, les sociétés et les continents est infini. Il peut être distribué comme les cinq pains et les deux poissons répartis par le Christ. Il permet d'obtenir des postes ministériels, des postes et des avantages épiscopaux, des grades élevés dans la police, des postes de secrétaire de parti, ainsi que d'autres fonctions importantes ou mineures. Mais seulement pour ceux qui suivent le pouvoir ou qui appartiennent à l'organisation des patrons qui détiennent le pouvoir. Sont inclus ceux qui appartiennent au troupeau qui suit le chef du parti, les syndicats, le patron, le dictateur ou les banquiers ; ceux qui sont membres d'un syndicat démocratique, d'un syndicat chrétien ou, bien sûr, de l'une des loges maçonniques.

Il est donc tout à fait compréhensible que, de nos jours, presque tous les slogans et toutes les écoles de pensée ne visent qu'une seule chose : la prise de pouvoir. « Prions » disent les églises, mais derrière leurs mots, ce n'est pas toujours le royaume du Christ qui est construit, mais le pouvoir mondain de quelques grands prêtres engagés dans une comptabilité en partie double. Les communistes crient « Liberté » à leurs membres et à leurs partisans abrutis, mais à l'arrière-plan de ce slogan vide se profilent la chambre de torture, la prison, le camp de détention et les taudis lugubres des esclaves sibériens. On y trouve côte à côte la misère de l'exploitation et le pouvoir et la richesse des classes dirigeantes communistes privilégiées. La « démocratie » est le slogan proclamé dans tout le monde occidental, mais il est bien connu que le système de vote ne représente pas le pouvoir du peuple, mais qu'il ne fait que refléter l'influence mystérieuse et le pouvoir caché exercé par des cliques secrètes.

Derrière ces fausses façades se cache la substance du rêve le plus satanique des conquérants du monde : devenir les maîtres du monde entier ! Comment atteindre cet objectif ambitieux, le rêve et le but des Césars, des dictateurs, des banquiers et des potentats syndicaux depuis Esdras et Moïse jusqu'à Staline, en passant par Alexandre le Grand ? Les armées conventionnelles sont devenues obsolètes pour atteindre cet objectif. La bombe à hydrogène pourrait anéantir les deux parties. Les deux parties peuvent être attaquées par des roquettes. Une telle conquête étant désormais impraticable, le plan consiste à conquérir le monde par des moyens « pacifiques », tels que le carnet de chèques, l'UNESCO, la rééducation, un nouveau code moral et la propagande en faveur de la paix. C'est à partir de cette idée que Lénine a développé et construit son système stratégique diabolique pour prendre et étendre le pouvoir, et ce système, sous le nom de bolchevisme, s'est avéré jusqu'à présent irrésistible partout où les gens n'étaient pas conscients des détails de cette technique de pouvoir.

Le monde prétendument cultivé n'a cependant pas compris que le bolchevisme de Lénine n'était qu'une composante, comme l'étaient aussi le marxisme, la franc-maçonnerie et le capitalisme lui-même. Il existait en effet un autre système plus complet, universel et gigantesque, qui fonctionnait déjà depuis plus d'un siècle et demi et dont l'objectif était désormais presque atteint. Sur la base de doctrines anciennes, ce projet n'allait pas conquérir le pouvoir mondial pour l'un ou l'autre des « ismes », partis, sectes, églises, organisations professionnelles ou classes sociales, mais exclusivement — pour une seule nation.

Les plans du système de Lénine étaient, dans une certaine mesure, grossiers et superficiels. Leur plus grande faiblesse était comparable à celle d'un général qui fait connaître à l'avance à l'ennemi le point d'attaque, la puissance de ses forces et la tactique qu'il a l'intention d'employer. En revanche, l'autre, le grand plan fondamental, s'est avéré beaucoup plus efficace parce que, à l'instar des opérations militaires historiquement réussies, il a soigneusement gardé ses secrets à l'abri des étrangers et, en fait, souvent à l'abri des initiés. Son plus grand atout était qu'il apparaissait beaucoup plus général que, par exemple, les plans des dirigeants syndicaux limités à la lutte des classes, ou les tactiques des dirigeants ecclésiastiques limitées au niveau spirituel.

C'était le totalitarisme parfait et absolu.

Cette planification, même aujourd'hui, ne cherche pas à s'emparer du pouvoir mondial par le biais d'un mouvement ou d'un système politique particulier, mais par l'utilisation simultanée de tous les credo, églises, matérialismes, doctrines politiques et modèles de pouvoir. Il souhaite s'intégrer à tous les postes, mouvements, Églises, loges maçonniques et syndicats. Elle veut s'emparer de tous les postes clés dans les mouvements les plus opposés, dans les églises, les partis et les syndicats. Elle veut tenir dans sa main à la fois le bolchevisme et le capitalisme, le matérialisme et l'idéalisme, capturer ou embaucher spirituellement tous les écrivains, les artistes, les politiciens et la foule. Son but est de n'être visible nulle part, mais d'être présent partout, de tout diriger et de tout contrôler. Diviser pour régner ! Marcher détaché mais à un moment donné donner l'assaut uni.

Quiconque observe aujourd'hui le monde et les affaires mondiales peut se rendre compte que ce plan a déjà pris forme. La fission atomique de la société humaine a parfaitement réussi. L'humanité n'est pas seulement divisée par les races et les nations naturelles créées par Dieu. Même les nations sont aujourd'hui divisées. L'Allemagne de l'Est et l'Allemagne de l'Ouest sont divisées, tout comme la Corée du Nord et la Corée du Sud. La Chine, l'Indochine et Trieste sont divisées ou séparées, tandis que l'Europe est divisée par le rideau de fer. Les populations sont divisées entre Blancs et métis, capitalistes et bolcheviks, employeurs et employés, classes aisées et classes laborieuses, catholiques et protestants, oppresseurs et opprimés, vainqueurs et vaincus. Mais, comme nous le verrons plus tard, tout ce chaos, ce désordre et cette division sont dirigés par la même volonté de fer, par la même force secrète agissant selon l'intérêt des chefs d'une seule race de 15 millions de personnes. On les trouve derrière les portes bien capitonnées du capitalisme mondial comme derrière les murs épais du Kremlin. Ce sont eux qui incitent les foules enragées à faire grève et à manifester, tout en accordant des augmentations de salaires et en favorisant l'inflation. Ils attaquent le christianisme tout en étant les dépositaires de l'or et des autres biens représentant le pouvoir terrestre des églises « dont le royaume n'est pas de ce monde ». Ils sont les scientifiques de l'atome et les humanistes anti-atomiques ; ils sont les maîtres et les assassins de la police secrète communiste, tout en condamnant les meurtres des nations au sein de l'ONU. Ils sont les ennemis jurés des idéaux patriotiques ; ils prêchent contre la souveraineté des États et contre la discrimination raciale, tout en représentant un nationalisme racial d'une véhémence inconnue jusqu'à présent, qui a régné sur les nations de la terre.

Notre planète, avec tous ses continents, est déjà dominée — ouvertement ou secrètement — par ce nationalisme juif. Ce fait peut être démontré à l'aide de certaines méthodes, tout comme la présence de radiations atomiques peut être démontrée à l'aide d'un compteur Geiger. Par exemple, si une nation, un État, une presse, un homme politique, un parlement ou toute autre personne commet un acte non interdit par la loi ou par le code moral contre un autre État, une autre classe ou une autre personne, alors, en cette époque sublime de la démocratie, tout est libre et permis sans risque. Mais si quelqu'un commet le même acte contre la juiverie ou même contre un seul juif, les juifs effaceront de la surface de la terre cette entité offensante, qu'il s'agisse d'un individu ou d'une grande nation. Cela se fera, si nécessaire, par la bombe atomique ou par l'Armée rouge victorieuse ou par l'aide de n'importe quelle constitution « démocratique », peut-être par l'utilisation de prisons de terreur, de chéquiers ou de mitraillettes.

Cette prise de pouvoir invisible doit son succès, entre autres, à la méconnaissance et à l'oubli des antijuifs du siècle dernier. Ils considéraient le Juif comme un internationaliste, ce qui n'est pas la véritable raison de s'opposer à lui. D'autre part, on ne pouvait pas justifier son comportement de destruction de ses semblables d'autant moins que ses motivations étaient basées sur la race, la croyance ou la naissance, ce qui, en fait, est ce qui les motive. Nous sommes donc convaincus qu'il est du droit de Dieu et du devoir de l'homme de lutter contre le règne de la terreur exercé au niveau supranational par une petite minorité nationaliste fanatique qui a subjugué le monde et conduit l'humanité loin sur la voie de l'extinction totale.

À la lueur de la bombe atomique, nous devrions enfin voir que nous vivons dans un ordre mondial faux, malhonnête et trompeur, dans une société désorganisée à la veille d'une catastrophe universelle. Ce nationalisme tribal satanique tient le pouvoir mondial entre ses mains. Il détient la bombe à hydrogène et, dans son aveuglement fou, pourrait détruire l'ensemble du globe et, avec lui, l'humanité. S'agit-il d'un mauvais rêve ou d'un cauchemar ? Pour répondre à cette question, nous devons en savoir plus sur ce nationalisme tribal et ses tactiques. Nous verrons alors que le cauchemar se transformera en réalité et en faits.

CHAPITRE I

Le plus vieux « nazisme » du monde

> « ... et vous posséderez des nations plus grandes
> et plus puissantes que vous. »
>
> – Deut. xi. 23.

SANS une étude détaillée de l'Ancien Testament, c'est-à-dire de la Torah, nous ne pouvons ni trouver la solution aux aspirations juives visant à s'emparer du pouvoir mondial, ni comprendre les événements actuels. Ceux qui ne connaissent pas les cinq premiers livres de l'Ancien Testament, c'est-à-dire le Pentateuque, peuvent facilement concevoir des doutes quant à l'existence de telles intentions juives, et ils rejetteront généralement toute référence à ce sujet comme des délires « antisémites ». Ces personnes sont incapables de réaliser que la juiverie est sur le point de dominer totalement le monde.

Depuis la fin de la Seconde Guerre mondiale et la défaite du national-socialisme allemand, ils qualifieront de nazi quiconque osera évoquer ces faits effroyables ; il sera accusé de préparer une nouvelle dictature et, peut-être, de planifier un nouveau massacre. En faisant du mot « juif » un tabou, ils suppriment la liberté d'exprimer son opinion et ses pensées et s'assurent en même temps que les gens du monde entier ne pourront pas voir clair au moment du danger. L'accusation de nazisme est pratique, bon marché et populaire ! Le soi-disant homme de la rue en sait autant sur le national-socialisme que ce que les grands organes de presse juifs jugent bon de lui faire savoir et, par conséquent, dans son ignorance, il considère le judaïsme comme une « race persécutée » et, pour lui, le simple fait de prononcer le mot « juif » représente de l' « antisémitisme ».

Ainsi, empoisonné par la propagande, l'homme de la rue n'est pas enclin à réaliser que tout ce qu'il maudit et condamne aujourd'hui dans le national-socialisme allemand, ces principes pour lesquels ses dirigeants ont été pendus à Nuremberg au nom de la « conscience mondiale », existent depuis trois à quatre mille ans. Pendant le « Fuhrership » de Moïse, tout était pareil dans le régime totalitaire de JAHVÉ. Les lois de protection de la race juive de l'époque et le nationalisme tribal juif ont survécu au chef du national-socialisme allemand lui-même. En effet, la conception de la supériorité raciale, ainsi que ses cultes religieux et politiques, ne sont pas des inventions hitlériennes.

Lorsque Hitler, Goebbels et Rosenberg se sont prévalus d'une conception raciale, ils n'ont fait rien d'autre que d'utiliser contre la juiverie les armes de la juiverie. Tout ce que la juiverie mondiale, sous le déguisement du drapeau des puissances alliées, a condamné, était en fait de son propre cru. La juiverie s'est en fait pendue elle-même à Nuremberg. En effet, les lois relatives à la ségrégation raciale et établissant celle-ci ont été publiées pour la première fois dans les livres des prophètes Esdras et Néhémie, et non dans la Rassenschutz-Gesetz (loi sur la protection de la race) de Nuremberg. Les premiers camps de concentration n'ont pas été conçus par Heinrich Himmler, mais par le roi Salomon. La devise de l' « anéantissement » total et de l' « extermination » totale de l'ennemi vaincu est apparue pour la première fois dans les ordres de Moïse, le Führer juif.

Hitler a seulement proclamé que les Allemands sont une race supérieure aux Juifs. Sur ce point, Moïse est allé beaucoup plus loin en annonçant que les Juifs sont directement d'origine divine, qu'ils sont le peuple élu de Dieu et que, par conséquent, ils sont sacrés. Chaque Juif est personnellement sacré et celui qui offense un Juif, offense Dieu lui-même ! C'est ce qui est tacitement admis aujourd'hui encore dans l'opinion juive.

De quoi s'agit-il sinon de la forme chauvine la plus exagérée du totalitarisme racial ? Il est évident que cette conscience ancienne et hautaine de l'excellence et de la sainteté de la race reste très vivante jusqu'à aujourd'hui, lorsque nous voyons les Juifs protester contre le procès d'un Juif inculpé devant un tribunal païen, parce qu'ils considèrent et traitent un affront fait à un Juif comme un affront fait à l'ensemble de la communauté juive. Selon les normes quatre fois millénaires du nationalisme juif, toute insulte à l'encontre d'un Juif est une insulte directe à Dieu et un crime contre la semence sacrée d'Abraham.

Le premier et le plus important des commandements de Moïse, le grand administrateur de l'État, vise à préserver la pureté de la race. Le motif récurrent de l'Ancien Testament est cet ordre de Moïse qui, avant la conquête de la Terre promise, montre du doigt les peuples voisins et dit ensuite aux enfants d'Israël :

> « ... Tu ne feras point d'alliance avec eux, et tu ne leur feras point miséricorde. Tu ne contracteras point de mariage avec eux ; tu ne donneras point ta fille à son fils, et tu ne prendras point sa fille pour ton fils. » *(Deut. vii. 2-3.)*

Quatre mille ans plus tard, le national-socialisme allemand avait le même objectif lorsque les lois de Nuremberg ont interdit les mariages, les amitiés et les activités commerciales avec les Juifs.

Les juges présentés par les Juifs lors des procès de Nuremberg ne sauraient trop insister, au nom de la « conscience mondiale », sur la barbarie des lois raciales allemandes. Mais en même temps, ces juges ignoraient que, par leur sentence, c'étaient les Juifs eux-mêmes qu'ils condamnaient. En effet, lorsque les Juifs revinrent de la captivité babylonienne,

> « ... ils séparèrent d'Israël toute la multitude mélangée ». *(Néhémie xiii. 3.)*

Et le journal du prophète « nazi » continue :

> « En ce temps-là, je vis des Juifs qui avaient épousé des femmes d'Ashdod, d'Ammon et de Moab, et dont les enfants parlaient à moitié le langage d'Ashdod et ne pouvaient pas parler la langue des Juifs, mais la langue de chaque peuple, et je les contestai, je les maudis, j'en frappai quelques-uns, je leur arrachai les cheveux et je les fis jurer par Dieu, en disant : Vous ne donnerez pas vos filles à leurs fils, et vous ne prendrez pas leurs filles pour vos fils, ni pour vous-mêmes... »*(Néhémie xiii. 23-25.)*

Néhémie, le prophète des lois de protection de la race de ces temps anciens, se contente néanmoins de maudire et de frapper ceux qui corrompent la pureté raciale, tandis qu'Esdras agit avec beaucoup plus de vigueur et d'énergie. Il nous dit dans son livre que les Juifs ont pris femme parmi les filles des Cananéens, des Hittites, des Jébusiens, des Ammonites, des Moabites, des Égyptiens et des Ammorites, selon les abominations de ces peuples, et que, par conséquent, la semence sainte a été mélangée avec les peuples de ces contrées. *(Esdras ix. 1, 2, 12.)* Esdras ordonne aux pollueurs de la pureté raciale juive de venir à Jérusalem, il les expose et les dénonce dans son livre et, citant la loi divine, il exige qu'ils renvoient leurs épouses non juives — et il y avait parmi eux des épouses qui avaient déjà enfanté des fils — relate l'Ancien Testament. Peu importe ! Tous ceux qui ont profané la semence sacrée doivent périr, les mères comme les enfants métis. Dans l'État théocratique, le Dieu-Fuhrership racial ne tolère pas les mères d'origine étrangère ni les enfants métissés. Les prophètes ne peuvent prévoir que deux mille ans plus tard, dans le *New York Times* de M. Sulzberger, ce même « manque de tolérance » sera sanctionné et condamné comme un péché mortel contre Dieu lorsque les lois d'Esdras et de Néhémie seront appliquées contre les Juifs eux-mêmes. Les églises « chrétiennes » qui enseignent et prêchent l'Ancien Testament qualifient les lois hitlériennes de Nuremberg d' »impies » et font pourtant preuve d'une compréhension totale et pieuse à l'égard de la décision du nouveau parlement israélien qui, en 1953, a interdit le mariage entre Juifs et Gentils.

Une telle discrimination raciale peut apparaître comme une sombre superstition, une hérésie. Néanmoins, les lois juives considèrent la pureté raciale comme un commandement de la plus haute importance.

> « L'Ammonite et le Moabite n'entreront pas dans l'assemblée du Seigneur ; jusqu'à leur dixième génération, ils n'entreront pas dans l'assemblée du Seigneur pour toujours. *(Deut. xxiii. 3.)*

Les descendants ultérieurs des Juifs ont pris ce commandement de Moïse tellement au sérieux que, selon Houston Stewart Chamberlain, les jeunes filles juives qui étaient manifestement tombées enceintes d'hommes païens étaient envoyées dans d'autres communautés, où les futures mères, ainsi que leurs enfants, étaient tuées. En 1949 encore, des rabbins juifs américains ont publié des décrets interdisant les mariages mixtes entre Juifs et Gentils.

La magie de la sainteté de la « semence sacrée », la conscience d'être la race maîtresse, brûle dans l'Ancien Testament avec l'ardeur du nationalisme le plus fanatique de tous les temps. Les Juifs ont tué et détruit les peuples non juifs de l'Antiquité en obéissant aux lois religieuses et nationales du Dieu-Fuhr, et lorsque nous pensons aux procès de Nuremberg des « criminels de guerre » modernes, nous réalisons à quel point les rois et les prophètes juifs de l'Antiquité méritaient d'être condamnés pour les mêmes raisons. Mais les églises dites chrétiennes ne condamnent rien, tout en continuant à enseigner aux enfants païens ce livre des plus pornographiques et sanguinaires qu'est l'Ancien Testament. Les soi-disant livres saints juifs, quant à eux, se vantent clairement de la vengeance, relatant les récits les plus macabres du massacre et de l'extermination de nations entières. Ils proclament que le massacre des innocents, y compris des bébés s'ils ne sont pas juifs, est l'accomplissement du plus grand devoir national et un acte des plus agréables à Dieu.

> "Tu les frapperas, tu les détruiras par interdit, tu ne feras pas d'alliance avec eux et tu n'auras pas de pitié pour eux. *(Deut. vii. 2.)*

La race maîtresse judéenne est libre de commettre des crimes. Selon la Torah et les prophètes, le meurtre et la destruction des autres races et peuples ne sont pas seulement un devoir religieux, mais un droit absolu de la nation juive, et ce droit inclut la prérogative de régner sur les autres.

Le prophète Isaïe dépeint déjà cette puissance mondiale à venir dans des couleurs resplendissantes et brillantes, comme suit :

> "Ainsi parle le Seigneur, l'Éternel : Voici que je lève ma main vers les nations, et que j'élève ma bannière vers les peuples ; ils prendront tes fils dans leurs bras, et ils porteront tes filles sur leurs épaules. Les rois seront tes nourriciers, et leurs reines tes

nourrices ; ils se prosterneront devant toi, le visage tourné vers la terre, et lécheront la poussière de tes pieds..." *(Isaïe xlix. 22, 23.)*

"Les fils des étrangers rebâtiront tes murailles, et leurs rois seront tes serviteurs... Tes portes seront toujours ouvertes, elles ne seront fermées ni jour ni nuit, afin que l'on t'amène les troupes des nations, et que l'on fasse venir leurs rois. Car la nation et le royaume qui ne te serviront pas périront, ces nations seront dévastées..." Tu suceras le lait des nations, tu suceras la mamelle des rois...". *(Isaïe lx. 10-12, 16.)*

Non seulement sur la base de préjugés raciaux, mais sur la base d'un commandement divin direct, les Juifs se sentent autorisés à soumettre les étrangers et à traiter comme des esclaves tous ceux qui tombent en leur pouvoir.

« Salomon fit le dénombrement de tous les étrangers qui se trouvaient dans le pays d'Israël... et il en établit trois cent dix mille pour porter des fardeaux et quatre cent mille pour tailler dans la montagne... ». *(II Chroniques ii. 17-18.)*

Après les « lois de Nuremberg » de Moïse sur la protection de la race, après la ségrégation raciale et la manie de la puissance mondiale d'Esdras et de Néhémie, nous voyons maintenant le premier camp de concentration et le premier établissement de travail d'esclaves dans lequel les étrangers travaillent pour la race maîtresse. Ils sont relatés comme un fait accompli sans jamais avoir été condamnés par un tribunal humanitaire. Les plans des chambres de terreur soviétiques et des camps de travail forcé de l'empire Kaganovitch ont été conçus sur la terre d'Israël.

C'est l'Ancien Testament et non *Mein Kampf* qu'il faut étudier pour voir que la chambre à gaz rendue mondialement célèbre par la presse Sulzberger est en fait l'invention du peuple élu. Le prophète Samuel nous raconte comment la race « humanitaire », dans le ravissement extatique de la victoire, a traité ses ennemis vaincus : "Il fit sortir le peuple qui était là (dans la ville ammonite de Rabba — traducteur) et le mit sous des scies, sous des herses de fer et sous des haches de fer, et le fit passer par la fosse à briques ; et il fit ainsi pour toutes les villes des fils d'Ammon. David et tout le peuple retournèrent à Jérusalem. (II *Samuel xii,* 31.)

Le premier camp de concentration, la première chambre à gaz (un four en briques) du monde se trouvaient sur la terre d'Israël. Et le premier ghetto a été créé à Jérusalem et non en Europe.

« Le Juif a façonné son propre destin », a écrit Houston Stewart Chamberlain en évoquant ces faits.

Ce nationalisme tribal juif, qui a créé les lois de protection de la race, les ghettos, les camps de concentration et les chambres à gaz des temps anciens, ne s'est jamais éteint. Il a continué à massacrer et à tuer les peuples et les races voisines. Chaque fois qu'elle a été vaincue, elle s'est relevée ! Il a chanté les sons mélancoliques de son irrédentisme au bord des eaux de Babylone pendant la captivité et, après la libération, il a commencé à construire la nouvelle Jérusalem avec la véhémence d'un nationalisme ravivé. Elle avait souffert mais attendait le nouveau Messie, le libérateur nationaliste juif et le leader politique, le nouveau Führer, qui mettrait le pouvoir mondial sur toutes les nations entre les mains de la juiverie.

La communauté juive n'a jamais abandonné ce rêve national grandiose. Lors du congrès sioniste de 1897 à Bâle, le Dr Mandelstein, professeur à l'université de Kiev, dans son discours d'ouverture de la conférence le 29 août, a déclaré avec insistance que « les Juifs utiliseront toute leur influence et leur puissance pour empêcher l'essor et la prospérité de toutes les autres nations et sont résolus à adhérer à leurs espoirs historiques, c'est-à-dire à la conquête de la puissance mondiale » (Le Temps, 3 septembre, 1897). *(Le Temps,* 3 septembre, 1897.) C'est grâce à ce nationalisme fanatique que le premier ghetto a été établi à Jérusalem et que la séparation complète d'avec les non-Juifs a été accomplie. (Il a été promis que Jéhovah, le Führer céleste, habiterait à Jérusalem pour toujours et que tous les non-Juifs seraient exclus de la présence de Dieu. Les rabbins juifs enseignent que tous les non-Juifs doivent être exclus du partage du Nouveau Monde ou de toute participation à celui-ci ; ils ne peuvent être tolérés que comme un troupeau méprisé. *(Traktat, Gittin, Fol. 57, Talmud de Babylone).*

Le nationalisme tribal juif a connu la période la plus périlleuse de son histoire après la naissance du Christ. Ce fut, ou aurait pu être, un moment fatal dans l'histoire de la juiverie. Ce fut aussi une amère déception. Les Juifs ont été choqués d'apprendre qu'il n'était pas le Messie qu'ils attendaient. Il n'était pas un libérateur nationaliste qui les débarrasserait des soldats romains. Il était antinational, ou, comme on l'appellerait aujourd'hui, un rebelle international — quelqu'un qui, dans le temple, osait renverser les marchandises des marchands, renverser les bureaux des changeurs de monnaie et expulser les représentants et les agents des autorités monétaires locales. C'était comme si un maccarthyste déterminé faisait une descente à la Bourse de New York, un fouet à la main. Ce nouveau prophète ne croyait pas à la supériorité raciale de la juiverie, mais à la fraternité de toute l'humanité. Selon les critères de la juiverie, son origine raciale est très douteuse et sujette à suspicion, car il venait de Galilée et, à Jérusalem, tout le monde pouvait reconnaître ses disciples à leur dialecte galiléen. Dans les rues de Jérusalem, ce Maître et ses disciples prêchaient contre les doctrines exposées par les autorités les plus puissantes sur le mode de vie chauvin et le nationalisme juif, c'est-à-dire qu'ils prêchaient contre le Sanhédrin et contre les Pharisiens, les Scribes et les Sadducéens. Ce Maître et ses disciples ne croyaient pas en une alliance tribale séparée entre Dieu et les Juifs. En contradiction avec les principes des grands rabbins, Pierre, le pêcheur de Galilée, dit à Corneille, le capitaine et centurion de l'Empire romain, que « toutes les nations » qui le craignent et agissent avec droiture sont agréables à Dieu. Ces disciples enseignent au nom du Seigneur Jésus que les Romains, les Juifs et les Grecs sont tous des êtres humains et qu'il n'y a pas de délivrance exclusive réservée à une seule nation, qu'il n'y a pas de Messie spécial pour les seuls Juifs, qu'il n'y a pas de supériorité raciale pour les disciples de Jéhovah, car tous sont des êtres humains, enfants du seul et unique Dieu.

Il leur a dit qu'il était le libérateur non seulement des Juifs, mais de toute l'humanité, et qu'il n'était pas prêt à accepter la suprématie et la domination d'une race maîtresse. C'est pourquoi il devait être crucifié.

« Crucifiez-le », crient-ils au gouverneur romain qui, fonctionnaire opportuniste de l'État, semblable à l'éternel procureur de Nuremberg, fait face à la haine concentrée de la foule dans la confusion de l'esprit. « Crucifiez-le » - après tout, ce Messie pourrait bien s'avérer ne pas être le descendant de la Sainte Semence d'Abraham.

Houston Stewart Chamberlain, dans son livre intitulé *Die Grundlagen des neunzehnten Jahrhunderts* (Les fondements du dix-neuvième siècle), déduit clairement les conséquences fatales de l'entrée de la juiverie dans l'histoire du monde et est le premier auteur à découvrir que le Christ, en ce qui concerne l'ascendance raciale, n'était pas juif. Chamberlain est le premier auteur à être parvenu à la conclusion que le nom même de la Galilée est en fait « Gelil hag goyim », ce qui signifie « terre païenne » où vivaient des colons non juifs. Ils se distinguaient facilement par leur dialecte. « La possibilité que le Christ n'ait pas été juif et qu'il n'y ait pas eu une goutte de sang juif dans ses veines est si grande qu'elle équivaut presque à une certitude », écrit-il dans le livre cité ci-dessus — Volume 1, page 256.

La question « Le Christ était-il juif ? » est posée par Ferenc Zajthy, historien hongrois, dans son livre monumental *Hungarian Millennia*, dans lequel il prouve que les Juifs eux-mêmes doutaient de l'ascendance juive du Christ. Zajthy souligne qu'au septième siècle avant J.-C., Shalmaneser a emmené en captivité toute la population de Galilée enchaînée et qu'il n'y a pas resté un seul Juif. Les tribus pastorales scythes qui se sont ensuite installées sur le territoire de la population déplacée ont adopté le credo juif et ses enseignements religieux, mais, comme le disaient les Juifs eux-mêmes, elles n'étaient que « soumises aux lois juives ». Les Juifs ne les ont jamais acceptées comme de véritables descendants de la semence sacrée d'Abraham.

Les Juifs ont dit aux apôtres : « Cherchez et regardez, car de la Galilée ne surgit aucun prophète » *(Jean VII, 52)*. Les prophètes ne peuvent surgir que des communautés raciales juives.

Les anciennes lois juives protégeaient au maximum les individus juifs, et la peine de mort ne pouvait être prononcée que contre un « estih », c'est-à-dire contre une personne qui tentait de persuader les Juifs d'abandonner leur croyance ou qui tentait de provoquer une rupture dans leur unité raciale. Ferenc Zajthy décrit comment, selon les anciennes lois et coutumes juives, la voie de l'évasion restait toujours ouverte, même pour une telle personne condamnée à mort. Sur le chemin menant au lieu d'exécution, des observateurs étaient postés tous les cent pas. Le devoir des observateurs était de signaler si de nouveaux témoins faisaient signe, en levant le bras, qu'ils étaient prêts à se présenter et à témoigner pour sauver la vie du condamné. Dans le cas où de nouveaux témoins se manifestaient, les lois ordonnaient la tenue de nouveaux procès ou l'octroi d'une amnistie.

Il est singulier, bien que tout à fait naturel dans les circonstances, que dans le cortège qui suivait Jésus jusqu'à la Croix, aucun témoin ne se soit porté volontaire pour témoigner et le sauver. Parmi ceux qui l'ont reçu le Jeudi saint dans des festivités joyeuses, aucun n'a levé la main. Aucun de ceux qui ont écouté ses enseignements et vu ses miracles n'a non plus levé la main. Aucun témoin ne s'est porté volontaire pour le sauver. Et nous avons ici la preuve décisive qu'il n'était pas juif, car personne n'a été autorisé à se présenter. En effet, selon les lois de l'État juif, seuls les descendants de la sainte descendance d'Abraham pouvaient être rejugés. De ce droit étaient exclus les Goyim, les Gentils, les étrangers, les descendants de tous ceux dont le sang n'était pas juif, ainsi que ceux qui relevaient de la juridiction des lois juives mais qui n'étaient pas juifs sur le plan racial. Les Galiléens, les Cushiens et les Huvilains, si détestés, étaient ainsi exclus que, selon les lois juives, ils devaient être poussés sous l'eau et noyés par tout passant qui les apercevrait en train de se débattre dans l'eau.

Nous, chrétiens, acceptons la théorie de l'Immaculée Conception, c'est-à-dire le principe selon lequel le Christ était, en fait, le fils de Dieu et qu'il n'a donc pas de race. Mais dans ce cas, il est encore plus certain que l'origine divine du Christ, sa personnalité entière et ses enseignements ont représenté une révolution de pouvoir contre le chauvinisme tribal des Juifs.

Le Moyen Âge chrétien (qualifié d'âge des ténèbres par la propagande des intellectuels juifs) était très conscient de l'importance de la résistance du Christ contre le nationalisme tribal juif. Nous aurons l'occasion de montrer plus loin comment cette clairvoyance chrétienne s'est brouillée après la Révolution française et l'émancipation juive. Depuis cette époque jusqu'à nos jours, l'embrouillement artificiel et l'obscurcissement de tous les idéaux chrétiens se sont poursuivis, et l'obscurité est désormais si impénétrable que de nombreux mouvements et courants de pensée confondent le christianisme et le judaïsme. Pire encore, certains prêtres chrétiens adoptent dans leur cérémonial cette haine fanatique qui caractérise les rabbins juifs (par exemple, la prière des aumôniers protestants américains lue avant le largage des bombes atomiques sur Hiroshima et Nagasaki).

Le nationalisme condamné à Nuremberg n'a vécu que vingt ans. Mais le *Mein Kampf* de Moïse, avec son dogme du nationalisme racial, a été préservé et étudié avec diligence par la communauté juive pendant plusieurs milliers d'années. L'intensité de cet ancien nationalisme n'a jamais faibli, même à l'époque de la « Galouth », c'est-à-dire de l'absence de foyer. Après la captivité babylonienne, les Juifs et les membres de la diaspora de l'Empire romain se sont installés autour d'Alexandrie. Tous citoyens romains libres et « libéraux », ils continuent d'envoyer chaque année des dons considérables au temple de Jérusalem. Après la Dispersion (Diaspora), la flamme de ce nationalisme est devenue plus intense et plus véhémente. Il y a 700 ans, Moseban Majemon, l'un des plus brillants auteurs de l'écriture juive, nous donne dans Mischneh Torah une nouvelle description, aux couleurs resplendissantes, des possibilités de l'arrivée du Messie et de l'accession de sa nation à la puissance mondiale.

Le monde s'est familiarisé avec les choses relatives au Messie et à la Torah », écrit-il, avant de poursuivre : « Ces choses ont été connues dans des pays lointains et parmi de nombreux peuples incirconcis : "Ces choses ont été connues dans des pays lointains et parmi de nombreux peuples incirconcis. Les chrétiens étaient au courant de beaucoup de choses, alors qu'auparavant le Messie n'était connu que d'Israël".

Maïmonide admet également que le christianisme a familiarisé le monde avec l'Ancien Testament, c'est-à-dire avec la Torah, mais il ajoute que son interprétation était erronée et que les erreurs seront évidentes à l'arrivée du Messie politique juif qui, à la tête de la puissance armée juive, subjuguera les nations non juives du monde et exterminera, avec leurs femmes et leurs enfants, tous ceux qui refusent d'accepter les lois de Noé (*Jewry and Christianity*, par le chanoine Lipot Huber, p. 141).

Sous Galuth, le nationalisme juif s'est transformé en un irrédentisme religieux, la Torah et le Talmud jouant le rôle de *Mem Kampf. Le Mein Kampf* mosaïque est préservé partout et conservé dans le sanctuaire de la Torah du moindre village. Ce credo national a été copié maintes et maintes fois par des scribes sur des papyrus, leurs yeux fatigués et enflammés par le travail, à travers les lettres desquelles la langue du pays perdu a été apprise par les enfants et pratiquée par les adultes. Le Temple a été détruit, mais le mode de vie national n'a jamais cessé d'exister. Ce nationalisme religieux qui, avec la Torah, imprégnait autrefois le pays, s'est répandu dans tous les endroits de la terre où vivaient des Juifs. Cet enseignement nationaliste prescrivait non seulement les règles de vie, la forme des prières, la qualité des vêtements, les méthodes d'hygiène générale et les règles alimentaires, mais il façonnait et développait également l'idéologie nationaliste. La Torah est restée la même à Belz, Francfort ou New York qu'ailleurs. Les Juifs, dispersés, se réfugiaient à l'écart du monde dans leur propre ghetto réservé, fortifiant leur esprit par l'étude de la Torah et du Talmud.

L'une des plus grandes erreurs des "antisémites" a été de considérer le Juif comme un internationaliste. Le Juif n'a jamais été un internationaliste, mais le représentant conscient d'un nationalisme tribal qui cherchait à dominer toutes les autres nations de la planète. Il a vécu dans différents pays, a occupé des positions de différents niveaux sociaux, mais est resté fondamentalement un Juif.

Lors des séances préparatoires du Sanhédrin convoqué par Napoléon en 1806, le rabbin Solomon Lippman Cerfberr a déclaré : "Nous avons oublié de qui nous sommes les descendants. Nous ne sommes ni des Juifs allemands, ni des Juifs portugais. Aussi dispersés que nous puissions être sur le globe, nous restons la même nation".

Le docteur Leopold Kahn a résumé ces sentiments en parlant du sionisme dans une école juive de Pozsony (Bratislava) en 1901 : "Les Juifs ne seront jamais assimilés et n'adopteront jamais les coutumes ou la morale des étrangers. Le Juif restera un Juif en toutes circonstances".

Ce vénérable rabbin avait raison. Les Juifs vivaient dans des pays différents, occupaient des niveaux sociaux différents, mais restaient partout des Juifs. Si un Juif enlève son kaftan et déguste des aliments interdits, s'il s'habille en queue de pie ou en smoking, il n'en reste pas moins un représentant de la même croyance, du même lien de parenté et du même nationalisme. Peut-être ne vivait-il pas littéralement les mots de ses rites religieux, mais sa conscience raciale et ses obligations raciales restaient inchangées, que ce soit sur le trône papal, au bureau politique soviétique ou au département d'État à Washington. L'auteur juif David Moccata écrit dans son livre *Les Juifs en Espagne et au Portugal* que pendant des générations, les Juifs ont vécu en Espagne déguisés, se mêlant à toutes les classes sociales mais occupant tous les postes clés de l'État, en particulier ceux de l'Église.

Les Juifs peuvent toujours affirmer que l'assimilation existe. Ils montrent du doigt les Juifs qui ont adopté la langue et les coutumes de leur pays d'adoption, qui ont épousé des femmes chrétiennes et qui sont devenus des hommes d'État dans des empires chrétiens. Mais ils ne peuvent réfuter le fait que le Juif qui devient apparemment un vrai Anglais ou un vrai Allemand ou un excellent patriote polonais reste toujours consciemment un Juif (et l'état du monde aujourd'hui en témoigne), et par conséquent son allégeance ne dure que tant qu'elle n'entre pas en conflit avec son origine juive.

Une autre arme extrêmement efficace du Juif est sa capacité, comme le caméléon, à prendre les couleurs de son habitat. En France, il se fond dans l'environnement local, comme en Hongrie, en Angleterre et partout ailleurs. Mais s'il s'efforce d'apparaître comme un Anglais en Angleterre et comme un Yankee en Amérique, ce n'est qu'un déguisement calculé pour la défense comme pour la conquête. À New York et à Brooklyn, où vivent les plus grandes foules de Juifs russes et de Juifs polonais en dehors de la Russie elle-même, on voit rarement un Juif porter un kaftan ou une barbe. Les parents ne perdent pas de temps à bien raser le nouvel immigrant ; ils savent trop bien que les barbes et les boucles d'oreilles provoquent de l' »antisémitisme». Ils sentent que toute apparence ouverte de nationalisme juif susciterait l'opposition de leurs hôtes. Les Protocoles des Sages de Sion les en avertissent. « Le secret est le fondement de notre pouvoir… » C'est pourquoi, en Russie soviétique, le Juif est soit un révolutionnaire bolchevique adhérant strictement à la ligne du parti, soit un officier de la police secrète armé d'une mitraillette ; en Amérique, un banquier de type yankee, et en France, un patriote radical. Bien entendu, il doit également être membre du parti en Russie soviétique et probablement électeur démocrate à New York.

Mais, quelles que soient les convictions politiques qu'ils professent, quelle que soit la nationalité qu'ils ont adoptée, ils restent toujours juifs dans l'âme, suivant les désirs de leur nationalisme juif. Parfois, comme il se doit, il arrive que les objectifs juifs coïncident avec les aspirations de leurs pays d'adoption. Mais, en fait, ils n'acceptent jamais l'autorité d'un « étranger », obéissant à la loi mosaïque : « … tu n'établiras pas sur toi un étranger qui ne soit pas ton frère ». (*Deut. xvii.* 15), c'est-à-dire qui n'est pas membre de la race juive. Avec le développement de la civilisation, cette adaptation au milieu est devenue plus complète. Les professions telles que la scène, le cinéma et le journalisme en sont les meilleurs témoins. L'industrie cinématographique à Hollywood était autrefois considérée comme l'industrie nationale de l'Amérique. Ceux qui dirigeaient cette industrie réalisaient parfois de bons films américains. Mais sous le couvert de la « bannière étoilée », ils tentaient d'inculquer aux masses américaines une mentalité juive et un esprit de fausses valeurs, et comme nous le verrons plus tard, c'est de ce camouflage hollywoodien qu'ont émergé les cent stars bolcheviques anti-américaines du cinéma. Le juif bolchevique, dans sa tentative de conquérir le pouvoir mondial, a jeté son masque.

Il était conforme à la nature d'un nationalisme vieux de quatre mille ans que les Juifs endurent la persécution, la moquerie et le mépris. Mais plus ils souffraient, plus ils étaient convaincus que le temps viendrait où ils seraient les maîtres de tous les peuples. Ainsi, la communauté juive a toléré même l'antijudaïsme. Souvent, ils ne comprenaient pas eux-mêmes pourquoi ils étaient persécutés, tournés en dérision et parfois même assassinés. Car le Juif se sentait créature de Dieu au même titre que n'importe quel autre être humain, même si les « antisémites » pouvaient en douter. Il était donc souvent insulté, humilié, traité d'escroc, ridiculisé et caricaturé. La plupart des gens ignoraient apparemment que ses activités répréhensibles servaient un nationalisme supérieur — ce type de nationalisme typique de l'Ancien Testament qui est irréconciliable avec tous les autres peuples et qui vise à l'asservissement de toutes les nations. La relation entre le nationalisme de l'Ancien Testament et le national-socialisme allemand peut être comparée à celle de la terre et du ciel.

Le national-socialisme allemand était prêt à coopérer avec d'autres peuples. Il n'était hostile qu'à une seule race, la race juive. Alors que le « nazisme » de type juif est hostile à toutes les races et à toutes les castes sociales et dirigeantes non juives.

Les générations passées dans le ghetto ont appris aux Juifs que les lois raciales qui les unissaient en tant que nation pouvaient également leur permettre de devenir les maîtres de toutes les nations. À cela s'ajoute, en dehors des évolutions modernes, une autre caractéristique raciale favorable : leurs talents incontestables et leur grande intelligence. Les écrivains, les artistes, les hommes d'affaires et les banquiers juifs — quelles que soient les méthodes adoptées — récoltent les plus hautes récompenses de la civilisation occidentale. Pour les petits Juifs, laissés pour compte dans cette course, tous les succès sont des succès juifs, toutes les réussites sont des réussites juives. Non seulement la presse, mais le Juif le plus simple vénérait Disraeli, le grand homme d'État « anglais », ainsi que Heine, le grand poète « allemand » et Marx, le révolutionnaire international le plus capricieux. Qu'est-ce que cela, sinon la splendeur consciente d'un nationalisme inégalé ou d'un « nazisme » extrême ? Un nationalisme qui tolère l'apostasie réussie et ne veut pas exécuter même un criminel s'il sait qu'il est aussi un descendant de la race d'Abraham, un nationalisme qui encourage l'apostat réussi à revenir au bercail qu'il avait rejeté.

C'est ainsi que l'on trouve presque toujours des Juifs qui progressent dans le monde entier, qu'ils soient poètes, banquiers, conservateurs anglais ou révolutionnaires portugais, se croyant prédestinés à régner sur les peuples de la terre. Jusqu'à présent, ils ont tout réussi. Il est donc clair que les principes de la Torah, les principes du Talmud et les institutions secrètes juives créées au Moyen-Âge sont toujours des instruments efficaces au service de la puissance mondiale.

> « Notre vocation est de gouverner le monde », proclame cette minorité agressive. « En tant que banquier américain ou commissaire soviétique, nous ne formons qu'une seule nation. »

L'objectif principal de ce livre est de montrer que le capitalisme et le bolchevisme, les deux grands systèmes dirigeants de notre époque moderne, ne sont pas deux mouvements opposés, mais qu'ils représentent plutôt deux formes d'expression différentes de la même ambition juive d'obtenir le pouvoir mondial. L'un d'eux est peut-être plus prudent que l'autre, mais les deux sont identiques. La tentative de provoquer un conflit entre le capitalisme et le bolchevisme est donc une tromperie des plus terribles. L'hostilité à l'égard des chrétiens et des arabes provient de ces deux systèmes. L'homme de la rue, symbole des masses non éduquées et non informées, peut penser que le monde capitaliste sera capable de « réparer » le bolchevisme, mais le fait est que ce dernier n'est rien d'autre qu'une extension du premier. Le bolchevisme est le rejeton du capitalisme ou, peut-être, le résultat des maladresses du capitalisme. Le bolchevisme est l'enfant adoptif du système capitaliste libéral juif. Ceux qui essaient de trouver une différence ou une contradiction entre les deux systèmes ne doivent jamais oublier que dans le national-socialisme hitlérien, le grand capitaliste allemand entretenait les relations les plus amicales avec les travailleurs socialistes allemands. Pourquoi donc le juif Bernard Baruch n'aurait-il pas pu être dans les meilleurs termes possibles avec Lazar Kaganovitch ou même avec le petit leader communiste de Brooklyn ?

> « Nous sommes une seule nation », a déclaré Théodore Herzl, le fondateur du sionisme. « Nous ne sommes ni des Juifs américains, ni des Juifs soviétiques, mais seulement des Juifs !

Au tournant du siècle dernier, au vu des résultats obtenus, il semble que l'unité de la graine sacrée et sa vocation à conquérir le pouvoir mondial aient commencé à se cristalliser dans la réalité. Les auteurs juifs, les poètes, les banquiers, les révolutionnaires socialistes et les apôtres communistes l'ont imaginé. Un nationalisme conquérant est né. Les « antisémites » eux-mêmes n'ont pas remarqué et évalué cette évolution, et il a fallu attendre les événements de 1945 pour que l'on prenne conscience de l'indiscutable unité mentale et raciale de la « démocratie capitaliste » d'une part et de la « démocratie populaire » soviétique d'autre part. Il n'est pas nécessaire de remarquer que cette prise de conscience a été le fait d'une très petite minorité. Les antisémites ne voyaient et ne comprenaient que la « solidarité raciale » juive, les « méthodes commerciales malhonnêtes » et la « judaïsation » de leur propre pays. Dans le même temps, ce qui était considéré par certains comme un « crime juif » était une vertu aux yeux du nationalisme juif. La conscience raciale de la race maîtresse, c'est-à-dire le nationalisme mosaïque, a atteint sa forme actuelle à la fin du XIXe siècle. Son slogan forgé pour les bolcheviks comme pour les banquiers était :

> « Marchons chacun de notre côté et soyons victorieux ensemble ! »

Les conquérants du monde se sont donc mis en marche et ont entrepris de soumettre le globe et de devenir les maîtres de toutes les nations.

CHAPITRE II

Le sens de la résistance du Christ

AU MOYEN-ÂGE, les hommes reconnaissaient encore le clivage entre l'esprit du Nouveau Testament et le « nazisme » juif de l'Ancien Testament contre lequel le Christ s'était insurgé. En la personne du Christ, l'idéal de la fraternité humaine s'accomplit pleinement. L'Ancien Testament contenait l'alliance matérialiste d'une seule race avec son Jéhovah. Le Christ a apporté la délivrance à l'ensemble de l'humanité. Dans le Nouveau Testament, il a conclu l'alliance pour nous tous. L'idée de l'amour universel et tout le sens profond du Nouveau Testament étaient l'antithèse du judaïsme matérialiste avec son obsession du pouvoir prédéterminé. Le plus grand mensonge de l'histoire est l'affirmation selon laquelle le christianisme est né de la religion juive. Au contraire, le christianisme est né de la négation même du nationalisme juif et de la prédestination raciale. Les apôtres eux-mêmes l'ont enseigné :

> "Vous savez, dit Pierre, qu'il est défendu à un Juif de fréquenter ou d'approcher une personne d'une autre nation ; mais Dieu m'a montré que je ne devais appeler aucun homme vulgaire ou impur." *(Actes x. 28.)*

Les Juifs étaient stupéfaits d'apprendre que les Goyim pouvaient eux aussi jouir et partager la grâce divine du Saint-Esprit. Ils se plaignaient que les apôtres s'asseyaient à la même table que des incirconcis. Ils ont organisé une manifestation à Athènes contre l'apôtre Paul, parce qu'il avait fait entrer des Grecs dans la synagogue et qu'il avait souillé le lieu saint.

La déclaration de Pierre, déjà citée, prononcée lors de sa visite au centurion Corneille, ainsi que la citation ci-dessous, sonnent comme un défi à l'arrogance tribale juive dominante :

> « En vérité, je sais que Dieu ne fait pas acception de personnes, mais qu'en toute nation, celui qui le craint et qui pratique la justice est accepté par lui. » *(Actes x. 34-35.)*

Mais l'enseignement de Paul et Barnabé à Antioche semble encore plus provocateur :

> « Paul et Barnabé s'enhardirent et dirent qu'il était nécessaire que la parole de Dieu vous fût d'abord annoncée ; mais comme vous l'avez rejetée et que vous vous jugez indignes de la vie éternelle, nous nous tournons vers les païens. » *(Actes xiii. 46.)*

Par païens, ils entendaient les Goyim, c'est-à-dire les peuples non juifs. 'Et (Dieu) a fait d'un seul sang toutes les nations d'hommes…' *(Actes)* dit Paul à Athènes. Et il dit cela parce que de la fraternité de sang créée par Dieu, une nation, une race — les Juifs — s'est exclue par son propre nationalisme tribal féroce.

> 'Paul écrit à propos des Juifs : « Tu es persuadé d'être toi-même le guide des aveugles, la lumière de ceux qui sont dans les ténèbres, l'éducateur des insensés, le maître des enfants, toi qui as la forme de la connaissance et de la vérité dans la loi… Toi qui te glorifies de la loi en la violant, tu déshonores Dieu ? Car c'est par vous que le nom de Dieu est blasphémé parmi les païens, comme il est écrit ». *(Paul aux Romains ii. 19-20, 23-24.)*

Les Apôtres enseignent et prêchent partout les idées révolutionnaires du Christ qui sont la négation même du judaïsme, de cette réserve tribale et de ce « nazisme » juif.

> 'Car le cœur de ce peuple est devenu grossier, ses oreilles sont devenues ternes, et ses yeux se sont fermés, de peur qu'il ne voie de ses yeux, n'entende de ses oreilles, ne comprenne de son cœur, ne se convertisse, et que je ne le guérisse. "Sachez donc que le salut de Dieu est envoyé aux païens et qu'ils l'écouteront. (Mais les Juifs ont crucifié l'apôtre de cette foi et n'ont pas abandonné jusqu'à aujourd'hui leur conviction d'être le peuple élu et donc le seigneur et le maître de tous les peuples de la terre. La dispersion des Juifs a commencé par la diaspora, après la captivité de Babylone, et s'est achevée par la démolition de

Jérusalem. L'objectif ambitieux de dominer toutes les nations, accompagné d'un racialisme exclusif, a pénétré la confusion ethnique et religieuse de ces temps anciens. Il n'est pas nécessaire d'examiner ici en détail comment, bien que la race juive n'ait pas été pure, puisqu'elle était composée de croisements de différents peuples et de restes de différentes races, ce conglomérat racial a été façonné et modelé par Esdras et Néhémie pour devenir la seule race pure et homogène au monde. Même à la fin du dix-neuvième siècle, plusieurs études anthropologiques américaines sont arrivées à la conclusion que « la race juive a conservé sa pureté ethnique tout au long de son existence ». *(Revue politico-anthropologique, mars 1904, page 1003).*

Houston Stewart Chamberlain écrit qu'entre Théodose et 1800, seules 300 personnes de souche non juive ont été adoptées par la juiverie au sens racial du terme. De ce racialisme extrême est née une mentalité qui haïssait et méprisait tous les autres peuples, tout en étant ambitieuse de conquête. En Europe est apparu l'esprit matérialiste et intransigeant de l'Ancien Testament, qui n'a jamais abandonné son rêve messianique d'un temps à venir où la destruction de tous les peuples et la maîtrise de nations plus grandes et plus puissantes seraient accomplies.

Il est donc facile de comprendre que le monde antique, ainsi que le Moyen-Âge, en aient tiré la conclusion évidente et se soient séparés des Juifs non seulement sur le plan idéologique, mais aussi sur le plan physique. Le récit biblique de la descente du Saint-Esprit et le sermon de Pierre en ce premier matin de Pentecôte exerçaient encore une influence considérable sur les gens de l'époque :

« ... sauvez-vous de cette génération fâcheuse. » *(Actes ii. 40.)*

Le Moyen Âge a créé le ghetto mais, en même temps, il a préservé la race juive. D'une manière générale, la juiverie a pu maintenir sa politique de pureté raciale parce que le monde chrétien l'a reconnue sous la forme du ghetto. Malheureusement, cela n'a pas empêché les Juifs de s'infiltrer dans la vie et les systèmes économiques des États chrétiens.

L'histoire de cette influence juive nous est racontée par le monde antique. Près d'un million de Juifs se sont installés à Alexandrie et dans sa banlieue après la captivité babylonienne, où ils ont joué le même rôle et exercé à peu près le même pouvoir que la communauté juive à New York aujourd'hui. Dans l'Empire romain, et plus particulièrement à Rome, le pouvoir et l'influence de cette minorité tribale nationaliste atteignirent des dimensions redoutables. Cicéron, le grand homme d'État romain, au cours d'une procédure judiciaire, s'adressait au tribunal d'une voix si faible qu'il ne pouvait être entendu que par les juges.

Il a expliqué le bien-fondé d'une telle démarche en affirmant que la solidarité juive constituait une force suffisamment redoutable pour ruiner quiconque témoignerait contre eux. Tout au long de la diaspora et depuis les temps les plus reculés, les Juifs possédaient des organisations semblables à celles que nous connaissons aujourd'hui sous le nom de maçonneries. Ils ont initié certains gentils influents qui étaient prêts à se déclarer à moitié juifs et grâce auxquels ils ont pu asseoir leur influence dans les plus hautes sphères de la vie publique. On peut établir que derrière la persécution des chrétiens par Néron se trouvaient des membres de la diaspora. Poppée Sabine, l'épouse de l'empereur, était juive et membre de la diaspora. Elle a réussi à persuader l'empereur, avec l'aide de son courtisan préféré, un acteur juif nommé Alityrus, d'exterminer les chrétiens. Tout au long de l'histoire, les Alityrus et les Poppées de ce monde ont été à l'origine des Néron et des Roosevelt !

L'influence juive a joué un rôle aussi important dans la chute de l'Empire romain que dans la ruine de l'Empire espagnol. Dans l'Empire espagnol, les Juifs avaient, comme l'écrit Heman, le contrôle de tous les pouvoirs spirituels et matériels, depuis la propriété foncière jusqu'aux plus hautes fonctions ecclésiastiques, et, grâce à l'usure, ils exerçaient une grande influence sur les cercles de la cour et sur l'ensemble de la noblesse. Ils finirent par s'arroger des privilèges tellement fantastiques que, dans un tribunal, le serment d'un Juif était considéré comme ayant plus de valeur que celui de deux païens. Ils ont répété la même forme de prise de pouvoir plus tard en

Allemagne et dans l'empire des Habsbourg. Au XVIe siècle, un Juif nommé Imre Fortunatus et ses associés ont joué un rôle considérable dans la préparation de la chute de l'empire hongrois en encourageant la corruption dans les affaires publiques à un point tel que l'empire est devenu incapable de résister aux attaques de la puissance turque en expansion lors de la bataille de Mohacs en 1526.

Les chefs spirituels et les hommes d'État de l'Antiquité et du Moyen Âge étaient parfaitement conscients de cette influence juive. De Tibère, l'empereur romain, à Goethe, tous les hommes de vision considéraient le judaïsme comme un danger national. « Un ministère où le Juif se procure tout ce dont il a besoin, une maison dont la garde-robe et les finances sont sous le contrôle d'un Juif ou un commissariat qui est sous la direction d'un Juif doivent en effet être dotés des qualités inépuisables des marais Pontins », écrit Goethe.

Le grand Napoléon était peut-être le plus clairvoyant de tous lorsqu'il s'est exclamé : « Ces Juifs sont comme des sauterelles et des chenilles et ils dévoreront ma France ! ».

Même au XVIIIe siècle, il était évident que l'influence juive n'avait rien à voir avec l'humanitarisme tant vanté, puisqu'il s'agissait d'un mouvement minoritaire qui devint un « État dans l'État ». Bien que certains États n'aient pas reconnu le danger, la conquête juive a généralement été stoppée au dernier moment. Ferdinand et Isabelle, les catholiques, les ont expulsés d'Espagne et, ailleurs, des mesures restrictives ont été prises pour les endiguer, mais le plus important est que l'influence du « nazisme » juif n'a jamais été autorisée à prendre pied dans les affaires publiques. Le ghetto a au moins servi de bonne institution en maintenant des barrières idéologiques et intellectuelles contre les Juifs, de sorte que les religions et les cultures chrétiennes n'ont pas été exposées à un danger mortel et à celui d'être visiblement englouties comme elles le sont aujourd'hui. Il est important de noter que jusqu'à la Révolution française, les Juifs n'avaient aucune influence directe sur les masses. Tout au plus ont-ils pu accroître leur influence sur certains cercles de la cour grâce à leurs poches d'argent, mais ils n'ont jamais eu l'occasion d'établir un contrôle direct sur le peuple ou de l'exploiter en favorisant les intérêts de leur propre nationalisme.

Un seul aspect du soi-disant problème juif est passé inaperçu au Moyen Âge. L'influence croissante du nationalisme juif et son empiétement n'étaient pas une activité instinctive due à la cupidité, à l'égoïsme ou à toute autre « caractéristique juive », comme l'appelaient les « antisémites ». La pulsion démoniaque était déjà consciemment à l'œuvre, et le nationalisme de l'Ancien Testament, de la Torah et du Talmud poussaient le Juif à entreprendre une quête non pas pour l'argent, ni pour une vie émeutière et la richesse, mais pour le pouvoir mondial. L'argent n'était que le moyen de cette aspiration, tandis que la maîtrise du monde entier restait l'objectif suprême. Pour cela, même un gouvernement central juif n'était pas nécessaire, bien qu'il ait existé de temps à autre. Le Talmud et la Torah suffisaient amplement. Ces livres, qui donnaient de bien meilleures instructions que n'importe quel gouvernement quant à la conduite des juifs, se trouvaient dans toutes les synagogues et dans toutes les maisons juives.

Les différents pays et empires ont plus ou moins réussi à maîtriser ce rêve de conquête du monde, alors que son exécution dans les différents pays n'était pas coordonnée. Le danger s'est considérablement accru avec l'extension des limites du monde connu et lorsque, par le biais de la presse, de la radio et d'autres organes de propagande, les différents pays et peuples se sont rapprochés les uns des autres. C'est alors que l'aspiration à la domination de ce nationalisme minoritaire juif a pu s'exercer efficacement non seulement contre un seul pays, mais aussi contre tous les pays et tous les peuples, simultanément et avec toute la force voulue. En même temps, avec la montée du protestantisme, une certaine mentalité juive a commencé à s'implanter au sein même de la chrétienté.

Luther a vu clairement que la différence entre l'humanité universelle et le « nazisme » tribal juif était irréconciliable. Son grand traité sur la question juive est la preuve de sa clairvoyance. Mais, indépendamment de la montée du protestantisme, l'Ancien Testament a acquis une plus grande influence grâce à l'enseignement de la Bible dans les sermons des églises et à l'éducation religieuse dans les écoles. Les prédicateurs protestants, hongrois, suisses, anglais, hollandais et allemands se tournèrent de plus en plus vers les prophètes de l'Ancien Testament pour y puiser des paraboles et des citations. Au cours des guerres de religion, toutes les malédictions les plus féroces de l'Ancien Testament ont été invoquées sur la tête des opposants. La mentalité de l'Ancien Testament a ainsi pénétré la foi chrétienne par le biais de la phraséologie vide de la rhétorique. Le christianisme commença à se considérer comme une extension ou une filiale de la religion juive, au lieu de souligner son caractère véritablement opposé. À la suite de cette erreur, une mentalité juive d'intolérance, accompagnée d'un esprit de haine, s'est établie dans le monde chrétien civilisé et, génération après génération, a grandi imprégnée des enseignements matérialistes et dépourvus d'imagination de l'Ancien Testament.

Le protestantisme anglais a été particulièrement soumis à l'influence de l'Ancien Testament. La mentalité des princes marchands anglais et l'attitude spirituelle des puritains se sont également identifiées aux principes de l'Ancien Testament juif et y ont trouvé la justification d'une certaine conduite commerciale. Au dix-neuvième siècle, certains érudits anglais ont même tenté de prouver que les habitants de la Grande-Bretagne étaient en fait les descendants de la dixième tribu perdue d'Israël. Werner Sombart, la célèbre autorité en matière de capitalisme, a démontré de manière concluante que les racines du capitalisme sont autant juives que protestantes.

Une chose, cependant, peut être affirmée avec certitude. Avec l'avènement du protestantisme, l'ancienne unité du monde chrétien a été brisée. L'Église du Christ s'est séparée en catholicisme et en protestantisme. Par cette brèche, le nationalisme mosaïque a hardiment pénétré le monde chrétien et la vie spirituelle chrétienne. Sous le prétexte des lumières et du progrès, les habitants des ghettos se mettent à réclamer à cor et à cri l'émancipation, celle-là même que Voltaire, le plus grand champion du progrès, avait considérée comme un péril mortel. Sous le couvert de la philanthropie et des lumières, la chrétienté elle-même s'efforce d'émanciper les Juifs. Elle semble incapable de voir que cela pourrait signifier un jour la mort du christianisme — du catholicisme, du protestantisme, de l'orthodoxie et de la non-orthodoxie.

Le Moyen Âge méprisé était bien conscient que cette possibilité était toujours présente en raison de la force fanatique du « nazisme » religieux juif dirigé contre le christianisme, dont la source se trouve en grande partie dans le Talmud. En 1888, la Minerva Press a publié un récit frappant, qui n'a jamais été réfuté, sur les conclusions d'une commission d'enquête convoquée en 1240 par le roi de France Saint-Louis. Le roi voulait savoir pourquoi les Juifs étaient si détestés en France. Il convoqua une cour royale qu'il présida. Le Talmud fut présenté et exposé à la cour par un juif christianisé qui parlait bien l'hébreu. Pour vérifier l'authenticité du texte talmudique, la cour invita Jechiel, le rabbin de Paris, ainsi que les rabbins Juda Samuel et Jacob, ce dernier étant un éminent orateur bien connu en France et en Espagne. Le roi, qui fait preuve d'équité, fait tout son possible pour que les rabbins aient l'occasion de défendre le Talmud et de confirmer l'authenticité du texte talmudique. Malgré tout, le tribunal a été contraint de conclure que les lois talmudiques étaient contraires, voire répugnantes, à l'ordre social, non seulement de toutes les communautés chrétiennes, mais aussi de toutes les communautés non juives. À la suite de son enquête, le tribunal a découvert que le Talmud non seulement insulte à plusieurs reprises la Vierge Marie, mais met en doute le fait que le Christ soit né d'une Vierge, et affirme même qu'il est l'enfant d'un soldat nommé Pandara et d'une femme de la rue. Les chrétiens ont été consternés lorsque ces traductions du Talmud ont été déclarées authentiques par les rabbins invités. Suite aux conclusions finales de ce tribunal d'enquête, Saint Louis ordonna que le Talmud soit livré aux flammes. *(L'Empire caché, 1945, p. 27.)*

Par la suite, le monde chrétien n'a accordé que peu d'attention au livre saint des Juifs, bien qu'il soit devenu pour eux presque aussi important que la Torah. C'est du Talmud qu'émanait la haine envers les chrétiens et c'est aussi de lui que se répandait une double morale. Il est intéressant de noter que, même au

XXe siècle, il n'existe aucune traduction authentique du Talmud. Il est vrai qu'il a été traduit par Graetz, un professeur d'université d'origine juive allemande, mais toutes les parties incriminées ont été exclues. L'auteur hongrois Alfonz Luzsenszky a également traduit certaines parties du Talmud. L'une des principales préoccupations de l'actuelle dictature bolchevique a été de jeter Alfonz Luzsenszky en prison où il a très probablement péri dans une salle de torture communiste juive. Mais le Talmud a continué à nourrir ce nationalisme juif qui vivait de plus en plus intensément dans les rêves de Maïmonide et des prophètes juifs du Moyen-Âge, ainsi que dans le cœur des Juifs.

Bien avant le déclenchement de la Révolution française, le peuple juif était actif et se dirigeait vers la réalisation de l'alliance mosaïque. La brèche ouverte dans l'unité chrétienne, ainsi que ce qu'on appelle les lumières et le progrès social, sont autant d'éléments favorables à la réalisation de cet objectif : la conquête de la puissance mondiale. Maintenant que le plan a été esquissé, nous l'examinerons de plus près plus tard sous la dénomination de « guerre biologique des classes » ou de destruction physique et d'extermination des nations non-juives, c'est-à-dire l'événement connu sous le nom de « révolution ».

Après la Première Guerre mondiale, le monde occidental cultivé a été choqué par une série d'articles parus dans le London *Morning Post et* intitulés « Underground Conspirators » (conspirateurs clandestins). H. A. Gwynn, le rédacteur en chef de ce journal, dans son livre *The Cause of World Unrest*, citant des ouvrages de référence contemporains faisant autorité et jusqu'alors ignorés par les historiens libéraux, souligne que la Révolution française est loin d'avoir été entièrement causée par une disposition révolutionnaire des classes inférieures. À cette époque, les puissances juives et maçonniques étaient déjà à l'œuvre et, en achetant tous les stocks de céréales, elles ont créé une famine artificielle et, grâce à cette famine, la révolution du 14 juillet. Dès 1776, le mouvement Spartacus, créé par Adam Weishaupt, s'était établi en Bavière et ce mouvement a soudainement réapparu sous de nombreuses formes différentes, incitant à des explosions dangereuses lors des différentes révolutions après la Première Guerre mondiale. Le traité de Gwynn prouve que tous les mouvements révolutionnaires du XIXe siècle ont été infiltrés et, dans une large mesure, contrôlés par la juiverie. Gwynn a établi le rôle de la juiverie dans la franc-maçonnerie à l'aide des données contenues dans le livre du juif converti Abbott Lemann *(L'Entrée des Israélites dans la Société Française)* ainsi que des preuves recueillies par l'auteur américain et franc-maçon Albert Pike. Il a prouvé que la juiverie avait inculqué la haine du christianisme aux sociétés secrètes, de sorte que, sous le couvert du libéralisme, elles ont pu rester tranquilles tout en s'employant à saper l'ordre social chrétien. C'est ainsi que le « nazisme » juif de l'Ancien Testament, en plus de son pouvoir financier, s'est doté d'une nouvelle et terrible arme pour détruire le peuple chrétien. Le nom de cette nouvelle arme était Révolution.

L'organisation socialiste internationale a commencé en 1864 avec la fondation de la première Internationale, et ses deux dirigeants, Marx et Lassale, étaient juifs. Tous deux étaient des prophètes de la haine, cherchant à se venger de l'humiliation de leur race. Dans son livre *Coningsby*, Disraeli prédit un mouvement ouvrier allemand dirigé par des Juifs. Avec tout cela, un nouveau facteur est apparu dans l'histoire de la culture européenne : la haine organisée et l'envie en tant que force systématiquement conçue pour créer des classes et des sociétés aussi bien que pour les détruire. L'intolérance qui prévalait en Europe était enracinée dans l'esprit de l'Ancien Testament, mais cette haine organisée, dont les prophètes prêchaient exactement les mêmes slogans et promesses que l'Ancien Testament lorsqu'il promettait au peuple élu que Jéhovah déverserait devant lui toutes les richesses et les richesses du monde et qu'il n'aurait qu'à travailler deux ou trois heures par jour pour gagner sa vie, était encore plus imprégnée de l'Ancien Testament et plus talmudique encore. Le « nazisme » de l'Ancien Testament a trouvé un allié redoutable dans les classes ouvrières européennes et, plus tard, dans le prolétariat américain qui avait toutes les raisons de devenir aigri et hostile au système capitaliste exploiteur. Mais le prolétariat a mis du temps à comprendre que les initiateurs, les opérateurs et les bénéficiaires de ce capitalisme étaient en même temps les représentants du nationalisme juif et de l'Internationale.

Il ne fait aucun doute que les germes des plans diaboliques juifs étaient bien incarnés dans l'enseignement de Marx. Ils visaient à détruire l'*élite* intellectuelle, *l'*aristocratie, les classes moyennes, le clergé et les cols blancs de toutes les nations non juives en utilisant la fausse doctrine de l'égalité et en suscitant l'envie des masses prolétariennes. Ils ont comploté pour priver les nations de leurs chefs et pour dégrader l'humanité en un troupeau sans chef et semblable à du bétail. Il ne s'agissait plus de planification socialiste. C'était la stratégie mondiale de la juiverie. Chaque homme sans chef du troupeau devient l'outil aveugle et l'esclave de ce « nazisme » tribal juif déterminé à conquérir le monde.

Bien que Marx ait, en fait, défendu l'internationalisme, la juiverie n'a jamais été internationale. Elle ne voulait internationaliser que le prolétariat. Le prolétariat avait pour mission de détruire leurs pays respectifs ainsi que leurs religions, afin que l'État mondial international puisse être établi avec une seule *élite, une* seule classe dirigeante — les Juifs exclusivement !

On trouve des Juifs dans toutes les nations. Ils parlent la langue de leur pays d'adoption mais restent juifs, représentants fiers et conscients d'une conception raciale exclusive, d'un « nazisme » supranational. Les forces brisées de la rébellion du Christ s'abritent des slogans bruyants des « Lumières » dans les nefs fraîches des églises. La foi chrétienne a été progressivement dépouillée de son inspiration et de son influence spirituelles innées et s'est transformée en christianisme juif. Elle s'accrochait et adhérait de manière matérialiste à son influence et à sa richesse mondaines, au lieu de suivre sa vocation et de réaliser que le moment était venu de prêcher l'enseignement du Christ avec une vigueur inébranlable. En même temps, la juiverie, qui avait préservé son unité religieuse et raciale, était maintenant en mesure de pénétrer les communautés chrétiennes affaiblies avec beaucoup d'efficacité. Tandis que la flamme du nationalisme juif brûlait toujours plus fort, la « rébellion » chrétienne perdait sa foi et devenait timide, sceptique et impuissante. Le nationalisme religieux de l'Ancien Testament a pu imprégner les habitants des ghettos russes de foi et de conscience raciale. Mais le christianisme du Nouveau Testament est devenu si timoré qu'il a commencé à avoir honte du Nouveau Testament ainsi que de son propre credo, qu'il soupçonnait parfois d'être « dépassé » ou « non scientifique » par rapport aux slogans de ce que l'on appelait les « Lumières ».

Face aux grands problèmes sociaux de l'époque, le christianisme s'est révélé inerte et impuissant. Mais dans le même temps, la juiverie a été en mesure de fournir à sa propre race la foi. Non pas la foi en Dieu, puisque de nombreux Juifs semblaient renoncer à leur croyance, mais la foi en un nationalisme politique fanatique. En revanche, la « révolution » chrétienne n'a pas réussi à accomplir sa mission sur terre, à savoir soutenir les humbles contre leurs persécuteurs et réaliser ainsi la justice sociale par l'amour et non par la haine.

Au XIXe siècle, le christianisme était déjà devenu plus une formalité qu'un credo vivant. Il ne pouvait espérer opposer la conception moderne de la révolution du Christ à l'idée de la révolution marxiste. Les encycliques papales *Rerum Novarum* et *Quadragesimo Anno* n'étaient que des interprétations théoriques de l'attitude du socialisme et de l'État libéral. L'Église militante du Christ n'a pas lutté avec autant d'ardeur qu'elle aurait dû le faire. Elle s'est commodément résignée à s'en remettre à la maxime bien connue du Christ : « Mon royaume n'est pas de ce monde », alors que le marxisme mettait l'accent sur la conception d'un salut physique sur cette terre. Cette dernière idée, bien sûr, était entièrement d'origine juive. Jéhovah lui-même, ainsi qu'Esdras et Néhémie, ces défenseurs de la pureté raciale, avaient certainement promis cela, c'est-à-dire la rédemption sur cette terre, la richesse du monde à travers les portes de Jérusalem, la semaine de dix-huit heures et l'État-providence. La promesse marxiste était également la rédemption sur terre, mais derrière l'écran des promesses se cachait le nationalisme juif, car les dirigeants marxistes savaient que l'accomplissement de ce qu'ils appelaient la rédemption signifiait également l'établissement du royaume mondial juif.

Le christianisme a été incapable de s'unir et de donner suite à la conception sociale de la révolution du Christ. En revanche, la juiverie est restée intacte dans l'unité raciale et spirituelle de son « nazisme » vieux de quatre mille ans.

Après la Révolution française, les sociétés secrètes, ainsi que certains gouvernements eux-mêmes dominés par l'influence juive, ont progressivement expulsé le christianisme de la vie publique jusqu'à ce que son rôle se limite à encourager la fréquentation des églises. Avec un christianisme aussi faible et divisé, quelle puissance aurait pu s'opposer avec succès à ces pressions ? L'Église orthodoxe grecque avec son formalisme vide, ou le catholicisme romain avec ses évêques assis complaisamment dans la possession de plusieurs centaines de milliers d'acres de terres ecclésiastiques (latifundia) et prêchant la pauvreté et la justice aux masses, ou le protestantisme qui devenait de plus en plus saturé de l'esprit de l'Ancien Testament ? Dans ces conditions, pouvait-il exister un pouvoir capable d'influencer les masses et de les faire passer du côté de la révolution chrétienne ? Le christianisme commença à mener une vie à part, s'abstenant de critiquer les événements publics, d'influencer l'opinion publique ou de mettre en pratique les concepts socialistes. Ces rôles sont assumés par la presse qui est aux mains du nationalisme juif, des membres des loges maçonniques ou de l'agitateur marxiste. Face à ce « paradis sur terre » marxiste, le christianisme n'est pas en mesure de défendre le sens social de l'enseignement du Christ. De plus, *il a* abandonné son leadership et n'a pas défendu les masses. Le retrait du christianisme de la vie publique a été remplacé par une volonté fanatique de détruire toutes les institutions des païens, qu'elles soient humaines ou divines. Son but était de les priver de leurs dirigeants et d'établir ainsi la règle définitive du gouvernement mondial de la juiverie.

Dès le début du XIXe siècle, le grand penseur Houston Stewart Chamberlain mettait en garde le monde chrétien en ces termes : « Le problème des Juifs vivant parmi nous fait partie des questions les plus difficiles et les plus fatidiques de notre époque : "Le problème des Juifs qui vivent parmi nous fait partie des questions les plus difficiles et les plus fatidiques de l'époque actuelle. (H.S. Chamberlain, 1, p. 163.)

Au début du vingtième siècle, tous les doutes concernant la réussite du grand plan pouvaient être levés. Les dirigeants de la juiverie mondiale n'avaient plus qu'une chose à décider, à savoir les moyens à employer pour s'assurer le pouvoir mondial. Ce pouvoir devait-il être obtenu par l'or ou par la mitraillette ? Par la ploutocratie ou par la terreur communiste dirigée par les chefs juifs de la police secrète ? La nouvelle synagogue devait-elle être le siège des changeurs et des scribes ou celui des sadducéens terroristes ?

Ou peut-être devrait-il être ouvert aux deux factions qui travaillent côte à côte ?

À ce grand dilemme, un certain document, considéré par les Juifs comme un faux, apporte une réponse claire.

CHAPITRE III

La domination du monde en trois étapes

LES JUIFS ont tout fait pour réfuter l'authenticité des *Protocoles des Sages de Sion*. Aujourd'hui, toute personne qui ose faire la moindre référence aux *Protocoles* est qualifiée de barbare non civilisé par les Juifs.

Le 26 juin, 1933, la Fédération des communautés israélites de Suisse et la Communauté israélite de Berne ont intenté une action contre cinq membres du Front national suisse, en vue d'obtenir un jugement déclarant que les *Protocoles* étaient des faux et d'interdire leur publication. La procédure de la Cour a été stupéfiante, les dispositions du Code civil suisse ayant été délibérément écartées. Seize témoins cités par les plaignants ont été entendus, mais un seul des quarante témoins cités par les défendeurs a pu être entendu. Le juge a permis aux plaignants de nommer deux sténographes privés pour tenir le registre des procédures pendant l'audition de leurs témoins, au lieu de confier cette tâche à un fonctionnaire de la Cour.

Au vu de ces irrégularités et d'autres semblables, il n'est pas surprenant que, après que l'affaire ait duré un peu plus de deux ans, la Cour ait déclaré que les *Protocoles* étaient une contrefaçon et une littérature démoralisante. La décision a été rendue le 14 mai, 1935, mais elle a été annoncée dans la presse juive avant d'être rendue par la Cour !

Le 1er novembre 1937, la Cour d'appel pénale suisse a annulé ce jugement dans son intégralité. Les propagandistes juifs continuent cependant à déclarer que les *Protocoles* ont été « prouvés » comme étant des faux.

Il est cependant clair que le texte original des *Protocoles de Sion* était entre les mains des Juifs d'Odessa dès 1890. Les *Protocoles* ont été publiés en 1905 par le Nilus russe. Selon certaines versions, leur auteur était l'Oriental Asher Ginsberg sous le nom de plume Achad Haam, c'est-à-dire « du même peuple », et son but était de tenter d'éveiller la conscience nationale juive. Un exemplaire de ce livre publié par Nilus a été acquis par le British Museum en 1906, où il est aujourd'hui catalogué.

Alors que la controverse mondiale sur l'authenticité des *Protocoles* se poursuivait, leur authenticité a été établie par une autorité plus élevée que n'importe quel tribunal : l'histoire mondiale elle-même. Le programme juif esquissé en 1906 a depuis lors été réalisé de manière littérale et réaliste. On peut donc considérer les *Protocoles* sous différents angles : soit comme le plan mondial élaboré par les Sages de Sion du degré 33 de la franc-maçonnerie, soit comme les archives secrètes du Congrès sioniste de Bâle, soit simplement comme un pamphlet écrit par un nationaliste juif extrémiste — tout cela n'a aucune importance. Le seul fait pertinent et incontestable est que le programme a presque été réalisé dans son intégralité. Plus encore que ne l'avaient prévu les Sages de Sion. Les conquérants du monde ont soumis le monde. Au lieu de poursuivre en détail les controverses inutiles sur l'authenticité des *Protocoles,* nous voulons prouver une seule chose, à savoir que les Sages de Sion ont concrétisé leur programme. Il ne reste plus à la juiverie qu'une seule étape à franchir avant d'annoncer ouvertement que le pouvoir mondial est à sa portée. Pour l'instant, la juiverie semble être un peu cachée derrière les pouvoirs politiques, économiques et spirituels qui gouvernent l'humanité, mais elle est prête à passer à l'action à tout moment. Elle se prépare à accomplir ce seul pas, après quoi la sixième pointe sera ajoutée à l'étoile à cinq branches ainsi qu'au pentacle blanc américain, qui deviendra ainsi le symbole ouvert du royaume mondial accompli, c'est-à-dire l'étoile de David à six branches.

Il reste une autre question en rapport avec les *Protocoles* : A-t-il jamais existé une organisation juive ouverte ou secrète chargée d'élaborer les plans d'un programme mondial ? Existait-il un « gouvernement » juif secret chargé de diriger la juiverie mondiale conformément aux enseignements de la Torah et du Talmud ou, peut-être, des *Protocoles* ?

Il ne fait aucun doute qu'au sein de la communauté juive, dès avant la naissance du Christ, une organisation connue sous le nom de Kahal ou Cahilla existait et agissait en tant qu'organe exécutif politique de l'État juif théocratique. Nous pouvons donc supposer que la nation juive en exil a conservé quelque chose de cette organisation. Nous avons souligné précédemment que même avant la dispersion, les diasporas alexandrine et romaine avaient acquis de véritables pouvoirs gouvernementaux et politiques. Après la dispersion, chaque communauté juive possédait sa propre Cahilla miniature, dont le but était d'arbitrer les litiges juridiques entre Juifs, surtout dans les cas où il n'était pas souhaitable de soumettre l'affaire aux tribunaux chrétiens et de l'exposer ainsi à la publicité. Dans les pays fortement peuplés de Juifs, l'existence de ces Cahillas était connue de tous. Mais il ne fait aucun doute qu'il devait exister également un organe administratif juif supérieur, que nous appellerions peut-être aujourd'hui un « comité d'émigration », qui maintenait les Juifs ensemble et coordonnait leurs ambitions politiques. Il existe des preuves documentaires que ce Cahal juif suprême n'a cessé d'apparaître sous des noms différents au cours de l'histoire. Autrefois, on le trouvait à Constantinople sous le nom de Sanhedrin, et le « Grand Satrape » était le chef de la juiverie. Plus tard, on la retrouve dans divers mouvements, dans la franc-maçonnerie française ainsi que parmi les commandements suprêmes des grandes puissances lors de la Première Guerre mondiale. On trouve partout des traces des activités de ce gouvernement mondial secret. En 1920, de retour de la conférence de paix infructueuse de Versailles, le président Wilson des États-Unis annonça ouvertement :

> 'Il y avait une force secrète à l'œuvre en Europe que nous n'avons pas pu retracer.

Disraeli, en 1844, dans son livre *Coningsby*, déclare franchement que :

"Le monde est gouverné par des personnages très différents de ce qu'imaginent ceux qui ne sont pas dans les coulisses.

Dans la *Wiener Freie Presse* du 24 décembre, 1921, le juif Walter Rathenau a écrit exactement la même chose :

> « Trois cents hommes, dont chacun connaît tous les autres, gouvernent le destin du continent européen et élisent leurs successeurs dans leur entourage. »

Les fonctions de la Cahilla (Kahal) sont bien connues à New York, car les Juifs organisent souvent des fêtes de la Cahilla. Des exposés très intéressants sur tout cela sont contenus dans le livre, *The Hidden Empire* (1946) dans lequel, à la page 35, nous trouvons :

> 'Les Juifs du monde divisent la terre en deux hémisphères, l'oriental et l'occidental. Comme les États-Unis se trouvent dans l'hémisphère occidental, nous nous limiterons à cet hémisphère.
>
> "Il est entendu que le Cahal est construit selon le symbole des sept. Le parrain de l'hémisphère oriental n'est pas concerné par le présent document ; toutefois, les deux parrains des deux hémisphères sont censés n'avoir de comptes à rendre qu'à AKA'DHA M, le roi inconnu et non couronné de la juiverie de toute la Terre, dont l'identité est gardée secrète ».

Il est donc incontestable qu'une sorte d'organisation ou de gouvernement juif central a existé pendant tout ce temps et qu'il a exécuté méthodiquement le programme mondial des Sages de Sion. Mais qu'un tel gouvernement ait existé ou non, le fait doit être souligné que le programme lui-même a été accompli et cela constitue en soi une preuve suffisante de son organisation. Il faut souligner que la juiverie mondiale a déjà achevé la deuxième étape prévue par les Sages de Sion et que tout est prêt pour achever bientôt le reste et atteindre ainsi la troisième et dernière étape.

Il y a cinquante ans, ou lors de la procédure judiciaire à Berne, l'authenticité des *Protocoles* aurait pu être contestée. Mais l'exécution du programme des *Protocoles*, avec son ardent nationalisme de l'Ancien Testament, est restée à jamais dans les mémoires. L'existence des *Protocoles* était peut-être contestable, mais pas celle de son nationalisme.

Dans les *Protocoles,* qui ne sont probablement que des extraits du véritable programme, figurent les méthodes par lesquelles la juiverie doit parvenir à dominer le monde. De ce texte quelque peu mystérieux, le lecteur superficiel déduira que les *Protocoles* parlent tantôt de dictature, tantôt de libéralisme et qu'ils prévoient d'atteindre la puissance mondiale tantôt par le capitalisme et le pouvoir de la presse, tantôt par la pratique de méthodes indubitablement bolcheviques. Lorsque les *Protocoles de Sion* étaient entre les mains des Juifs d'Odessa, l'enseignement de Lénine était inconnu. Néanmoins, on trouve dans les *Protocoles* l'idéologie complète de Lénine, ainsi que les tactiques de combat employées par la minorité dirigeante. Le lecteur sera peut-être surpris d'apprendre qu'en fin de compte, le capitalisme est la méthode politique préférée des Juifs pour obtenir la domination finale sur le monde.

Après une étude critique des *Protocoles,* nous réalisons avec surprise que la différence entre le bolchevisme et le capitalisme est illusoire. Les Sages de Sion étaient clairement conscients que le bolchevisme n'est rien d'autre que le produit final du capitalisme libéral, c'est-à-dire que les deux sont deux formes différentes du même régime totalitaire, et que l'idéologie des deux consiste essentiellement en des éléments contenus dans le matérialisme, le gouvernement des minorités, l'utilisation somptueuse du chéquier et le terrorisme de la mitraillette.

Une réévaluation des événements historiques nous fournira la solution aux parties obscures des *Protocoles.* Les Sages de Sion ont planifié trois étapes dans l'établissement du trône du roi Salomon. La première étape consistait à assurer à la juiverie le contrôle de l'argent et du capitalisme, à établir le contrôle exclusif de la juiverie sur la presse et à accroître son influence, tout en détruisant et en compromettant l'*élite de* la société non juive. Simultanément, utiliser l'idéal du libéralisme comme un bélier pour détruire les nations païennes, provoquer la perversion du droit romain et de tous les autres systèmes juridiques, susciter l'envie et le mécontentement parmi les classes ouvrières et perpétuer la haine entre les sociétés et les États.

La première étape comprenait également la propagation de dissensions entre les États chrétiens, le déclenchement de guerres et l'amorce de révolutions, mais toutes ces activités devaient encore être poursuivies dans le cadre du libéralisme.

> "Nous devons être en mesure de répondre à chaque acte d'opposition par la guerre avec les voisins du pays qui ose s'opposer à nous ; mais si ces voisins s'aventurent également à se dresser collectivement contre nous, alors nous devons offrir une résistance par une guerre universelle".

Pour les combattants de la première étape, les *Protocoles* prescrivent l'intrusion dans la famille chrétienne, une lutte incessante contre la religion, la monopolisation de la presse, la provocation des travailleurs à la révolution et la lente destruction des sociétés chrétiennes. En premier lieu, tous les royaumes doivent être supprimés, puis l'aristocratie doit être détruite, les classes foncières appauvries et l'esprit de révolution éveillé dans les masses.

> "Sur les ruines de l'aristocratie naturelle et généalogique des Goyim, nous avons établi l'aristocratie de notre classe éduquée, dirigée par l'aristocratie de l'argent. Nous avons établi les qualifications de cette aristocratie dans la richesse, qui dépend de nous, et dans le savoir, pour lequel nos aînés érudits fournissent la force motrice". (*Protocole I.*)

La dernière phrase du *protocole* nous fait penser au rôle que jouent actuellement les Juifs au sein de la Commission de l'énergie atomique.

Les auteurs des *Protocoles* voient clairement qu'à l'époque du capitalisme libéral, la libre concurrence est le moyen le plus sûr de parvenir à la deuxième étape. "Nous apparaîtrons comme les prétendus sauveurs du travailleur de l'oppression", poursuivent les *Protocoles*, "comme lorsque nous l'invitons à entrer dans les rangs de nos forces combattantes — socialistes, anarchistes, communistes — auxquelles nous apportons toujours notre soutien conformément à une prétendue règle fraternelle de notre maçonnerie sociale". *(Protocole III.)*

N'oublions pas que ces *protocoles ont été révélés* pour la première fois en 1906 et que ce programme n'a pas été pleinement mis en œuvre depuis lors.

Au cours de la première étape, les tactiques et les armes employées sont différentes. Notre contre-enseigne est la force et l'illusion", prêchent ces « Pharisiens » dans les *Protocoles*, ajoutant en même temps : 'Seule la force conquiert dans les affaires politiques, surtout si elle est dissimulée sous les talents essentiels des hommes d'État : "Seule la force conquiert dans les affaires politiques, surtout si elle est dissimulée sous les talents essentiels aux hommes d'État. *(Protocole I.)*

Les auteurs des Protocoles ne souffraient d'aucune inhibition idéologique. Ils prévoyaient clairement tout ce qui a été accompli depuis, à savoir que l'exploitation du capitalisme financier préparerait la voie au bolchevisme.

> '... le peuple, croyant aveuglément les choses imprimées, nourrit — grâce à des incitations destinées à l'égarer et à son ignorance — une haine aveugle envers toutes les conditions qu'il considère comme supérieures à lui-même, car il ne comprend pas la signification de la classe et de la condition. « Cette haine sera encore accrue par les effets d'une crise économique qui arrêtera les transactions dans les bourses et paralysera l'industrie. Nous créerons, par tous les moyens secrets et souterrains dont nous disposons et à l'aide de l'or, qui est tout entier entre nos mains, une crise économique universelle par laquelle nous jetterons dans les rues des foules entières d'ouvriers, simultanément dans tous les pays d'Europe. Ces foules se précipiteront avec joie pour verser le sang de ceux que, dans la simplicité de leur ignorance, elles envient depuis leur berceau, et dont elles pourront alors piller les biens. Ils ne toucheront pas aux nôtres, car le moment de l'attaque nous sera connu et nous prendrons des mesures pour protéger les nôtres ». *(Protocole III.)*

Il suffit de rappeler les trente ou quarante dernières années de l'histoire européenne et mondiale pour conclure qu'il s'agit bien du début de la deuxième étape.

Car c'est le bolchevisme lui-même. Le seul rebelle, les masses prolétariennes remplies de haine et d'envie, dirigées par les mêmes commissaires et agitateurs qui contrôlent actuellement les systèmes bancaires, les parlements et la presse des États capitalistes. Ils sont tous, bien sûr, issus de la même alliance tribale. Ils sont tous les représentants du même nationalisme à double visage.

La vraie face cachée du Talmud apparaît ici, les traits déformés du sadducéen sanguinaire, qui projette de détruire toutes les autres nations, même par le massacre s'il le faut, lui qui a mené les grands pogroms chrétiens de 1945 avec autant de zèle que les braves de Bar-cochba en l'an 131 de notre ère lors de la grande révolte juive en Méditerranée.

Le protocole III se poursuit :

> "L'aristocratie qui jouissait par la loi du travail des ouvriers, était intéressée à ce que les ouvriers soient bien nourris, en bonne santé et forts. Nous sommes intéressés par le contraire — par la diminution, l'élimination des Goyim. Notre pouvoir réside dans la pénurie chronique de nourriture et la faiblesse physique du travailleur car, par tout ce que cela implique, il devient l'esclave de notre volonté et il ne trouvera pas dans ses propres autorités la force ou l'énergie de s'opposer à notre volonté".

Qu'est-ce que c'est sinon une vision cauchemardesque du bolchevisme ? Trois décennies avant qu'il n'éclate ! Qu'est-ce d'autre que le programme des anciens Illuminati avec ses caractéristiques juives : "Faim et persuasion !" Ce n'est rien d'autre qu'une description vivante de la Russie de Staline-Kaganovitch elle-même, dans laquelle — selon les *Protocoles* — se trouvent la police secrète et une institution appelée le Tribunal du Peuple, qui impose la répression absolue et l'exploitation complète des travailleurs.

Nous en sommes déjà à la deuxième étape ! En Russie, l'esclave du kolkhoze doit s'agenouiller devant le commissaire. Au Soviet, le contremaître juif ou le directeur d'usine a le pouvoir de retirer les cartes de rationnement aux travailleurs qui ne sont pas en mesure de respecter la norme prescrite, c'est-à-dire la quantité de travail forcé ordonnée. Les six millions de personnes mortes de faim lors de la famine en Ukraine, les prisonniers de guerre hongrois, allemands, roumains et italiens sacrifiés qui sont morts de faim à cause du retrait de leur carte de rationnement, prouvent que cette partie du programme est remplie partout où "Israël est roi".

Mais les rédacteurs des *protocoles* ont bien vu que cela ne suffisait pas.

Que le bolchevisme n'est que le moyen de briser, de dégénérer et de bestialiser les masses et de les réduire ainsi à un troupeau humain. Que le capitalisme et le bolchevisme, ainsi que la lutte des classes, ne sont que des instruments. Tout cela n'est pas encore suffisant pour assurer à la juiverie une sécurité absolue et une position inexpugnable.

> Rappelez-vous la Révolution française, à laquelle nous avons donné le nom de "Grande" ; les secrets de sa préparation nous sont bien connus, car elle fut entièrement l'œuvre de nos mains. Depuis cette époque, nous conduisons les peuples de désenchantement en désenchantement, afin qu'à la fin ils se détournent aussi de nous en faveur de ce Roi-Despote du sang de Sion, que nous préparons pour le monde'. *(Protocole III.)*

C'est la troisième étape. La dernière et la plus importante ! Les auteurs des *Protocoles* nous disent que lorsqu'elle sera atteinte, à la dernière minute, la juiverie annulera d'un trait de plume tous les principes qu'elle avait professés aux Goyims. Au libéralisme et au socialisme succédera un despotisme complet et absolu. Un royaume juif mondial, patriarcal en apparence, mais essentiellement cruel et terroriste, gouverné exclusivement par des Juifs.

Le Protocole III explique qu'il est absolument nécessaire que le peuple voie l'incarnation du pouvoir et de l'autorité dans la personne de son dirigeant. Il est le monarque choisi par Dieu dont la mission est d'écraser les forces destructrices qui ne trouvent leur origine ni dans l'intellect, ni dans l'esprit humain, mais dans les instincts animaux de l'humanité. Aujourd'hui, ces forces sont au premier plan et elles prendront diverses formes de violence et de vol perpétrés au nom de la loi et de l'ordre. Elles bouleverseront le système social actuel afin d'établir le trône du roi d'Israël. Mais dès que ce dernier sera parvenu au pouvoir, le rôle de ces forces sera terminé. 'Il faudra alors les balayer de son chemin, sur lequel il ne doit rester aucun nœud, aucune écharde.

Nous verrons plus loin comment des prophéties qui, en 1890 ou 1906, semblaient loin de se réaliser, sont devenues réalité ; elles se sont réalisées avec une précision étonnante.

En Occident, au tournant du siècle, les « troupes d'assaut » des conquérants du monde, composées des couches sociales juives bourgeoises, capitalistes et de la classe moyenne, se tenaient prêtes à l'action, dirigées par l'*élite* intellectuelle progressiste juive « assimilée », c'est-à-dire par des écrivains, des journalistes, etc. Car le Juif occidental est aussi un élève du Talmud. Pendant ce temps, à l'Est, plus de cinq millions de Juifs dispersés entre la Volga et le Danube, les masses juives russes et polonaises de l'Est, rêvaient encore du royaume juif mondial, penchés sur leurs Talmuds et leurs Torahs dans les synagogues de Belz, Brest-Litovsk et Maramarossziget.

Lajos Fehér, érudit juif né à Budapest, n'a pas dit autre chose que la vérité lorsqu'il a souligné, dans son grand ouvrage intitulé « *La juiverie* », que le Talmud avait, en fait, réduit la juiverie à un esclavage rituel. Les règles rituelles strictes et détaillées prescrivent une sorte de devoir religieux à toute heure de la journée. Rubens, dans son ouvrage *Der alte und der neue Glaube* (L'ancienne et la nouvelle foi), arrive à la conclusion qu'un juif doit passer la moitié de sa journée à accomplir des rites. Le Talmud prescrit quelque 3000 cérémonies religieuses rien que pour commémorer la mort de Moïse. Tous ces éléments empêchaient un juif orthodoxe d'entreprendre une quelconque activité productive. Dans ces conditions, il était incapable d'accomplir les quatorze heures de travail quotidien d'un paysan polonais, russe ou hongrois. Mais ne pas être lié à la paysannerie avait ses avantages. Il était facile pour les Juifs de se transformer en classe moyenne en un temps relativement court et de prendre leur place dans la couche sociale intellectuelle. N'étant pas liés à la terre, ils étaient libres de s'engager pleinement dans des activités intellectuelles telles que la lecture des livres saints. Si nous examinons l'importance de ce phénomène au cours des 2 000 dernières années, nous comprenons mieux pourquoi cette race a produit tant d'intellectuels, d'écrivains, de poètes, de journalistes, d'hommes politiques et de scientifiques de l'atome.

C'est ainsi que le judaïsme s'est rapidement développé. Il lui suffisait d'apprendre la langue d'un pays pour faire partie de la classe moyenne, de la bourgeoisie ou de l'aristocratie financière de ce pays. Elle était en mesure d'occuper plus de postes clés que n'importe quelle autre nation, ce qui incluait naturellement les classes ouvrières et la paysannerie. À partir de là, il n'y avait qu'un pas à franchir pour développer une conception messianique plus grandiose.

Pourquoi cette race de quinze millions d'individus ne formerait-elle pas les classes dirigeantes de toutes les nations du monde en prenant un vernis extérieur anglais, des manières russes, une turbulence américaine ou une politesse française, tout en restant imprégnée de la même conscience uniforme du nationalisme juif ?

Pourim est le seul jour de réjouissance nationale où les Juifs peuvent s'enivrer pour commémorer la mise à mort du premier « antisémite », Haman, et de ses dix fils, ainsi que le massacre de 75 000 païens dans la ville de Shushan et dans les provinces. Jan et Jherome Tharaud, dans leur livre pro-juif « *À l'ombre du crucifix* », s'attachent à rappeler que la nation juive n'a jamais connu le sens du mot « amour ». Bien que l'adage « Aime ton prochain comme toi-même » soit un commandement mosaïque, il était limité aux membres des tribus juives, et encore plus aux « proches parents ». Pendant ce temps, les Juifs d'Orient se sont transformés en une communauté formant une sorte de réservoir de haine et d'animosité à l'égard de tous ceux qui les entouraient.

Les Juifs occidentaux, marxistes convaincus, s'attendaient tout d'abord à ce que la révolution prolétarienne, prophétisée par Marx, se matérialise quelque part en Occident.

Et pendant ce temps, en Occident, plus exactement à Bruxelles, il y a un demi-siècle, dans des circonstances presque romantiques, le parti bolchevique russe a été fondé. Parmi les fondateurs, on trouve un ancien membre de la petite noblesse « russe », un séminariste expulsé de Géorgie, la fille d'un capitaine d'industrie russe et un journaliste progressiste. À l'exception d'un ou deux d'entre eux, tous étaient juifs.

Une décennie et demie plus tard, la Sainte Russie a été réduite en poussière par le nationalisme juif, qui a commencé dès la deuxième étape à réaliser les plans des Sages de Sion pour l'établissement du royaume mondial juif.

CHAPITRE IV

Les banquiers millionnaires soutiennent les bolcheviks

AVANT la Première Guerre mondiale, une certaine carte postale était vendue librement dans les magasins juifs de Russie, de Lituanie et de Pologne. Sur cette carte postale, un rabbin tenait la Torah dans une main et, dans l'autre, Nicolas II, le tsar de Russie, était représenté sous la forme d'une poulette blanche portant la couronne Romanoff sur la tête.

Sous l'image, le texte suivant apparaît en hébreu :

« Sä chaliphati s ä temurati, s ä kaporati. »

Cela signifie que :

« Cet animal sacrificiel sera mon absolution, il sera mon offrande de substitution et d'expiation. »

Le texte hébreu est en fait une partie de la prière appelée « Kaporah ». Les rituels relatifs à ce sacrifice sont contenus dans le *Lévitique* (chap. xvi. 15).

« Il égorgera le bouc du sacrifice pour le péché, qui est pour le peuple, et il en apportera le sang en deçà du voile ; il fera avec ce sang ce qu'il a fait avec le sang du taureau, et il en fera l'aspersion sur le propitiatoire et devant le propitiatoire. »

Certains rabbins s'opposaient à cette doctrine. Mais là où les cabalistes vivaient parmi les juifs orientaux, le jour de l'expiation, un coq blanc et une poulette blanche étaient généralement sacrifiés à la place de la chèvre.

Cette carte postale était donc une invitation ouverte de la communauté juive à assassiner le tsar. La haine contre le tsarisme était déjà latente à la suite des pogroms, mais elle était maintenue en ébullition par le commandement mosaïque :

> « ... tu n'établiras pas sur toi comme roi un étranger qui ne soit pas ton frère. »

Lorsque le bolchevisme a éclaté, le tsar et sa famille ont été assassinés à Ekaterinbourg. Les assassins du tsar étaient Jacob Swerdlow, qui devint plus tard président de l'Union soviétique, Jacob Jurovszkij, Chajim Golocsikin et Peter Jernakow, tous juifs.

Mais tous ceux qui ont comploté pendant cinquante ans pour provoquer la désintégration et l'asservissement de la Russie étaient également juifs. Cinquante pour cent des membres du premier parti social-démocrate de Russie, dont est issu le parti bolchevique, étaient juifs. Le parti social-démocrate polonais a d'abord été organisé comme le parti démocratique juif, et la situation était similaire en Lituanie. Kerenski lui-même, qui devint Premier ministre de la Première République, était juif de naissance.

Le plus grand romancier russe, Dostoievski, dont le traité sur les Juifs est encore aujourd'hui soigneusement caché par les maisons d'édition occidentales dites « libres », a vu dès 1887 que le fléau de Juda était suspendu au-dessus de la tête du peuple russe et que l'ombre rouge du bolchevisme allait s'abattre sur la Sainte Russie.

> « Leur royaume et leur tyrannie arrivent », écrivait-il. « Le despotisme illimité de leur idéologie ne fait que commencer. Sous cette tyrannie, la bonté humaine et le voisinage, ainsi que l'aspiration à la justice, disparaîtront ; tous les idéaux chrétiens et patriotiques disparaîtront à jamais ! »

Le bolchevisme a gagné. Et au moment de sa victoire, les intellectuels juifs, les jeunes révolutionnaires comme les juifs pauvres au bas de l'échelle capitaliste, ont tourné leur visage vers la Russie. Bolcheviks ou non, ils prenaient néanmoins conscience, en tant que Juifs, que ceux qui succédaient au régime tsariste étaient presque tous des Juifs.

Un membre de la classe moyenne juive hongroise, Lászl ó Lakatos-Kellner, avait salué Lénine dans un poème en écrivant :

> Le nouveau Christ est arrivé, Lénine ! Lénine !

Le journal officiel des Juifs hongrois , *Egyenlöség* (Égalité), lu principalement par des citoyens aisés, publie l'article suivant dans un article faisant l'éloge de Trotsky-Bronstein :

> « L'intelligence et le savoir juifs, le courage juif et l'amour de la paix ont sauvé la Russie et peut-être le monde entier. Jamais la mission historique mondiale du judaïsme n'a brillé avec autant d'éclat qu'en Russie. Les paroles de Trotsky prouvent que l'esprit biblique et prophétique juif d'Isaïe et de Michée, les grands artisans de la paix, ainsi que celui des sages du Talmud, inspirent les dirigeants de la Russie d'aujourd'hui ».

Le banquier américain Jacob Schiff, la banque Kuhn Loeb et les financiers américains ont soutenu les bolcheviks dès le début en leur accordant d'énormes prêts et d'innombrables dons. Ces banquiers connaissaient les dirigeants de la Russie tout comme ils connaissaient les prophéties d'Amschel Mayer, le fondateur de la maison Rothschild. Au-dessus de la maison Rothschild à Francfort, un drapeau rouge est déployé sur un bouclier. Jean Drault, écrivain français, se souvient que le vieil Amschel Mayer disait aux clients de sa boutique :

> « Un jour, ce drapeau dominera le monde ! »

Karl Marx, petit-fils du rabbin de Trèves, devait lui aussi bien connaître ce drapeau. Comme tout le monde, il savait que le capitalisme juif et le marxisme juif ne sont que deux formes différentes d'un même judaïsme, d'un même nationalisme conquérant. Le drapeau rouge de Rothschild est tout aussi joyeux et encourageant pour Morgenthau que pour Kaganovich.

S'il est intéressant d'apprendre que le bolchevisme a emprunté son drapeau rouge à un banquier juif, il convient également de noter que le salut révolutionnaire bolchevique, c'est-à-dire le poing serré levé, est lui aussi un symbole d'origine juive. L'article intitulé « La *clé du mystère* », à la page 21 du numéro daté du 7 août, 1939, décrit comment, lors de la fête de Pourim, qui commémore l'assassinat de 75 000 païens, les Juifs se saluent toujours en levant le poing fermé.

Mais le monde chrétien se demande toujours comment une collusion est possible entre deux ennemis « mortels » comme le capitalisme et le bolchevisme.

Cette question a reçu une réponse définitive en 1918 grâce au rapport des services secrets américains (2nd Army Bureau) qui désignait les personnes ayant financé la révolution bolchevique en 1916. Sous la pression juive, ce rapport a été détruit par le Département d'État, mais il était déjà trop tard. Le Révérend Denis Fahey, professeur de théologie, dans son livre *The Mystical Body of Christ in the Modern World*, et Mgr Jouin, dans son ouvrage *Le Péril Judéo Maçonnique*, citent tous deux le rapport complet. Nous y faisons ici brièvement référence, mais le texte intégral est disponible. Selon le service de contre-espionnage et d'information américain, les grands banquiers américains suivants ont donné de l'argent à Lénine et à ses camarades pour la révolution bolchevique : Jacob Schiff, Guggenheim, Max Breitung, la banque Kuhn, Loeb et Cie, dont les directeurs étaient à l'époque Jacob Schiff, Felix Warburg, Otto Kahn, Mortimer Schiff et S.H. Hanauer. Hanauer. Comme l'indique le rapport : « Tous juifs ».

Le rapport cite des articles du *Daily Forward, le* journal juif bolchevique de New York, décrivant en détail comment d'importantes sommes d'argent en dollars ont été transférées aux bolcheviks à partir des actifs du Westphalian-Rhineland Syndicate, une grande entreprise commerciale juive. Comment la banque juive parisienne Lazare Brothers, la Gunsbourg Bank de Saint-Pétersbourg avec des filiales à Tokio et à Paris, la banque londonienne Speyer & Co. et la Nya Banken de Stockholm ont toutes envoyé de l'argent aux bolcheviks.

La déclaration du service de contre-espionnage et de renseignement militaire américain a établi le fait que Jacob Schiff a donné douze millions de dollars pour le financement de la révolution bolchevique. Quant à la banque parisienne Lazare, non seulement elle a joué un rôle considérable dans le déclenchement de la Seconde Guerre mondiale, mais son ancien directeur, M. Altschul, fait aujourd'hui partie du conseil d'administration de Free Europe Inc. et s'occupe actuellement de la réorganisation de l'Europe.

Cette alliance particulière, cette conspiration des bolcheviks et des banquiers ne peut s'expliquer de manière plausible que par le nationalisme juif. Bien que la prostration de la Russie, le pays des pogroms, ainsi que l'extermination de la famille du tsar, aient été des actes criminels commis par les bolcheviks, aux yeux du nationalisme juif, ils sont apparus comme les actes des juifs, le triomphe de la juiverie, la glorieuse lutte de libération de l'irrédentisme religieux. Le pouvoir politique absolu en Russie était ouvertement tombé entre les mains de la juiverie.

Au début, peut-être, les enseignements de Lénine n'ont pas été pleinement compris par les masses juives. Néanmoins, elles ont vu que presque tous les dirigeants et les chefs du nouveau système étatique russe étaient des descendants d'Abraham. Lénine lui-même n'était qu'officiellement un Oulianov. Son père appartenait à la petite noblesse russe. Mais sa mère était la fille d'un médecin juif allemand appelé Berg. Lénine a hérité de sa mère sa manie de la destruction et sa soif désespérée de pouvoir, deux caractéristiques tout aussi judaïques l'une que l'autre. Victor Marsden, journaliste anglais engagé comme correspondant en Russie pendant la Première Guerre mondiale, décrit Lénine comme suit :

> « Lénine, juif calmiteux, marié à une juive, dont les enfants parlaient yiddish. »

Herbert Fitsch, détective de Scotland Yard, qui, sous les traits d'un valet de chambre, a pénétré dans l'entourage de Lénine et l'a dénoncé comme un « Juif typique » !

Le *Morning Post a* publié au même moment une liste des noms, pseudonymes et origines raciales des fondateurs du gouvernement secret, ainsi que de ses cinquante principaux fonctionnaires. Il s'agit d'environ quatre-vingt-dix-huit pour cent de juifs.

Le London *Jewish Chronicle* du 4 avril, 1919, affirme sans ambages :

> « Les conceptions du bolchevisme sont en harmonie sur la plupart des points avec les idées du judaïsme.

Victor Marsden, journaliste du *Morning Post* en Russie, affirme que parmi les 545 hauts fonctionnaires bolcheviques, il y avait 477 Juifs à la naissance du bolchevisme.

Mais le point de vue du nationalisme juif est sensiblement différent. Les Juifs ne prêtent guère attention aux évêques exterminés, aux prêtres tués et aux masses russes affamées ou massacrées par centaines de milliers. Ils n'apprécient que les *succès juifs*.

Les événements effroyables survenus en Russie dépassent toute imagination. Les statistiques compilées dès les premiers jours du bolchevisme et citées dans les archives du Congrès américain confirment qu'au cours des premières années, 28 évêques et archevêques 150 000 policiers 6776 prêtres 48 000 gendarmes, 6765 enseignants 355 000 intellectuels, 8500 médecins 198 000 ouvriers, 54 000 officiers de l'armée 915 000 paysans, 260 000 soldats ont été assassinés en même temps que l'empereur et sa famille.

Après avoir pris connaissance de ces statistiques effroyables, on pourrait s'attendre à ce que la juiverie, qui a été présentée dans la presse dominée par les juifs dans le monde entier comme un peuple humanitaire, expulse ces juifs bolcheviques de ses rangs avec dégoût et mépris. Mais la juiverie mondiale et ses grandes organisations restent au mieux silencieuses. Et pendant ce temps, il n'y a probablement pas un seul pays dans le monde entier où le parti communiste n'est pas sous la direction exclusive de juifs.

En Argentine, dès 1918, Solomon Haselman et sa femme Julia Fitz ont commencé à organiser le communisme. La révolution argentine éclate en janvier 1919 et fait 800 morts et 4000 blessés dans la seule ville de Buenos Aires. Le chef de la révolte était Pedro Wald, alias Naleskovskij, et son ministre de la guerre Macaro Ziazin, tous deux juifs orientaux. Après la répression de la révolte, d'autres mouvements ont été organisés par des Juifs.

Parmi les enseignants et les professeurs d'université, il y avait beaucoup de Juifs et de communistes. Siskin Aisenberg a lancé l'éducation bolchevique de la jeunesse argentine. Parmi les journaux yiddish, Roiter Stern, Roiter Hilfe, Der Poer et Chivolt diffusent une dangereuse propagande bolchevique.

Le soulèvement bolchevique chilien de 1931 et la rébellion bolchevique uruguayenne de 1932 ont été conçus et dirigés presque exclusivement par des descendants de la race d'Abraham.

Lorsque l'éphémère révolution brésilienne a été réprimée en 1935, il est apparu que les véritables dirigeants étaient tous juifs, à l'exception d'un leader nominal appelé Louis Carlos Perestes. Le Braccor, une association juive orientale, organisait les dockers, et le chef de cette révolte connue sous le nom d'Ewert s'appelait en fait Harry Bergner. Ce soulèvement était dirigé depuis l'ambassade soviétique de Montevideo par un marchand de cuir juif appelé Minikin. Parmi les dirigeants de ce soulèvement brésilien, il y avait de nombreux membres de l'Organizacao Revolutionaria Israelita Brazor, et nous citons notamment les noms suivants : Baruch Zell, Zatis Janovisai, Rubens Goldberg, Moysés Kava, Waldemar Roterburg, Abrahâo Rosemberg, Nicolâo Martinoff, Yayme Gandelsman, Moisi Lipes, Carlos Garfunkel, Waldemar Gutinik, Henrique Jvilaski, Jos é Weiss, Armando Gusiman, Joseph Friedman, etc.

Parmi les révolutions sud-américaines, celle du Mexique est particulièrement intéressante car, là encore, un millionnaire juif dirige les bolcheviks. Le dictateur de la révolution bolchevique mexicaine, Plutarco Elias Calles, est le fils d'un juif syrien et d'une Indienne. Calles est un franc-maçon du degré 33 et sa fortune personnelle s'élève à quatre-vingts millions de pesos. Son ami, Aron Saez, qui a joué un rôle important en tant que lieutenant et dont la fortune s'élève à quarante millions de pesos, est également juif. Leur persécution de l'Église a fait 20 000 martyrs catholiques. Parmi eux, 300 prêtres catholiques et 200 jeunes catholiques dévoués.

Mais le mouvement bolchevique américain était le plus typique et le plus caractéristique de tous. Aux États-Unis, le Parti communiste a été créé le 1ᵉʳ septembre 1919, William Z. Foster en étant le premier secrétaire général. Le *Daily Worker, le* quotidien communiste new-yorkais, commence à paraître à la même époque. Le gros des partisans du Parti communiste américain était presque entièrement composé de Juifs qui avaient émigré aux États-Unis depuis la Russie, la Pologne et les pays qui se trouvent aujourd'hui derrière le rideau de fer. Les États-Unis leur ont offert tout ce qu'une grande démocratie libre peut offrir : la sécurité contre les pogroms, la prospérité, souvent la richesse et de nouvelles maisons ainsi que des salaires décents. Néanmoins, dès que l'occasion s'est présentée, ils ont commencé à comploter pour renverser la liberté américaine et pour soumettre totalement la maison de Washington.

Le mouvement communiste est né du syndicat formé par les employés de l'industrie de l'habillement. Aujourd'hui encore, ce syndicat est presque entièrement aux mains des Juifs et la première question qu'ils posent à un nouveau membre potentiel est : « Parlez-vous le yiddish ? ». Il est intéressant de noter que, comme en Russie et en Pologne où les partis marxistes étaient organisés par des Juifs, en Amérique aussi les organisations juives sont devenues les champions des principes communistes. Le Jewish Workers Club, le Jewish Workers Union, l'ICOR (une société pour les colons), l'ARTE V (Arbeiter Theater Verband) et le John Reed Club pour les écrivains juifs, étaient tous des organisations juives et communistes. Le nombre de journaux juifs radicaux et communistes ainsi que de périodiques juifs édités aux États-Unis atteignait 600 en 1936 et, dès 1933, le nombre total de membres du parti communiste était estimé par Earl Browder à environ 1 200 000. Dans le travail préparatoire d'organisation du bolchevisme américain, la National Textile Workers Union et la Workers International Relief ont joué un rôle important. Les dirigeants de ces deux grandes associations étaient juifs : Charles Steinmetz, Upton Sinclair, Helen Keller, Albert Einstein, l'évêque William M. Brown. La Défense internationale du travail était une organisation très puissante dirigée par des millionnaires ou des avocats très riches, bien qu'elle soit typiquement communiste.

Tous ces groupes, syndicats et associations espéraient capturer l'Amérique pour le bolchevisme pendant la grande crise économique. Lorsque, en 1930, les communistes de New York ont tenté d'assiéger l'hôtel de ville, les journaux communistes en ont parlé avec enthousiasme :

> « Les femmes juives se battaient comme des tigresses. »
> *(Weltbolshevism. page 265.)*

Toutes les associations mentionnées ci-dessus appartenaient aux formations bolcheviques non secrètes ou exotériques d'Amérique. Aucun de ces types ouverts d'associations bolcheviques ne présentait de réel danger. Il est certain que le travailleur américain — qu'il soit le descendant d'un des premiers colons du *Mayflower* ou d'un réfugié de l'Est — ne deviendrait jamais communiste. Par conséquent, peu après la création de leur parti, les bolcheviks américains ont tenté de persuader la jeunesse américaine de les rejoindre et de servir de noyau dur aux troupes d'assaut des conquérants du monde. Ils ne savaient que trop bien qu'il serait extrêmement difficile de répéter en Amérique les astuces employées en Russie. Ils savaient parfaitement que le travailleur américain n'est ni bolcheviste ni marxiste. C'est pourquoi leur objectif se concentrait sur la jeunesse américaine ; ils s'efforçaient d'obtenir le soutien d'une deuxième génération trompée. C'est pourquoi, bien avant l'arrivée au pouvoir de Roosevelt, ils ont organisé la Young Communist League, la National Student League (formée à partir des universités) et les Young Pioneers pour les enfants âgés de huit à neuf ans. Bien entendu, les communistes ne sont pas les seuls à avoir miné l'Amérique.

Il existait également des associations et des syndicats de travailleurs plus pacifiques qui, sous le couvert du marxisme ou du socialisme, servaient en réalité les objectifs supranationaux du nationalisme tribal juif. Mais même dans les organisations qui n'étaient pas directement juives, les postes clés étaient occupés par des Juifs. La C.I.O., la plus grande organisation syndicale, était dirigée par Sidney Hillman, tandis que la Fédération américaine du travail avait été fondée par Samuel Gompers, un juif immigré d'Angleterre.

Après tous ces faits, le lecteur ne sera pas surpris que, lors de l'arrestation d'Eugen Dennis le 16 mai 1950, le célèbre écrivain juif Albert Kahan ait fait le commentaire suivant dans *Jewish Life*, *le* supplément mensuel du journal sioniste new-yorkais *Freiheit* :

> « Lorsque, le 15 mai, Eugen Dennis, le chef du parti communiste, a été envoyé en prison, une ombre est tombée sur la vie de tous les Juifs américains, hommes et femmes. »

Jetons maintenant un coup d'œil sur l'Europe (sans la Russie), le vieux continent où les chorals et les psaumes ont été composés et écrits, et où, pendant le Moyen Âge chrétien, la communauté juive était confinée dans le ghetto.

En Angleterre, le parti communiste, bien que de force négligeable, est dirigé par des Juifs, de même que les organisations appelées ligues anti-fascistes ou mouvements anti-guerre, où l'on trouve des noms tels que : Lord Marley, Ivor Montagu, Hannen Swaffer, Gerald Barry, Bernhard Baron, Nathan Birch, Morris Isaacs et Harold Laski. Les nobles lords, baronnets et chevaliers d'origine juive ont tous soudainement pris parti pour le bolchevisme qui, en Russie, a prétendument l'intention de détruire le capitalisme.

En France, le contrôle du marxisme est et était presque entièrement entre les mains des Juifs. Zay, Léon Blum, Denains, Zyrowszky, Mandel-Bloch et les autres mènent le même nationalisme révolutionnaire qui a ruiné la Sainte Russie.

En Angleterre, le parti communiste a été représenté au Parlement par un Juif appelé Piratin.

Les principaux responsables de l'organisation du parti communiste français sont Henri Barbusse, André Gide, Romain Roland et André Malraux. En France, les Juifs bénéficient des avantages de la petite bourgeoisie française, sont éblouis par la position puissante de la juiverie en Russie soviétique et s'empressent de rejoindre les organisations communistes françaises. Celles-ci exercent leurs activités sous diverses appellations, telles que « Ligue internationale contre l'antisémitisme » ou « Association culturelle des prolétaires juifs », etc. L'organisation juive communiste connue sous le nom de *Gezerd* peut également être mentionnée dans ce contexte. Le Congrès international des écrivains qui s'est tenu à Paris en 1935 était entièrement communiste. Il est apparu d'emblée que les auteurs qui étaient les plus grands représentants de l'esprit « humanitaire » juif soutenaient également avec ferveur les maîtres du bolchevisme russe. L'enseigne de ce Congrès affichait le mot « International », mais il s'agissait en réalité d'un grand rassemblement tribal de nationalistes éblouis par les succès en Russie, dont les participants venaient de divers pays et parlaient des langues différentes, mais appartenaient à la même race.

En Belgique, un juif nommé Charles Balthasar est l'organisateur du parti bolchevique, dont le pilier est l'association appelée *Gezerd*.

En Suède, des forces similaires travaillent pour le bolchevisme. Le parti communiste suédois a été soutenu par l'un des plus grands capitalistes, Ivar Krueger, le roi des allumettes, rapporte le journal *Der Weltbolshevism*, sur la base d'informations reçues de sources suédoises. Les diverses maisons d'édition et bibliothèques de prêt aux mains des Juifs ont également grandement contribué à promouvoir le bolchevisme.

La situation n'est guère différente en Norvège où le major Quisling, à la lumière de l'expérience acquise en Russie soviétique, a commencé à organiser un parti national antibolchevique, car il s'est rendu compte que les mêmes personnes qui avaient détruit la Russie s'apprêtaient à anéantir la Norvège.

Au Danemark, à cette époque, les étudiants juifs ainsi que les professeurs juifs Georg Brandes et Davidsohn de l'université de Copenhague dirigent des activités communistes. Leur principale organisation est l'association culturelle juive, l'I.K.O.R. Axel Larsen, le chef administratif juif, a annoncé avec assurance lors d'une réunion de masse que : « Le parti communiste danois ne se reposera pas tant qu'il n'aura pas réussi à pendre tous les prêtres : "Le parti communiste danois ne se reposera pas tant qu'il n'aura pas réussi à pendre tous les prêtres et tous les gendarmes.

En 1932, les bolcheviks de Suisse s'appelaient les socialistes de gauche. Léon Nicole est leur chef et son assistant, un juif russe nommé Dicker, est à l'origine du soulèvement du 9 novembre, 1932, qui fait treize morts et cent blessés.

En Autriche, l'austro-marxisme est à l'œuvre et il serait difficile de distinguer ses nuances démocratiques et communistes, bien qu'elles soient toutes deux inspirées par les Juifs. Friedrich Adler en est, dès le début, le principal organisateur. Premier secrétaire de la Deuxième Internationale, il est aussi l'assassin de Stürgh, l'ex-Premier ministre autrichien.

En Roumanie, Anna Pauker-Rabinovich et d'autres Juifs sont les champions du bolchevisme. Ce sont eux qui ont contraint les travailleurs à une grève sanglante des chemins de fer. Leur influence était terrifiante dans un gouvernement corrompu et libéral comme celui de la Roumanie. Le journal *Weltbolshevism* conclut un article comme suit :

> « Il convient de noter la forte participation des Juifs au mouvement communiste. Les activités les plus dangereuses sont observées dans les régions où vivent les grandes masses de Juifs. » (Page 435.)

La Tchécoslovaquie, porte-avions de l'Union soviétique, a été complètement minée par les organisations communistes dès le début de son indépendance nationale. L'un des dirigeants communistes était Slansky-Salzman. La littérature communiste et le contrôle de toutes les activités d'organisation sont entre les mains des Juifs.

En Bulgarie, les mouvements communistes sont également dirigés par des Juifs. Lorsque deux cents officiers et civils sont victimes du complot contre Sveta Nedelja, il apparaît que le complot, organisé par Dimitrov, a été mis en œuvre par les Juifs Jack et Prima Friedman.

En Grèce, les journaux *Avanti* et *El Tsoweno* sont les organes officiels du parti communiste, ce dernier étant également l'organe de l'association juive communiste de Salonique.

Et si l'on regarde l'Extrême-Orient, il est clair qu'ici aussi, les mêmes mains allument les feux du bolchevisme. Les dirigeants du parti communiste chinois, Borodine et Crusenberg, étaient eux aussi de la lignée d'Abraham.

Nous avons délibérément laissé l'Espagne pour la fin, car les organisations juives sont clairement reconnaissables dans la guerre civile espagnole. Lorsque le combat a éclaté, les leaders : Zamorra, Azara, Rosenberg et la célèbre La Passionaria, de son vrai nom Dolores Ibauri, étaient tous juifs. Et ceux qui ont afflué en Espagne de toutes parts pour rendre encore plus insupportable le sort sanglant du peuple espagnol, étaient tous des émissaires du même nationalisme racial déjà victorieux de la Russie. Ilja Ehrenburg, Bela Kun, Ger ö Ernö, Zalka Máté, les chefs et les membres de la célèbre brigade Rákosi-Roth, tous appartenaient, presque sans exception, aux émissaires de ce « nazisme » racial détraqué.

Quand l'heure sonne, le masque tombe ! Les églises chrétiennes et les trésors artistiques séculaires s'embrasent, des terroristes ivres tirent sur la croix du Christ et les mêmes « experts » crucifient à nouveau des prêtres avec expertise, comme ils l'avaient fait auparavant en Russie. Ils sabordent les navires-prisons où sont enfermés des antirévolutionnaires, ils fusillent des dizaines de milliers d'otages chrétiens capturés dans l'arène de la corrida. Les cadavres d'un million et demi de victimes et de martyrs couvrent les champs de bataille d'une Espagne sinistrée. Derrière cette misère de masse et derrière les mineurs des Asturies se profile la même puissance mystique qui a poussé les marins russes à se révolter à Cronstadt. Tandis que les intellectuels « roses » commencent à considérer ce bain de sang comme un spectacle de la Passion, les banquiers progressistes lui fournissent de l'or et des armes. Le « nazisme » de l'ancien Testament rembourse ainsi l'Espagne catholique de Ferdinand pour l'expulsion des Juifs et, deux décennies plus tard, le Congrès juif américain a l'impudence de déclarer : 'Jusqu'à aujourd'hui, la juiverie n'a jamais été en mesure de faire face à l'expulsion des Juifs : « Jusqu'à aujourd'hui, **la juiverie n'a pas pardonné à la nation espagnole son expulsion.** »

Heureusement, à ce moment critique, des Espagnols héroïques se trouvaient sur place et des puissances européennes étaient prêtes à envoyer une aide efficace. Avec l'aide de la légion allemande Condor et de la division italienne Blue Arrow, le peuple espagnol a vaincu ces fanatiques, prouvant ainsi avec force que la révolution soviétique aurait également pu être maîtrisée si la Russie n'avait pas été abandonnée par les puissances européennes au moment où elle en avait le plus besoin.

Les massacres perpétrés en Russie par les communistes ont eu un effet horrifiant sur le monde chrétien. Mais ces crimes apparaissaient comme des exploits héroïques et séduisants aux yeux de la juiverie. À leurs yeux, une seule chose comptait, à savoir que sur un vaste empire, sur pratiquement un cinquième du globe, le pouvoir était pris par leurs ressortissants.

Pendant la guerre d'intervention, les syndicats anglais ont été mis à contribution par une main « cachée » pour entraver la campagne contre le bolchevisme. Lorsque la Pologne a été envahie par le bolchevisme, la franc-maçonnerie du Grand Orient a empêché, avec l'aide des francs-maçons tchécoslovaques, les livraisons de munitions aux Polonais. Finalement, les dernières réserves de munitions de la Hongrie ont été envoyées sur le front de la Vistule et, grâce à cette aide, le maréchal Pilsudski a remporté la bataille de Varsovie.

Quel intérêt avait la juiverie capitaliste occidentale à la survie et à la propagation du bolchevisme ? Après tout, le Juif occidental est un capitaliste, et le bolchevisme proclame l'abolition du capitalisme. Le Juif occidental a constamment propagé les divers slogans humanitaires dans les loges, ignorant apparemment que tout le système du bolchevisme était un outrage à l'humanité. Le Juif occidental semblait rester fidèle à sa propre religion alors que le bolchevisme proclamait l'athéisme. Quel est donc le point commun entre le bolchevisme et le capitalisme occidental ? Comment est-il possible que les organisations sionistes de New York saluent le bolchevisme et que Jacob H. Schiff lui donne de l'argent ? Schiff lui donne de l'argent ?

Depuis, l'histoire nous a fourni la réponse.

Ce que le bolchevisme et le capitalisme ont en commun, c'est le fait épouvantable qu'ils **sont tous deux également juifs.**

Le Juif capitaliste occidental ne voyait pas d'ennemi du capitalisme dans les dirigeants soviétiques ; il ne voyait que des Juifs. Il a pu excuser les barbaries des bolcheviks parce qu'elles ont été commises en grande partie par des Juifs. Selon les croyances les plus étranges du nationalisme juif, le Juif est un surhomme ! La juiverie est une supernation. Le Juif est libre d'agir à sa guise contre les autres races. C'est l'enseignement de la Torah et du Talmud. La position du Juif est « au-delà du bien et du mal ». Au début, certains Juifs ont condamné le bolchevisme pour des raisons conventionnelles, mais plus tard, ils se sont rendu compte que la seule chose à faire était de garder le silence, puisque le bolchevisme était lui aussi dirigé par des Juifs.

La haute finance occidentale s'est mise d'accord sur le maintien des dirigeants juifs en Union soviétique, quel qu'en soit le prix. Le livre d'Henry Ford, *The International Jew (Le Juif international),* fut publié à cette époque, révélant de manière choquante à quel point la judaïsation de la vie américaine avait progressé. Bien que le boycott juif ait obligé Henry Ford à s'excuser pour son livre, il n'a jamais nié la véracité de son contenu. Après la Première Guerre mondiale, la question juive en Amérique est devenue de plus en plus aiguë. En monopolisant le commerce et la banque, en contrôlant le chiffre d'affaires des biens publics, en exerçant un pouvoir despotique sur la presse et en empoisonnant l'éducation publique, le pouvoir juif envahissant a commencé à menacer le mode de vie américain.

Ce péril avait été anticipé par de grands Américains tels que Benjamin Franklin qui, à une occasion, a déclaré :

> 'Il y a un grand danger pour les États-Unis d'Amérique, et ce grand danger, c'est le Juif.
>
> "S'ils ne sont pas exclus des États-Unis par la Constitution, dans moins de 100 ans, ils afflueront dans ce pays en si grand nombre qu'ils nous gouverneront et nous détruirons et changeront notre forme de gouvernement pour laquelle nous, Américains, avons versé notre sang et sacrifié notre vie, nos biens et notre liberté personnelle. Si les Juifs ne sont pas exclus, dans 200 ans,

nos enfants travailleront dans les champs pour nourrir les Juifs tandis qu'ils resteront dans la salle des comptes à se frotter joyeusement les mains ».

La description de la manière dont certaines mains mystérieuses ont emporté son journal ferait un best-seller intéressant. On peut affirmer avec certitude qu'au moment où la révolution bolchevique a éclaté en Russie, la juiverie américaine se trouvait déjà à la première étape du grand plan. Au cours de l'attaque opérationnelle visant à sécuriser la première étape, le contrôle des finances et de la presse a été réalisé et l'influence sur la vie publique fermement établie. Le nationalisme juif dans le monde occidental a clairement compris que, malgré son idéologie ostensiblement hostile, le bolchevisme devait être maintenu en vie, car la voie vers la deuxième étape en Amérique passait par le bolchevisme — le grand allié oriental — qui aiderait à conquérir l'Amérique et à établir le pouvoir mondial juif. Il est donc compréhensible qu'après la révolution russe, les dirigeants des 217 organisations sionistes américaines aient décidé d'apporter toute l'aide financière possible au bolchevisme.

'Le bolchevisme sera dévoré par la vermine ! s'exclame Trotsky-Bronstein. Mais le capitalisme juif américain a pris soin de soutenir, d'élever et d'industrialiser cette menace mondiale. Ainsi, le bolchevisme « anticapitaliste » fut bientôt soutenu par des prêts de Loeb, ainsi que par d'autres crédits à long terme, par des scientifiques, par des contributions et par des livraisons d'armes. Les bailleurs de fonds n'étaient pas des bolcheviks, mais *des juifs ! Ils étaient les représentants d'*une solidarité raciale supranationale. Ils ont apporté une aide substantielle au bolchevisme parce qu'ils ont eu la clairvoyance de réaliser que si, par hasard, le bolchevisme s'effondrait, cela discréditerait la fiabilité de la planification et de la direction juives. En outre, cette mésaventure mettrait en lumière les massacres perpétrés par la juiverie au nom du bolchevisme. Ainsi, pour éviter de perdre les territoires soumis de la Russie, considérés désormais comme une partie réellement établie du futur empire juif mondial, la juiverie apporta au bolchevisme toute l'aide possible. Pour les nations chrétiennes, le bolchevisme représentait une idéologie. Mais pour la juiverie, il s'agissait d'un problème national juif d'une importance capitale.

Mais l'établissement ferme du bolchevisme en Russie n'était pas suffisant en soi. Pour assurer sa survie et son développement en tant que puissance, il était nécessaire d'affaiblir les peuples chrétiens européens afin qu'ils ne soient pas en mesure d'étouffer l'hydre bolchevique par la suite. Pour le nationalisme tribal juif, la période des conférences de paix qui a suivi la Première Guerre mondiale a signifié un triomphe de plus pour les rêves de domination juive du monde.

Wilson lui-même a déclaré à son retour de la conférence de paix de Versailles :

> « Il y avait une force secrète à l'œuvre en Europe qui était introuvable ».

Lors de la conférence de paix de Versailles, la délégation allemande comptait deux Juifs. Parmi ses conseillers figuraient Max Warburg, le Dr von Strauss, Oscar Oppenheimer, le Dr Jaffe, Deutsch, Brentano, Struck, Wassermann et Mendelsohn Bartholdi.

Au cours de cette période, le monde chrétien n'a pas remarqué que les fossés artificiellement creusés entre les nations, ainsi que les injustices encouragées par les traités de paix, ne servaient qu'à favoriser les aspirations juives au pouvoir mondial. Dans l'Allemagne affamée, les groupes rebelles de Spartacus et les révolutionnaires socialistes et bolcheviques divisent la société. De l'autre côté du Rhin, de nouveaux nationalismes émergent et s'affrontent. À la place de la monarchie des Habsbourg et de l'ancien empire austro-hongrois, de nombreux petits nationalismes opposés se préparent à régler de vieux comptes. Alors que les feux de la révolution bolchevique couvent encore en Italie, les nouvelles flammes de la révolution fasciste commencent à s'allumer.

Pendant ce temps, plus à l'Est, grâce au soutien de la finance juive, le bolchevisme se renforce de plus en plus, de sorte que les Juifs du Kremlin comme ceux de la direction de Loeb peuvent bien chanter le credo de leur nationalisme sur l'Europe distraite.

« Nos hommes progressent rapidement à Paris, New York et Moscou. Nous avançons vers la deuxième étape de la bataille. Nous avons divisé l'Europe chrétienne et du terreau de l'injustice que nous avons semé vont jaillir les graines d'une nouvelle guerre. Vous verrez que ces graines porteront leurs fruits dans les vingt prochaines années ». Comme l'a dit le grand Lénine : 'La Première Guerre mondiale nous a donné la Russie, la Seconde Guerre mondiale nous donnera l'Europe !

Oh, Europe, terre de civilisation, ne comprends-tu pas encore ? Ne vois-tu pas où mène l'unité nationale juive associée à tes propres conflits internes ? Ne vois-tu pas l'abîme vers lequel te poussent les forces imprégnées de la cruauté et de la détermination d'un peuple supranational ? Hélas ! Il y en a si peu qui le voient encore aujourd'hui.

Un frère inconnu, Sziliczei-Várady Gyula, a écrit des prophéties qui ont été rapidement oubliées dans un livre intitulé *From the Ghetto to the Throne (Du ghetto au trône)*, et c'est là que se trouve Némésis :

> 'Le Juif occidental équipera une armée de vingt millions d'hommes en Orient pour détruire le christianisme et la culture humaine et pour établir le royaume mondial juif !

CHAPITRE V

Un mouvement malmené

En raison de la suppression de la liberté spirituelle dans le monde entier, nous vivons dans une sorte de cuisine de voleurs, concoctant une série de slogans hypocrites en lieu et place de la liberté d'expression. Il y a des problèmes tabous auxquels on ne doit pas faire référence. Il y a des personnes qu'il ne faut pas nommer. Il y a aussi certains sujets qui ne doivent pas être mentionnés dans le langage de l'homme civilisé occidental. Dire la vérité, c'est risquer soit la potence de Nuremberg, soit la perte de son pain quotidien.

Néanmoins, nous devons dire quelques mots sur le national-socialisme. La résistance chrétienne aurait dû suivre le moment où le bolchevisme a éclaté en Russie et où l'œuvre de la juiverie est devenue visible à travers le traité de Versailles. Le message [à] la chrétienté aurait dû être la restauration de l'unité dans une Europe désorganisée, l'instruction des nations et l'élévation de la conception chrétienne de la hiérarchie, empêchant ainsi l'individu d'être réduit à un niveau de troupeau. Le bolchevisme et le capitalisme libéral sans âme auraient dû être efficacement maîtrisés par leur seul véritable adversaire — par la résistance chrétienne, tout en montrant la voie vers le ciel. Peut-être le Christ lui-même serait-il venu avec son fléau pour chasser les changeurs de la Maison de Dieu, rétablissant ainsi la justice, la bonne volonté et la paix sociale, et il aurait pu une fois de plus s'adresser à son peuple chrétien avec les paroles franches de Pierre : « … Sauvez-vous de cette génération fâcheuse ! ».

Mais le christianisme s'est montré réticent à adopter des méthodes révolutionnaires pour arracher le pouvoir mondial des mains de ceux que le Christ, le fondateur du christianisme, a attaqués le Jeudi saint. L'esprit du christianisme aurait dû s'imposer à la vie publique, aux gouvernements, à la presse et aux syndicats, mais il a lamentablement échoué à remplir sa mission. L'Allemagne est devenue le théâtre des « compagnons de route » sans racines de la démocratie de Weimar. Les dirigeants du catholicisme hongrois et polonais tentent de prêcher le christianisme aux masses pauvres à l'abri de leurs grandes propriétés. Le clergé italien et espagnol reste dans la jouissance de ses richesses matérielles. Le protestantisme, tel qu'il est perçu par Axel Munthe, est incapable de donner la foi ou de suivre les traces de Luther, qui, prenant position avec le peuple, s'est exclamé : 'Je suis ici et je ne peux rien faire : « Je suis ici et je ne peux rien faire d'autre ! ».

Mais l'histoire ne tolère pas les devoirs non accomplis et les problèmes non résolus. À l'Est, le bolchevisme s'est établi, tandis qu'à l'Ouest régnait le pouvoir spéculatif athée de l'or. Le socialisme du Christ n'a pas pu trouver ses ailes. C'est pourquoi le national-socialisme a dû voir le jour.

Les opinions peuvent diverger quant à savoir si le national-socialisme était un mouvement *"néo-païen"* dès le début ou si certaines erreurs s'y sont glissées par la suite. Mais il est incontestable que le national-socialisme, après son accession au pouvoir, a entrepris de remplir, sous divers slogans, les tâches qui auraient dû être accomplies par le christianisme. Il aurait sans doute été préférable que les Églises chrétiennes, dans les heures troublées de l'agitation de 1919, déclarent la guerre à l'athéisme bolchevique, à l'immoralité qui infeste les sociétés européennes, à la corruption, au défaitisme, à l'exploitation capitaliste et à la libération marxiste des classes. Mais les Églises chrétiennes avaient développé un christianisme de verre. Contrairement au Christ qui, bien que désarmé et "assis sur une ânesse et un ânon, le petit d'une ânesse", a immédiatement fait sentir sa présence par ses paroles et ses actes lorsqu'il est monté à Jérusalem, le christianisme anémique et incapable, limité à des prières vides, s'est avéré n'être qu'un témoin passif des événements historiques. L'erreur fatale des Églises a été de ne pas soutenir les aspirations sociales des masses, mais plutôt de soutenir en toute occasion le détenteur réel du pouvoir d'État. Pendant l'entre-deux-guerres, les chaires catholiques et protestantes ont prié non pas tant pour les membres vivants de la communauté ecclésiale, c'est-à-dire pour les masses, que pour le bien-être du pouvoir en place. Ainsi, en Angleterre, on priait pour le roi, en France pour la République, en Hongrie pour le régent, en Italie pour Mussolini, plus tard, en Autriche pour Hitler, tout comme les "prêtres pacifistes" sont prêts à prier aujourd'hui même pour Kroutchev.

Quoi qu'il en soit, une accusation doit être supprimée des accusations portées, à tort ou à raison, contre le national-socialisme. En dépit de ce qui s'est produit plus tard, il n'était pas, à ses débuts, un mouvement de "masses". Il remuait les masses, mais pas dans l'intention de satisfaire les besoins des masses. L'*élite* des intellectuels allemands, qui n'était pas nécessairement identique aux dirigeants actuels du national-socialisme, en vint à reconnaître que le point le plus dangereux dans le plan des bolcheviks et des juifs pour obtenir le pouvoir consistait en leur intention de réduire les hommes libres et intelligents au niveau des troupeaux, de les transformer en une masse informe et malléable, qui pourrait facilement être maintenue sous contrôle par la mitrailleuse. À l'inverse, les premières années du national-socialisme ont vu le développement d'aspirations nobles, ainsi que la croissance du concept d'*élite*. Le national-socialisme a fait campagne non pas pour la lutte des classes, mais pour une moralité nationale plus élevée, pour la liberté, pour l'ordre social et la justice, et pour une culture nationale qui ne soit pas offensante pour les autres. Le national-socialisme n'aurait jamais pu voir le jour si, par exemple, des professeurs juifs érudits n'avaient pas créé en Allemagne des bordels expérimentaux pour enfants, avec des garçons et des filles de douze à treize ans. Une telle honte nationale aurait-elle jamais pu être perpétrée si la voie n'avait pas été préparée par une série d'escroqueries financières avec des fonds publics et par des complots communistes ?

Hans Grimm, le plus grand défenseur de l'esprit allemand en Europe, le grand écrivain allemand qui s'est ensuite brouillé avec

Hitler, a décrit comme suit, même après 1945, les conditions qui ont donné naissance à la révolution nationale-socialiste :

> "Une prédilection inflexible pour une communauté ethnique et une aspiration à l'intégrité nationale, associées à un désir passionné de coopération anglo-allemande. Ce mouvement de masse reconnaissait de nouvelles valeurs — à la fois spirituelles et physiques, comme le démontrait le fait de fonder la monnaie sur la production plutôt que sur l'or. En outre, l'idée que la qualité doit être protégée contre la quantité est également défendue et l'ensemble de cette grande expérience vise à prouver que l'esprit de Versailles doit être aboli dans l'intérêt de tous".

Le national-socialisme allemand ne s'est pas contenté de proclamer certains principes, il s'est efforcé de les mettre en pratique, du moins dans un premier temps. La promotion de l'*élite* intellectuelle , *la* suppression de la lutte des classes, l'établissement de la paix entre le capital et le travail, la construction de logements, l'élévation du niveau de vie des classes ouvrières, l'entretien des liens familiaux, l'installation bien planifiée des masses prolétariennes et la garantie d'une vieillesse paisible grâce à la création d'une assurance sociale, ont été des forces constructives d'une valeur incontestable. Il ne fait aucun doute qu'elles jouent encore un rôle fondamental dans la vie allemande actuelle et qu'elles rendent possible la reconstruction de l'Allemagne occidentale "démocratique". Toutefois, étant donné que le système économique et monétaire allemand est aujourd'hui étroitement lié au réseau de la Banque fédérale de réserve américaine, et donc au pouvoir de l'or et de l'usure, ces forces constructives sont en quelque sorte déformées par un cadre inadapté. En effet, le national-socialisme a réalisé une prouesse en instaurant un système monétaire couvert par la valeur du travail de la nation et par le volume de la production nationale, ce qui a entraîné en même temps le renversement de la toute-puissance de l'argent en tant que marchandise et de la domination de l'or.

Bien que ses dirigeants ne soient pas nécessairement des pratiquants assidus, l'État national-socialiste a accepté et appliqué les principes chrétiens en instaurant l'ordre et la justice sociale. Il est clair que pour y parvenir, les forces sociales destructrices devaient être éliminées. Il était donc inévitable que le national-socialisme s'oppose à la relique du "défaitisme de 1918" ainsi qu'aux activités subversives de l'esprit juif. Il devait s'opposer au bolchevik juif et au capitaliste juif, conscient que l'autocratie illimitée du Veau d'Or ne fait qu'engendrer le mécontentement, l'envie et la lutte des classes.

Il importe peu que la question juive ait été ou non "mise en avant" par le national-socialisme. Il n'est pas non plus important que le national-socialisme ait effectivement adopté la théorie raciale de l'Ancien Testament comme l'un de ses instruments, car même s'il y avait renoncé, il se serait inévitablement heurté à la juiverie mondiale, qui ne pouvait tolérer l'existence d'aucun autre nationalisme sur terre. Les nationaux-socialistes auraient pu traiter la juiverie avec autant d'humanité que possible, mais cela n'aurait rien changé au fait que le pouvoir secret exercé par les Juifs sur le Reich allemand leur était retiré, ce qui leur était absolument intolérable. En outre, ils ne pouvaient se permettre d'envisager une telle énergie créatrice, un tel effort vers l'unité nationale, une telle influence exercée par une *élite*, toutes choses qui portaient en elles une hostilité irréconciliable aux aspirations de puissance de la juiverie mondiale. Ils ne pouvaient supporter le fait que, par l'élimination du pouvoir de l'or, non seulement le pouvoir d'État et les moyens d'influencer les affaires publiques leur étaient arrachés, mais aussi le pouvoir secret. En tout état de cause, à partir du moment où la juiverie mondiale a compris que l'Allemagne était dirigée par une *élite* consciente , elle se serait rapidement retournée contre le national-socialisme avec autant de haine qu'elle l'a fait lorsque l'« antisémitisme » lui a servi de prétexte.

En perdant l'Allemagne, la juiverie a perdu un territoire à partir duquel elle avait exercé son pouvoir. Elle est donc déterminée à le reconquérir.

Depuis un siècle, la juiverie mondiale, le marxisme et le capitalisme libéral ont adopté des méthodes de production de masse pour transformer les peuples en masses irréfléchies, l'individu libre en prolétaire. Ils avaient compris, bien sûr, que seuls des troupeaux irréfléchis pouvaient accepter et supporter le joug de Juda.

En Allemagne, le national-socialisme a au moins arrêté ce processus. Malgré son libéralisme, l'écrivain espagnol Ortega y Gasset, dans son ouvrage *Le soulèvement des masses, a* depuis longtemps attiré l'attention sur le danger inhérent à la réduction des peuples à l'état de troupeaux. Lothrop Stoddard, professeur à l'université de Harvard, a également insisté sur la nécessité d'empêcher le soulèvement des masses. Par ses réalisations, le national-socialisme allemand se heurte de plein fouet aux projets de la juiverie, puisque le rôle de la foule est clairement défini dans les *Protocoles* qui parlent de... « ce même esclave aveugle » : « ... notre esclave aveugle — la majorité de la foule. » (Protocole X.) Et encore : « ... notre esclave aveugle — la majorité de la foule. ». *(Protocole X.)* Et encore : « De tout cela, vous verrez qu'en nous assurant de l'opinion de la foule, nous ne faisons que faciliter le fonctionnement de notre machine... » *(Protocole XIII.)*

Pour parvenir à la puissance mondiale, il faut des troupes auxiliaires. Il s'agit avant tout des masses elles-mêmes. Pour assurer l'indépendance d'une nation, il faut des hommes d'une qualité exceptionnelle. Alors que la destruction est la base de la domination mondiale de la juiverie, le travail constructif est le fondement de la vraie liberté.

Par conséquent, la question de savoir si le régime hitlérien était réellement enclin à la guerre n'a pas lieu d'être. Il ne sert à rien de supposer que Hitler et les dirigeants allemands étaient des fous. Nous pourrions, avec plus de justice, admettre que le national-socialisme s'est vu déclarer la guerre dès sa naissance. Il a été condamné à la guerre parce qu'il était un système qui faisait inévitablement des ennemis du bolchevisme et du capitalisme mondial, c'est-à-dire de ces forces qui se profilent toujours à l'arrière-plan ! Sans la moindre manifestation « antisémite », sans la moindre déclaration inamicale, le national-socialisme se serait quand même fait des ennemis de la juiverie en raison de l'aboutissement du processus de « nivellement ».

À cet égard, nous citerons une fois de plus Hans Grimm, qui déclare de manière juste et concise dans son livre *La réponse d'un Allemand :* « Entre 1933 et 1939, on a fait plus pour la santé publique, pour la mère et l'enfant, ainsi que pour la promotion du bien-être social qu'auparavant et, peut-être pourrions-nous l'admettre, que jamais auparavant ! ».

À cette époque, même Winston Churchill avait une opinion du national-socialisme différente de celle qu'il professa plus tard. Churchill a écrit sur Hitler dans *Step by Step :*

> « Si notre pays était vaincu, j'espère que nous trouverions un champion aussi indomptable pour nous redonner du courage et nous ramener à notre place parmi les nations ».

Mais le national-socialisme a été condamné à la guerre pour cette même raison. Au moment où Hitler a pris le pouvoir avec la détermination d'abolir le système de Versailles et de soulever son propre peuple, quelque part dans le secret voilé des loges et dans les sanctuaires intérieurs mystiques du nationalisme juif, une déclaration de guerre a été immédiatement décidée. Il ne reste plus qu'un problème : qui aura les nerfs les plus solides ? Qui serait capable de prendre la meilleure apparence d'intentions pacifiques, et qui serait pendu plus tard comme criminel de guerre ?

« Pouvons-nous être sûrs que l'Amérique se mettra également au pas ? », telle est la question que les Juifs ont dû se poser à cette époque. « Nous pouvons être sûrs que l'Union soviétique sera de notre côté lorsque la Grande Guerre éclatera. Nous pouvons également compter sur la France de Léon Blum, de Reynaud-Mandel, de la Banque Lazare du Grand Orient et des Rothschild. Nous pouvons être certains que, le moment venu, l'Angleterre des Sassoon, de Rufus Isaacs, de Hore-Belisha, des Gallacher, des Strachey et des Laskis se battra pour promouvoir nos objectifs. Mais supposons que le peuple de la démocratie américaine s'inspire des résultats de l'expérience acquise au cours de la Première Guerre mondiale — que se passera-t-il alors ? Que se passera-t-il si, à un moment critique, l'isolationnisme, représenté par les Yankees du Mayflower, prend le dessus en disant que les

États-Unis n'ont rien à voir avec une guerre entre les nationalismes allemand et juif ?

« Peut-être que les Américains n'auront aucun intérêt à se battre pour Dantzig. Mais nous, les Juifs, nous le ferons ! Car Hitler se tient sur le balcon de *sa chancellerie, soutenu par quatre-vingts millions de personnes qui chantent la* chanson de *Horst Wessel.*

« Die Fahne hoch ! (Levons haut le drapeau !)

Le peuple défile sous l'arc de Brandebourg en colonnes denses de huit personnes après s'être libéré de notre domination. Le poing de l'ouvrier allemand, auparavant serré par la haine et l'envie, se desserre maintenant dans le salut amical de la paume ouverte. L'un de ces deux nationalismes doit périr !

> « ... nous répondrons avec les armes de l'Amérique, de la Chine ou du Japon », est-il écrit dans le *protocole VII.* « Nous devons donc d'abord conquérir l'Amérique pour assurer la conquête du monde. Nous devons bolcheviser ou socialiser l'Amérique par le haut sans qu'elle s'en aperçoive. »

Car la forme constitutionnelle de l'Amérique est la démocratie. C'est le meilleur système constitutionnel lorsque la véritable volonté du peuple prévaut, et le pire lorsque des mains secrètes falsifient la volonté nationale. En Amérique, le peuple est fier de sa liberté et de son éducation démocratique. Le travailleur américain est aussi fier de la révolution industrielle que le capitaliste lui-même. En Amérique, tout le monde est égal devant la loi. Les descendants des premiers pionniers dont les pères sont arrivés sur le *Mayflower, tout comme* ceux du petit juif de Galicie, peuvent déclarer avec la même fierté : "Civis Americanus sum ! "Civis Americanus sum ! La démocratie est le mode de vie le plus idéal, à condition qu'il n'y ait pas de groupe individuel, de parti, de race ou de secte qui réussisse à réaliser en secret des aspirations préjudiciables au reste de la nation. Dès qu'une telle force parasite se développe à l'intérieur de la démocratie, la démocratie elle-même est réduite à néant. Elle se transforme en un troupeau gouverné par une minorité. Le droit de vote devient un mythe, puisque l'opinion publique est façonnée par la presse de ce nationalisme étranger. Le système parlementaire est rabaissé au rang d'une pièce de théâtre, car les sénateurs seront influencés par une opinion publique artificiellement créée et donc fausse. Le gouvernement ne sera plus dirigé selon les lignes envisagées à l'origine, telles que définies par le corps législatif, car le gouvernement lui-même sera dirigé par les membres de cette force secrète, imposant la volonté d'une minorité, dictée par leur « pouvoir d'achat » et dirigée par les conseils de leur équipe de cerveaux.

'Nous, les Juifs, comme le dirait le porte-parole de ce nationalisme clanique, savons bien qu'en Amérique, en Angleterre, en France et en Union soviétique, ainsi que dans toutes les autres parties du monde, la règle est la suivante : "Juda doit passer en premier ! Juda doit passer en premier ! Tant que les intérêts de l'Amérique seront identiques à ceux du « nazisme » de l'Ancien Testament, nous serons de bons Américains, mais dès que nos intérêts entreront en conflit avec ceux de l'Amérique, nous la trahirons aussi. D'une manière générale, la démocratie nous convient si et quand elle est dirigée par le plus grand nombre possible de Juifs. La soi-disant liberté de la presse est bonne pour nous à condition que les descendants de la race d'Abraham surtout puissent s'en prévaloir. Oui, cette liberté est précieuse, mais seulement là où nous, les Juifs, sommes libres de faire tout ce que nous voulons !

> 'Oh, vous qui avez le cœur fragile et qui écoutez, terrorisés, les troupes des S.A. et des S.S. en marche, n'ayez pas peur ! Nous sommes désormais experts dans l'art de saper et de capturer les démocraties. Nous connaissons les méthodes pour imposer nos intérêts particuliers aux masses. L'Amérique, l'État le plus riche des Goyim, est secouée par une crise économique mortelle. Le moment est venu de lancer notre offensive générale qui nous permettra également de prendre le pouvoir politique. Et notre prise de pouvoir sera plus permanente que celle d'Hitler. Nous allons conquérir l'Amérique ni par les armes ni par les théories. Nous disposons d'une prescription plus fiable pour appeler la Némésis sur l'Amérique. Le destin de l'Amérique a été prescrit par notre propre Führer — Moïse ! La Torah est notre Mein Kampf !".

Selon le Lévitique, chapitre 25 (le *troisième livre de Moïse*), tous les domaines et propriétés en Israël devaient être redistribués tous les cinquante ans. Toutes les terres hypothéquées et tous les esclaves devaient être rachetés. Tous les demi-siècles, une grande réforme sociale devait avoir lieu en Israël. Les vieilles dettes devaient être annulées et les pauvres devaient recevoir une part des biens des riches ou, comme nous pourrions le dire aujourd'hui, la « prospérité » devait être rétablie, c'est-à-dire que l'argent, les biens et les terres devaient à nouveau être distribués en parts égales. Tous les cinquante ans, cela devait être annoncé par des trompettes.

« Cette réforme sociale », pourrait poursuivre le porte-parole de la juiverie, 's'appelait la nouvelle distribution ! En Amérique, on l'appellera le New Deal ! Ces mots traduits littéralement en anglais signifient notre grande réforme sociale, la nouvelle distribution. Mais cette fois-ci, nous ne distribuerons pas les biens des Israélites mais ceux des Américains et, bien sûr, de manière à ce que les Américains se retrouvent avec le moins possible et notre propre peuple avec le plus possible.

"Ce sera l'année des trompettes en Amérique, où, à l'époque de Washington, le nombre total de Juifs n'était que de quatre mille. Mais maintenant, nos banquiers, nos socialistes et nos journalistes sonneront de la trompette, et nos cerveaux exécuteront le New Deal aux dépens de la population pionnière américaine. Par la suite, la seule question qui subsistera sera la suivante : "Qui allons-nous mettre à la tête de l'Union européenne ? Qui allons-nous mettre dans le fauteuil présidentiel à Washington ?

"Ceux d'entre vous qui vivent dans le désespoir dans leurs résidences palatiales de Wall Street ou du 13 Street, ainsi que dans les ghettos de Brooklyn et du Bronx, ne doivent pas douter que nous trouverons notre homme, le véritable adversaire d'Hitler qui, en même temps, remettra entre nos mains le pouvoir politique sur l'Amérique. Vous n'avez qu'à lire nos instructions dans les « faux » *Protocoles* :

'Le libéralisme a produit le statut constitutionnel, qui a pris la place de ce qui était la seule sauvegarde des Goyim, à savoir le despotisme (autocratie — NDLR)... c'est alors que nous avons remplacé le dirigeant par une caricature de gouvernement — par un président, tiré de la foule, du milieu de nos marionnettes d'ouverture, de nos esclaves. Dans un avenir proche, nous établirons la responsabilité des présidents' (*Protocole X*.) «... nous organiserons des élections », poursuit ce *Protocole*, 'en faveur des présidents qui ont dans leur passé quelque sombre tache non découverte, quelque « Panama » ou autre — ils seront alors des agents dignes de confiance pour l'accomplissement de nos plans, sans crainte de révélations...'

« Qui sera donc le nouveau président, qui remettra l'Amérique entre nos mains et qui exécutera nos ordres ?

"Il s'appelle Franklin Delano Roosevelt ! Mais qui est ce Franklin D. Roosevelt ? »

Robert Edward Edmondson, sous le titre Famous Sons of Famous Fathers — The Roosevelt, répond à cette question dans son livre *I Testify*.

Le 7 mars, 1934, l'Institut Carnegie a compilé l'arbre généalogique des Roosevelt, d'où il ressort que le président des États-Unis est d'origine juive. Ses ancêtres sont arrivés en Amérique vers 1682 : il s'agissait de Claes Martenszen *Van Rosenvelt* et, du côté féminin, de Janette Samuel. Ils étaient à l'origine des juifs sephardim espagnols qui avaient échappé aux persécutions du catholique Ferdinand en 1492 et s'étaient rendus en Angleterre. Depuis leur arrivée en Amérique, l'arbre généalogique des Roosevelt est parsemé de Jacobs, d'Isaacs et de Samuels.

Le *New York Times* du 14 mars, 1935, cite les propos du Président : 'Dans un passé lointain, mes ancêtres étaient peut-être juifs. Tout ce que je sais de l'origine de la famille Roosevelt, c'est qu'elle est apparemment la descendance de Claes Martenszen van Roosevelt, qui venait de Hollande.

Mais selon l'Institut Carnegie, M. Claes Martenszen Rosenvelt était juif. De plus, l'épouse bien connue de Roosevelt est elle-même juive.

L'Europe, ou plus précisément l'Allemagne, se trouve entre les deux mâchoires de la tenaille. C'est là que, du point de vue juif, se déroulent des événements terribles. La collaboration des capitalistes et des ouvriers allemands, ainsi que la solidarité des classes moyennes et des *paysans démontrent que la lutte des classes est loin d'être* inéluctable. La théorie de la destruction de Marx est réfutée, tandis que le veau d'or a presque perdu son prestige lorsqu'on s'aperçoit que c'est la production, et non l'or, qui doit être le véritable fondement du monde nouveau. Tout ce qui a été enseigné et vanté pendant plus d'un siècle comme étant le progrès mondial a maintenant été détruit — oh, bien sûr, pas par un caporal allemand, *mais par l'esprit de l'ère moderne.* Le drapeau symbolique de la croix gammée s'est dressé contre la vague de domination mondiale qui déferlait de l'hémisphère oriental. Cela ne pouvait être toléré par la juiverie mondiale.

« Mais ne craignez rien », déclare le porte-parole. 'Autour du pantin Roosevelt, nos conseillers sont maintenant réunis en conférence — Felix Frankfurter de Vienne, Morgenthau de Mannheim, Bernard Baruch de Königsberg, et Albert Einstein de Berlin. Samuel Roseman, qui rédige les discours présidentiels de Roosevelt, est présent. Il y a aussi nos dirigeants syndicaux, parmi lesquels notre compatriote Sidney Hillman qui contrôle la main-d'œuvre américaine dans l'administration de notre marionnette, le F.D.R. Il y a M. David Dubinsky, lui aussi un compatriote immigré de Russie, qui transformera les travailleurs américains chrétiens en contribuables du sionisme. L'entourage de *notre* Président sera composé exclusivement d'hommes de confiance, comme La Guardia, maire de New York, juif de Fiume, et Alger Hiss, le protégé de Frankfurter et du sénateur Lehman, etc. Bernard Baruch contrôlera les 351 branches les plus importantes de l'industrie américaine et équipera les boys américains qui vont se battre contre Hitler. Au nom de l'Amérique, Alger Hiss mènera les pourparlers avec Staline. Einstein, Oppenheimer et David Lilienthal produiront la bombe atomique. En tant que directeurs de l'UNRRA, La Guardia et Herbert H. Lehman aideront les futures victimes juives de la guerre à venir. Henry Morgenthau, jr, secrétaire au Trésor, préparera un splendide plan d'extermination du peuple allemand. Notre Mortiz Gomberg veillera à ce que dix-huit millions de personnes originaires des pays ennemis deviennent apatrides en Europe. Nos hommes distribueront des chèques de onze millions de dollars pour fournir des armes aux Soviétiques.

"Quel rêve magnifique ! Les Américains traverseront l'océan pour punir *nos* ennemis. Dans les loges du B'nai B'rith, l'axe Moscou-New York est prêt à fonctionner.

« Ne vous inquiétez pas ! Roosevelt fournira l'armement à la Russie ! »

Un prophète peu écouté n'a-t-il pas écrit il y a vingt ans ?

> 'Le Juif occidental équipera une armée de vingt millions de personnes à l'Est pour détruire le christianisme et la culture humaine et pour établir le royaume juif mondial !

CHAPITRE VI

Les vrais criminels de guerre

L'HITLÉRISME n'était pas la seule chose que la juiverie mondiale détestait. Elle redoutait encore plus les mouvements qui ouvraient la voie à une nouvelle compréhension entre les nations d'Europe. L'objectif principal de la juiverie était de discréditer ces nouvelles tendances et de les faire détester par le reste du monde. Tout en faisant campagne d'un côté pour une coopération totale, ils essayaient d'étrangler de l'autre côté tous ceux qui collaboraient avec leurs ennemis, les Allemands.

« Ils se sont opposés sans hésitation à la moindre idée de paix », écrit Maurice Bardèche.

Mais aujourd'hui, nous avons la preuve irréfutable que les Allemands ont essayé très sérieusement d'établir une coopération et un partenariat au sein de l'*élite* européenne. Ils ne recherchaient pas des « Quislings », mais ceux qui étaient considérés comme de bons patriotes dans leur propre pays, des personnes dévouées à la cause de leur terre natale. Un idéalisme presque exagéré imprégnait l'*élite de* la révolution nationale-socialiste. Dans leur propre pays, ils affirmaient ce qu'ils croyaient être la vérité. Ils reconnaissent que l'individu a des droits sociaux. Ils ont démontré que c'est la seule solution satisfaisante sur une base nationale, si l'on veut éviter le bolchevisme.

Ils croyaient avec une ferveur révolutionnaire que s'ils parvenaient à libérer les masses européennes de l'exploitation capitaliste, la paix pourrait être assurée pour longtemps. Ils avaient vu comment le « nazisme » juif s'était interposé pour perturber l'unité du peuple allemand au moyen de son *pouvoir monétaire et de son contrôle de la presse afin de* s'assurer une domination exclusive sur l'ensemble de la nation. Après avoir réussi à éliminer tout cela par leur révolution nationale-socialiste, ils avaient de grands espoirs d'assurer la paix et la coopération des peuples voisins, une fois que l'influence de ce « nazisme » supranational de l'Ancien Testament aurait été éliminée dans ces pays également.

C'est la « Nouvelle Europe » qui se prépare. Et c'est précisément ce que la juiverie mondiale devait empêcher à tout prix, même si cela impliquait de réduire la culture chrétienne de l'Europe à l'état de poussière. Car si ce plan réussissait, de plus en plus d'États seraient libérés de l'emprise de la domination juive.

Il fallait donc discréditer la simple idée d'une unité européenne ou d'une éventuelle coopération. Et comme plus de 60 % de la presse du monde occidental est entre les mains des Juifs et, selon les statistiques américaines, 85 % de la presse américaine et 100 % des films américains, cette campagne a été menée sur une plus grande échelle que toute autre opération de propagande dans l'histoire du monde.

En interprétant de manière erronée le concept de race, les Juifs ont prétendu que les Allemands revendiquaient la suprématie exclusive de la nation allemande sur toutes les autres nations. Ils ont ainsi réussi à éloigner les autres nations de l'Allemagne. Ils ont déformé la théorie raciale en insinuant que l'Allemagne voulait conquérir le monde et, sur la base de cette théorie, revendiquait la suprématie mondiale. Le magazine *Nineteenth Century, dans* son numéro de septembre 1943, au plus fort de la guerre, admettait au contraire que :

> 'L'idée générale selon laquelle l'Allemagne a déclenché cette guerre pour devenir une puissance mondiale est, à notre avis, une erreur. L'Allemagne voulait devenir une puissance de premier plan, mais être une puissance de premier plan et parvenir à dominer le monde sont deux choses différentes. La Grande-Bretagne est également une puissance mondiale, mais elle ne domine pas le monde.

Les Juifs ont également interprété à tort la théorie du « Blut und Boden » (sang et sol), c'est-à-dire la théorie selon laquelle un homme appartient à son sol natal ; le concept d'unité entre un pays et ses habitants a été déformé au point de suggérer que les Allemands revendiquaient tous les territoires dans lesquels vivaient des habitants d'origine allemande. Ils suscitent ainsi la jalousie de toutes les nations européennes indépendantes où se trouvent des minorités allemandes. La Pologne, la Lituanie, la Hongrie, la Slovaquie, la Yougoslavie, la Bohême, la Roumanie et d'autres États voisins commencent à se méfier du Reich allemand.

Ils ont tenté d'expliquer la croissance constante du commerce d'exportation de l'Allemagne comme une préparation à la guerre et ont essayé de faire oublier au monde que le slogan de Goering « des fusils ou du beurre » avait un précédent dans le boycott de la juiverie américaine. Ils ont ridiculisé les parties sincèrement pro-britanniques de *Mein Kampf, tout en* travaillant sur les peurs de l'Est et de l'Ouest en citant certains passages de ce livre hors de leur contexte.

Cet empoisonnement des esprits a donc été stimulé à une échelle gigantesque dans le monde entier. Lorsque l'administration allemande tenta de mettre un terme à cette agitation dans son pays, elle fut rapidement accusée de tyrannie dictatoriale. En toile de fond de toutes ces formes de propagande anti-allemande, il y a bien sûr le fait indéniable que l'abolition du règne de l'or et l'établissement d'une coopération pacifique entre le capital et le travail ont été un véritable choc pour la juiverie. L'opinion mondiale a été amenée à croire que le niveau de vie des travailleurs allemands ne s'élevait que grâce au réarmement. Mais, en fait, ils savaient très bien que de grandes colonies ouvrières étaient partout en construction, et que l'existence des familles ouvrières et satisfaites était une réfutation vivante des choses enseignées par la juiverie depuis plus d'un siècle.

'Qu'est-ce qui a bien pu se passer ? s'interrogent-ils les uns les autres, effrayés. "Ces nazis détestés ont-ils vraiment détruit la splendide théorie de la lutte des classes marxiste qui nous servait si bien ? Comme l'exprime Bettelheim, les grandes villes

comme Berlin, Vienne et Budapest peuvent-elles se passer des Juifs ? Une nation peut-elle vraiment vivre sans exploitation, sans presse nationaliste juive, sans cinéma, sans théâtre et sans « esprit mercenaire » juif ? Après tout, nous avons maintenu le monde entier sous notre influence pendant des siècles en suggérant que sans nos activités culturelles, notre sens des affaires et notre intelligence hautaine, toutes les nations périraient et que tout « progrès » cesserait. Et maintenant, l'Allemagne prospère sans nous — avec une prospérité qui est la négation vivante de notre nationalisme arrogant. Quiconque regarde ces cités-jardins en croissance constante, les gens satisfaits et heureux et les activités intellectuelles et économiques prospères, peut voir que notre grand écrivain nationaliste, Bettelheim, s'est trompé lorsqu'il a prédit que la civilisation mondiale périrait sans les juifs. Jusqu'à présent, ces chrétiens sont de plus en plus satisfaits, tandis que nous, les Juifs, perdons de plus en plus de terrain. Si le reste du monde l'apprend au niveau international, si les touristes étrangers et le prolétariat mondial voient que tout cela est possible sans nous, voire contre nous, ils se rendront compte que nous leur avons menti. Nos politiciens, nos journalistes, nos dirigeants syndicaux, nos capitalistes et nos dirigeants syndicaux deviendront tous des menteurs ! Il faut donc détruire les preuves !

C'est pourquoi ces belles maisons avec leurs jardins, ainsi que les nouvelles usines, les crèches, les camps de jeunes et les hôpitaux doivent être rayés de la surface de la terre. Car nous disposons de notre arme secrète nationaliste, celle-là même qui fut utilisée avec tant d'efficacité lors du siège de Jéricho. Sonnons donc les trompettes de notre propagande mondiale.

La juiverie mondiale doit être considérée comme le **seul criminel de guerre de** la Seconde Guerre mondiale car, en premier lieu, elle a empêché la réconciliation entre les nations et la possibilité d'une coopération, détruisant même les conditions préalables à ces objectifs. À l'aide d'une propagande mensongère et de mensonges, et par le biais de la radio et de la presse, il a projeté une image du monde totalement fausse devant les yeux de l'humanité. Elle a créé une atmosphère générale dans laquelle le simple fait de dire la vérité sur la *question allemande pouvait* *mettre en danger la vie des* gens, les priver de leurs moyens de subsistance ou les faire soupçonner de haute trahison. Toutes les offres de paix faites par les hommes d'État allemands ont été qualifiées de purs mensonges. Elle tourne en dérision tous les plans sobres et honnêtes. Tous les acquis sociaux de l'Allemagne sont considérés comme de la paperasserie réactionnaire, tous les progrès comme un obstacle anti-progressif, toutes les manifestations du concept d'*élite* comme de la barbarie et toutes les formes d'antibolchevisme comme anti-démocratiques. Le colonel Charles Lindberg, héros national de l'Amérique, a été soupçonné de haute trahison lorsqu'il a osé exprimer son opinion honnête sur le national-socialisme, sur la base de son expérience personnelle.

Entre-temps, en 1938, Roosevelt, qui ne peut être considéré que comme une marionnette des cerveaux juifs, a envoyé à Churchill le télégramme suivant, rédigé en termes gais, pour promouvoir les préparatifs de guerre :

« Toi et moi, nous pouvons dominer le monde ! »

La juiverie mondiale a déclaré la guerre à l'Europe et à la chrétienté au moment même où Hitler est arrivé au pouvoir, ou peut-être même avant. Le mouvement de boycott anti-allemand s'est développé en Amérique dès 1932. Des organisations juives ont publié des annonces en pleine page dans le *New York Times*, où l'on pouvait lire : « Boycottons les antisémites » : « Boycottons l'Allemagne antisémite ». Voyant que cela ne donne pas grand-chose, elles commencent à préparer l'axe New York-Moscou.

Forest Davis, dans son livre *What Really Happened in Teheran, dont le* contenu a été repris et publié dans le *Saturday Evening Post* du 13 mai et du 20 mai, 1944, révèle que dès 1933, Morgenthau préparait la reprise des relations diplomatiques américano-soviétiques. Et le premier ambassadeur soviétique au pays de Washington n'était autre que le sanguinaire commissaire soviétique Litvinov Finkelstein.

Avant l'arrivée au pouvoir du président Roosevelt, descendant direct de la famille Rosenvelt, tout cela aurait été impensable. Le dénominateur commun qui a réuni la démocratie américaine et la tyrannie soviétique est la juiverie.

Dans un article intitulé « *M. Roosevelt et le communisme* », James Whiteside décrit avec une effroyable vivacité, dans les colonnes du *St. Louis Despatch*, comment, dès l'apparition de Litvinov sur la scène américaine, un effrayant cortège de communistes (c'est-à-dire de juifs) s'est mis en marche vers la Maison Blanche. Roosevelt a donné une autorisation spéciale pour l'installation d'une très puissante station de radiodiffusion soviétique au Pentagone (le bureau de la guerre américain), infectant ainsi le haut commandement des forces américaines avec la propagande la plus pernicieuse.

Dès 1933, le rédacteur en chef du *New York Morning Freiheit*, un journal yiddish tiré à plusieurs centaines de milliers d'exemplaires, lance un appel à la communauté juive américaine et mondiale pour qu'elle s'unisse dans la guerre contre le nazisme. Le Congrès juif américain, dirigé par le rabbin Stephen Wise, se joint au mouvement avec avidité.

En 1933 également, le rabbin S. Wise, lors de l'arrivée d'Hitler au pouvoir, a annoncé une « guerre sainte » de la part de la communauté juive, comme suit :

'Je suis pour la guerre ! Cette annonce mémorable a été faite le 8 mai, 1933 (Edmonson, *I Testify*, p. 195).

Il est évident qu'à cette époque, même les grandes lignes des plans de l'état-major allemand pour 1940 n'ont pas été élaborées, ce qui a valu à Rabbi Wise et à ses collaborateurs de pendre les chefs militaires allemands.

Morgenthau avait déjà prononcé un discours le 11 février, 1933, déclarant la guerre à Hitler :

> « Les États-Unis sont entrés dans la phase d'une deuxième guerre », annonce cet éminent dirigeant du nazisme juif. (*Portland Journal*, 12 février, 1933.)

Pendant ce temps, diverses organisations de boycott juives et communistes poussaient comme des champignons aux États-Unis et cherchaient à ruiner l'économie hitlérienne. Un Comité conjoint de boycott antinazi était déjà très actif en 1936, tandis qu'Hitler, même dans ses rêves les plus fous, ne pouvait deviner le moment exact où l'horloge sonnerait et où il devrait essayer de se libérer de l'étreinte mortelle de l'hydre dont les serpents enserraient le monde.

Il est aujourd'hui possible de prouver historiquement que le jeune national-socialisme avait raison de craindre que le nationalisme juif ne forme un cercle fatal autour du Troisième Reich, dont il serait impossible de sortir, même avec l'aide des armes. Mais cette crainte était-elle vraiment justifiée ? Qui détenait le pouvoir aux États-Unis, en Grande-Bretagne, en France et en Russie soviétique ?

En ce qui concerne la question de la culpabilité de guerre et de l'esprit de guerre, il nous reste à examiner le même motif qui a constitué le principal problème du droit romain et de tout système juridique à travers les *âges : cui prodest ?* Qui *profitera de la guerre ? Quels sont les intérêts* promus par la guerre ? Le seul intérêt du national-socialisme allemand était le *maintien de la paix.*

La dernière tentative d'empêcher le déclenchement de la Seconde Guerre mondiale a eu lieu lorsque Ribbentrop s'est rendu à Moscou pour conclure le pacte de non-agression avec Staline. Le 23 août 1939, Hitler convoque à Godesberg 2 000 officiers de l'état-major général. Cette consultation « secrète » est un bluff destiné à la Grande-Bretagne. Tout comme le défilé impressionnant de colonnes interminables sur les routes, et les vols incessants des formations de l'armée de l'air près de l'écrin du Führer. Même l'agent le plus stupide des services de renseignements a vu clairement qu'il s'agissait d'un bluff.

En ce qui concerne la Grande-Bretagne, il était évident que, bien que la guerre ait été décidée, il était encore possible de faire la paix. Hitler, dans un discours de quatre heures, a déclaré :

'Ne croyez pas, messieurs, que je suis un idiot et que je vais me laisser entraîner dans une guerre à cause de la question du corridor polonais ! Mais à ce moment-là, une main invisible se tend pour prendre une part active à la direction des événements

— cette même main intrigante qui ne cesse d'embrouiller les choses à l'arrière-plan. Après la réunion de l'état-major général à Godesberg, la Russie soviétique signe le pacte de non-agression avec l'Allemagne. Ce pacte est suivi de près par le massacre de Bromberg, orchestré par une autre main invisible.

Ce véritable crime de guerre, consigné en détail, avec les preuves correspondantes, dans le Livre blanc allemand publié à l'automne 1939, a ensuite été étouffé à Nuremberg. Bien que les scènes d'horreur artificiellement construites du « Todesmuhle » (Moulin de la mort), pour le tournage desquelles des personnages de cire ont été utilisés dans les différentes scènes, aient été projetées dans les cinémas, le film de ces horreurs qui s'étaient réellement produites, tel que publié dans le Livre blanc, n'a jamais été projeté dans aucune salle de cinéma. Des femmes aux seins tronqués, des cadavres d'hommes mutilés avec les organes sexuels coupés, des corps de bébés allemands et d'enfants de quatre à cinq ans empalés sur des broches de boucherie. Des milliers et des milliers d'innocents massacrés sur lesquels le monde « humanitaire » reste silencieux. Il s'agit des victimes allemandes en Pologne, dont la population est saturée de trois millions de Juifs, et où la presse dominée par les Juifs a déjà attisé la haine et le désir de guerre. À cette époque, les divisions allemandes et polonaises se tiennent face à face sur les frontières. Il ne s'agit plus du corridor, mais d'une flammèche jetée en plein dans le baril de poudre. Qui a mis la main et l'argent dans ce massacre ? S'agit-il d'un patriotisme extrême du peuple polonais ou d'une planification froidement calculée et satanique ? S'agit-il d'une main soviétique ou anglaise ? Une telle chose est difficile à concevoir. C'est pourtant la question décisive pour déterminer la culpabilité de guerre.

L'Allemagne nationale-socialiste ne pouvait tolérer de voir des hécatombes de victimes massacrées bien avant le début de la guerre. Cette situation lui a été imposée afin que la Grande-Bretagne et la France puissent entamer une guerre préventive contre l'Allemagne.

C'est ainsi que le 1er septembre, le lendemain, les divisions allemandes se mettent réellement en marche. « Depuis l'aube, nous ripostons », déclare Hitler au Reichstag.[1]

« On nous annoncera bien sûr demain matin, écrit Maurice Bardeche, professeur français, que Hitler a attaqué la Pologne. Certains ont attendu et désiré ce moment. Ils s'attendaient à cette attaque, ils l'avaient désirée et priée. Ces hommes s'appellent Mandel, Churchill, Hore-Belisha et Paul Reynaud. La grande ligue de la réaction juive était déterminée à mener sa propre guerre. C'était sa guerre sainte. Elle savait très bien que seule une telle attaque pouvait lui donner une chance de capter l'opinion publique. Il ne sera pas très difficile de trouver dans les archives allemandes les preuves nécessaires que certains messieurs ont préparé de sang-froid les conditions qui rendaient cet attentat inévitable. Malheur à eux si la véritable histoire de la guerre devait être écrite ».

Si la première partie du grand plan mondial a réussi et si, le 3 septembre 1939, la Grande-Bretagne et la France ont déclaré la guerre à Hitler, les deux partenaires les plus importants, l'Amérique et l'Union soviétique, manquaient encore à l'appel.

Le plus grand secret de la Seconde Guerre mondiale n'a pas encore été révélé et n'a pas encore choqué le monde. Peut-être ne sera-t-il révélé qu'après la chute du bolchevisme, lorsque les archives du Kremlin seront disponibles. Quelles promesses les conquérants occidentaux ont-ils faites aux conquérants

---

[1] Tard dans la nuit du jeudi 31 août 1939, le rédacteur en chef écoutait Gleiwitz, une station de radio située à la frontière germano-polonaise, mais juste à l'intérieur de l'Allemagne. Soudain, après minuit, le programme musical s'est arrêté et des voix allemandes excitées ont annoncé que la ville de Gleiwitz avait été envahie par des formations irrégulières polonaises marchant vers la station émettrice. Puis la station « s'éteint ». Lorsqu'elle fut à nouveau captée vers 2 heures du matin (vendredi), on parlait polonais. La radio de Cologne annonce que la police allemande repousse les assaillants de Gleiwitz. À 6 heures du matin (vendredi 1er septembre), l'armée allemande envahit la Pologne.

Quelques jours après le début de la guerre, le rédacteur en chef a vu un petit paragraphe dans la presse anglaise selon lequel les Allemands affirmaient, entre autres, que les Polonais avaient déclenché la guerre en envahissant Gleiwitz tôt le vendredi matin.

orientaux ? L'Union soviétique a montré un autre visage à l'Empire allemand. Ce visage était froid, sédentaire et parfois un peu mystiquement asiatique ou patriotique, mais il n'avait pas de traits juifs. La plus terrible erreur commise par les dirigeants du national-socialisme a été de croire que ce changement était authentique. Lors de sa conversation avec Sven Hedin, Ribbentrop a déclaré que le bolchevisme avait changé pour le mieux et que Staline était un grand homme. (Sven Hedin, *Sans Commission à Berlin.*)

Staline, le rusé Géorgien, ne croit cependant pas au national-socialisme. Avant de signer le pacte avec Ribbentrop, il réclame soudain un autre port de la Baltique. Hitler accepte et envoie son accord par télégramme. En apprenant cette nouvelle, Staline fait une remarque perspicace à Molotov :

> « L'Allemagne vient de nous déclarer la guerre ! Si j'ai demandé ce port, c'était uniquement pour mettre les Allemands à l'épreuve. Je savais depuis le début que s'ils nous laissaient ce port, ils auraient l'intention de nous le reprendre plus tard ». (Plevier, Moscou.)

Malgré cela, les deux parties respectent scrupuleusement le texte intégral du pacte, y compris la division de la Pologne et la question des livraisons de pétrole. Hitler, Ribbentrop, Göering et même Göebbels veillent scrupuleusement à ne pas blesser le sensible Ours russe. Staline fait ses adieux à Krebbs, l'attaché militaire allemand, en l'embrassant. Tout semble indiquer que cette alliance de l'eau et du feu est réelle.

Un jour, Molotov, commissaire soviétique, époux de la belle juive bolchevique Karpovszkaja et beau-frère de M. Carp (Karp), l'un des plus grands industriels de guerre américains, apparaît à Berlin. La date indiquée par le calendrier est le 10 novembre, 1940. La France est prostrée, tandis qu'au-dessus des îles britanniques, la grande bataille aérienne fait rage. L'armée allemande se repose. Molotov dépose alors sur la table les exigences soviétiques. Elles contiennent des revendications sur les Dardanelles, l'occupation de la Finlande et la conquête de l'Extrême-Orient. Tout ce qu'elles contiennent est inacceptable pour l'Allemagne. Ces exigences ne peuvent avoir d'autre origine que les adversaires anglo-américains de l'Allemagne.

Les dirigeants de Berlin sont alors confrontés aux conséquences de leur plus grande erreur.

Le bolchevisme, après tout, n'a pas changé ; il porte seulement un autre masque. Le pouvoir au Kremlin est resté juif, mais son caractère réel est resté invisible jusqu'à ce qu'il réussisse à impliquer l'Allemagne dans la Seconde Guerre mondiale. À cette époque, le Kremlin devait avoir des garanties que « l'arsenal de la démocratie » aiderait les Soviétiques avec de l'argent et des armes contre l'Allemagne.

Comme nous le savons tous, Felix Frankfurter, l'un des hommes les plus influents des États-Unis, avait déjà préparé la loi sur le prêt-bail, qui fut également approuvée par le Congrès. Mais cette guerre s'avérera-t-elle avoir été dans l'intérêt de l'Amérique ? Non, elle ne le sera pas ! La guerre ne sera pas dans l'intérêt du peuple américain mais dans l'intérêt exclusif de la juiverie américaine, c'est-à-dire dans l'intérêt de personnes comme Manuilsky, Beria, Morgenthau et Bernard Baruch, ainsi que des émigrés d'Allemagne et des réfugiés de France. Comme le montrent les statistiques du sondage Gallup (également aux mains des Juifs) **du 3 juin 1941, 83 % de la population américaine était opposée à l'entrée en guerre.** Quel intérêt réel l'Amérique avait-elle à retraverser l'océan une fois de plus ? Les amiraux allemands Raeder et Dönitz ont clairement déclaré qu'une invasion de l'Amérique était aussi impossible qu'une invasion de la lune. Le sénateur Barkley a fait remarquer le 31 mars 1941, que si l'Allemagne avait voulu attaquer l'Amérique, les livraisons d'armes à la Grande-Bretagne auraient déjà fourni une bonne raison de le faire.

Les Américains sobres ne voyaient aucune raison de s'impliquer dans la guerre. Charles Lindberg a déclaré : "L'entrée en guerre de l'Amérique conduirait à un chaos qui durerait plusieurs générations : « L'entrée en guerre de l'Amérique conduirait à un chaos qui durerait plusieurs générations. » M. Ickes, le secrétaire américain à l'Intérieur, lui-même d'origine juive, réplique en accusant Charles Lindberg d'être le Quisling de l'Amérique. Quatre-vingt-trois pour cent du peuple américain, y compris les républicains et les isolationnistes, sont aussi des Quislings, simplement parce qu'ils n'ont pas voulu marcher derrière Morgenthau !

Roosevelt lui-même, poussé par le brain trust vers la guerre, a dû admettre que les Américains ne voulaient pas intervenir. L'Amérique ne peut même pas être soupçonnée d'avoir un intérêt commercial dans la guerre par le biais du trafic d'armes, car il s'agissait d'une guerre idéologique. C'est pourquoi la juiverie mondiale s'est mise à crier les commandements des *Protocoles* alors que les armées chrétiennes s'approchaient de Moscou :

> 'Nous vous répondrons avec des armes américaines et chinoises.

Si l'humanité était capable de réfléchir sérieusement, elle se serait posée la question :

> "Quel était l'intérêt de l'entrée en guerre de l'Amérique, en particulier aux côtés des Soviétiques ?

Les dirigeants allemands responsables ont publié la déclaration suivante : « Il est tout à fait certain que la paix qui suivra les victoires allemandes ne sera pas du type Versailles, mais sera une paix au bénéfice de toutes les nations. Les peuples des pays occupés aujourd'hui retrouveront leur liberté mais, dans l'intérêt commun de toutes les nations, ils devront faire des compromis avec certaines légalités et conditions. »

Dans le même temps, Roosevelt a envoyé le message suivant au Congrès :

> « Un traité de paix qui donnerait le contrôle des pays occupés à Hitler équivaudrait à la reconnaissance du nazisme et à la probabilité d'une nouvelle guerre. Nous voulons garantir la liberté, y compris la liberté religieuse, pour toutes les nations et pour chaque individu ».

« Liberté religieuse », dit ce beau slogan. Mais de quelle religion s'agit-il ? A cette époque, les armées chrétiennes qui envahissaient la Russie pouvaient voir de leurs propres yeux les églises fermées et les ruines de la chrétienté détruites par les Juifs bolcheviques, ainsi que, peut-être, la statue de Judas érigée par le bolchevisme en commémoration du traître du Christ. Mais du cataclysme de la guerre, du déferlement de sang et de feu, des ruines fumantes des villes détruites, du tonnerre des bombes lâchées sur des enfants innocents, émerge Roosevelt, la figure la plus funeste du 20 siècle !

« Cette guerre sera celle de Roosevelt », disaient les républicains de droite. Mais des gens comme Morgenthau, Baruch, Frankfurter, Einstein et Oppenheimer savaient mieux que cela :

> « Cette guerre sera notre guerre ! La guerre de la juiverie mondiale ! »

Pour Roosevelt, ce descendant tardif des Sépharades espagnols, était le prototype de l'homme politique du 20 siècle. En lui se trouvait la personnification des Protocoles, bien qu'il ait été à la fois le libérateur du monde et la marionnette. En lui se trouvait la personnification des *Protocoles,* bien qu'il ait été à la fois le libérateur du monde et la marionnette. Derrière lui se tenaient les véritables maîtres de l'Amérique. La franc-maçonnerie et les Sages de Sion, les dirigeants et banquiers sionistes et les bolcheviks syndicalistes nés en Galicie.

'C'est *notre* président, disaient-ils, et sa guerre sera notre guerre. Nous avons substitué une caricature au « vrai gouvernement », disent les *Protocoles,* avec un président élu par nos créatures et nos esclaves — la foule.

Il est évident que la quasi-totalité du pouvoir législatif et exécutif américain est désormais entre les mains de la juiverie. Les "antisémites" ne voyaient que les petits Juifs entassés dans les ghettos galiciens ou le petit épicier de Brooklyn. Les Juifs se tenaient aussi derrière le fauteuil de Roosevelt, à côté du successeur de Washington !

À l'époque où Roosevelt tentait d'impliquer les États-Unis dans une guerre contre la volonté exprimée par 83 % de la population américaine, le pouvoir juif au sein du gouvernement américain se manifestait par les nominations suivantes :

- *Bernard M. Baruch, le président officieux des États-Unis.*
- *Le juge Samuel Roseman, fondateur et directeur du "brains trust",*
- Conseiller officieux de Roosevelt.
- Professeur Raymond Moley, "Conseiller personnel préféré".
- Professeur Felix Frankfurter, "Chief Legal Advisor" (auteur de la loi sur les valeurs mobilières).
- Henry Morgenthau Senior, conseiller officieux (avocat de l'État juif et auteur).
- Le juge Benj. N. Cardozo, conseiller officieux.
- Gerald Shwope, conseiller officieux.
- E. A. Filene, conseiller officieux.
- Charles W. Taussig, conseiller du Brains Trust.
- Nathan Margold, avocat du ministère de l'intérieur.
- Charles E. Wyzanski Jr, avocat du département du travail.
- Professeur Leo Wolman, Conseil de grève du travail.
- Rose Schneiderman, Conseil consultatif du travail (syndicaliste radicale)'.
- Isador Lubin Jr, expert en statistiques du Bureau du travail.
- Sol. A. Rosenblatt, administrateur des loisirs.
- E. A Goldenweiser, directeur fédéral de la recherche.
- Jerome Frank, conseiller général.
- Mordechai Ezekile, conseiller économique, département de l'agriculture (co-auteur des lois sur l'A.A.A.).
- Herbert Feis, « Les cerveaux du département d'État ».
- Henry Morgenthau Jr, secrétaire au Trésor.
- David E. Lilienthal, directeur de la TVA.
- Sidney Hillman, Conseil consultatif du travail.
- L. N. Landau, avocat général PWA.
- Steinhard, ministre auprès de la Suède.
- Professeur Albert E. Taussig, NRA Conseiller.
- Alexander Sachs, Autorité du code NRA.
- Maurice Karp, NRA, directeur du personnel.
- Robert Freshner, chef de l'armée forestière CCC.
- Robert Strauss, administrateur adjoint de la NRA.

- ➢ Donald Richberg, conseiller de l'ANR.
- ➢ H. I. Strauss, ambassadeur en France.
- ➢ Ferdinand Pecora, enquêteur spécial.
- ➢ Samuel Untermayer, conseiller en bourse.
- ➢ Professeur James M. Landis, commissaire fédéral au commerce.

(L'Empire caché, p. 12).

Un pouvoir caché, capable de garder sous son contrôle un pays de 150 millions d'habitants, gouvernant à partir de postes clés par l'intermédiaire de ses cerveaux et de derrière le fauteuil présidentiel, est une chose terrible à envisager. Mais Roosevelt a eu besoin de l'aide de ce pouvoir omnipotent et de grande envergure pour impliquer l'Amérique dans la Seconde Guerre mondiale.

De source américaine, on ne cachait pas que Roosevelt, après avoir vainement tenté d'entraîner l'Amérique dans la guerre contre la volonté exprimée par l'opinion publique, avait continué à provoquer les Japonais par diverses manigances et complots jusqu'à ce qu'ils n'aient plus d'autre choix que d'attaquer Pearl Harbour. Pendant l'assaut allemand contre la moitié orientale du royaume mondial, le Japon, l'autre ennemi potentiel du bolchevisme devait être neutralisé, même si cela signifiait l'entrée en guerre des États-Unis eux-mêmes.

Mais en aucun cas Roosevelt ne voulait entrer en guerre avant d'avoir assuré sa réélection à la présidence pour un troisième mandat. C'est la raison pour laquelle il a déclaré en 1940 à Philadelphie dans son discours préélectoral :

> 'Je vous répète, pères et mères, que vos fils ne doivent pas être envoyés mourir sur un sol étranger, à moins qu'ils ne soient attaqués.

Le contre-amiral Robert A. Theobald, ex-commandant de la flottille de torpilles américaines stationnée à Pearl Harbour, dans son livre publié sous le titre *The Real Secret of Pearl Harbour*, expose comment Roosevelt a préparé et provoqué cette attaque contre les États-Unis. Le 26 novembre, 1941, il a envoyé une note si insultante au Japon que celui-ci n'a eu d'autre choix que d'attaquer.

> « Avec l'aide de la note du 26 novembre, déclare l'amiral Theobald, le président Roosevelt a délibérément et irrévocablement déclenché la guerre pour les États-Unis. Les tentatives du Japon pour éviter l'étranglement sont vaines. Il devait soit se rendre, soit se battre, et son choix ne faisait aucun doute ».

Bien que les services de renseignement américains aient acquis le code secret de la flotte japonaise plusieurs mois auparavant, de sorte que le haut commandement américain était informé à l'avance de chaque mouvement de cette flotte, le commandant de Pearl Harbour n'a reçu aucun message l'informant qu'une attaque japonaise était imminente en raison de l'issue des négociations diplomatiques. Quatre semaines auparavant, les chefs d'état-major savaient pertinemment que les Japonais avaient l'intention de prendre Pearl Harbour d'assaut. Ils connaissaient même l'heure exacte à laquelle les navires de guerre et les porte-avions japonais avaient quitté leur port d'attache pour attaquer Pearl Harbour. Ils ont même réussi à intercepter le télégramme secret japonais contenant le texte de la déclaration de guerre et à ordonner en même temps que cette déclaration soit remise à la Maison Blanche à l'heure exacte où les premières bombes tombaient sur Pearl Harbour.

Cette catastrophe aurait pu être évitée facilement, mais le président Roosevelt attendait l'attaque avec impatience. Il interdit expressément à la flotte américaine de quitter Pearl Harbour. Quatre mille cinq cent soixante-quinze soldats américains sans protection sont morts, dix-huit navires, dont quatre grands navires de guerre américains, ont été détruits. Mais Roosevelt et ses partisans ont atteint leur but !

« Je vous répète, pères et mères, que vos fils ne seront pas envoyés mourir sur un sol étranger, à moins qu'ils ne soient attaqués », promet « notre président » au milieu du tonnerre des bombes tombant sur Pearl Harbour. Et maintenant, il se tient sur le pont du *Potomac* avec le même visage hypocrite, entouré d'autres pharisiens qui chantent à tue-tête « Onward, Christian

Soldiers », l'hymne anglican bien connu. En même temps, il sait très bien qu'il va mettre au rebut la Charte de l'Atlantique récemment signée, de la même manière qu'il a rompu sa promesse aux pères et aux mères américains. Au Pape, Roosevelt écrit que la forme russe de dictature n'est pas aussi dangereuse pour la chrétienté que le despotisme allemand.

Roosevelt, qui était un homme politique bien informé, savait très bien que ce n'était pas vrai. Les conseillers qui se tenaient derrière lui le savaient aussi. Néanmoins, ils l'ont déclaré au Pape et aux nations du monde. Ceux qui le conseillaient et l'obligeaient à faire des promesses hypocrites savaient très bien qu'en exploitant sa vanité, ils pouvaient entraîner ce dictateur « démocratique » dans n'importe quelle aventure.

« F.D.R. est notre président ! » Oui, le Président d'hommes comme Litvinov, Frankfurter, Kaganovich et Baruch. Peut-être est-il le Messie lui-même, dont l'ombre plane sur les ruines bombardées des églises chrétiennes, sur les débris fumants de Budapest, Berlin, Vienne, Sofia et Belgrade. Il est aujourd'hui reconnu qu'avant sa mort, Roosevelt s'envisageait comme le premier président proclamé de la république mondiale par l'intermédiaire de l'ONU renaissante et que des plans précis avaient déjà été élaborés à cet effet.

« ... et vous posséderez des nations plus grandes et plus puissantes que vous », telle est la promesse éternelle. Le fait que Roosevelt ait « progressé » de la paix à la guerre, du New Deal à la firme Dupont Nemours, de la Charte de l'Atlantique aux accords de Yalta, de la promesse faite au Pape d'établir et de maintenir une paix juste au principe de la capitulation inconditionnelle, de l'humanisme franc-maçon au plan Morgenthau et de la démocratie à l'amitié avec le bolchevisme est la tragédie de l'humanité. Tout cela est un exemple effroyable d'un homme d'État corrompu par la juiverie. C'est le « philanthrope » qui provoque le bombardement de femmes et d'enfants, le « champion de la paix » qui prépare la guerre, le « grand démocrate » qui est un bien plus grand dictateur qu'Hitler lui-même, et le principal « Américain » qui, par ses actions, se révèle être — un Juif.

Le personnage le plus calamiteux du 20 siècle n'est ni Hitler ni Staline, c'est Roosevelt.

Et à l'époque où les armées chrétiennes étaient si proches de la capitale soviétique qu'elles pouvaient voir les flèches et les tourelles de Moscou, et lorsque les Japonais ont attaqué Pearl Harbour, il était tout à fait approprié que Churchill prenne le téléphone et dise à Roosevelt : "Maintenant, nous sommes tous dans le même bateau ! « Maintenant, nous sommes tous dans le même bateau ! ».

Staline, Roosevelt et Churchill ! Derrière eux, les Juifs de l'Est et de l'Ouest — Kaganovich et Baruch !

« L'emblème de notre nation, le serpent symbolique, a fermé son anneau » disent les *Protocoles*.

Peu de temps après ces événements, une photographie est parue dans *Life*. Harry Hopkins, l'un des plus proches conseillers de Roosevelt et administrateur du prêt-bail, se tient au milieu d'un groupe. À sa droite, Litvinov Finkelstein présente un sourire gras à La Guardia, qui remet, conformément à la loi sur le prêt-bail, le premier chèque américain à l'Union soviétique.

Il s'agit d'une somme de onze mille millions de dollars, versée par le travail acharné des pères et des mères américains pour aider la barbarie soviétique et le dictateur bolchevique.

Un visionnaire n'avait-il pas écrit dans sa prophétie ignorée ? « Le Juif occidental équipera une armée de vingt millions d'hommes en Orient pour détruire le christianisme et la civilisation et pour établir le royaume mondial juif ! »

La prophétie de Cassandre s'est réalisée et les preuves de l'identité des véritables criminels de guerre ont également été établies. Forrestal, qui devint secrétaire américain à la guerre sous la présidence de Truman, et qui fut probablement tué par la sinistre puissance qui domine le monde, consigne sa conversation avec Joseph P. Kennedy dans son célèbre journal sous la date du 7 décembre, 1945. Kennedy était l'ambassadeur de Roosevelt en Grande-Bretagne au début de la dernière guerre. L'entrée en question se lit comme suit :

'J'ai joué au golf avec Joe Kennedy aujourd'hui. Je l'ai interrogé sur les consultations qu'il a eues en 1938 avec Roosevelt et Neville Chamberlain. Il pense que Chamberlain était convaincu que la Grande-Bretagne n'avait pas les moyens de lutter contre Hitler. Par conséquent, Chamberlain n'envisageait pas d'entrer en guerre contre le régime hitlérien. Kennedy pensait à l'époque que l'Allemagne hitlérienne se battrait contre la Russie sans être impliquée plus tard dans une guerre avec la Grande-Bretagne. William C. Bullitt (également d'origine juive), ambassadeur de Roosevelt en France en 1939, insistait auprès de Roosevelt pour qu'il adopte la position la plus ferme possible à l'égard des Allemands sur la question polonaise. Sans les encouragements incessants de Washington, les Anglais et les Français n'auraient jamais fait de la question polonaise un *casus belli*. Bullit maintient catégoriquement, dit Kennedy, que les Allemands ne se battront pas. Contrairement à ce point de vue, Kennedy est d'avis que les Allemands entreront rapidement en guerre et qu'ils pourraient même envahir l'Europe. Chamberlain est arrivé à la conclusion — a dit Kennedy — que l'Amérique et la **juiverie mondiale avaient poussé la Grande-Bretagne à entrer en guerre.**

Admettons donc que les véritables criminels de guerre n'ont jamais été jugés à Nuremberg.

CHAPITRE VII

Pourquoi Hitler devait partir

Tout cela ne serait-il pas simplement le cauchemar des « antisémites » ? Est-il possible, après tout, qu'une minorité raciale de cinq ou six pour cent conduise un immense pays comme les États-Unis à la guerre ? Est-il possible que les Soviétiques se battent aux côtés des capitalistes détestés ? Passons en revue la force de cette minorité raciale dans les deux pays géants. Commençons par l'Union soviétique, puisque nous savons maintenant que ses fondateurs et ses dirigeants sont pour la plupart issus des rangs des conquérants du monde.

Lors des grandes purges, les conquérants du monde ont sacrifié quelques individus dans leurs rangs. Mais les places ainsi libérées ont été occupées par d'autres personnes encore plus fidèles à la dictature de Staline. L'épouse de Staline, Rosa Kaganovich, est la fille de Lazarus Kaganovich, ex-commissaire de l'industrie lourde soviétique. Au début de la guerre, le pouvoir en Union soviétique était entre les mains des six membres de la famille Kaganovitch et du chef de la police secrète, Beria, qui était également d'origine juive.

Beaucoup de commissaires ont des idées juives. La femme de Molotov est juive, tandis que Litvinov Finkelstein, ex-commissaire adjoint aux affaires étrangères, d'apparence si capitaliste, est le lien visible entre les moitiés orientale et occidentale de ce nationalisme tribal.

En 1935, Yeats Brown a publié son livre *European Jungle,* et à la page 181, on peut lire que « dans le comité central du parti communiste, composé de cinquante-neuf membres, quatre-vingt-quinze pour cent étaient juifs, c'est-à-dire 56 membres, tandis que les trois autres membres étaient mariés à des juives : Staline, Labov et Ossinsky ».

Parfois, les Juifs se risquent à se vanter du pouvoir qu'ils exercent, par exemple, dans l'American *Jewish Chronicle* du 6 janvier, 1933 (page 19), nous trouvons ce qui suit :

> 'En Russie soviétique, un juif sur trois est employé dans l'administration.

Cela signifie en fait que sur les trois millions et demi de Juifs que compte la Russie soviétique, plus d'un million occupent des fonctions administratives à divers postes clés de la dictature bolchevique. Ce sont les partisans les plus loyaux, les plus intelligents et les plus fanatiques du système bolchevique. Ils deviennent commissaires, chefs de parti, soviets loyaux, gouverneurs de province et officiers supérieurs, ainsi que commissaires de l'armée et du N.V.D.

Après la grande purge ordonnée par Staline à la fin de 1936, les hauts fonctionnaires des quarante républiques soviétiques, c'est-à-dire les secrétaires du parti qui détenaient le pouvoir exécutif effectif, se composaient de quatre Russes, deux Arméniens, un Géorgien, un Bouriate et quarante et un Juifs. (*Service mondial*, 1936, I 1.)

Lorsqu'en 1941, les armées européennes franchissent les frontières soviétiques, elles sont choquées de constater que le régime soviétique a un caractère plus juif que ne l'avait proclamé la propagande de Streicher. À partir de la frontière polonaise, dans toutes les provinces jusqu'à Stalingrad, ce sont exclusivement des Juifs qui dirigent les villes, les commissaires chargés des fermes collectives et les chefs de la police. Tous les commissaires soviétiques, tous les officiers de la police secrète et les hauts fonctionnaires capturés par les Allemands appartenaient, sans exception, à la même race conquérante.

Le haut commandement de l'armée soviétique comptait également de nombreux Juifs et, à cet égard, nous trouvons la citation suivante dans un livre intitulé *The Hebrew Impact on Western Civilisation* (*L'impact des Hébreux sur la civilisation occidentale)*, publié à New York en 1951 par Dagobert Davis Runes :

> 'Dans la guerre contre Hitler, il y avait 313 juifs parmi les généraux soviétiques.

J. Zaltzman est chargé de la production des chars, et Abraham Wikbosky contrôle les arsenaux et les fonderies d'armes de l'Union soviétique. Mikoyan dirige l'ensemble de la production et des contrats de guerre.

Il est donc tout à fait compréhensible que ces co-racialistes aient tenté d'échapper aux troupes européennes dès qu'ils en ont eu l'occasion. Mais les populations russes et ukrainiennes ont pu relater de nombreux crimes épouvantables commis par ces personnes. Les preuves ne sont pas à chercher bien loin. Tout soldat servant sur le front russe peut corroborer ces faits par sa propre expérience.

Le pouvoir redoutable exercé par plus d'un demi-million de Juifs a ainsi permis au système dit soviétique de perdurer. L'affirmation de certains propagandistes selon laquelle le système bolchevique ne convient pas aux Juifs parce qu'ils sont attachés à l'entreprise privée est tout simplement ridicule. Partout où le bolchevisme a été instauré, la juiverie a rapidement remplacé ses postes clés dans le commerce et l'industrie par des postes dans la fonction publique. C'est ainsi que l'épicier est devenu un officier de police et le commerçant un fonctionnaire d'État. Le partisan de la première étape (des *Protocoles*) s'est ainsi transformé en soldat professionnel de la deuxième étape.

Tout cela était connu de quelques Américains. Hamilton Fish, membre du Congrès de New York, a évoqué dès 1933 le caractère juif du Soviet, et certaines données et chiffres ont été publiés dans les Congressional Records du 29 février, 1933. Selon ces données, le gouvernement soviétique, y compris les gouvernements des provinces, se composait de 503 membres dont 406 étaient juifs. Sur les vingt-trois membres du Soviet local de Moscou, dix-neuf appartenaient à la race des conquérants du monde. Parmi les quarante-deux rédacteurs et éditeurs de la presse officielle, on comptait quarante et un Juifs, menés par

David Zaslavsky, rédacteur en chef, et Ilja Ehrenburg, éditeur de la *Pravda*.

Douglas Reed, l'éminent journaliste anglais, a rapporté en 1938 que la censure de la presse en Russie était fermement entre les mains des Juifs et qu'un certain Epstein contrôlait la production cinématographique.

Chaque fois qu'un lien entre les juifs et les bolcheviks est mis en évidence, la propagande occidentale s'empresse de souligner que des tendances antisémites sont observées de temps à autre en Russie. Mais la vérité est que, jusqu'à la fin de la Seconde Guerre mondiale, la Russie soviétique était le seul État au monde où l'" antisémitisme' était considéré comme un crime par la loi et où le « criminel » était souvent passible de la peine de mort. Tout cela découle logiquement de l'enseignement de Lénine selon lequel : « L'antisémitisme est le moyen de la contre-révolution ». Ce principe, dans un sens inversé, est une admission ouverte que le bolchevisme est, en fait, une forme de domination juive.

Louis Levine, président du Conseil juif de secours russe, a visité l'Union soviétique *après la* Seconde Guerre mondiale et a écrit une série d'articles sous le titre La *Russie soviétique aujourd'hui*, dans lesquels il témoigne de la grandeur et de l'immuabilité de cette domination. Il écrit notamment

> 'L'Union soviétique se préoccupe particulièrement du peuple juif depuis sa naissance en 1917. Une semaine après le renversement du tsarisme, le jeune gouvernement socialiste, dirigé par Lénine, a aboli l'oppression nationale, faisant de l'Union le premier pays au monde à déclarer l'antisémitisme comme un crime.

Il mentionne également avec fierté que de nombreux chirurgiens, généraux et hauts fonctionnaires de l'Union soviétique sont juifs.

Ce même Levine, au cours d'un discours prononcé à Chicago le 30 octobre, 1946, tout en donnant un compte rendu complet de sa visite en Russie soviétique, a déclaré :

> « De nombreux hauts fonctionnaires russes sont juifs. Beaucoup d'autres fonctionnaires juifs n'avaient pas l'air juif, mais ils me parlaient en privé en hébreu ou en yiddish.
>
> « Le peuple juif est unanime dans son amour pour Staline. Il le considère comme le plus grand ami du peuple juif. Ils attribuent à sa compréhension des minorités nationales et à son leadership le nouveau statut exalté des Juifs soviétiques ».

La domination juive est l'héritage sacré du bolchevisme. Faisant référence aux Juifs occupant des postes clés dans le système bolchevique, Lénine lui-même a déclaré :

> « Le rôle de la juiverie sera des plus importants pour jeter les bases du nouvel ordre mondial. Les Juifs possèdent des caractéristiques adaptables, une intelligence exceptionnelle et une cruauté extrême. Un Russe ne pourrait jamais traiter les contre-révolutionnaires russes avec autant de cruauté qu'un Juif ». *(Lénine, Dieu des impies,* par F. Ossendowski).

Dans la dictature moderne, tout est sous le contrôle d'un pouvoir caché ! Plus précisément, sous le contrôle de la personne ou du groupe qui brandit la mitraillette. L'exposé qui précède et le témoignage franc d'une personnalité juive de premier plan montrent clairement qu'en Union soviétique, ce pouvoir absolu, qui repose sur les activités d'un million de Juifs occupant des postes clés, est en fait le pouvoir exercé par la juiverie sur la Russie soviétique.

Un juif est juif avant tout, même lorsqu'il est activement engagé dans la promotion de la cause du bolchevisme. Il est d'abord et avant tout un Juif et seulement ensuite un Bolchevik, tout comme il est d'abord un Juif avant de devenir un champion de la Démocratie. Il considère l'établissement du pouvoir et de la sécurité juifs comme une question d'importance suprême ; ce n'est qu'après l'avoir atteint qu'il conférera un caractère juif au bolchevisme ou à la démocratie, selon le cas. Par conséquent, on peut affirmer en toute vérité que la Russie soviétique n'est pas soumise à la dictature bolchevique, mais à la dictature juive.

Le bolchevisme, comme la démocratie libérale, ne sert que d'excuse et de couverture. Du point de vue de la juiverie, le bolchevisme représente une phase plus élevée que la démocratie dans le développement du pouvoir juif. Dans un gouvernement démocratique, le danger existe toujours qu'à un moment donné, des hommes d'État clairvoyants ou des démagogues habiles réussissent à exposer le pouvoir caché illégal et à démasquer ses détenteurs. Bien que la juiverie puisse contrôler presque tout en démocratie, il reste peut-être deux pour cent de chance de tout perdre. Mais en Union soviétique, il n'y a même pas un demi pour cent de chance. Car ici, le pouvoir entre les mains des Juifs est absolu. Le peuple russe est réduit à l'état d'esclave, de chair à canon et d'esclave du pouvoir juif.

Mais regardons de plus près cette démocratie libérale qui, en entrant en guerre, est devenue l'alliée de la Russie, grâce aux efforts de Roosevelt et de ses cerveaux. Les États-Unis sont-ils toujours l'Amérique de Washington, Lincoln et Jefferson ? Si la prise de pouvoir en Russie a été réalisée à l'aide d'une mitraillette, le même exploit peut être répété dans le cas de la démocratie libérale, mais par des moyens différents. Ici, le leadership juif peut être matérialisé par le monopole de la presse, de l'or et du contrôle de la monnaie et en influençant secrètement la vie publique.

Comme nous l'avons mentionné précédemment, lorsque l'Amérique est entrée dans la Seconde Guerre mondiale, sur les soixante-douze conseillers de Roosevelt, cinquante-deux étaient juifs. Selon *The Hidden Empire*, 80 % du revenu national des États-Unis est contrôlé par des Juifs. Derrière Roosevelt se trouvaient tous les grands banquiers mondiaux, dont le réseau financier couvrait l'ensemble du globe. Lorsque Roosevelt est arrivé au pouvoir, le département d'État et les postes clés du gouvernement ont immédiatement commencé à être pénétrés. Parallèlement à cette pénétration, une grande purge a commencé dans les rangs des officiers des forces armées, à la suite de laquelle les officiers ayant des tendances « nazies » ont été licenciés, ceux qui ne seraient probablement pas trop enthousiastes à l'idée de mener la guerre de Roosevelt.

Dans son livre *I Testify* (page 46), Robert Edward Edmondson brosse un tableau original de l'administration Roosevelt, qu'il dépeint sous la forme d'un Magen-David (étoile à six branches).

Au centre de l'étoile, on peut voir Roosevelt et son administration entourés sur quatre côtés par L. D. Brandeis, Felix Frankfurter, Bernard M. Baruch et Henry Morgenthau Jr. Sur les six pointes de l'étoile, on trouve les noms suivants, qui indiquent ceux qui ont le pouvoir effectif, ceux qui, en fait, dirigent le gouvernement des États-Unis :

1. Rabbin Wise, Sidney Hillman, Samuel Dickstein, Herbert H. Lehman, James P. Warburg, Samuel I. Roseman.

2. Dave Stern, Henry Horner, Louis Kirstein, David J. Saposs, E. A. Goldenweiser, Rabbi Samuel Margohes.

3. A. Cohen, Gerald Swope, Adolf J. Sabbath, Isidor Lubin Jr, Mordehai Ezekiel, Moissaye J. Olgin.

4. Samuel Untermayer, Benjamin J. Cardoso, F. H. La Guardia, Dave Dubinsky, Jerome Frank. Robert Moses.

5. A. Goldman, W. C. Bullitt, A. J. Altenmeyer, L. A. Steinhardt, Albert Einstein, Rose Scheiderman.

6. H. Feis Ben Cohen, Nathan Margold, Walter Lippman, David E. Lilienthal, William M. Leiserson.

Il s'agit là d'un pouvoir terrible, si l'on se souvient qu'il était soutenu par l'ensemble de la presse, dont tous les rédacteurs étaient juifs, sous la direction d'Arthur Hays Sulzberger, par l'ensemble du réseau radiophonique dirigé par David Sharnoff, ainsi que par l'industrie de la propagande cinématographique hollywoodienne, avec sa majorité juive de 95 %, dirigée par Adolf Zukor. Il ne faut pas non plus oublier les divers syndicats et factions politiques dirigés par Sidney Hillman, Dubinsky et d'autres personnes similaires, ni les diverses cours de justice dans lesquelles, à cette époque, les Juifs jugent les descendants des premiers pionniers. Ce pouvoir est étroitement associé à La Guardia, le maire de la plus grande ville des États-Unis, et autour de lui des légions de communistes juifs, ainsi qu'à Herbert H. Lehman, le gouverneur juif de l'État de New York. Puis il y a Einstein, Oppenheimer, Leo Szilard et Lilienthal, les grands prêtres de la nouvelle Secte atomique, renforcés par des masses revanchardes de réfugiés d'Allemagne, d'Italie, d'Espagne, de Hongrie, de Roumanie, de Tchécoslovaquie et de Pologne venus occuper des postes clés dans la production de guerre américaine. Ils contribuent à la propagande du ministère de la Guerre, dont 95 % sont imprégnés d'une haine proche de celle que l'on trouve dans les textes de l'Ancien Testament.

À partir de ces positions, ils ont préparé une guerre de vengeance d'où la pitié et la décence étaient exclues, sans parler de la chevalerie des âges passés. Ils ont ainsi dégradé la guerre au niveau d'une série de massacres bestiaux. Par le biais de l'O.N.U., ils se préparent à échanger des postes clés américains contre des postes ministériels dans le cabinet du futur gouvernement mondial. Ben Gourion et Chaim Weizman se tiennent prêts à faire revivre et à rétablir l'un des principaux piliers de la domination mondiale, l'État d'Israël. Ils donnèrent leurs ordres aux soldats de Washington et remplacèrent l'insigne de la Croix blanche sur les casques d'acier de la 6e division américaine par le Magen-David (étoile à six branches). Ils ordonnent le bombardement non seulement de l'Allemagne, mais aussi de tous les monuments de la culture européenne. Ils ont livré des armes à l'Union soviétique et lui ont donné onze mille milliards de dollars en puisant dans la poche du contribuable américain.

Ce nationalisme juif n'est pas hostile à l'Union soviétique. Mais si Hitler devait gagner, ou si les nations chrétiennes devaient faire la paix entre elles, cela signifierait la fin de la domination mondiale. Mais si les guerriers des deux phases différentes suivent les plans des Sages de Sion et unissent leurs forces, ils établiront certainement leur domination. Les dirigeants capitalistes et bolcheviques d'un même nationalisme domineront alors le monde. Il s'agit d'une gigantesque coalition de la population américaine mal informée et de la masse de 200 millions de personnes des peuples asservis de la Russie soviétique.

Le pacte Staline-Ribbentrop était lui-même un piège pour piéger l'Allemagne. Il fallait dissiper les scrupules et les réticences de l'état-major allemand, formé aux doctrines de

Clausewitz contre une guerre sur deux fronts. Il était donc plus facile d'entraîner les Allemands dans la Seconde Guerre mondiale, qui leur avait été déclarée par le Congrès juif dès 1933. Lorsque Hitler s'est retrouvé plus tard dans la guerre jusqu'au cou, Molotov, le mari de la belle Karpovskaja, est soudain apparu à Berlin et a mis sur la table les exigences soviétiques. Les Juifs qui avaient temporairement disparu par la trappe du Kremlin en août 1939 réapparaissent tous sur la scène. Hitler est désormais confronté à une terrible guerre sur plusieurs fronts.

Pendant ce temps, les nouveaux immigrants affluent aux États-Unis et réclament vengeance. À cette époque, l'immigration était devenue un droit et un privilège juif exclusif. En 1930, la synagogue juive comptait 4 081 242 membres actifs. Mais selon l'Almanach mondial de 1949, ce nombre a dû augmenter rapidement, puisqu'en 1947, il s'élevait à 4 770 647. Les Juifs représentent désormais un pourcentage considérable des chiffres annuels de l'immigration. En 1936, ce pourcentage était de 17,21 %, en 1937 de 22,59 %, en 1938 de 29,07 %, en 1939 de 52,35 %, en 1940 de 52,21 %, en 1941 de 45,83 %, en 1942 de 36,86 % et en 1943 de 13,83 %. Ces nouveaux arrivants juifs, immigrés des pays d'Europe de l'Est, ne se sont pas installés au bas de l'échelle de la société américaine, ils n'ont pas vécu la vie misérable des réfugiés. Au contraire, ils ont trouvé des emplois dans la presse américaine, dans les bureaux, dans la politique et dans le monde du cinéma.

Ils n'étaient plus des commerçants et des hommes d'affaires. Ils étaient porteurs de cette haine, de cette vengeance et de ce bolchevisme qui ont détruit la Sainte Russie.

Toute cette pourriture qui avait donné vie au national-socialisme et provoqué la chute de la République de Weimar se réinstalle en Amérique où, selon le livre *Le rideau de fer sur l'Amérique*, l'expression « quatrième Reich » devient le surnom des quartiers envahis et occupés par les immigrés qui ont fui Hitler. Leurs voix se font entendre dans les émissions des réseaux radiophoniques américains ; ils s'expriment en dix ou quinze langues. Leurs articles sont lus par des millions de personnes dans les journaux nationaux. Les méthodes humanitaires de la démocratie américaine ne satisfont pas ces gens. Ils ont donc fait l'éloge du soviétique en Amérique et n'ont pas ménagé leurs efforts pour menacer la démocratie américaine de destruction si elle rechignait à aider suffisamment l'Union soviétique. Pour eux, le véritable ami et libérateur n'était pas l'Amérique, mais l'Union soviétique.

Dans le numéro du *New York Herald Tribune* du 22 décembre, 1938, est parue une lettre de Mme Sarah Finkelstein protestant contre un article précédent, dans lequel il était allégué que sur les 400 000 juifs de Chicago, très peu étaient devenus membres du parti communiste. Sarah Finkelstein indique dans sa lettre qu'elle a vécu à Chicago pendant treize ans et qu'elle sait donc par expérience que 98 % des 400 000 Juifs de Chicago sont tous des communistes convaincus.

Et maintenant, simultanément, Némésis sur l'humanité procédait à la fois de New York et du Kremlin. C'était la guerre des Juifs et la paix serait aussi la leur.

« Quel que soit le vainqueur de cette guerre, nous serons les vrais vainqueurs !

CHAPITRE VIII

Les vrais vainqueurs de la Seconde Guerre mondiale

LORSQUE l'Amérique est entrée dans la Seconde Guerre mondiale, nombreux sont ceux qui ont cru que la plus grande démocratie du monde allait se battre pour les principes de la Charte de l'Atlantique.[2] La propagande mensongère a trompé les 83 % d'Américains opposés à la guerre en leur faisant croire que le bolchevisme était la même chose que la démocratie, que le terrorisme soviétique était la liberté et qu'il était donc absolument nécessaire de traverser l'océan et de sauver « l'humanité ».

Une partie de l'Europe belligérante a également été séduite par cette propagande. Les organisateurs des mouvements de résistance et les réticents à entrer en guerre aux côtés des puissances de l'axe espèrent tous que Roosevelt ne lâchera pas la peste du bolchevisme sur l'Europe. Tous les signes superficiels semblaient indiquer qu'après tout, le capitalisme américain et le bolchevisme soviétique ne pourraient jamais former une alliance durable. Il semblait impossible de croire que la démocratie

---

[2] Document en huit points rédigé par M. Winston Churchill et le président Roosevelt sur un navire de guerre dans l'Atlantique en août 1941. Bien qu'il s'agisse d'un document très important puisqu'il déclare les intentions de la Grande-Bretagne et des États-Unis, il reste informel et n'est en fait pas signé (pour éviter la nécessité d'une approbation par le Sénat américain). Les huit points étaient brièvement les suivants 1. Pas d'agrandissement. 2. Pas de changements territoriaux sans la volonté des habitants. 3. Restauration de l'autonomie gouvernementale à ceux qui en sont privés. 4. Accès au commerce et aux matières premières pour tous les peuples. 5. amélioration des normes de travail et de la sécurité sociale 6. l'affranchissement de la peur et de la misère 7. Droit de naviguer en haute mer sans entrave. 8. Désarmement des nations agressives en attendant la mise en place d'un système permanent de sécurité générale.

américaine menait une guerre idéologique contre la « forme allemande » de la dictature, en s'alliant avec la dictature la plus cruelle qui soit.

Mais cette apparence était trompeuse. Car le « nazisme » juif supranational était la véritable force de cohésion de l'alliance, cette force qui, comme nous le savons déjà, a joué un rôle si important dans l'administration Roosevelt ainsi que dans le système soviétique de Staline et de Kaganovitch. Pour ceux qui sont dans les coulisses, il n'y a qu'un seul but de guerre : l'établissement de leur domination mondiale absolue. Si cela n'est pas possible, alors, selon les principes anciens de « Divide et Impera », le globe doit être divisé ; l'hémisphère oriental doit être gouverné par la mitraillette et l'hémisphère occidental par l'or, mais la mitraillette et l'or doivent être dans les mêmes mains. *Un seul monde !*

N'est-il pas écrit dans le livre saint du « Führer » juif : « Et tu consumeras tout le peuple que le Seigneur ton Dieu leur livrera... ». *(Deut. vii. 16.)*

N'oublions pas que la guerre totale n'a pas été inventée par les stratèges modernes et que la *Torah*, le *Mein Kampf* des Juifs, montre la voie à ceux qui luttent pour le principe d'un seul monde.

> "Voici comment vous les traiterez : vous détruirez leurs autels, vous briserez leurs images, vous abattrez leurs bosquets et vous brûlerez au feu leurs images taillées. *(Deut. vii. 5.)*

"... vous détruirez leurs autels !" La Charte de l'Atlantique se perçoit ici avec sa propagande de vitrine, dont le texte a été écrit par Samuel Roseman selon le magazine *Time*, 18 août, 1941. Laissons les garçons américains croire qu'ils se battent pour des idéaux plus élevés. Mais, disent les *Protocoles*, *c'est* nous qui connaîtrons les véritables plans, à l'exclusion de tous les autres ! « *Violence et hypocrisie* ». Bien que la Charte de l'Atlantique soit ce que nous avons promis, ce n'est pas la liberté que nous préparons pour le monde, mais une servitude absolue et totale. Nous dirons aux Allemands que nous ne voulons éliminer que les « nazis », mais nos plans sont prêts et nous allons les mettre à exécution.

C'est ainsi qu'en 1941, *avant* même *l*'entrée en guerre de l'Amérique, certains plans de Maurice Gomberg ont été publiés concernant « un nouvel ordre moral mondial pour une paix et une liberté permanentes » (Maurice Gomberg, Philadelphie, février 1942). Voir page 104 du livre *Europa in Trümmern* (« L'Europe en ruines ») de E. J. Reichenberger. Elle figure sur une carte imprimée à Philadelphie. *C'est la preuve la plus incriminante contre ceux qui rêvaient d'exterminer des nations et des races entières avant même que l'Amérique ne soit en guerre.*

L'ouvrage est présenté de manière à apparaître comme un projet de carte du monde après la Seconde Guerre mondiale, lorsque les États-Unis (c'est-à-dire, à l'époque, le gouvernement mondial juif) prendraient le contrôle du monde entier et établiraient le *Nouvel ordre moral mondial* pour assurer une paix durable, la liberté, la justice et la sécurité, et pour mener à bien la reconstruction.

Selon la carte, le Canada, le Groenland, les Açores et les îles Canaries, ainsi que d'innombrables petites îles entre le Japon et l'Australie, appartiennent aux États-Unis en tant que protectorats. Sumatra, Java et Bornéo sont annexées à l'Empire britannique. *Les frontières de l'Union soviétique s'étendent de Vladivostok à Cologne et le Rhin est la frontière occidentale du bolchevisme.* « Nos frontières sont sur le Rhin », n'a pas dit Roosevelt ? La Pologne, la Tchécoslovaquie, la Hongrie, la Yougoslavie et la Roumanie sont représentées en tant qu'États membres de l'URSS.

Cette carte est une autre preuve choquante que l'objectif de la juiverie mondiale est de priver les petites nations de leur indépendance et de placer le monde entier sous le joug de son règne de terreur. L'Autriche et l'Allemagne, colorées en rouge sur cette carte, sont mises en « quarantaine ». La Chine semble rester un État indépendant, mais l'Iran est représenté sur la carte comme faisant partie de l'Union soviétique. La France, l'Italie, la Belgique, la Hollande, le Luxembourg, la Suisse, l'Espagne et le Portugal apparaissent sur la carte comme membres des nouveaux États-Unis d'Europe. Mais les notes explicatives qui accompagnent la carte sont encore plus intéressantes que la carte elle-même, car elles nous apprennent qu'un nouvel « ordre moral mondial » doit être mis en place. Dans ce nouvel ordre moral, la morale talmudique aura le dessus. C'est le despotisme de l'État juif mondial. « C'est de nous que part la terreur totale », disent les *Protocoles*, et les organisateurs du nouvel ordre mondial énumèrent ici manifestement tout ce dont ils ont rêvé et qu'ils veulent mettre en œuvre. Il suffira d'exposer ici les *points les plus importants* de ces plans.

L'Union soviétique, collaborant avec les États-Unis pour préserver la liberté (!) et la paix, obtiendra le contrôle exclusif de l'Autriche et de l'Allemagne, afin de « rééduquer » ces États et de les annexer ensuite en tant que membres égaux de l'URSS.

Après la guerre, la Terre Sainte, connue actuellement sous le nom de Palestine, doit être unie à la Trans-Jordanie et aux territoires adjacents par « droit historique », ainsi qu'en raison de la nécessité d'avoir une République juive indépendante et démilitarisée pour faciliter la solution du problème des réfugiés. Ce territoire juif est indiqué sur la carte sous le nom de « Hebrewland ».

En ce qui concerne les criminels de guerre, il n'existait pas encore de déclaration de Moscou, car, à l'exception des massacres de Bromberg, on n'avait pas connaissance de crimes de guerre. Néanmoins, la juiverie mondiale américaine proclamait déjà Nuremberg à l'avance. La clause numéro 30 de la carte stipule « Les auteurs criminels et leurs complices de cette guerre hideuse seront traduits en justice et un châtiment inoubliable leur sera infligé. »

Les plans d'assassinat et de déportation de nations entières étaient également prêts et ont été mis en œuvre à Potsdam, où les plans élaborés par la juiverie mondiale dès 1940 ont été docilement signés par les nations alliées.

Les notes figurant sur la carte nous apprennent que les sujets japonais ainsi que les personnes d'origine japonaise, et donc d'allégeance douteuse, doivent être *expulsés de l'hémisphère occidental à tout jamais*. Ils doivent également être expulsés des îles placées sous la protection des États-Unis. Leurs biens doivent être confisqués et affectés au financement de la reconstruction d'après-guerre. Tous les Allemands et les sujets italiens, ainsi que les personnes qui leur sont étroitement associées et qui propagent l'idéologie nazie et fasciste, doivent être traités de la même manière. (Il est révélateur que le gouvernement des États-Unis ne soit pas en mesure, aujourd'hui encore, de rembourser les 300 millions de dollars d'avoirs allemands saisis). L'immigration allemande, italienne et japonaise dans l'hémisphère occidental ainsi que dans toutes les îles placées sous le protectorat des États-Unis doit être stoppée indéfiniment.

Le judaïsme mondial revient ici aux anciens commandements de la Torah, qui visent à assurer la domination juive sans partage sur l'hémisphère occidental.

> "Tu les frapperas, *tu les* détruiras par interdit, tu ne feras pas d'alliance avec eux et tu n'auras pas de pitié pour eux. *(Deut. vii. 2.)*

Afin de purifier les agresseurs de l'axe de leur chauvinisme militaire, de briser leur puissance militaire, de *récupérer leur butin* et de les *rééduquer* pour qu'ils réintègrent le cercle familial des nations, déclare la clause 36 du plan mondial, les *territoires* allemands, japonais et italiens seront mis *en quarantaine pour une durée indéterminée* et seront administrés par des gouverneurs sous la supervision des Nations unies.

Eh bien, nous trouvons ici, bien avant le début de la guerre, des événements qui se sont effectivement déroulés après 1945 ! N'avons-nous pas vu le paiement des réparations par l'Allemagne occidentale à Israël, ainsi que l'occupation d'une grande partie de l'Europe par les rééducateurs, les agents de la C.I.C. et les démanteleurs du plan Morgenthau, qui a été tenté mais n'a pas abouti, et enfin la gestion, au nom de la juiverie, de territoires européens par des « larbins » russes et américains ?

L'ampleur de la conquête du monde par la juiverie est démontrée par le fait que de tous les objectifs et promesses de guerre, y compris la Charte de l'Atlantique, les seuls plans réalisés sont ceux mentionnés ci-dessus avec quelques petits ajustements.

Toutes les matières premières et la production industrielle des territoires en quarantaine, poursuit la clause 37 de l'ordre mondial, seront utilisées pour la reconstruction d'après-guerre.

D'autres clauses expliquent que toutes les personnes nées en Prusse orientale ou en Rhénanie seront expulsées des territoires occupés et que leurs biens seront confisqués à titre de réparation. Pour d'éventuelles raisons militaires, un plan doit être élaboré pour contrôler la natalité des territoires en quarantaine et ainsi réduire la force numérique des nations agressives.

C'est la première fois dans l'histoire de l'humanité qu'une minorité nationaliste renonce ouvertement à une loi de la nature et proclame son intention de détruire les autres nations.

> « Tu consumeras tout le peuple que l'Éternel, ton Dieu, te livrera... », déclare la Torah.

C'est donc l'occasion d'expatrier les populations de Prusse orientale, de Rhénanie et d'autres pays de l'Est. Il faut expulser 25 millions de chrétiens déplacés de leur terre natale, contrôler la natalité et mettre en œuvre le plan Morgenthau qui pourrait provoquer la famine de 40 % de la population allemande.

Jamais la juiverie mondiale ne pourra effacer ces terribles accusations de meurtre. D'autant plus qu'elle a non seulement préparé les plans mais, comme nous le verrons plus tard, les a également exécutés.

Le plan du massacre de Gomberg, soutenu par les plus puissantes organisations juives américaines, et ses méthodes ne sont pas nouveaux. Il y a plusieurs milliers d'années, Moïse avait prescrit à ce « nazisme » tribal la manière de mener une guerre et de faire la paix :

> « Lorsque le Seigneur ton Dieu l'aura livrée entre tes mains, tu en frapperas tous les mâles au fil de l'épée.
>
> "Mais tu prendras pour toi les femmes, les enfants, le bétail, tout ce qui est dans la ville *et* tout son butin... » *(Deut. xx. 13-14).*

La Charte de l'Atlantique est toujours exposée dans la vitrine des promesses.

Samuel Fried, le célèbre sioniste et pacifiste, au début des années 1930, encore sous le coup de la victoire de la Première Guerre mondiale, ne cache pas la psychose du massacre que l'on retrouve dans les projets de traités de paix ultérieurs.

« Les gens qui redoutent la renaissance de la puissance allemande ne verront plus jamais le rétablissement de la puissance militaire de l'Allemagne. Nous étoufferons dans l'œuf toute tentative de restauration et enfin, si le danger persiste, *nous détruirons cette nation détestée de tous, à la fois par la partition et par le démembrement du pays, ainsi que par des meurtres de masse impitoyables.* »

En 1934, Samuel Roth caractérise la haine intense qui se manifestera plus tard dans la propagande et les plans de paix de la Seconde Guerre mondiale. Dans son livre *Jews Must Live,* édité par Golden Press Inc, il écrit ce qui suit :

> « Nous sommes toujours la descendance d'Abraham, d'Isaac et de Jacob. Nous nous mêlons aux nations sous prétexte que nous fuyons les persécutions, *nous, les persécuteurs les plus impitoyables dont la cruauté est inégalée dans les annales de l'histoire de l'humanité.* »

Avant 1945, la croyance était largement répandue que le « juif bolchevique », rempli de ressentiment et d'amertume, n'avait aucune chance de devenir cultivé et se transformait donc en sadique dès qu'il avait une mitraillette à la main. « Mais les juifs occidentaux cultivés sont différents », disait le dicton populaire. Ils étaient des humanitaires et des philanthropes qui contribuaient généreusement à la Croix-Rouge et aux fonds d'aide aux repas gratuits. Seule la terreur sanglante de Mandel-Rothschild, ministre français de l'Intérieur, préfigure en 1940 le sort qui attend l'Europe une fois que ces humanitaires seront rentrés en vainqueurs sur le continent.

Ce Mandel-Rothschild exécute plusieurs centaines de Français au nom de l'unité nationale, exigeant de chaque Français qu'il résiste au péril allemand. Plus tard, lorsque le front français s'effondre, Mandel-Rothschild est le premier à fuir la France.

Mais à ce moment-là, ses mains sont couvertes du sang de centaines de Français.

Sa conduite politique a été la première révélation de la passion et de l'animosité intenses cachées sous le manteau de culture et d'humanité du Juif occidental.

Lorsque, au début de la Seconde Guerre mondiale, la voix de la presse et de la radio occidentales s'est sauvagement déformée et que des slogans d'un monde « humanitaire » ont été diffusés (tels que : « Faites manger de l'arsenic aux Allemands ! » par un chroniqueur américain), les preuves se sont multipliées pour montrer qu'il ne s'agissait plus d'un esprit guerrier, encore moins d'un esprit de la Convention de Genève, mais d'un esprit de meurtre pur et simple. Il est extraordinaire d'entendre des hommes de haute capacité intellectuelle, écrivains, professeurs d'université, publicistes, parler soudain au milieu du vingtième siècle le langage des prophètes de l'Ancien Testament incitant au meurtre. Il est choquant de réaliser que dans la sécurité des loges franc-maçonniques, des « rédactions démocratiques » et des associations sionistes, des livres, des articles, des essais et des discours politiques sont conçus et rédigés, qui tous proclament le meurtre. Il ne s'agit pas des victimes inévitables de la guerre, mais de meurtres et de cruautés planifiés pour la paix qui s'ensuivra.

Th. Nathan Kaufman, dans son livre *Germany Must Perish* (édité à Newark, voir p. 104), a écrit dès 1941 qu'après la guerre, l'Allemagne devait être complètement démembrée. Kaufman demandait que la *population allemande, hommes et femmes, ayant survécu aux bombardements aériens, soit stérilisée afin d'assurer l'extinction totale de la race allemande.*

La même haine s'exprime dans le livre de Maurice Leon Dodd, *How Many World Wars* (New York, 1942), dans lequel l'auteur proclame qu'il ne doit pas rester d'Allemagne ni de race allemande après cette guerre. Charles G. Haertman, dans son livre *There Must be no Germany after War* (New York, 1942), exige également l'extermination physique du peuple allemand. Einzig Palil, écrivain juif canadien, dans son livre *Can we Win the Peace ?* (Londres, 1942), adopte une position similaire en demandant le démembrement de l'Allemagne et la démolition totale de l'industrie allemande. Ivor Duncan, un autre écrivain juif, dans son *article Die Quelle des Pan-Germanismus paru dans le numéro de mars 1942 de Zentral Europa Observer*, demande *la stérilisation de quarante millions d'Allemands*. Il estime le coût total de son projet à cinq millions de livres sterling.

Douglas Miller, écrivant dans le *New York Times* en 1942, déclare que soixante-dix millions d'Allemands sont trop nombreux. Les exportations et les importations doivent donc être réglementées de telle sorte que plus de quarante millions d'Allemands mourront de faim.

Dans la bibliothèque de la Maison américaine de Munich, à la page 456 d'un livre américain intitulé *Joy Street*, de Keyes, écrit pour la plus grande gloire de la propagande outre-mer, nous lisons :

"Comme l'a dit le commandant David Salamont :

> Si j'avais eu la possibilité de choisir mon travail dans cette guerre, j'aurais choisi la même mission que celle qui m'a été confiée. Traverser la France, entrer en Allemagne *pour tout détruire*. Jamais dans l'histoire il n'y a eu une telle guerre. *Je suis heureux de pouvoir dire à mes petits-enfants que j'étais là et que j'ai participé à la revanche. Je remercie Dieu pour cela.*
>
> Lorsque nous avons atteint l'Allemagne, nous avons commencé à tout détruire et à tout dévaster. J'ai alors réalisé que c'était ce que j'attendais, ce pour quoi je vivais. *Mon seul regret est de ne pas avoir pu détruire et tuer davantage, car il nous restait peu de temps pour le faire*. Lorsque nous avons atteint Wiesbaden, notre rythme s'est ralenti car il n'y avait plus rien à attaquer, à bombarder ou à tuer. Nous avons fait un travail tellement parfait que nous avons dû nous arrêter un moment.

Ce sont les « Chartes de l'Atlantique » des hommes ambitieux qui cherchent à bolcheviser le monde et à détruire les nations, et elles ont été, dans une large mesure, réalisées. Ainsi, la grande vision des *Protocoles* vit à travers la guerre. Elle peut parfois apparaître comme de la pure propagande. Mais la barbarie est contagieuse et les responsables finissent par en être infectés.

Derrière Morgenthau, Harry Dexter White et d'autres champions de la culture ont élaboré des plans pour la destruction totale de l'Allemagne. La Charte de l'Atlantique promet peut-être la liberté, mais les propositions des fédéralistes mondiaux sont également prêtes. Ce sont les rêves du même « nazisme » supranational unique. Abolir toutes les frontières nationales ainsi que la liberté et l'indépendance des nations et établir un gouvernement mondial — exactement comme le prescrivent les *Protocoles.*

> « A la place des gouvernants d'aujourd'hui, nous mettrons en place un monstre qui s'appellera l'Administration du Super Gouvernement. Ses mains s'étendront dans toutes les directions comme des pinces et son organisation sera d'une dimension si colossale qu'elle ne pourra manquer de soumettre toutes les nations du monde ». *(Protocole V.)*

Il ne fait guère de doute que les ordres des *Protocoles* ont été respectés par les Fédéralistes Mondiaux Unis pendant la guerre lorsqu'ils ont soumis des propositions pour un gouvernement mondial. Ces propositions étaient à l'opposé des principes énoncés dans la Charte de l'Atlantique.

> « Les nations doivent abandonner leur souveraineté à un gouvernement mondial car l'ère des nations indépendantes est révolue », souligne Robert Hutchins, chancelier de l'université de Chicago. "Toutes les armées, les flottes, les forces aériennes et les bombes atomiques doivent relever du gouvernement mondial. Le canal de Panama, Gibraltar, Okinawa, les Dardanelles, Aden, Singapour et le canal de Kiel doivent tous être administrés par le gouvernement mondial. Les lois sur l'immigration et la citoyenneté doivent être abolies. Une cour mondiale et une banque mondiale doivent être créées. Le gouvernement mondial doit être formé.
>
> "Le plus important est de détruire cette dangereuse perversion qu'est le patriotisme.

Un seul monde ! Un gouvernement mondial composé des cinquante-deux conseillers juifs de Roosevelt. A la place des pays indépendants et patriotiques, il ne restera qu'un seul pays, un pays appartenant aux conquérants du monde. Il n'y aura qu'un seul patriotisme : le nationalisme juif mondial.

Les Juifs ne sont pas les seuls à participer à cette planification fiévreuse. Les socialistes fabiens, les loges franc-maçonniques et même certaines sectes de l'Église protestante sont derrière eux.

Ce n'est que quelque temps plus tard que nous avons appris, grâce aux enquêtes de la commission McCarthy et au livre de John T. Flynn *The Road Ahead*, à quel point une certaine secte du protestantisme américain s'était développée pendant la Seconde Guerre mondiale, qui *voyait dans le système bolchevique l'accomplissement de certains idéaux du Christ*. Il s'agit du même type d'aberration qui a déconcerté le monde chrétien il y a environ sept cents ans, lorsqu'on lui a raconté les conquêtes de Gengis Khan. Mais la rumeur s'est répandue qu'un grand empire chrétien avait vu le jour en Orient, non pas l'empire des Mongols, mais celui du « Prêtre Jean ». Celui-ci, disait-on, dirigeait le royaume terrestre du Christ qui serait bientôt établi en Europe, réalisant ainsi les idéaux de la chrétienté.

Il s'agissait d'une des superstitions du Moyen-Âge, alors que la rumeur liée au Soviet n'était rien d'autre qu'une propagande soigneusement préparée provenant des loges franc-maçonniques et des cercles juifs. Les marxistes se sont infiltrés dans les rangs du Conseil des églises d'Amérique et ont commencé à diffuser la remarquable théorie du « Royaume de Dieu ». Selon le Dr Jones, l'Amérique représente la « meilleure qualité » de l'individualisme, tandis que la Russie représente la « meilleure qualité » du collectivisme.

Mais ce « Royaume de Dieu » n'est pas le Royaume du Christ, qui n'est « pas de ce monde ». C'est le Royaume de *Jéhovah, l'Empire du « nazisme » de l'Ancien Testament*. C'est le Royaume de David prédit par les *Protocoles* et qui représente le règne absolu et incontesté sur l'ensemble du globe.

Mais il faudra beaucoup, beaucoup de batailles, de sang versé, de machinations et de bombardements aériens pour y parvenir. Car, bien qu'ensanglantée et bombardée, l'Europe se dresse toujours entre l'homme « coopératif » occidental et l'homme « coopératif » oriental, entre le Juif occidental et le Juif oriental.

> 'Vous détruirez leurs autels, vous briserez leurs images, vous abattrez leurs bosquets, et vous brûlerez au feu leurs images taillées. (Deut. vii. 5.)

La cible des bombardements n'est plus le national-socialisme allemand, mais la Pinacothèque de Munich, les maisons des ouvriers et le monastère du Mont-Cassin, où est née la culture chrétienne de l'Europe. Ce sont les deux mille ans de christianisme qui sont désormais visés, ainsi que son symbole — le crucifix du Christ — sur lequel crachaient les grands-pères polonais de Morgenthau en passant au-dessus des plaines de Pologne. (Jean & Jérôme Tharaud : *A l'ombre du Crucifix*).

Il peut être prouvé que la juiverie a contrecarré tous les efforts déployés pendant la Seconde Guerre mondiale pour parvenir à un armistice et établir la paix et la compréhension. Les cerveaux de Roosevelt étaient à l'origine de la demande de reddition inconditionnelle et, par son apparition personnelle à Casablanca, Morgenthau a forcé Roosevelt à se montrer intransigeant sur cette demande. *La juiverie a ainsi réussi à prolonger la guerre de deux ans.*

Même s'il n'y avait pas de preuves des aspirations de la juiverie, le fameux plan Morgenthau resterait un document éternellement incriminant. Il n'a pas pu être prouvé, même à Nuremberg, que l'intention du régime hitlérien était d'anéantir la juiverie. Néanmoins, la juiverie, dans sa soif aveugle de vengeance, souhaitait détruire quarante pour cent des quatre-vingt-dix millions d'Allemands.

Le plan Morgenthau en est une preuve historique grandiose et indéniable. La juiverie souhaitait, avec une préméditation de sang-froid, assassiner une nation entière. Il est caractéristique que les détails complets de ce plan n'aient jamais été publiés en Amérique. Cela aurait peut-être été trop pour l'opinion publique américaine. Mais les plans de M. Morgenthau, secrétaire au Trésor de l'administration Roosevelt, visaient à priver l'Allemagne de son industrie et de tous ses moyens de subsistance ; même la culture de la betterave sucrière était interdite !

« Nous allons transformer l'Allemagne en un pays pastoral », a déclaré le service de radiodiffusion de Morgenthau.

L'Accord de Québec en est une autre preuve écrite indéniable :

> 'L'objectif de ce programme est de transformer l'Allemagne en un État essentiellement agricole et nomade. (William L. Newman, *Making the Peace, 1941-1945*, page 73.)

Qui est Morgenthau ? McFadden, un membre du Congrès américain, a dit ceci de lui au Congrès le 24 janvier, 1934 :

> 'Par mariage, il est lié à Herbert Lehman, gouverneur juif de l'État de New York, et par mariage ou d'une autre manière, il est en relation avec Seligman, propriétaire de la grande société bancaire internationale J. & W. Seligman, dont il a été prouvé, lors d'une enquête du Sénat, qu'il avait tenté de corrompre un gouvernement étranger. Morgenthau est lié à Lewinsohn, le banquier juif international, ainsi qu'aux Warburg qui, ensemble, contrôlent Kuhn, Loeb & Co, l'International Acceptance Bank et la Bank of Manhattan, et ont, en outre, de nombreux autres intérêts financiers à la fois dans leur pays et à l'étranger. Ces banquiers ont provoqué une pénurie de trois milliards de dollars dans le Trésor américain et ils doivent toujours cette somme au département du Trésor et aux contribuables américains. Morgenthau est également lié à la famille Strauss et a des liens avec divers autres membres du monde bancaire juif à New York, Londres, Amsterdam et dans d'autres grands centres financiers.

Lors de la grande crise financière, Morgenthau était sous-secrétaire au Trésor. Lorsque Roosevelt lui ordonne de porter le prix de l'or à 35 dollars l'once d'or fin, il obéit avec empressement. Le soir venu, il écrivit dans son journal la phrase suivante :

> "Si le public avait compris comment nous avons fixé le prix de l'or, il aurait reçu un choc considérable.

Morgenthau a suggéré que Roosevelt achète 100 millions d'onces d'argent au-dessus du prix courant, afin de s'attirer les bonnes grâces des sénateurs représentant les « États argentés » des États-Unis et de favoriser ainsi la victoire de Roosevelt lors des prochaines élections présidentielles. Si une telle utilisation de l'argent des contribuables a permis au groupe familial des banques Morgenthau de faire de bonnes affaires et a également favorisé la réélection présidentielle de Roosevelt, elle a plongé 450 millions de Chinois et 350 millions d'Indiens dans une situation économique désespérée. En Chine comme en Inde, l'argent est le seul métal à partir duquel on frappe des pièces de monnaie, et le prix de l'argent, en raison des achats susmentionnés, n'a cessé d'augmenter. Après l'opération d'achat d'argent de Roosevelt, la Chine n'a pu exporter qu'en vendant ses produits un tiers moins cher qu'auparavant et, par conséquent, sa population a souffert davantage de la famine qu'auparavant. À cette époque, des provinces entières ont rejoint le camp de Mao-Tse-Tung, le dirigeant communiste.

Morgenthau n'est donc, après Bernard Baruch, que le leader le plus puissant de la juiverie. Il est soutenu par la presse, le monde bancaire et les masses nationalistes des conquérants du monde, qui sont unanimes dans leur ferveur et leur admiration pour lui. Ce que Morgenthau fait est fait avec l'approbation totale de l'ensemble de la juiverie occidentale et il est soutenu par la juiverie orientale également. Quelque temps plus tard, au Club de la presse de Hambourg, Christopher Ennel, le célèbre commentateur radio américain, a fait des révélations très intéressantes sur l'origine du plan Morgenthau. Lors du procès pour trahison d'Alger Hiss, il a été démontré que le plan Morgenthau avait été élaboré par les communistes avec l'aide de l'Union soviétique.

Ce n'est qu'après les enquêtes du McCarthy qu'il a été possible de clarifier les faits réels.

Derrière M. Morgenthau, le banquier juif occidental, il y avait un autre personnage sombre, Harry Dexter White, sous-secrétaire adjoint du département du Trésor des États-Unis. Ce dernier est né en Amérique, mais ses parents sont venus de Russie, le pays des pogroms, et ont donc apporté avec eux tout le fanatisme et la haine des Juifs de l'Est. Plus tard, en tant qu'un des directeurs du Fonds monétaire international nommé par le président Truman pour représenter les États-Unis, il est devenu l'un des principaux membres du réseau d'espionnage travaillant pour l'Union soviétique sous la direction de Nathan Gregory Silvermaster, un fonctionnaire du gouvernement ayant une fonction exécutive, nommé par Roosevelt. Il est l'auteur du fameux plan Morgenthau. Morgenthau, alors secrétaire au Trésor, l'emporte avec lui à la fameuse Conférence de Québec.

Les mémoires de Cordell Hull (Secrétaire d'État américain, 1933-44) témoignent des intentions de ce nationalisme tribal à double visage. Selon Cordell Hull, "le plan Morgenthau visait au massacre, à l'asservissement et à la liquidation du peuple allemand". "Peu après le retour du président, écrit Cordell Hull, je lui ai dit avec colère que le plan Morgenthau contredisait le bon sens et ne pourrait jamais être adopté par le gouvernement américain. Je lui ai dit que ce plan ferait disparaître l'Allemagne de la surface de la terre pour toujours, tandis que quarante pour cent de sa population mourrait de faim, la terre ne pouvant nourrir que soixante pour cent de sa population". La propagande de guerre s'est d'abord concentrée sur la nécessité de vaincre les "nazis". Mais lorsque les Juifs ont cru avoir gagné la guerre, ils ont voulu exterminer toute la nation.

À l'époque, aucun Juif n'a souligné que le principe de la punition collective pourrait, comme le proverbial boomerang, revenir frapper celui qui l'a lancé.

Lorsque le plan Morgenthau a été achevé, la juiverie a pu recommencer :

> 'L'emblème de notre peuple, le serpent symbolique, a refermé ses serpentins ! Nous sommes la nation qui brandit le pouvoir d'un « nazisme » victorieux. Winston Churchill, le premier ministre de l'Empire britannique victorieux, est toujours au Québec. Il représente peut-être encore la vraie Angleterre et, en tout cas, c'est lui qui, en 1920, a écrit un article 'antisémite' plein de fougue, et dont la meilleure conscience est encore en armes pour empêcher que la paix qui suit la guerre ne se transforme en vengeance.
>
> 'Ce Churchill n'a aucune idée de ce qu'est la haine éternelle. Il croit encore affectueusement que l'Angleterre a gagné la

guerre, c'est pourquoi nous allons lui montrer qu'il n'y a plus de véritable puissance ou de véritable vainqueur dans le monde chrétien qui a été ruiné par cette guerre fratricide, sauf nous, les gens de Morgenthau ! Et s'il est réticent à le croire, alors il faut lui faire connaître la puissance de Juda'.

Lors de la Conférence de Québec, Morgenthau a pointé le couteau de Shylock sur la poitrine de Churchill.

Il peut soit accepter le plan Morgenthau, soit laisser la Grande-Bretagne faire faillite. Il doit soit soutenir" la vengeance de la juiverie, auquel cas la Grande-Bretagne recevra un prêt de 6 500 millions de dollars, soit annoncer la faillite du pays, et ce avant même la fin de la guerre.

« Qu'est-ce qu'ils veulent encore de moi ? Attendent-ils de moi que je m'assoie et que je supplie comme un chien ? » s'indigne le vieil homme fort britannique. Mais à ses côtés se trouve le physicien atomiste Lord Cherwell, son grand ami, dont le nom d'origine est Lindemann et qui est du même sang que Morgenthau. Il explique à Churchill qu'il n'a pas d'autre choix que d'accepter les conditions, tant la victoire de la nation de Morgenthau — la juiverie mondiale — est désormais grande.

Toutes ces choses sont-elles des rêves cauchemardesques de sadducéens ou des projets d'écrivains, de publicistes et d'hommes d'État du vingtième siècle ? Les personnes consultées sont-elles des politiciens ou des sadiques ? La façon dont la « paix » a été préparée est racontée par le pro-rouge Richard B. Scandrette, l'un des membres de l'American Reparations Commission. Son récit a été consigné dans les Congressional Records (7 juin, 1945) :

> 'L'Allemagne n'existera plus, mais seulement des provinces allemandes sous des gouvernements coloniaux russes, américains ou britanniques. Dans ces provinces, le niveau de vie sera abaissé au niveau des camps de concentration et des territoires d'exil en Sibérie. Toutes les classes d'Allemands seront impitoyablement réduites au même niveau. En guise de solution finale, ces territoires seront gouvernés par un Comité des réparations des Nations Unies, qui décidera du nombre d'Allemands nécessaires dans chaque province pour assurer le niveau de production agricole minimum. Tous les Allemands de

sexe masculin qui ne sont pas nécessaires pour ce projet doivent être enrôlés dans des bataillons de travail obligatoire et envoyés en Amérique ou en Russie soviétique, en particulier dans les régions de Russie détruites pendant la guerre.

"L'éducation, les liens familiaux, les femmes ou les enfants à charge des déportés allemands ne doivent pas être pris en compte dans l'asservissement.

"Aucune dérogation ne sera accordée au clergé. *L'Amérique et l'URSS sont parvenues à un accord total sur la question de la religion en Europe de l'Est. L*'Église orthodoxe russe, après avoir regagné les faveurs du Kremlin, sera la religion « officielle » dans les républiques baltes, en Pologne, en Allemagne de l'Est, en Roumanie, en Bulgarie et en Hongrie. *Les catholiques romains seront coupés de Rome »*.

La « Société pour la prévention de la troisième guerre mondiale », l'organisation de Morgenthau la plus fanatiquement fidèle à l'Ancien Testament, réclame en particulier l'application de la clause de vengeance relative au démembrement de l'Allemagne. Tous les Allemands doivent être expulsés des pays neutres. Les hommes d'affaires américains ne doivent pas recevoir de visa pour se rendre en Allemagne. Pendant les vingt-cinq prochaines années, aucun Allemand ne pourra recevoir de visa pour se rendre en Amérique. Le mariage avec des femmes allemandes doit être interdit et les femmes allemandes ne doivent pas entrer aux États-Unis. Les *communications postales avec l'Allemagne ne doivent pas être rétablies.*

Toutes ces stipulations ont été signées non par des dictateurs, mais par de courageux champions de la liberté tels que F. W. Foerster, Julius Goldstein, Isidor Lischütz, Emil Ludwig, Erich Mann, Cedrik-Forster, E. Amsel Mowre, Guy Emery, Shipler, W. E. Shirer et Louis Nizer — Mais ce n'étaient pas des bolcheviks. Ils étaient tous des hommes civilisés du monde occidental. Le fait que la juiverie ait planifié tout cela est prouvé, non seulement par les citations ci-dessus, mais aussi par le peuple allemand lui-même qui l'a vu et l'a combattu avec tant de fanatisme.

« C'est par moi que les rois règnent », proclame le *protocole V*. Et au Québec, le Churchill *soumis* s'incline devant le pouvoir mondial oriental et occidental, devant le dieu terrestre, la puissance de l'or.

'Le nouvel État mondial peut maintenant voir le jour. Le jour glorieux du « Royaume de Dieu » est arrivé.

'Voici ! De l'Est, nos armées bolcheviques victorieuses attaquent une Europe qui se rétrécit rapidement. Les voici : Vienne, Budapest, Berlin et Breslau en flammes. En une seule nuit, plus de 300 000 réfugiés civils de l'Est périssent sous les bombes de nos « libérateurs ». Dans notre « humanité », nous répandons de la poudre de graphite dans l'air. L'air est brûlant. Les mères et leurs enfants sont étouffés. Nous accomplissons le commandement de Jéhovah.

'Vous brûlerez au feu les images taillées de leurs dieux, vous abattrez leurs bosquets, et vous les détruirez par un violent carnage, jusqu'à ce qu'ils soient anéantis.

'Sous un firmament brûlant, nos soldats attaquent. Ce sont les Mongols aux yeux d'amande et les peuples semi-sauvages du Turkestan et de l'Asie centrale, avec des mitraillettes américaines à la main et des bottes américaines en caoutchouc aux pieds. Derrière eux, les chars américains Sherman. Ils viennent pour libérer nos futurs dirigeants des camps de concentration, pour libérer nos frères !

Les Juifs qui sortent des barbelés des camps de concentration embrassent les soldats soviétiques, avec une joie bien compréhensible et délirante :

« Ce sont nos libérateurs ! »

Et l'Europe, réduite en partie à des cendres et à des ruines fumantes, regarde à travers les débris et les caves les commissaires soviétiques et l'arrivée des Morgenthau dans le sillage de l'armée américaine.

L'Europe ose à peine soupirer en regardant les vrais vainqueurs de la Seconde Guerre mondiale.

CHAPITRE IX

'À nous la vengeance !'

LE 9 mai, 1945, la vengeance de Jéhovah se déchaîne sur l'Europe. Les avions des forces aériennes britanniques et américaines sont encore appelés « libérateurs », mais Eisenhower annonce :

> 'Nous ne venons pas ici en libérateurs, mais en conquérants.'

Mais les Américains ont-ils été les vrais vainqueurs ? Dans le sillage de l'avancée des forces américaines, une sinistre cinquième colonne s'est formée, dont les membres, dans 99 % des cas, n'étaient pas américains. Cette armée vengeresse est composée d'émigrés des pays de l'Europe de l'Est, d'opérateurs du marché noir des ghettos de Brooklyn, de Juifs tchèques, polonais et hongrois réfugiés à Londres et de détenus criminels des camps de concentration libérés. Ils occupent tous les postes importants et secondaires de la C.I.C. organisée selon le plan Morgenthau ; ils pullulent à l'O.S.S., dans les différentes commissions de recherche des criminels de guerre, ainsi que dans les organismes de sécurité américains. Ils deviennent maires de villes allemandes et commandants de camps de prisonniers de guerre. Ils administrent l'U.N.R.R.A. de La Guardia. Ils occupent des postes clés dans les forces américaines et exercent ainsi un contrôle sur elles.

La liste initiale de l'ONU ne comptait que 2 524 criminels de guerre allemands, mais la C.I.C. et les conquérants américains ont rapidement recherché un million de « criminels de guerre » allemands. Dans un premier temps, les Soviétiques voulaient fusiller sommairement 50 000 Allemands, puis ils proposèrent de traduire 200 000 « criminels de guerre » en justice à Nuremberg.

Simultanément, le flot conquérant commence à se déplacer vers l'Est. Une masse de plusieurs centaines de milliers de personnes libérées des camps de concentration déferle vers la Pologne, la Hongrie, la Roumanie et la Yougoslavie, pour devenir officiers dans les forces de police communistes et autres organisations de terreur, pour assumer des pouvoirs judiciaires dans les tribunaux populaires et pouvoir ainsi condamner des innocents dans une orgie de vengeance. Ils ont été accueillis à bras ouverts par le M.V.D. soviétique.

qui contrôlaient les pays d'Europe de l'Est. Le schéma est partout le même. Au premier rang se trouve un général américain, soviétique ou français, mais dans tous les cas, *un adjoint juif le talonne*.

En fait, l'Europe n'est pas tombée sous la coupe des Russes, des Britanniques ou des Américains, mais *sous l'occupation juive*. Tout ce qui avait appartenu, à tort ou à raison, à l'Europe pendant 2 000 ans s'est désintégré. Les vengeurs ont continué à faire (mais plus cruellement) ce qu'ils avaient qualifié de crimes contre Hitler. Il ne s'agit pas d'une occupation par les forces de la démocratie américaine ou du bolchevisme, mais par celles d'un nationalisme juif victorieux et haineux. Installés aux postes clés des puissances occupantes, ils sont en mesure de punir tout le monde, qu'ils soient innocents ou coupables. A leurs yeux, il n'y a qu'un seul crime : s'être opposé ou être en mesure de s'opposer au *nationalisme juif*.

Être juif en Europe est devenu un privilège plus grand que celui dont jouissaient même les princes régnants du Moyen-Âge. Les gares sont gardées par une police juive spéciale et le contrôle d'identité des Juifs ne peut être effectué que par la police juive. Ils recevaient leurs cartes de rationnement alimentaire sans faire la queue. Pendant un certain temps, immédiatement après la guerre, seuls les Juifs ont reçu des cartes de transport, s'assurant ainsi la libre circulation et le monopole illimité du marché noir. Dans les camps de réfugiés, ils étaient les principaux pourvoyeurs de l'U.N.R.R.A. et les bénéficiaires privilégiés de cette aide. Ainsi, ils arrachent les meilleures rations aux Polonais, Ukrainiens et Tchèques, leurs anciens compagnons de détention dans les camps de concentration. Parallèlement, sur les routes, la police militaire renverse les boîtes de conserve et renverse le lait pour priver les enfants allemands et les malades des hôpitaux de leur alimentation. Dans les villes allemandes, les familles ouvrières sont chassées de leurs maisons par dizaines de milliers, rendant ainsi vacantes les plus belles cités ouvrières. Les victimes doivent tout abandonner : meubles, matériel de cuisine et ustensiles de cuisine, vêtements et même linge, ce qui oblige le peuple allemand à rembourser trois fois, sous forme de Wiedergutmachung (réparations), la valeur réelle des biens confisqués aux Juifs. Des gardes sionistes en uniforme sont postés aux portes des camps et, dans un premier temps, même la police militaire de l'armée américaine victorieuse ne peut pénétrer dans les camps juifs. Le nationalisme juif victorieux se voit accorder des droits similaires à l'Est, en Slovaquie, dans certaines parties de la Roumanie, en Hongrie et en Bohême. Ils prennent possession des appartements et des meubles des Gentils, occupent des postes clés dans les administrations et dans les rédactions de la presse nationale. Parallèlement, d'anciens journalistes juifs reviennent en Allemagne, prennent la direction des journaux des zones occupées et commencent à se venger de la nation allemande sur son propre sol.

Il y a cinquante ans, les Protocoles écrivaient : « C'est de nous que part la terreur qui engloutit tout... » Et maintenant, soutenue par les armes soviétiques et américaines, la terreur la plus épouvantable s'est abattue sur l'Europe, souvent sans que les Américains et les Anglais s'en rendent compte. L'hitlérisme et la guerre ont pris fin, mais ni la paix, ni l'ordre public, ni la justice, ni la démocratie n'ont été rétablis.

Le juif occidental et le juif oriental ont entrepris, main dans la main, de liquider les classes supérieures chrétiennes qui avaient réussi à fuir le bolchevisme vers l'Ouest. Ces personnes étaient considérées comme peu fiables. Les cosaques de Vlassow, par exemple, voulaient lutter contre le bolchevisme. Mais quiconque résiste au bolchevisme combat en fait une partie du royaume juif mondial. Ces cosaques savaient très bien qui étaient les commissaires des fermes collectives (kolkhozes) devant lesquels le paysan russe devait s'agenouiller. En 1940, ils avaient vu le M.V.D. « russe » entrer en Lettonie, en Estonie et en Lituanie et savaient donc que les Juifs organisaient presque exclusivement la déportation de dizaines de milliers de malheureux de ces petits États baltes. Ces personnes sont dangereuses parce qu'*elles ont été témoins de certaines choses. Ces témoins doivent être tués !*

Comment expliquer le sort des cosaques de Vlassov autrement que par le nationalisme juif qui opère derrière le pouvoir visible. Comment expliquer autrement une telle inhumanité, alors que la démocratie britannique a permis à une police militaire armée de se déployer contre des milliers de Cosaques désarmés ? « J'appelais Vlassov », écrit Laszlo Gaal, un journaliste hongrois, « lorsqu'un lieutenant portant un uniforme allemand et dont le front était baigné de sang, fit irruption dans la petite maison de campagne et fit directement son rapport au général qui se tenait au milieu de ses trois officiers d'état-major » :

> « Monsieur, tout est perdu ! Nous allons être livrés aux bolcheviks ! »

Vous qui lisez ce livre, vous n'avez pas vu le camp du P.O.W. avec son grillage de quatorze pieds de haut et ses baraquements en bois. Vous n'avez jamais entendu ce cri de désespoir lorsque la police militaire, ceinturée et casquée de blanc, est venue livrer les Cosaques. Des bombes lacrymogènes ont dû être lancées dans chaque pièce. Les Cosaques se sont empressés de nouer leurs chemises en cordes pour se pendre avant que la police militaire ne puisse entrer de force. Ils barricadèrent les portes, puis brisèrent les fenêtres et se battirent pour chaque morceau de verre brisé afin de s'ouvrir les veines. De vieux amis ont essayé de s'égorger les uns les autres. Ceux qui ne pouvaient pas mourir ainsi arrachaient leur chemise et offraient leur poitrine nue en criant : « Tirez ici, car je ne retournerai pas en Russie soviétique ». *(Pittsburgi Magyarsag,* 2 juillet, 1954.) (Également *Magyarok Utja,* édité en Argentine.)

La clameur des mêmes bourreaux est entendue dans toute l'Europe, de la Manche à la mer Noire. Ce n'est pas le nazisme qu'il faut maintenant liquider, mais *les dirigeants des nations chrétiennes, sans distinction de croyance ou de parti politique.*

Ceux qui rassemblaient les « criminels de guerre » par dizaine de milliers et torturaient les coupables et les innocents dans leurs prisons étaient presque exclusivement des Juifs. Les commandants, capitaines et agents secrets des prisons pour « criminels de guerre » de Salzbourg et d'autres lieux, ainsi que du tristement célèbre camp Marcus, étaient, presque sans exception, des Juifs vêtus d'uniformes américains. Selon un réfugié yougoslave ayant séjourné dans le camp de Klagenfurt, son commandant britannique, qui remettait les « criminels de guerre » et les contraignait par la force à retourner sous la dictature communiste, affichait fièrement sur son bureau une pancarte portant l'inscription « JE SUIS JUIF ».

Les Juifs ont livré les patriotes à la potence et à la fosse commune. Ils ont livré 100 000 braves soldats de l'armée croate aux partisans de Tito et à Mojse Pijade, qui les ont tous exécutés sommairement.

Les grottes et les tranchées abandonnées de Slovénie ont servi de fosses communes. Vlassov est une figure symbolique de cette grande tragédie, du massacre de millions d'hommes. Il a été le dernier à pouvoir rallier sous son drapeau une armée de plusieurs millions d'hommes contre la dictature stalinienne. C'est donc tout naturellement que cette personnalité symbolique a été livrée par les démocraties occidentales au régime de terreur bolchevique. C'est au juif Lavranti Beria qu'a été confiée l'agréable tâche d'organiser l'exécution publique de Vlassov à Moscou. Et parce que tout cela s'est passé avec l'approbation de l'Amérique, *une blessure incurable a été infligée à l'âme de l'Europe.*

Tout ce qui s'est passé en Europe de l'Est peut, peut-être, être expliqué par la cruauté des bolcheviks, bien que nous sachions très bien que les agents du nationalisme juif en ont été les véritables instigateurs. À la fin de la guerre, les pertes du Reich allemand s'élevaient à 8 300 000 morts. 3 300 000 soldats allemands ont été tués au combat, dont plus de 2 500 000 dans la lutte contre le bolchevisme. 1 200 000 civils, dont beaucoup de femmes et d'enfants, ont été tués lors de raids aériens. Plus de 1 400 000 hommes ont péri ou ont été assassinés en captivité par les alliés de l'Est et de l'Ouest, principalement dans les camps de prisonniers de guerre soviétiques. 2 400 000 Allemands de l'Est ont été massacrés par les forces d'occupation soviétiques qui ont envahi la Prusse orientale, ou tués par une guerre aérienne aveuglément étendue à la population civile. A tout cela, les hypocrites peuvent rétorquer : « Après tout, c'est ce qu'on appelle une guerre totale et sans merci ! ». Mais personne ne peut expliquer en parlant de « guerre totale » ce qui s'est passé en Tchécoslovaquie le jour de l'armistice. Lorsque les dernières unités de la Wehrmacht quittent Prague, les communistes juifs, dirigés par Slansky-Salzman, reviennent de Moscou dans la capitale tchèque où ils rassemblent les anciens prisonniers vengeurs des camps de concentration hitlériens, les partisans « libérateurs ».

> « Les communistes tchèques ont fait un usage très intelligent de ces malheureux Juifs », écrit *Vilag* le 15 mars, 1953, « qui sont sortis des camps d'extermination à moitié morts. Ils ont chargé ces Juifs de l'expatriation des Sudètes et des Hongrois. L'idée n'est pas nouvelle puisque Lavranti Beria a fait de même en utilisant des Juifs polonais et ukrainiens pour traquer les "antisémites" ukrainiens et polonais, c'est-à-dire ceux dont on *pouvait supposer qu'ils* avaient collaboré avec les nazis ».

Et parce qu'ils pensaient que cette supposition pouvait être étendue à presque tout le monde, ils ont entamé une campagne de vengeance sans précédent dans l'histoire de l'humanité.

Lorsque Edward Benes, le grand humanitaire, le « bel esprit » et le maître de la franc-maçonnerie, est entré à Prague le dimanche 13 mai, 1945, des citoyens allemands ont été brûlés vifs en son honneur sur la place Saint-Venceslas (document n° 15 concernant l'expulsion des Allemands des Sudètes). (Document n° 15 concernant l'expulsion des Allemands des Sudètes.) De nombreux Allemands ont été suspendus par les pieds aux grandes affiches publicitaires de la place Saint-Venceslas, puis, à l'approche du grand humanitaire, leurs corps imbibés d'essence ont été incendiés pour former des torches vivantes.

Six cent mille Allemands des Sudètes ont été tués au cours des massacres perpétrés dans l'enfer terrestre des camps de la mort de Tchécoslovaquie. Le Livre blanc des Allemands des Sudètes relate ces horreurs avec tous les détails sur plus de 1 000 pages, des horreurs sans précédent dans l'histoire de l'humanité. Des femmes tchèques et des juives armées continuaient à frapper l'utérus des femmes enceintes avec des matraques jusqu'à ce qu'elles fassent une fausse couche, et dans un seul camp, dix femmes allemandes mouraient chaque jour de cette manière. (Dans un autre camp, les détenus étaient forcés de lécher les cerveaux de leurs codétenus battus à mort. Des prisonniers allemands étaient obligés de lécher les matières fécales infectieuses des sous-vêtements de leurs codétenus souffrant de dysenterie. (Les médecins tchèques et juifs refusent toute aide médicale aux femmes allemandes violées par les Russes. Des centaines de milliers d'entre elles sont mortes par ces moyens ou ont cherché leur salut dans le suicide, comme par exemple à Brno (Brun), où 275 femmes se sont suicidées en une seule journée.

Naturellement, la presse « humanitaire » occidentale, les radios américaines et les commentateurs de la B.B.C. se sont bien gardés de mentionner ces faits, alors qu'ils étaient eux-mêmes les premiers responsables de cette campagne de vengeance à laquelle ils avaient incité les membres de leurs propres nations. Ils se sont ainsi rendus coupables d'empoisonner l'âme de la chrétienté par la haine qu'ils ont suscitée.

Mais la Tchécoslovaquie n'est pas le premier État où des horreurs de ce type se produisent. Anna Rabinovich Pauker retourne en Roumanie dès le mois d'août 1944 et, sous les ordres des Juifs de l'Est qui l'accompagnent, les massacres commencent là aussi.

Selon des sources authentiques d'émigrés bulgares, 30 000 membres des classes professionnelles ont été assassinés sur les traces des armées soviétiques envahissantes par des « prolétaires » bulgares, dirigés par ces « ladines » dont les ancêtres avaient été expulsés d'Espagne par le catholique Ferdinand. De même, à Belgrade et dans le sud de la Hongrie, le nom de Mojse Pijade est associé à des « purges » sanglantes dont les victimes furent l'intelligentsia serbe, les colons allemands prospères et la paysannerie hongroise la plus intelligente. Lorsque, en octobre 1944, les armées allemandes et hongroises ont quitté les territoires de la Yougoslavie et de la Hongrie méridionale, une vague sans précédent de meurtres de masse a déferlé sur la population non protégée. Trente mille Hongrois, pour la plupart des paysans et des petits exploitants, sont morts dans cette effusion de sang, sous le régime de terreur sauvage des partisans de Mojse Pijade. En comparaison, les meurtres du bois de Katyn ne sont qu'un modeste effort d'amateurisme. Selon les preuves documentaires dont nous disposons, les Hongrois, les Allemands et les Croates sont morts d'une mort lente et horrible, marquée par l'agonie. Outre les 30 000 Hongrois, près de 200 000 Allemands sont morts dans les camps de la mort des « libérateurs », où de la poudre de verre a été mélangée à la nourriture des enfants et où, avec la finesse de bourreaux chinois, ceux qui devaient périr dans la guerre de classe biologique ont été expédiés, afin que leurs places de dirigeants civiques et de policiers puissent être prises par les représentants vengeurs de Jéhovah. En cette époque classique de meurtre racial, le cas de la Hongrie est tout à fait extraordinaire. Cette malheureuse nation, même dans son état démembré après les traités de Paris de 1920, avait fourni à 560 000 Juifs des foyers paisibles et sûrs. La nation hongroise ne s'est pas vengée des Juifs, même après la première dictature communiste de Bela Kun en 1919-1920, en dépit du fait que des Juifs, presque exclusivement, étaient les commissaires et les dirigeants de ce régime communiste.

Pendant l'entre-deux-guerres, les Juifs possédaient 1 100 000 acres *sur un* total de 9 000 000 acres de terres arables. Une minorité juive de 6 % possédait 51 % des biens immobiliers de Budapest, 30 % du revenu national total et 25 % du patrimoine national total. Lorsque, après l'occupation allemande, les autorités de l'État ont dressé la liste des biens et des avoirs de la communauté juive accumulés en moins de cent ans, on a estimé qu'elle possédait l'équivalent de dix-neuf wagons d'or, d'argent et de bijoux, alors que les réserves d'or totales de la Banque nationale hongroise auraient pu être chargées dans douze wagons sans difficulté. Plus tard, *les autorités américaines ont restitué à la juiverie toutes ces richesses amassées.*

En 1943 encore, la Hongrie était le dernier refuge des Juifs en Europe. Malgré cela, une fois la guerre terminée et le pays envahi par les hordes de Staline, l'esprit vengeur de l'Ancien Testament a infligé au peuple hongrois innocent des horreurs sans précédent dans l'histoire de l'humanité. Sous la protection des baïonnettes soviétiques, les émigrants moscovites revinrent, tous juifs sans exception.

Ils sont suivis de près par des milliers de jeunes Maccabées, libérés sains et saufs des divisions de travail du régime « fasciste ». Ils deviennent rapidement des colonels terroristes et des officiers de police du M.V.D., ainsi que des secrétaires du parti et des chefs de police des villes de province. Des ghettos de Budapest, 200 000 Juifs sont libérés presque sans perte — des Juifs que les nazis hongrois n'avaient pas voulu livrer aux Allemands.

Un million de femmes hongroises ont été violées par les troupes bolcheviques russes, généralement dirigées par des commandants juifs. Six cent mille prisonniers de guerre, ainsi que 230 000 civils, ont été emmenés dans des camps d'extermination en Union soviétique. Selon les estimations les plus modestes, 500 000 personnes ont été assassinées par les Juifs dans les cellules du 60, Andrassy-ut, à Budapest, dans les camps d'internement ou dans les rues. Cette campagne de vengeance présente tous les traits caractéristiques de la *lutte biologique des classes. Les* classes moyennes hongroises, les intellectuels et les dirigeants nationaux devaient être tués pour que leur place soit prise par une autre classe moyenne — par les Juifs ! D'ailleurs, les juges des tribunaux révolutionnaires étaient presque tous juifs.

En Europe occidentale, un « Américain » d'origine hongroise, le colonel Martin Himmler, dirige la campagne de vengeance contre 300 000 Hongrois ayant échappé aux bolcheviks. Cet homme était-il communiste ? Ou bien était-il un démocrate américain ? En tout cas, dans son numéro du 30 avril 1954, l'*Uj*

Kelet (New Orient), journal sioniste de Tel-Aviv, a vendu la mèche : il n'était ni l'un ni l'autre, c'était un Juif !

Dans le commentaire sur le travail et la carrière de Martin Himmler, il est loué comme celui qui s'est présenté pour « se venger de l'effusion de sang juif innocent ».

On peut se demander si le cardinal Mindszenty n'était pas aussi « un assassin nazi hongrois » qui, pendant la guerre, a secouru et protégé des Juifs persécutés et qui, après la guerre, a essayé de protéger et de secourir des chrétiens persécutés. Le cardinal Jozsef Mindszenty n'a pas été victime de la terreur communiste mais d'une vengeance raciale, car il avait demandé une amnistie pour des dizaines de milliers de Hongrois torturés lors des grands massacres et des pogroms effroyables dirigés contre les chrétiens. Jozsef Mindszenty, en sa qualité d'évêque de Veszprem, s'est opposé avec véhémence au gouvernement nazi hongrois de l'époque.

Il a sauvé des Juifs que les Allemands voulaient déporter en leur donnant des laissez-passer papaux. Après l'arrivée au pouvoir du gouvernement Szalasi, il a protesté contre la poursuite des combats. Finalement, le gouvernement nazi hongrois fut contraint de l'interner à Sopronkohida en tant qu'ennemi des Allemands et grand protecteur des Juifs.

Peu de temps après, les rôles se sont inversés. Les armées des barbares soviétiques occupent la Hongrie. Jozsef Mindszenty est libéré de sa captivité à Sopronkohida et, en tant qu'archevêque de Hongrie, devient rapidement l'une des principales figures constitutionnelles.

Quelles qu'aient pu être ses opinions politiques personnelles, il estimait qu'en tant que catholique et principal représentant du christianisme, il était de son devoir de protéger les Hongrois contre les persécutions juives, tout comme il avait protégé les Juifs contre les persécutions allemandes. Dans sa lettre à Ferenc Nagy, Premier ministre après 1945, il souligne clairement que « l'antisémitisme » ne pourra être éradiqué avec succès que si les « criminels de guerre » bénéficient d'une amnistie générale et si la campagne de vengeance contre la nation hongroise s'arrête immédiatement.

Dès lors, Jozsef Mindszenty, cardinal de Hongrie, qui souhaite freiner la campagne de vengeance contre le peuple hongrois, devient un « antisémite ». Peter Fuerst, écrivain sioniste, porte contre lui des accusations meurtrières.

Selon Fuerst, il était généralement connu à Budapest que le cardinal Mindszenty était un « antisémite ». Le tract « antisémite » qu'il avait édité était en possession du Centre juif de Budapest. Au cours du procès Mindszenty, plusieurs organisations juives ont demandé s'il était vrai que Mindszenty était connu à l'Ouest comme « pro-sémite ». Bertha Gaster, correspondante du London *News Chronicle*, a rencontré le cardinal Mindszenty. Au cours d'une de ses interviews, Gaster a été surprise d'entendre le cardinal utiliser des termes forts concernant la conduite des Juifs hongrois. À la fin de l'entretien, Mlle Gaster s'est levée et l'a remercié pour les déclarations qu'il avait faites, tout en lui faisant savoir qu'elle était elle-même juive et membre actif de la communauté juive de Londres. Le « Jewish Clarion » de février 1949 affirme que Jozsef Mindszenty est en fait un « antisémite » notoire parce qu'*il demande une amnistie pour les « criminels de guerre »*.

Au même moment, la *Chronique juive* écrivait dans son numéro du 4 février, 1949 :

> « Les organisations juives hongroises ont appris avec une grande surprise que les organisations juives occidentales ont pris le parti de Mindszenty, que ces déclarations montrent comme l'ennemi juré du judaïsme hongrois et d'Europe de l'Est.

Il a suffi de taxer d'»antisémitisme » le « pro-sémite » Mindszenty, qui a sauvé la vie de plusieurs milliers de Juifs, pour qu'une campagne de vengeance des plus sinistres soit immédiatement lancée contre lui. La haine des Juifs de l'Est a été reprise par les Juifs de l'Ouest, de sorte que bientôt, tant à l'Est qu'à l'Ouest, une campagne a été lancée contre un grand prêtre chrétien dont le seul « crime » était de rester humain et d'élever la voix contre la persécution de son propre peuple. C'est Matyas

Rakosi-Roth, le dictateur communiste, qui s'est inscrit sur les listes contre lui, tandis que, « idéologiquement », cette campagne était menée par Jozsef Revai, ministre de l'éducation, dont le vrai nom était Moses Kahana. Parmi les prêtres qui l'ont trahi, le premier est Istvan Balogh, alias Izrael Bloch. Ceux qui ont produit des preuves truquées sont Ivan Boldizsar, alias Bettelheim, chef de presse, Reissman, chef du département de la publicité, et Gera, alias Grunsweig, chef adjoint de la propagande. Hanna et Laszlo Sulner, qui ont préparé « ses » faux manuscrits, étaient également juifs.

Le colonel Kraftanov, le bourreau soviétique, est venu spécialement de Moscou. Benjamin Peter-Auspitz, l'interrogateur en chef, lui fait subir le troisième degré ; le juif Karpati-Krausz, champion de lutte, est son tortionnaire ; Imre Zipszer, le directeur juif de la prison, est assis à côté de lui en permanence, même pendant les audiences ; enfin, Balassa-BIaustein et Emil Weil lui administrent des stupéfiants.

Le primat de Hongrie et protecteur de la juiverie est ainsi devenu la victime des Juifs parce qu'il voulait empêcher une campagne de vengeance contre sa nation.

À peu près à la même époque, même un communiste aussi connu que Laszlo Rajk, dont la première femme était d'origine juive, a été victime du même « nazisme » tribal. Il a tenu des propos injurieux sur l'origine juive d'Erno Gero-Singer, commissaire communiste en chef lors de la guerre civile espagnole de 1936, et a été dès lors considéré comme un « antisémite ». C'est en vain qu'il a contribué à l'assassinat de la meilleure partie de l'*élite* idéologique hongroise lorsqu'il était ministre de l'intérieur. Lors d'une conférence du parti, il dit franchement à Matyas Rakosi-Roth que « le communisme ne se répandra pas parce qu'il y a trop de Juifs parmi ses dirigeants ». Dès lors, son destin est scellé. Il termina sa vie ignominieuse sur la potence de Rakosi.

Le grand patriote hongrois Laszlo Endre, qui a fini sa vie sur la potence du « nazisme » tribal, a écrit l'exacte vérité dans sa lettre d'adieu du 21 mars, 1946, le jour de son martyre.

« Le contenu des *Protocoles des Sages de Sion* est vrai.... Ils ont désormais entre les mains les moyens de réaliser l'hégémonie mondiale et ils détruiront tout ce qui pourrait les gêner dans la construction de ce nouvel État mondial. C'est pourquoi tout ce qui se passe actuellement ne concerne en aucun cas l'administration de la justice, mais uniquement la prévention et la vengeance. Cela implique la destruction non seulement de ceux qui ont fait quelque chose, mais aussi de ceux qui pourraient faire ou auraient pu faire quelque chose ».

Tous les cas rapportés jusqu'à présent concernaient des États vaincus. Mais voyons si la situation est meilleure dans les États qui ont gagné la guerre après avoir sacrifié la vie et le sang de leurs fils et risqué leur existence même.

Ce n'est ni l'Allemagne ni ses alliés qui ont été les premières victimes de la vengeance de Jéhovah, mais bien la France victorieuse, où, après le départ des troupes allemandes, la funeste épuration a commencé. Le bain de sang de la Commune de Paris en 1871 n'est rien en comparaison de ce qui s'est passé dans la France victorieuse au cours de l'été 1944. Vingt mille Français ont perdu la vie sous le régime de terreur de la grande Révolution française ; dix-huit mille Français sont morts sur les barricades de la Commune de Paris. Mais aujourd'hui, cent cinquante mille citoyens français ont péri dans des circonstances plus horribles que jamais. Pendant la grande Révolution française, il y avait au moins un semblant de procès devant des cours ou des tribunaux. Mais en 1944, les Français ont été abattus comme des lapins. Les victimes de la Grande Révolution française, les Danton et les autres, pouvaient au moins monter les marches de la guillotine avec des traits droits et un corps intact. Mais en 1944, cinquante pour cent de ces victimes françaises étaient à moitié mortes sous la torture avant d'être tuées. Leurs corps ont été lacérés, leurs ongles arrachés avec des pinces et leur chair brûlée par des fers à repasser ou des mégots de cigarettes. Derrière le général de Gaulle, un juif polonais du nom de Thomas, l'un des chefs des Brigades rouges espagnoles, est l'auteur principal de ces monstruosités. Il organise les criminels de droit commun des prisons et les anciens détenus des camps de concentration en troupes d'assaut pour assouvir leur vengeance.

« *Tout le massacre a été provoqué par la propagande des Juifs de la B.B.C.*, écrit le journal allemand *Der Weg*, *qui ont libéré les démons sanguinaires de la vengeance*. Les « collaborateurs nazis » ne sont pas les premières victimes de ces massacres, mais les paysans possédant de grandes exploitations agricoles et l'*élite* intellectuelle française.

En Belgique et aux Pays-Bas, les mêmes représailles se poursuivent, même si l'on s'efforce davantage de préserver un semblant de formalité juridique. L'accusation de « collaboration » a été portée contre 480 519 personnes, dont 1 208 ont été condamnées à mort. Tous ceux qui se sont portés volontaires pour travailler en Allemagne ont été condamnés.

Les motifs fondamentaux de cette campagne de vengeance n'étaient pas seulement induits par le terrible spectacle des ruines, mais aussi par la mauvaise conscience de la juiverie. Les véritables criminels de guerre avaient le pressentiment qu'un jour ils seraient appelés à rendre compte de ce qu'ils avaient fait en planifiant la guerre ainsi que de sa barbarie. Il leur fallait produire un criminel encore plus grand. Pour justifier leur vengeance, ils devaient trouver quelque chose d'apparemment encore plus horrible que les 300 000 cadavres de Dresde, les meurtres du bois de Katyn ou les massacres de Bromberg, qui puisse servir de douche oculaire pour tromper l'opinion publique. Les massacres de 1945, en revanche, ne pouvaient être justifiés que par l'amplification plusieurs centaines de fois des cruautés commises par les Allemands. Ce n'est pas seulement la vengeance en tant que telle qui doit être justifiée, mais l'attitude du judaïsme d'après-guerre lui-même, qui a choqué bon nombre de membres de la communauté juive.

Sussmanovics, juif soviétique, commandant de Budapest en 1945, a convoqué l'auteur, Gizella Molinary, dans son bureau et lui a dit : "Pourquoi me déranger avec vos plaintes sur le fait que vous êtes ignorée par vos anciens amis juifs ? « Pourquoi m'importuner avec vos plaintes selon lesquelles vos anciens amis juifs vous ignorent et vous laissent tomber ? Regardez la rue depuis ma fenêtre ! La guerre fait toujours rage, les armées rouges n'ont pas encore atteint les faubourgs de Vienne. Dans les camps de concentration allemands, on s'efforce tardivement d'exterminer les Juifs, mais regardez par cette fenêtre ce qui se passe dans la rue ! Les Juifs d'ici ne pensent guère à leurs frères qui plaident pour leur vie dans des pays lointains. L'un d'entre eux a-t-il l'intention de se battre pour les sauver ? Sur les ruines des magasins éventrés et brûlés, dans l'embrasure des maisons et même sur les tombes, apparaissent la petite balance et une grande affiche : L'*or s'achète et se vend »*, dit l'affiche. Ici, le soldat jette son fusil et l'écrivain son stylo, car tout le monde est assis sur les tombes pour acheter et vendre de l'or. Pourquoi me regardez-vous ainsi ? Parce que je suis au courant de ces choses ? Bien sûr que oui ! Je suis juif moi-même et je suis rempli de rage amère et de contrition". (Extrait de *In the Shadow of the Mindszenty Trials* d'Aladar Kovach, page 131).

Il a donc fallu recourir à une technique spéciale de terreur psychologique pour dissimuler toutes ces choses. De nombreux témoins juifs ont déclaré à Nuremberg que, bien que vivant à proximité des fours crématoires, ils n'en connaissaient pas l'existence. Néanmoins, les commentateurs radio et les « juges » se moquaient du peuple allemand en disant : « Vous étiez tous au courant ! Vous êtes tous des assassins ! » Si quelqu'un, même un évêque ou un cardinal, essayait de protester et de dire la vérité, il était réduit au silence sous la menace du mot « nazi » ! Peut-être était-il également menacé d'être livré aux Russes. Ainsi, ce n'est pas seulement le peuple allemand, mais toute l'Europe cultivée qui a été intimidée. On en est arrivé à un stade où personne n'a osé dire la vérité ou énoncer les faits fondamentaux de peur de paraître défendre les meurtres et les atrocités.

L'immonde campagne de propagande a créé un état de fait dans lequel le mensonge est apparu comme la vérité, la vengeance comme l'administration de la justice et une déclaration véridique comme une approbation des crimes de guerre. Cette propagande a tenté de convaincre les masses païennes mal informées que les Juifs étaient les seules victimes de cette guerre et qu'aucune autre nation n'avait subi la moindre perte. Elle est restée muette sur les fosses communes creusées pour dix millions de victimes païennes et n'a pas dit un mot sur les massacres de Hongrois, de Roumains, de Bulgares et de Français. Dans le même temps, l'histoire des souffrances des Juifs a été exagérée à l'extrême. Ce faisant, on justifie également les privilèges dont jouissent les Juifs au sein de l'U.N.R.R.A. et de l'I.R.O., en tant qu'autorités d'occupation, en recevant la part du lion des rations alimentaires et en détenant le monopole du marché noir. Ils tentent ainsi de justifier l'outrage que constitue la livraison de l'*élite d*'Europe centrale aux Soviétiques — ou de ceux d'entre eux qu'ils n'ont pas assassinés eux-mêmes.

Une nouvelle ère s'est ouverte dans laquelle la juiverie peut échapper aux conséquences de n'importe quel acte, aussi ignoble soit-il, et toute l'Europe chrétienne est devenue un terrain de chasse idéal pour la vengeance de la juiverie. Il suffit de parler hongrois dans les rues de Munich pour être immédiatement arrêté et livré au bourreau communiste par la police militaire, que les bourreaux juifs appellent rapidement. C'est ainsi que s'est créée une atmosphère dans laquelle les autorités militaires alliées sont devenues non seulement incapables de contrôler les excès vengeurs de la juiverie, mais aussi dans laquelle leur propre existence était menacée si elles montraient la moindre réticence à se proposer comme instruments des objectifs de la juiverie.

En effet, ce qui s'est passé en Europe entre 1945 et 1950 n'est rien d'autre qu'une étrange matérialisation des prophéties des « faux » *Protocoles*.

Les alliés occidentaux victorieux ont ainsi perdu leur indépendance. Et c'est à l'ombre des drapeaux nationaux associés à la Magna Carta, à la Déclaration d'indépendance et au Code Napoléon que s'ouvrent les procès de Nuremberg.

CHAPITRE X

Nouveau Pourim et Nuremberg

QUI connaît les enseignements anciens sur lesquels se fonde la doctrine juive de la vengeance ? Qui connaît la véritable signification de la fête de Pourim ? Qui a vu cette fête ? Qui a vu les Juifs s'enivrer dans leurs synagogues ? Car, bien qu'ils soient souvent abstinents à d'autres moments, ce jour-là, leur devoir religieux est de s'enivrer. Qui, parmi tous les païens qui lisent la Bible, sait que Pourim est célébré par les Juifs jusqu'à aujourd'hui comme une fête de réjouissance pour commémorer l'un des plus grands massacres de l'histoire du monde ?

Près de 2 500 ans se sont écoulés depuis le premier Pourim, mais les descendants de Mardochée et d'Esther préparent toujours leurs gâteaux décorés du lion de Juda. Les membres masculins de la communauté juive s'enivrent encore le quatorzième jour du mois d'Adar, restant dans une extase favorisée par un sentiment de vengeance. Et lorsque, dans les synagogues, on lit le livre de la reine Esther, on sort les bâtons d'Haman des poches des caftans, car les juifs orthodoxes doivent symboliquement les frapper sur le banc de la synagogue chaque fois que le nom du ministre en chef du roi Assuérus est lu dans le texte. Dans les synagogues de l'Est également, on voit ce jour-là des Juifs ivres qui ont consommé des quantités illimitées de vins et d'alcools. À Belz et à Sadagora, les danseuses palestiniennes exécutent leurs danses orientales lascives. Cette fête doit être appréciée ; elle doit célébrer un massacre et une grande vengeance.

Voyons ce que le livre d'Esther enseigne aux Juifs. Que s'est-il passé lors du premier Pourim ?

Le Livre nous apprend qu'Assuérus, le roi de Perse, s'est brouillé avec son épouse, qui était également une dame d'origine perse, et qu'il a décidé de s'en trouver une autre. La nouvelle reine qu'il choisit appartenait à la communauté juive qui avait été emmenée en captivité par Nabuchodonosor. Mais Esther ne révéla ni son origine ni sa nationalité au roi et à la maison royale.

Mardochée, son oncle, le lui interdit. C'est ainsi que Mardochée posa la première pierre d'une nouvelle école politique. Il a défini pour les générations futures la politique consistant à sélectionner des femmes juives pour la chambre royale et à influencer ainsi les rois, les empereurs, les présidents et autres hommes d'État, afin de réaliser à un haut niveau les aspirations du nationalisme juif. Bien que ces femmes juives aient répudié le commandement mosaïque, elles ont néanmoins fait avancer la cause de leur nation.

À cette époque, Haman, fils d'Hammedatha l'Agaguite, est promu par le roi Assuérus[3] à la plus haute fonction, celle de premier ministre de l'Empire. La raison n'est pas rapportée dans la Bible, mais Haman était « l'ennemi des Juifs » et les accusa devant le roi comme suit :

> « ... Il y a un peuple dispersé et disséminé parmi les peuples dans toutes les provinces de ton royaume ; leurs lois sont différentes de celles de tous les peuples, et ils n'observent pas les lois du roi... ». *(Esther iii. 8.)*

Selon le Livre d'Esther, le roi ordonne dans son édit que le treizième jour du mois d'Adar, les Juifs soient tués. Le vieux Mardochée, ayant appris le plan du roi, envoya un message à sa nièce pour qu'elle aille voir le roi et lui fasse « des supplications et des demandes en faveur de son peuple ». La reine invita le roi et Haman à un banquet.

> "Le roi dit encore à Esther, le second jour, au cours du festin : Quelle est ta demande, reine Esther ? elle te sera accordée ; et

---

[3] L'un des rois mèdes et perses mentionnés dans l'Ancien Testament, en particulier dans le livre d'Esther, généralement identifié à Xerxès. Xerxès (vers 519-465 av. J.-C.), roi de Perse, était le fils du premier Darius.

quelle est ta requête ? elle sera exaucée, jusqu'à la moitié du royaume. *(Esther vii. 2.)*

Il ressort clairement du livre d'Esther que lorsque la reine a commencé à accuser Haman, le « haineux », le roi était sous l'influence du vin. Assuérus, furieux, quitta le banquet et sortit dans les jardins du palais pour se rafraîchir ; pendant ce temps, Haman commença à supplier la reine de lui laisser la vie sauve. On reconnaît ici clairement l'application des méthodes de Nuremberg : mensonges et calomnies ! Au retour d'Assuérus, la reine accuse Haman d'avoir tenté de la violer en l'absence du roi. Le roi ordonne alors la pendaison immédiate d'Haman.

La prise de pouvoir a eu lieu avant que le corps du premier ministre ne soit froid. Sur l'ordre de la belle Juive, le roi promut Mardochée au poste de premier ministre et, simultanément, des massacres sanglants éclatèrent de l'Inde à l'Éthiopie, perpétrés par des Juifs qui n'avaient en fait subi aucun dommage. Après tout, le plan d'Haman n'est resté qu'un plan, il n'a jamais été mis à exécution et Haman, le responsable, a été pendu. Ensuite, comme toujours, chaque fois que le pouvoir tombait entre les mains des Juifs, ils célébraient leur victoire par des massacres sanglants. Le mari de la reine juive, symbole antique de l'homme d'État fantoche, autorisa gracieusement les Juifs à « se venger de leurs ennemis ».

Depuis le premier Pourim, le nationalisme mosaïque n'a cessé de baigner dans le sang des victimes tuées dans le cadre d'une vengeance perpétuelle.

> « Les Juifs avaient de la lumière, de l'allégresse, de la joie et de l'honneur » (Esther 16), dit l'Ancien Testament. *(Esther* 16), dit l'Ancien Testament.

Le livre d'Esther donne un compte rendu détaillé des victimes de ce massacre de masse qui ont été exécutées avec une sauvagerie exceptionnelle. Il raconte que furent tués les dix fils d'Haman, dont le seul tort était que leur père était un « antisémite ». Dans la ville de Suse, les Juifs tuèrent d'abord 500 hommes, puis en massacrèrent 300 autres et enfin, dans les provinces, « ... ils tuèrent soixante et cinq mille de leurs ennemis... » *(Esther ix. 16)* sans aucune raison plausible.

Pour pouvoir évaluer correctement l'ampleur de ces massacres, il ne faut pas considérer ces chiffres par rapport à la population actuelle de la terre. Les armées d'Alexandre le Grand qui ont conquis l'Inde ne comptaient que 47 000 hommes. La force totale de l'armée perse à Marathon était de 5 000 hommes, et Hannibal a livré la bataille de Cannae avec 20 000 soldats. Le chiffre de 75 000 Perses massacrés est donc statistiquement très élevé.

> Tout cela se passa « le treizième jour du mois d'Adar ; ils se reposèrent le quatorzième jour, et en firent un jour de festin et de joie ». *(Esther ix. 17.)*
>
> "Parce qu'Haman, fils d'Hammedatha l'Agaguite, ennemi de tous les Juifs, avait formé le projet de faire périr les Juifs, et qu'il avait jeté le pur, c'est-à-dire le sort, pour les consumer et les faire périr. *(Esther ix. 24.)*
>
> "Lorsqu'Esther se présenta devant le roi, celui-ci ordonna par lettres que le mauvais projet qu'il avait conçu contre les Juifs retombe sur sa tête, et que lui et ses fils soient pendus au gibet. *(Esther ix. 25.)*
>
> "C'est pourquoi ils appelèrent ces jours Purim, d'après le nom de Pur. C'est à cause de toutes les paroles de cette lettre et de ce qu'ils avaient vu à ce sujet, et qui leur était parvenu." *(Esther ix. 26.)*
>
> "Les Juifs prirent sur eux, sur leur descendance et sur tous ceux qui s'étaient joints à eux, l'engagement de célébrer chaque année ces deux jours, selon ce qui avait été écrit, et selon le temps fixé. *(Esther ix. 27.)*
>
> "Et que ces jours soient rappelés et célébrés dans chaque génération, chaque famille, chaque province et chaque ville, et que ces jours de Pourim ne disparaissent pas du milieu des Juifs, et que leur souvenir ne disparaisse pas de leur descendance". *(Esther 28.)*

Aucune nation n'a jamais mieux respecté un engagement que les Juifs n'ont respecté la fête de Pourim pendant plus de vingt-quatre siècles. Année après année, ils ont célébré l'anniversaire de la vengeance et des massacres. La frénésie induite par le sang et le vin et l'exultation triomphale de la vengeance satisfaite montaient d'une ville à l'autre et d'un village à l'autre. Dans la petite synagogue au toit de chaume du village comme dans l'impressionnant temple métropolitain coiffé d'un dôme, Pourim est devenu une fête à la fois religieuse et *nationale*.

L'auteur de ces pages, alors qu'il se trouvait dans une ville de province en Hongrie, a assisté à la sortie de la synagogue, à quatre, des troupes vêtues de caftans. C'était la fête de Pourim.

Les passants commentaient avec désinvolture : « Bonjour, les juifs sont en vacances ».

Cette même haine éternelle brûle derrière les enseignements de Marx et des Illuminati. Elle *a transformé le socialisme marxiste en un credo de haine*. Les apôtres de cette haine se sont tenus à l'arrière-plan des révolutions et des soulèvements communistes ; ils sont arrivés au pouvoir avec le bolchevisme. Peut-être qu'un jour sera publiée l'histoire des Hamans modernes — l'histoire de ces politiciens, ecclésiastiques, hommes d'État, écrivains et journalistes qui ont eu l'audace de voir dans la haine manifestée pendant Pourim une menace pour le monde chrétien — et que l'on écrira un compte rendu de la façon dont ils ont été persécutés, dont leurs familles ont été ruinées et dont leurs enfants ont été plongés dans la misère, et enfin, comment « les haineux » ont été pendus.

La plus grande fête juive est Pourim : la fête de la haine. La plus grande fête du christianisme est la naissance du Christ, la naissance de l'amour. À Nuremberg, Purim a été revêtu des habits de la légalité. La vengeance a été enveloppée dans des paragraphes juridiques. Un tout nouveau « titre juridique » a été créé dans le but de perpétrer des massacres de masse, alors que l'objectif réel était bien plus ambitieux et sinistre. Le droit chrétien et romain et, d'une manière générale, le *droit lui-même*, devaient être annulés. Le but était d'humilier les nations vaincues, d'intimider les esprits et, grâce à la « nouvelle loi », d'assurer la possibilité politique de parvenir à une domination totale et complète du monde.

La procédure grotesque de Nuremberg visant à désigner les « criminels de guerre » était-elle un exemple de démocratie en action ? Y avait-il vraiment un tribunal impartial sous l'égide des États-Unis d'Amérique, de la Grande-Bretagne, de la France et de la Russie soviétique ou la procédure n'était-elle rien d'autre que l'épée de Jéhovah frappant un peuple vaincu ? Les « nouvelles lois », c'est-à-dire la base des verdicts, étaient-elles de nature chrétienne ? Est-ce la justice ou la vengeance qui a prévalu ?

Les verdicts de Nuremberg ont été prononcés pour punir les crimes commis contre l'humanité. Mais sur le banc des accusés se trouvaient les assassins de Katyn et les responsables du bombardement de Dresde. La propagande de guerre des alliés a toujours protesté avec une extrême vigueur contre le principe de la culpabilité collective. Pourtant, ce principe de culpabilité collective a été sanctionné par les tribunaux de Nuremberg qui ont inventé la théorie ignominieuse des « organisations coupables ». À cette époque, les chaînes de radio ont souvent parlé du « droit », mais à Nuremberg, l'un des principes juridiques les plus importants a été rejeté, à savoir que personne ne peut juger sa propre affaire. Les drapeaux américains et soviétiques étaient affichés ensemble sur le tribunal, mais le principe juridique le plus fondamental de la constitution et de la magistrature américaines a été ignoré, à savoir *Nulla Poena Sine Lege*, ce qui signifie que personne ne peut être condamné pour des actes qui n'étaient pas punissables par la loi au moment où ils ont été commis. Dans la salle d'audience, des condamnations ont été prononcées contre la barbarie, alors que dans le même temps, dans les sous-sols des bâtiments du tribunal, les gardiens de prison de Robert Kempner, le procureur général, torturaient sauvagement les prisonniers. Le principe du fair-play n'a été respecté que formellement, les condamnations étant fondées sur des documents incriminants ou falsifiés. Les crimes contre l'humanité commis dans les camps de concentration auraient dû être soumis à la juridiction d'un tribunal international composé de juges délégués par des neutres, et dans des conditions où ce tribunal aurait pu juger non seulement les actes de barbarie commis par les vaincus, mais aussi ceux commis par les États vainqueurs. S'il en avait été ainsi, les vrais criminels n'auraient jamais pu effacer le stigmate noir dont ils sont marqués. Mais en adoptant les méthodes de la vengeance juive, on a fait des martyrs de certains coupables qui, de toute façon, n'auraient jamais été acquittés par un tribunal impartial.

Au tribunal de Nuremberg, des juges américains, russes, français et britanniques ont siégé, mais une seule puissance victorieuse a poursuivi et jugé : *Juda* !

Nous savons maintenant ce qui s'est réellement passé en coulisses. Robert Kempner, juif bien sûr, et ancien « oberregierungsrat » en Allemagne, travaillait derrière le général Taylor, le procureur général. Morris Amchan assistait Kempner. Dans les bâtiments du tribunal de Nuremberg, à l'exception des juges et des accusés, il n'y a guère que des Juifs. Le personnel de la Ljudljanka et du M.V.D. n'est pas différent de celui des tribunaux de Nuremberg, de Dachau et d'autres lieux où sont jugés les « criminels de guerre ». Il était composé presque exclusivement de Juifs. La majorité des témoins étaient également juifs, et Maurice Bardeche écrit à propos de ces derniers que leur seul souci était de ne pas manifester trop ouvertement leur haine et, au moins pendant l'audition des témoins, d'essayer de donner une impression d'objectivité. Il est caractéristique de cette sorte d' »administration de la justice » que le nombre de témoins appelés à déposer devant le tribunal n'ait été que de 240, mais que 300.000 déclarations écrites aient été acceptées à l'appui des accusations sans que ces preuves aient été entendues sous serment. Il est inutile de préciser que la majorité de ces dépositions étaient fausses.

Les accusés ont subi exactement les mêmes tortures que dans les prisons soviétiques. Julius Streicher a été fouetté jusqu'à ce qu'il soit couvert de sang et a été forcé de boire de l'eau du W.C. Ensuite, les Juifs portant l'uniforme de l'armée américaine lui ont craché dans la bouche à tour de rôle et l'ont forcé à embrasser les pieds d'un nègre. Dans la prison de Schwabish Hall, les jeunes officiers de la garde d'Adolf Hitler ont été fouettés jusqu'à ce qu'ils soient trempés de sang, puis ils ont été contraints de rester prostrés sur le sol pendant que leurs tortionnaires piétinaient leurs organes sexuels. Comme lors des procès de Malmedy, les prisonniers ont été pendus à tour de rôle, puis relâchés jusqu'à ce qu'ils signent les aveux qui leur étaient demandés. Sur la base de ces « aveux » extorqués à Sepp Dietrich et Joachim Paiper, la Leibstandard Garde a été condamnée en tant qu' »organisation coupable »

Oswald Pohl, général des S.S., a été malmené avec sauvagerie lors des procès du personnel du bureau du payeur des S.S. Son visage a été barbouillé de matières fécales et il a été battu jusqu'à ce qu'il signe les aveux souhaités en se soumettant à de fausses accusations. Son visage a été barbouillé d'excréments et il a été battu jusqu'à ce qu'il signe l'aveu souhaité en se soumettant à de fausses accusations. Ces Juifs, vêtus de l'uniforme des forces américaines, avaient torturé Weiss de la même manière. S.S. Obergruppenfuehrer, à Francfort-sur-le-Main et à Dachau. Lors des procès de Malmedy, des tortionnaires juifs en uniforme américain ont également extorqué des aveux à de simples soldats. Le sénateur américain McCarthy, à propos de ces affaires, a fait la déclaration suivante à la presse américaine le 20 mai 1949 :

> « Je pense que le monde attendait de nous que nous fassions la preuve des principes juridiques et des pratiques judiciaires américains en les appliquant à nos ennemis vaincus. Au lieu de cela, ce sont les méthodes de la Gestapo et de la M.V.D. qui ont été utilisées. J'ai entendu des témoignages et lu des preuves documentaires selon lesquels les accusés ont été battus, maltraités et torturés physiquement par des *méthodes qui ne peuvent être imaginées que par des cerveaux malades*. Ils ont été soumis à des simulacres de procès et à des simulacres d'exécution, on leur a dit que leurs familles seraient privées de leurs cartes de rationnement. Tout cela a été fait avec l'approbation du procureur général afin de créer l'atmosphère psychologique nécessaire à l'extorsion des aveux requis. Si les États-Unis laissent impunis de tels actes commis par quelques personnes, le monde entier peut à juste titre nous critiquer sévèrement et douter à jamais de la justesse de nos motivations et de notre intégrité morale ».

Outre les tortures, des documents falsifiés ont également été produits pour condamner les accusés. Les circonstances atténuantes n'ont pas été autorisées à être considérées contre les preuves incriminantes. Il s'agit en soi d'une falsification de la vérité et de la justice. Un périodique appelé *Madrid* a rapporté les audiences du procès de Nuremberg, selon lesquelles certains juifs d'affaires américains avaient transformé certains camps de concentration en musées et, moyennant finances, organisaient des visites de ces camps pour montrer aux touristes américains, aux journalistes et à d'autres personnes invitées les lieux de l'horreur. L'entrée de la « chambre à gaz » du camp a été reconstituée à l'aide de figurines de cire. Des figurines de cire représentant des formes humaines horriblement déformées ont été utilisées pour démontrer les tortures présumées dans ces camps. Si un camp n'avait pas de « chambre à gaz » — et dans la plupart des camps il n'y en avait pas — ils en construisaient une improvisée avec des méthodes d'atelier expertes, comme nous le verrons plus tard.

Non seulement la propagande du Congrès juif mondial et d'autres organisations juives similaires utilise des films et des photographies truquées, mais le ministère public, dirigé par Robert M. Kempner, ancien émigré juif allemand, fonctionne avec des « preuves » de même valeur. Dans un film sur Funk, ministre de l'économie, on peut voir des tas de dents en or, de montures de lunettes et de pince-nez qui sont censés prouver qu'ils proviennent de juifs exterminés dans ces camps. On sait aujourd'hui que des Juifs américains ont apporté ces films lorsqu'ils sont arrivés à Francfort, quelques jours après l'occupation de la ville, dans le sillage des troupes américaines. Le fameux film « Todesmuhle » (Le moulin de la mort) qui a été projeté dans la salle d'audience lors des procès de Nuremberg dans le but de retourner l'opinion publique contre les prisonniers accusés, est également un faux.

Les Juifs s'en tenaient à leur vieille tactique consistant à rester à l'arrière-plan, tandis que les « païens » occupaient le devant de la scène. Bien que les juges soient supposés être des chrétiens, ils n'ont pas du tout l'esprit du Christ. Les preuves les plus incriminantes — faux films, documents, déclarations sous serment et aveux extorqués — ont été produites par les procureurs juifs, les agents de la C.I.C., les faux témoins et d'autres, travaillant dans l'ombre. Les juges ont peur des procureurs. Le général Taylor, chef intérimaire du ministère public, et Robert Kempner ont organisé et dirigé une sorte de « service de renseignement » pour espionner et contrôler les opinions exprimées par les juges, qui avaient filtré de leurs discussions privées. Soixante pour cent du personnel du ministère public est composé de personnes qui ont dû quitter l'Allemagne lors de l'entrée en vigueur des lois raciales hitlériennes. Earl Carrol, un avocat américain, a déclaré que, d'après ses observations, moins de 10 % des Américains employés dans les tribunaux de Nuremberg étaient effectivement américains de naissance.

C'est un juge américain, le juge Wenersturm, qui a révélé les véritables dessous de la campagne de vengeance de Nuremberg. Il était président de l'un des tribunaux chargés de juger les affaires de certains généraux allemands ayant exercé des commandements dans le Sud-Est et accusés de « crimes de guerre ». Wenersturm renonce à sa nomination au tribunal de Nuremberg et prend le risque de retourner en Amérique. Une demi-heure avant son départ, il fait une déclaration au journaliste du *Chicago Tribune* (un journal aux mains des Gentils), à la stricte condition qu'elle ne soit pas publiée avant l'atterrissage de son « avion » en Amérique. Cette déclaration contenait les points suivants :

    1. Les grands idéaux prescrits pour le tribunal militaire de Nuremberg ne se sont jamais concrétisés dans la pratique des tribunaux de Nuremberg.

    2. Le fait que les vainqueurs soient les seuls à juger les perdants ne favorise pas une véritable justice.

    3. Les membres du ministère public, au lieu d'essayer de formuler et d'atteindre un nouveau principe juridique directeur, n'étaient mus que par l'ambition personnelle et la vengeance.

    4. L'accusation a tout mis en œuvre pour empêcher la défense de préparer son dossier et lui rendre impossible l'apport de preuves.

    5. L'accusation, dirigée par le général Taylor, a fait tout ce qui était en son pouvoir pour empêcher l'exécution

de la décision unanime du tribunal militaire, c'est-à-dire pour demander à Washington de fournir et de mettre à la disposition du tribunal d'autres preuves documentaires en possession du gouvernement américain.

6. *Quatre-vingt-dix pour cent du tribunal de Nuremberg était composé de personnes partiales qui, pour des raisons politiques ou raciales, soutenaient l'accusation.*

7. L'accusation a manifestement su pourvoir tous les postes administratifs du tribunal militaire avec des « Américains » dont les certificats de naturalisation étaient très récents et qui, soit dans le service administratif, soit par leurs traductions, etc. ont créé une atmosphère hostile aux accusés.

8. Le but réel des procès de Nuremberg était de montrer aux Allemands les crimes de leur Führer, et ce but était en même temps le prétexte pour lequel les procès ont été ordonnés. Mais le seul fait montré aux Allemands était qu'ils étaient tombés entre les mains de conquérants plutôt brutaux et endurcis. Si j'avais su sept mois plus tôt ce qui se passait à Nuremberg, je ne m'y serais jamais rendu. Je ne m'y serais jamais rendu. *(Das Letzte Wort über Nurnberg* - Le dernier mot sur Nuremberg - édition Der Weg, page 57).

Lorsque quelqu'un a posé la question :

« Pourquoi le juge Wenersturm n'a-t-il pas fait publier sa déclaration avant son arrivée personnelle en Amérique ? a fait remarquer avec perspicacité un observateur de la presse anglaise :

« Le juge Wenersturm était bien conscient du fait que les accidents aériens ne sont pas rares dans l'aviation civile américaine.

On voit donc que même les vies américaines ne sont pas à l'abri de la vengeance de Jéhovah. Il nous suffit de conclure que Nuremberg n'était pas l'œuvre de la mentalité américaine ou britannique, mais celle du « nazisme » tribal typiquement juif.

C'est une démonstration claire du fait qu'une fois que l'administration de la justice tombe entre les mains des Juifs, il n'y a plus de justice puisque, selon la double morale juive, tout est permis contre les Gentils.

Ainsi, pour les procureurs du procès de Nuremberg, la procédure n'est régie par aucun code, si ce n'est celui des seuls *Protocoles.*

La vengeance de Jéhovah s'est manifestée à Nuremberg, non seulement par la mentalité qui y régnait, mais aussi par les statistiques. Sur les 3 000 personnes employées au tribunal de Nuremberg, 2 400 étaient juives. Ce chiffre parle de lui-même ! Mais à l'arrière-plan de la tragédie de Nuremberg, un autre objectif de grande envergure est perceptible : la *terrorisation du monde entier par le biais des sentences de Nuremberg. Il s'agissait de faire* taire toute opposition, de qualifier de « criminel de guerre » quiconque osait critiquer la juiverie et, sur le modèle soviétique, de punir de mort tous ceux qui pouvaient devenir des témoins gênants.

Outre les objectifs susmentionnés, un autre objectif, encore plus important, a été entièrement atteint : empêcher toute réconciliation entre les nations païennes. L'objectif était d'attiser la haine des peuples germaniques à l'égard de l'Amérique. La juiverie mondiale estimait qu'un jour viendrait où l'Amérique aurait cruellement besoin de l'aide des divisions allemandes contre le bolchevisme. La plupart des sentences étant prononcées au nom de l'Amérique, il fallait donc les formuler de telle sorte qu'aucune nation européenne ne soit prête à prendre les armes pour soutenir l'Amérique.

L'objectif de la juiverie a été atteint, comme en témoigne l'opinion publique allemande qui, entre 1945 et 1951, a placé l'Amérique sur le même plan que l'Union soviétique.

Ce n'est ni l'Amérique de Washington, ni l'Angleterre de la Magna Carta, ni la France de Descartes qui ont exercé cette vengeance. C'est l'esprit de Pourim qui a siégé en jugement à Nuremberg, « ... et ils tuèrent soixante et cinq mille de leurs ennemis... » dit le livre d'Esther. Le faux accusateur d'Haman, le fantôme de la reine Esther, était revenu pour engager de faux témoins dans l'Europe chrétienne, pour fabriquer de fausses déclarations sous serment, pour produire des films truqués, pour torturer des innocents dans les cachots des prisons et pour *falsifier l'histoire elle-même.*

La glorification de la trahison et la récompense des traîtres ont été l'une des horribles conséquences qui affligeront le monde d'aujourd'hui. Nuremberg a acquitté tous ceux qui avaient trahi leur pays et condamné tous ceux qui avaient respecté leur serment d'allégeance. Ainsi, le fossé entre le patriotisme et la trahison a disparu. Quel pays doit-on trahir ? Celui d'Hitler bien sûr, mais probablement aussi celui de Washington. Les verdicts d'acquittement de Julius Rosenberg et des espions atomiques ont tous eu leur précédent à Nuremberg. Quand, malgré tout, les traîtres sont parfois juifs, les manifestations anti-américaines montrent que, du point de vue de la juiverie, les trahisons commises contre d'autres nations sont tout à fait justifiées. Le code militaire britannique exige une loyauté inconditionnelle de la part du soldat britannique, alors que dans le même temps, des soldats allemands sont condamnés à mort pour avoir obéi aux ordres. Les traîtres sont récompensés. En agissant de la sorte, toutes les traditions de loyauté qui soutenaient les États ont été démolies.

Le Tribunal de Nuremberg est devenu non seulement le symbole de la vengeance, mais aussi l'emblème de la dépravation morale. Le bâtiment du tribunal de Nuremberg lui-même était le centre des activités du marché noir dans une Europe affamée et dévastée par la guerre. Mark Lautern dresse un tableau choquant de ce puits d'iniquité qui engloutit le Tribunal de Nuremberg. « Ils sont tous arrivés : les Solomon, les Schlossberger et les Rabinovitch qui, en tant que membres du ministère public, dans les intervalles entre deux condamnations à mort ou entre deux exécutions, s'occupent de cigarettes américaines, de porcelaine de valeur, d'argent, d'or, de fourrures et d'œuvres d'art ».

M. Salamonson est spécialisé dans les montres, M. Sterling fait de la contrebande de tableaux, M. Cohen commande du café par wagon ou des cigarettes américaines.

"Mais ce n'est pas seulement le marché noir, écrit Mark Lautern, qui a transformé les environs du tribunal de Nuremberg en un véritable gouffre pour l'Europe. La dégradation morale qui en découlait était encore plus horrible. Les orgies des employés étrangers dans les appartements privés et les hôtels provoquaient souvent l'indignation de tout le quartier. Le nombre de jeunes femmes employées à la Cour ne cesse de croître. Parmi elles, des Allemandes et des alliées sont entraînées dans le tourbillon de la dépravation et de la corruption. L'incontinence sexuelle et la perversion la plus révoltante régnaient dans ces cercles, et des scandales illimités, étayés par de nombreuses preuves, ont fourni à certains journaux et magazines de la matière pendant des années. *(Das Letzte Wort über Nurnberg, p. 68.)*

Condamnés à mort ou à la prison à vie, les nouveaux Haman se tenaient devant le peuple de la reine Esther ; ils avaient le privilège d'entendre leurs ennemis, les vendeurs au noir, les pervers et les tortionnaires, chanter en chœur une marche de Nuremberg improvisée et détournée de la *Veuve joyeuse* de Lehar :

> Da geh ich in PX,
>
> Dort bin ich bis halb sechs !

Le 16 octobre 1946, à minuit, onze « criminels de guerre » européens se dirigent vers la potence de Nuremberg. C'est alors qu'un miracle s'est produit. *Au seuil même de la mort, les vaincus ont remporté une victoire sur leurs vainqueurs.* Ce n'est pas un échafaud qu'ils montent, mais le piédestal d'une morale qui peut encore sauver l'Europe. Joachim von Ribbentrop mourut le premier en silence. Le général Wilhelm Keitel le suivit sous la potence, l'uniforme impeccable, les bottes brillantes. Avant de mourir, il a dit :

> « Deux millions de soldats allemands sont morts pour leur pays. Je vais maintenant suivre mes garçons ! »

C'est ensuite au tour du Dr Ernst Kaltenbrunner :

> « J'ai aimé mon pays et mon peuple allemand de tout mon cœur ! Bonne chance, l'Allemagne ! »

En silence, le visage figé et avec un immense mépris, le docteur Alfred Rosenberg affronte le bourreau, suivi dans la tombe par le docteur Hans Frank, gouverneur général des territoires polonais. Ces deux hommes sont tenus pour responsables des Juifs qui auraient péri à l'Est.

Wilhelm Frick, ministre du Reich, a été la victime suivante :

« L'Allemagne pour toujours », crie-t-il avant que la trappe ne s'ouvre. Julius Streicher lui succède sur la potence. Il appartenait à ce petit cercle qui possède le pouvoir de vision. Il avait été capturé par un Juif new-yorkais nommé Blitt, qui, avec le grade de major, s'était spécialisé dans l'extermination des « antisémites ». Peut-être Streicher avait-il prévu que la potence attendrait les dirigeants qui oseraient se défendre et défendre leur nation. Regardant les spectateurs avec mépris, il annonce sarcastiquement toute la vérité sur Nuremberg :

« C'est la fête de Pourim de 1946 ! »

Le Dr. Fritz Schaukel est venu ensuite avec les mots :

> « Je meurs sans être coupable. Je respecte les soldats américains et leurs officiers mais pas la justice américaine ! »

La tête droite, le général Alfred Jodl passe sous la potence, suivi par Arthur Seyss-Inquart :

> « Je crois que cette exécution sera le dernier acte de la tragédie de la Seconde Guerre mondiale », a-t-il déclaré.

Le fait que même le bourreau militaire, John C. Woods Short, était juif, est peut-être symbolique. Il a mis 143 minutes pour pendre les « criminels de guerre ».

'Ce travail intelligent, dit-il fièrement, mérite un bon verre ! Pendant ce temps, les reporters de *Life* le prenaient en photo, corde à la main, afin que ce célèbre magazine puisse, avec un goût très douteux, reproduire la photo en première page. Tout cela mérite peut-être un bon verre. Mais une prophétie de Julius Streicher planait sur la tête des juges et des bourreaux. Ils l'avaient entendu prononcer cette phrase depuis la potence :

"N'oublie pas ! Votre tour viendra ensuite ! Tu seras pendu par les bolcheviks ! »

Hermann Goring, après avoir absorbé du cyanure de potassium introduit clandestinement dans sa cellule une demi-heure avant l'heure de l'exécution, est mort. Des agents britanniques, américains et russes recherchent fébrilement le corps d'Hitler dans les ruines de l'abri du Führer. Goebbels périt avec sa famille ; il tue d'abord ses six enfants, puis se suicide. Bormann disparaît. Himmler s'est suicidé au cyanure lorsqu'il est tombé entre les mains d'interrogateurs juifs britanniques. Robert Ley se suicide dans la prison de Nuremberg.

A Milan, Mussolini, déjà abattu, est pendu par les pieds, la tête en bas. La dernière scène de Nuremberg montre des avions décollant pour disperser sur l'Allemagne les cendres des « criminels de guerre ». Cet acte symbolise la peur induite par la mauvaise conscience des juges et des participants qui se réveillent de la frénésie de l'ivresse de Pourim.

En France, le vieux général aux cheveux grisonnants Pétain, déjà au bord de la tombe, est condamné à la prison à vie dans un fort, en remerciement de la défense d'une autre forteresse, Verdun, contre les Allemands. Ensuite, Pierre Laval, le Premier ministre français, a osé affronter le peloton d'exécution. Il avait lui aussi absorbé du cyanure, mais pendant deux heures, les médecins ont lutté désespérément pour le sauver — de la mort. Et, à la fin, il est resté là, face aux canons, tandis que les juges désignés pour assister à l'exécution s'abritaient derrière le fourgon de la prison, incapables de regarder la scène qui était la conséquence de leur jugement. Laval, bien que détruit physiquement par les effets horribles du poison, refuse l'offre d'être exécuté assis sur une chaise. En titubant, il s'arc-boute pour dire :

'Un premier ministre français meurt en érection !

Il donne lui-même l'ordre de tirer, mais les balles manquent leur cible. Finalement, le Premier ministre français est tué d'un coup de revolver dans la nuque.

En Norvège, le Premier ministre Quisling a été exécuté dans la cour de la prison d'Akershus, et les membres du peloton d'exécution ont été profondément impressionnés par le courage et la dignité avec lesquels l'un des plus anciens ennemis du bolchevisme a fait face aux armes.

Le dirigeant hongrois Ferenc Szalasi est exécuté avec ses ministres. Miklos Horthy, le précédent chef d'État, n'a échappé à Nuremberg qu'en devenant l'un des principaux témoins de l'accusation et en niant avoir quoi que ce soit à voir avec les soi-disant « lois juives » qu'il avait lui-même approuvées. Ferenc Szalasi a fait un salut militaire à ses compagnons, les membres de son cabinet, qui avaient déjà été exécutés sur la potence, alors qu'il passait pour prendre son tour, et il est mort avec une telle bravoure que le film soviétique de son exécution a dû être bientôt interdit dans tous les cinémas, tant sa conduite héroïque a suscité le respect et l'admiration de la nation tout entière. Laszlo Bardossy, Bela Imredy, Dome Sztojay et Jeno Szollosi, les quatre ex-Premiers ministres hongrois, sont morts avec la même bravoure sur la potence ou attachés au bûcher. Ceux qui ont promulgué des lois rétroactives à leur encontre ou qui les ont jugés appartenaient, presque sans exception, aux conquérants du monde. On ne peut même pas reprocher à Laszlo Bardossy d'être un « antisémite ». Son seul crime est d'avoir déclaré la guerre au bolchevisme. Lorsqu'il regarda la foule dense libérée des ghettos et qu'il vit les spectateurs vengeurs se presser sur le lieu de l'exécution, il s'écria en guise de dernière prière :

> 'Ô Dieu, délivrez la Hongrie de ces bandits ! Délivre la Hongrie de ces bandits !

En Roumanie, le maréchal Antonescu, l'un des plus grands héros roumains, est exécuté. En Yougoslavie, le chef des partisans patriotes, Drazsa Mihajlovich, est livré aux bouchers de Mojse Pijade. Le Dr Joseph Tiso, à la fois prêtre et Premier ministre de la Slovaquie indépendante, est également mort sur la potence le 18 avril, 1947. La vengeance ne s'est pas arrêtée aux personnes des dirigeants de l'Église. Le pape lui-même n'a pas pu sauver le prêtre du Christ des mains d'Eduard Benes, le grand franc-maçon, qui a dit de manière sinistre :

"Tiso doit être pendu !

Dans huit ou neuf pays, les chefs d'État, les premiers ministres et les dirigeants ont été exécutés pendant le nouveau Pourim. Mais ils ne sont pas des criminels de guerre aux yeux de leurs peuples, mais des symboles du martyre de leur nation. Ils ont été suivis par des martyrs anonymes, par des soldats fidèles à leur serment, par des intellectuels, des journalistes, des agriculteurs et des ecclésiastiques. Ainsi, non seulement les « nazis antisémites » et les « fascistes » ont été assassinés, mais aussi toute personne représentant la qualité qui pourrait être un témoin désagréable contre les auteurs d'outrages. Par exemple, Ferenc Orsos, professeur d'université hongrois et autorité européenne en matière de médecine légale, était un « criminel de guerre » parce qu'il avait signé le rapport sur Katyn confirmant que ce n'étaient pas les Allemands mais les bolcheviks qui avaient massacré les officiers de l'armée polonaise.

Il est possible que les Américains commencent déjà à sentir que le moment approche où la prophétie de Streicher pourrait se réaliser :

« N'oublie pas ! Votre tour viendra ensuite ! Tu seras pendu par les bolcheviks ! »

Le plus grand service que l'on puisse rendre à l'Amérique serait que quelqu'un ait le courage d'expliquer que tous ces outrages ne sont pas le fait des Américains mais de la juiverie mondiale, et que *Nuremberg ne représentait pas une nouvelle loi mais la terreur de Pourim*. Après tout, ce ne sont pas seulement les vaincus et les collaborateurs qui ont été assassinés à Nuremberg. L'un des premiers martyrs de la finance juive fut le héros épique américain, le général Patton, commandant de l'armée américaine qui envahissait l'Allemagne, le « chevalier des divisions blindées ». Descendant des pionniers américains, il considérait le nazisme comme un mal satanique. C'est en tout cas ce que disent les propagandistes, les journalistes et les hommes d'État, pour autant qu'il le sache. Il arrive en Allemagne en le détestant. Il pensait que les nazis devaient être punis. C'est alors qu'une laitière allemande vivant dans le quartier de son Q.G. s'est trouvée sur son chemin et, au cours d'une conversation à bâtons rompus, elle lui a raconté ce qui se passait derrière la « villa du commandant », c'est-à-dire sa maison. Elle décrivit comment le lait destiné aux villes était déversé sur les routes par la police militaire sur ordre des Morgenthau, comment, non plus des nazis, mais de simples soldats allemands étaient détenus dans des camps d'internement bondés simplement parce qu'ils faisaient leur devoir, comment les travailleurs avaient été expulsés de leurs maisons par vengeance des anciens détenus des camps de concentration, et comment les médecins juifs dans les hôpitaux recommandaient qu'un nouveau-né sur quatre soit tué par injection parce qu'il n'y avait pas assez de lait.

Le général Patton, tel un chevalier errant du Moyen-Âge, entreprit de vérifier de ses propres yeux si le récit de la paysanne allemande était véridique ou non. Sans montrer son grade, dans l'uniforme d'un simple soldat, il visita toutes les parties de cet enfer terrestre : les prisons, les camps d'internement et les camps de prisonniers où il vit de ses propres yeux que les Allemands qui torturaient, enseignaient la théorie de la culpabilité collective et infligeaient des châtiments collectifs n'étaient pas des garçons américains, mais des fils de Jéhovah. À partir de ce moment, les officiers de l'armée américaine ont reçu des ordres stricts pour donner suffisamment de nourriture aux prisonniers de guerre, déjà à moitié morts de faim, et il a été interdit à la police militaire de déverser le lait des bébés sur les routes. Le général Patton n'est pas prêt à mettre en œuvre le plan Morgenthau, bien qu'il ait combattu pour l'Amérique — et, hélas, aussi pour Juda. Mais un autre général n'était que trop disposé à servir le plan Morgenthau : il s'appelait Dwight Eisenhower.

Il n'était pas possible de condamner le « chevalier des divisions blindées » à Nuremberg. Patton a donc été condamné à mort en coulisses. Mais les personnes qui l'ont jugé sont les mêmes que celles qui ont condamné les dirigeants allemands à Nuremberg. Bien qu'elle ait été étouffée, on sait aujourd'hui que, sur ordre des agents du C.I.C., une voiture « américaine » a foncé sur celle de Patton. A la suite de cet « accident », le général Patton a été blessé. Il fut rapidement transféré dans une ambulance, mais sur le chemin de l'hôpital, l'ambulance entra en collision avec un gros camion américain et, cette fois, il fut tué. Au même moment, disparaissait de sa poche un objet que les conquérants du monde avaient toutes les raisons de craindre.

« J'ai un petit livre noir », avait dit le général plus tôt, « et quand je rentrerai aux États-Unis, je vais tout faire sauter ».

Mais avant de fermer les yeux pour la dernière fois, ses yeux ont certainement vu le même ennemi que Keitel, Jodi et Streicher lorsqu'ils se tenaient sous la potence de Nuremberg.

Néanmoins, certaines personnes n'ont jamais été jugées à Nuremberg. Les membres de l'*Institut de recherche de Francfort pour l'étude de la question juive*, les représentants et le personnel du *Welt Dienst* (Service mondial) n'ont jamais été touchés alors qu'ils ont été les premiers à être capturés par des membres juifs du C.I.C. américain.[4] Ils ont été les premiers à être amenés à Nuremberg et à être menacés par le bourreau *avant qu*'il n'expédie les ministres du Reich. Mais ces personnes ont simplement répondu à leurs interrogateurs :

> 'Très bien ! Nous sommes prêts à être jugés au tribunal de Nuremberg, mais avec l'aide de nos documents cachés, nous prouverons que la juiverie mondiale est le véritable auteur des crimes de guerre. En même temps, nous serons obligés de révéler que le « Service mondial » n'était pas du tout une organisation nazie. Les membres de vingt-trois nations contribuaient à ses colonnes. Parmi eux se trouvaient un ex-président américain, des officiers de l'état-major suédois, plusieurs des membres les plus éminents de l'aristocratie anglaise et un ministre du cabinet de l'Union d'Afrique du Sud'.

Les dirigeants de ces organisations allemandes, bien que détestés par les conquérants du monde, n'ont jamais été inculpés. Ils ont été libérés à la hâte et quiconque lit les sentences de Nuremberg constatera que ni l'Institut de recherche de Francfort ni le « World Service » ne sont mentionnés parmi les « organisations coupables ».

---

[4] C.I.C. est l'acronyme de Counter Intelligence Corps (Corps de contre-espionnage).

Il aurait été très désagréable pour les conquérants du monde que les dirigeants de ces groupes présentent leur « défense » devant un tribunal. *Union*, un journal anglais, dans son numéro du 19 janvier 1952, écrit qu'il vient de recevoir des nouvelles d'Allemagne qui semblent témoigner d'un certain mauvais goût de la part des autorités de la zone d'occupation américaine. La première synagogue juive avait été inaugurée dans le palais de justice de Nuremberg, à l'endroit même où Goering et les autres dirigeants nationaux-socialistes avaient été condamnés à mort. S'il fallait une preuve supplémentaire pour convaincre l'opinion publique allemande que leurs dirigeants ont été assassinés par les plans de la juiverie mondiale, l'inauguration de cette synagogue suffirait.

Ainsi, la salle d'audience de Nuremberg restera toujours un symbole du nouveau Pourim, car c'est ici, en 1952, qu'une nouvelle synagogue a été créée à la gloire de Jéhovah et en témoignage du fait que c'est Juda, et non les alliés, qui a siégé en jugement à Nuremberg.

CHAPITRE XI

Qu'est-il advenu des six millions de Juifs ?

Au cours de la Seconde Guerre mondiale, la communauté juive, qui s'est déclarée partie belligérante, a subi des pertes inconnues en termes de morts. D'autres nations pleurent leurs morts, leur érigent des monuments et célèbrent des anniversaires pour chérir leur mémoire. La majorité de la juiverie a fait de bonnes affaires avec ses morts et a utilisé leurs corps comme une étape vers la domination du monde. Elle les considérait comme un investissement politique et un moyen d'accéder au pouvoir. Alors que sur les tombes et les monuments aux morts des héros d'autres peuples fleurissent de douces fleurs du souvenir, autour des tombes des morts juifs, les haut-parleurs de la propagande grondent encore aujourd'hui à plein régime. Les survivants d'autres nations apportent des fleurs sur les tombes de leurs mères. Mais autour des tombes des mères juives, on n'entend que des cris profanes : « *Donnez-moi* aussi un colis de l'U.N.R.R.A. ! Ma mère aussi a été tuée par les nazis ! ».

Pour les survivants, les tombes d'Auschwitz et de Bergen-Belsen ne représentent pas un symbole de protestation éternelle contre la barbarie. Hollywood en a fait un magnifique commerce et les païens ont entouré les tombes juives avec consternation. La juiverie le fit également, équipée de caméras, de haut-parleurs et de toutes sortes d'appareils photographiques. En apprenant l'existence des camps de concentration, le monde chrétien, choqué, a spontanément commenté : 'Un scandale honteux s'est produit : « Un scandale honteux vient d'être commis ! ». Mais les titres du nationalisme juif s'enflamment : *Une sensation mondiale !* Les survivants ont gagné la pitié du monde, ainsi que le droit à la vengeance, à l'émigration rapide et, bien sûr, à la *domination du monde !*

Tout cela est sans équivalent dans l'histoire du monde. Le monde chrétien a réagi par la compassion, le choc et l'indignation. Mais les survivants juifs ont dit :

"Nous exigeons des privilèges ! Ma mère, ma sœur et mon père ont tous été victimes des nazis". Les martyrs reposent dans leurs tombes communes, tandis que le millionnaire new-yorkais et le petit commerçant de Brooklyn poursuivent leurs affaires, l'auréole du martyre autour du front et affichant une expression de tristesse qui n'aurait pu être meilleure s'ils avaient été eux-mêmes couchés dans le camp de Bergen-Belsen.

D'autres nations ont également leurs morts et leurs martyrs, peut-être bien plus nombreux que les Juifs. Six millions de personnes sont mortes de faim en Ukraine, victimes des plans de dumping alimentaire des Juifs du Kremlin, mais le monde n'a jamais accordé de privilèges aux Ukrainiens. Personne n'a jamais donné de doubles rations aux ayants droit des victimes enterrées dans les fosses communes du bois de Katyn. De même, les survivants de la marche de la mort de Brno n'ont jamais reçu la moindre compensation. Aucun des auteurs des massacres de Bromberg, de Prague ou de Yougoslavie n'a été pendu à Nuremberg.

"Six millions de martyrs", annoncent les journaux juifs, les juges de Nuremberg, les films et les radios.

Six millions ! — le monde païen a reculé d'horreur et personne n'a osé élever une voix dissidente, même lorsqu'il est apparu que ce prétendu chiffre était devenu le centre d'une manœuvre de chantage mondial.

Six millions ! s'écrient les Allemands, qui ignorent tout des camps de concentration jusqu'au jour de l'armistice et au-dessus desquels le fléau de la punition collective plane de manière menaçante.

Mais y a-t-il eu six millions de victimes ?

Lorsqu'on a demandé au général Taylor, procureur général à Nuremberg, d'où il tenait ce chiffre de six millions, il a simplement répondu que ce chiffre était basé sur les aveux du général S.S. Ohllendorf. Au cours de l'enquête de Nuremberg, Ohllendorf aurait dit que c'était le nombre de Juifs tués. Plus tard, on a appris que des Juifs américains avaient extorqué cette "confession" à Ohllendorf sous la torture. Oswald Pohl et Berger, tous deux chefs de groupe S.S., ont été torturés de la même manière. De fausses déclarations sous serment ont également été utilisées pour étayer ce chiffre sans précédent de "martyrs" juifs. Ce chiffre est également donné par le Dr Wilhelm Hoettl, un personnage assez étrange au service du C.I.C. américain, auteur de plusieurs livres écrits sous le nom de plume de Walter Hagen. Il a comparu à Nuremberg comme témoin de l'accusation américaine. Nous apprenons par *Der Weg* (3ème numéro, 1954, p. 203) que son témoignage a été la seule "preuve" concernant la supposition de l'assassinat de six millions de Juifs. Il a *également été engagé par les Soviétiques pour faire de l'espionnage*, travaillant avec deux émigrants juifs de Vienne, Perger et Verber, en tant qu'officiers américains pendant les enquêtes préliminaires des procès de Nuremberg.

L'intention d'exterminer les Juifs est généralement censée être prouvée en se référant à l'annonce faite par Hitler au cours de l'un de ses discours d'avant-guerre :

> "Si la juiverie déclenche cette guerre, les traités de paix ne trouveront plus de juifs en Europe !"

Mais la question demeure : comment entendait-il résoudre la question juive ?

En 1939, Sven Hedin soumet à Goering un plan d'*expatriation* des Juifs d'Europe.

'Le plan est très intéressant et pratique', a déclaré Goering, 'et j'ai le plaisir de lui apporter mon soutien. S'il devient pratique, je me mettrai volontiers à votre disposition.' (Sven Hedin : *Ohne Auftrag in Berlin.*)

L'autre projet, publié sous forme de brochure par le parti, est d'installer les Juifs à Madagascar. Une nation sans pays doit avoir une patrie. La Palestine ne pourrait accueillir et nourrir toutes les masses de Juifs européens, et la renaissance d'Israël, poursuit la brochure, serait une source perpétuelle de troubles, d'incidents et de guerres dans le monde arabe. C'est effectivement ce qui s'est passé jusqu'à aujourd'hui.

Le *New York Times* a fourni la preuve la plus fiable de la politique hitlérienne lorsque, après la guerre, il a publié des statistiques concernant la population juive mondiale et a admis qu'Hitler avait permis à 400 000 Juifs d'émigrer hors du Reich. S'il avait eu l'intention d'exterminer les Juifs, ces émigrants n'auraient jamais été autorisés à quitter l'Allemagne.

Le Congrès juif mondial admet dans sa publication *Unity in Dispersion* (page 377) que : '*La majorité des Juifs allemands ont réussi à quitter l'Allemagne avant que la guerre n'éclate...*'.

La juiverie mondiale savait et prévoyait clairement que la Seconde Guerre mondiale, en particulier en cas de défaite des bolcheviks, coûterait cher en vies juives, mais elle n'a absolument rien fait pour encourager l'émigration alors qu'il en était encore temps. La juiverie mondiale avait grand besoin de victimes pour être en mesure de faire chanter le monde avec l'histoire de six millions de martyrs juifs. Il était évident pour les Juifs qu'ils avaient là une occasion rare d'obtenir une excellente arme psychologique pour faire taire l'"' antisémitisme' et s'emparer du pouvoir mondial. Après les événements de la Nuit de Cristal en Allemagne, quarante-huit États, emmenés par l'Amérique, la France et la Grande-Bretagne, ont organisé une conférence dont le seul sujet était de savoir comment sauver les Juifs menacés en Allemagne. Bien qu'il soit clair pour toutes les parties concernées qu'en cas de guerre, la situation des Juifs d'Europe serait précaire, la conférence s'est achevée sans résultat positif. La Grande-Bretagne n'est pas disposée à accueillir les Juifs allemands. Bien que l'Amérique soit prête à admettre les Juifs allemands, certaines forces juives travaillant dans les coulisses sabotent cette solution. Elles savaient très bien que cela aurait signifié la fin de la propagande antinazie. Cela peut sembler paradoxal, mais le caractère antijuif du national-socialisme allemand s'est avéré utile pour la juiverie mondiale. La juiverie mondiale avait besoin d'une Seconde Guerre mondiale, tout en sachant qu'elle coûterait un certain nombre de vies juives.

Après le déclenchement de la guerre, tous ces plans d'expatriation sont devenus irréalisables. Mais les Allemands voulaient-ils vraiment détruire les Juifs qu'ils avaient entre les mains ? C'est à peine croyable. Après l'occupation de la Pologne, des photographies des ghettos polonais ont été publiées par le magazine allemand *Signal*. Que ces Juifs vivent séparés, pour des raisons de sécurité, est *tout à fait compréhensible en temps de guerre*. Mais si l'intention des Allemands avait été de les exterminer, leurs photos n'auraient en aucun cas été publiées par les agences de propagande officielles allemandes, les montrant en train de travailler à diverses tâches, comme l'emballage et d'autres travaux légers pour l'armée allemande, et gagnant ainsi un salaire régulier. Le *Signal* a également publié une reproduction des billets de banque spéciaux introduits dans les ghettos pour éviter la spéculation. L'administration intérieure des ghettos est confiée à des conseils juifs élus par eux-mêmes. La question de savoir si cet arrangement était bon ou mauvais est peut-être une question d'opinion. Le ghetto est peut-être un établissement social humiliant, mais il n'est pas barbare. Il ne s'agit pas d'une organisation visant à détruire une race. N'oublions pas que les États-Unis ont interné des Allemands et des Japonais, tandis que l'Angleterre a placé les fascistes de Mosley et bien d'autres dans des camps d'internement. Ce nombre de *signaux* pouvait être obtenu dans toute l'Europe à l'époque.

La « conscience mondiale » ne s'est pas opposée à ces ghettos à l'époque. Que signifiait le fait de parler d'une solution à la question juive ? Le livre *Nuremberg ou la Terre Promise*,[5] de Maurice Bardèche, répond à cette question en évoquant les procès de Nuremberg :

Il ressort clairement des documents des procès que la solution de la question juive, telle qu'approuvée par le chef du national-

---

[5] *Nuremberg ou la Terre Promise*, Maurice Bardèche, Omnia Veritas Ltd, www.omniaveritas.com.

socialisme, consistait simplement à concentrer tous les Juifs dans un lieu qui leur serait réservé et qui *serait connu sous le nom de « réserve juive »*.

> « Il s'agissait d'un type particulier de ghetto européen, et cette intention peut être reconnue par divers décrets ministériels exécutifs et par des ordres interdépartementaux émanant des autorités supérieures du Reich. Il n'y a rien d'autre ! Les accusés de Nuremberg ont pu affirmer à plusieurs reprises et en toute bonne conscience que, pendant toute la durée de la guerre, ils ne savaient rien des exécutions de masse, d'Auschwitz ou de Treblinka, et qu'ils en avaient entendu parler pour la première fois par le procureur général ».

Comment les camps de concentration allemands ont-ils vu le jour ? Selon un article *paru en* 1958 dans le *Munchen Illustrierte*, une réponse très intéressante a été donnée à cette question lors du procès de Nuremberg. Raymond H. Geist, juif et premier secrétaire de l'ambassade américaine à Berlin, au moment de la prise de pouvoir du national-socialisme en 1933, a fait une déclaration sous serment. Dans cette déclaration, il affirme que dans les premiers jours suivant la prise de pouvoir, les victimes de la Gestapo ont atteint le chiffre de *plusieurs centaines de milliers.*

Mais Hermann Goering, le principal accusé au procès de Nuremberg, interrogé à ce sujet, a répondu au juge américain :

> « Au début, il y eut naturellement certains abus de pouvoir et, bien sûr, des innocents souffrirent parfois, mais à la lumière de l'ampleur, à la fois de l'action entreprise et de l'ensemble du mouvement, cet élan allemand vers l'indépendance constitua la *révolution* la plus *sanglante et la plus disciplinée de l'histoire* ».

Dans un premier temps, seuls les dirigeants communistes sont envoyés dans les camps de concentration. Après avoir appris que Thalman, le dirigeant du parti communiste allemand, avait été malmené en « détention préventive », Goering ordonne que Thalman soit amené devant lui et lui dit :

> « Mon cher Thalman ! Si vous aviez pris le pouvoir, vous n'auriez pas été battu, mais d'un autre côté, je ne doute pas que vous auriez ordonné mon exécution rapide. »

« Naturellement », rétorque le dirigeant communiste.

Cet incident prouve mieux que tout autre chose qu'au début, il n'y avait pas de Juifs dans les camps de concentration allemands et que les dirigeants nationaux-socialistes ont eux-mêmes empêché les mauvais traitements infligés aux internés.

Le véritable objectif est la création d'un territoire spécial pour les Juifs à l'Est. C'est ce projet qui est évoqué, et les revues et magazines de la propagande de guerre allemande en publient des illustrations. Ce sont les ghettos modernes et dans chacun d'eux vit et travaille la population juive de tout un district. Les Allemands étaient convaincus qu'ils allaient gagner la guerre et voulaient donc expatrier les Juifs d'Europe. Les ghettos de l'Est ne représentaient donc pas la patrie juive permanente, mais seulement une réserve temporaire. Dans quelle mesure cela était-il juste ou faux ? Les Britanniques peuvent peut-être donner la meilleure décision, eux qui, pendant la guerre des Boers, ont interné toutes les femmes et tous les enfants de la population, de sorte que plus de femmes que d'hommes ont péri.

Cependant, les Britanniques ne peuvent en aucun cas être accusés d'avoir voulu exterminer les Boers. Ils ont simplement mis en œuvre certaines mesures de sécurité. Il est d'autant plus compréhensible que les Allemands aient voulu prendre de telles mesures de sécurité que les Juifs n'ont jamais nié qu'ils s'opposaient aux Allemands avec une haine fanatique et qu'ils n'avaient aucun scrupule à leur résister, que ce soit par une guerre de partisans ou par des actes de sabotage. En outre, ces mesures sont amplement fondées sur le droit international, puisque la juiverie s'est déclarée partie belligérante.

Les Allemands ont-ils jamais eu l'intention d'exterminer les Juifs de l'Est ? Il existe une preuve indirecte que les Allemands n'ont jamais eu cette intention. Lors des raids aériens et des « bombardements de saturation » sur les quartiers résidentiels, les églises, les hôpitaux et les colonies de travailleurs, des personnes irresponsables au sein de la population épuisée par la guerre ont souvent demandé que tous les travailleurs juifs du Reich soient considérés comme des otages. L' »homme de la rue », dans sa simplicité et sa décence, soutenait que si les Juifs occidentaux avaient ordonné des raids aériens contre des femmes et des enfants innocents, cet outrage justifiait que des femmes et des enfants juifs innocents soient envoyés périr eux aussi sous les tapis de bombes. Mais le parti et les dirigeants n'ont jamais cédé à ces exigences, bien que la mise en œuvre de cette politique n'aurait nécessité qu'une simple annonce à la radio que les détenus des camps juifs seraient transférés dans les quartiers résidentiels et les cibles non militaires les plus fréquemment bombardés, afin qu'ils périssent en premier dans les bombardements par saturation.

C'est dans les territoires de l'Est, c'est-à-dire en Pologne, en Ukraine et en Lituanie, que les Juifs ont subi les pertes les plus importantes. Mais jusqu'en 1943, personne ne savait rien de ces soi-disant meurtres de masse. Ces pertes ont été subies lors de la guerre des partisans ukrainiens, lorsque les Allemands ont été contraints de prendre des otages. Parmi ces otages se trouvaient de nombreux Juifs, car il était de notoriété publique que les Juifs se rangeaient du côté des partisans. La grande question était de savoir si une armée en campagne avait le droit de prendre des otages au cours d'une guerre horrible et meurtrière contre des partisans. Du point de vue de l'humanité, c'est très douteux. En tout cas, au cours du procès de Nuremberg, plusieurs témoins ont affirmé qu'un ordre écrit et signé par le général Eisenhower avait été trouvé dans les montagnes du Harz. Cet ordre stipulait que pour chaque soldat américain tué, vingt otages allemands devaient être tués. Il convient également de noter que, pendant la guerre de Corée, les Américains ont été contraints d'adopter des « méthodes allemandes » contre les partisans. Des villages entiers ont été rasés parce qu'on soupçonnait que des partisans pouvaient s'y cacher. À la page 25 du magazine *Colliers* du 26 août, 1950, plusieurs photographies ont été publiées, montrant des partisans et des otages capturés. La légende sous les photos dit : « Les événements de la guerre montrent qu'en Asie, on fait très peu de cas de la vie humaine. Des Coréens du Sud soupçonnés de trahison ont été chargés dans des camions pour être transportés jusqu'au lieu d'exécution. (Dans certains cas, on leur brisait le dos avant de les fusiller.) »

Sur ces photos, les partisans coréens sont gardés par des soldats américains. On voit ainsi qu'Eisenhower, tout comme McArthur, trouvait justifiée la prise d'otages. Pourtant, des membres des forces de sécurité allemandes ont été condamnés à mort pour avoir obéi à des ordres de même nature.

Il est très intéressant de comparer les événements d'aujourd'hui avec ceux de la Seconde Guerre mondiale. Nous pouvons lire presque quotidiennement dans n'importe quel journal que les Britanniques tuent les Mau Mau sans la moindre sensiblerie. Un jour, 130 personnes meurent et un autre jour, 34 membres du Mau Mau sont exécutés. Mais la « conscience mondiale » se contente désormais d'ignorer ces horreurs en reconnaissant nonchalamment que la Grande-Bretagne doit recourir à ces mesures drastiques pour rétablir l'ordre. Mais il ne fait aucun doute que les rebelles du ghetto de Varsovie étaient au moins aussi impitoyables et fanatiques que les membres meurtriers du Mau Mau, et que la juiverie s'était déclarée partie belligérante et avait agi en tant que telle dans toute l'Europe. Mais les réseaux radiophoniques occidentaux et soviétiques ne manquaient jamais une occasion d'attiser le fanatisme des Juifs d'Europe. Les orateurs juifs des différentes stations de radiodiffusion braillent dans l'espace, à l'abri des bombes, le sort réservé aux Juifs entre les mains des Allemands.

Les vies humaines perdues dans la guerre des partisans ne prouvent pas l'intention d'exterminer les Juifs. Les camps étaient sous la surveillance constante des autorités sanitaires et régulièrement inspectés jusqu'à l'invasion de l'Europe, c'est-à-dire jusqu'en juin 1944. Un espace minimum de quatre mètres cubes a été calculé pour chaque détenu. Le camp de Belsen, près de Brême, accueillait 15 000 internés. Ce camp était en fait un substitut de prison. Les internés bénéficiaient d'un suivi médical régulier. Les malades graves sont transférés à l'hôpital. Les cas plus légers étaient traités médicalement dans le camp. Les internés d'origine étrangère pouvaient également recevoir des colis, tout comme les Allemands. Le bureau du procureur général menait des enquêtes approfondies dans chaque cas, et ceux qui étaient jugés innocents étaient renvoyés dans leur pays. En revanche, les coupables sont condamnés à mort par les tribunaux militaires et exécutés. Le nombre moyen de morts naturelles était de 200 par mois en 1944. Mais lorsque les bombardements de saturation paralysent le système de transport et de communication du Reich, le système de rationnement devient de plus en plus chaotique et des épidémies se déclarent. Le comportement des gardiens du camp à l'égard des internés se durcit et le taux de mortalité augmente. Mais malgré tous ces handicaps, Belsen n'est pas un camp d'extermination. Pourquoi alors a-t-il été montré comme un lieu de terreur dans le film de propagande préparé par les Juifs américains ? De quelle propagande d'horreur s'agit-il ? Qui est responsable si les bombardements alliés ont eu pour conséquence directe une famine ? Les Allemands ou les Alliés ? Lequel d'entre eux a causé le plus grand nombre de victimes dans les camps ?

Shem, le journal clandestin des nationalistes juifs de France, a publié le 8 juillet 1944 un article remarquable décrivant les conditions de vie dans les camps d'internement d'Allemagne de l'Est. Nous devons considérer ces rapports comme des sources d'information fiables, car ils ont été donnés par des Juifs à des Juifs et sont basés sur une expérience directe. Ils traitent en détail des conditions de vie dans les camps de Byslowitz, Chrszno, Kattowitz-Birkenau-Wadowitz, Meisso, Lager Oberlagenbielau, Waldenburg et Theresienstadt. Dans un camp, la vie des internés peut paraître assez dure, alors que dans un autre, elle semble plus tolérable et que dans un troisième, les conditions peuvent être tout à fait satisfaisantes. D'une manière générale, les détenus sont traités partout de manière stricte mais équitable. Les femmes devaient effectuer des travaux ménagers légers. Les hommes travaillaient à la construction des routes, mais les ouvriers qualifiés étaient employés à leurs propres tâches. Dans le rapport de ce journal juif, il n'y a pas un mot sur l'extermination ou le mauvais traitement des internés. Pas un mot non plus dans ces récits sur les chambres à gaz, les camps d'extermination ou les infanticides. Au contraire ! *Shem* rapporte que les très jeunes enfants, âgés de deux à cinq ans, ont été envoyés dans différents jardins d'enfants de Berlin pour bénéficier des soins de la Croix-Rouge allemande et du Département de l'aide sociale.

Comment le monde a-t-il été trompé par la fiction de l'extermination de six millions de Juifs ? Où les scènes de chambres à gaz et les cadavres montrés dans le film de propagande *Todesmuhle* (Moulin de la mort) ont-ils été photographiés ?

À la fin de l'année 1945, de nouveaux détenus apparaissent dans le camp de concentration de Dachau. Il ne s'agit plus de Juifs, mais d'une partie du peuple allemand vaincu, les « criminels de guerre ». Ils reçurent l'ordre de construire le plus rapidement possible divers bâtiments auxiliaires supplémentaires. Mais avant tout, il fallait détruire les beautés horticoles des camps, car il serait assez difficile pour les cinéphiles américains de croire que les Juifs souffraient au milieu de beaux jardins et de parterres de fleurs, surtout lorsqu'ils venaient au cinéma dans l'attente de voir des horreurs. Les ouvriers reçurent donc l'ordre de creuser une fosse à sang avec un tuyau d'écoulement pour évacuer le sang, car il fallait faire croire qu'ici le sang juif avait coulé à flots. Les bains-douches, les vestiaires et les salles de réception doivent être reconstruits de manière à ressembler à des chambres à gaz. Pour obtenir cette apparence, une structure spéciale en béton a été construite avec de petites ouvertures en forme de hublots, et ces engins sont encore exposés aujourd'hui pour démontrer que le « gaz de la mort » meurtrier a été introduit par ces hublots. Les travailleurs en captivité ont également reçu l'ordre de construire « *une cour d'exécution spéciale censée montrer l'endroit où les victimes ont été abattues par la nuque* ».

Philip Auerbach, qui devint sous-secrétaire d'État au gouvernement bavarois, ainsi que le leader et chef intérimaire des Juifs allemands libérés des camps de concentration, eut l'idée géniale de créer un « arbre suspendu » dans le camp également. Un grand sapin situé dans le parc a été nettoyé et embelli et, par chance pour Auerbach, cet arbre avait une grosse branche qui dépassait à l'horizontale. L'extrémité de cette branche fut donc coupée et la partie restante fut longuement frottée avec des cordes jusqu'à ce qu'elle apparaisse très polie et capable de fournir la preuve que, chaque jour, des centaines de Juifs exécutés avaient été pendus à cet arbre.

Les Juifs ont transformé ce camp en chambre des horreurs et une plaque commémorative a été dévoilée, dont l'inscription indique que 238 000 personnes ont été incinérées ici. Mais le crématorium n'avait que deux fours. Pour incinérer les 238 000 corps allégués, il aurait fallu que ces fours fonctionnent pendant trois ans sans jamais s'arrêter, et dans ce cas, environ 530 tonnes de cendres humaines auraient été récupérées.

S'appuyant sur les informations reçues d'un Polonais soudoyé en 1949, un officier juif américain du C.I.C. entreprit des fouilles à grande échelle dans le jardin potager du camp. Mais malgré ses efforts et ses dépenses inlassables, aucune cendre ni aucun corps juif n'ont été retrouvés. Rien d'étonnant à cela ! L'un des deux fours du crématorium avait été construit *après la* guerre pour le tournage des scènes de *Todesmuhle.*

Le cardinal Faulhaber, archevêque allemand, a informé les Américains que, lors des raids aériens sur Munich en septembre 1944, trente mille personnes ont été tuées. L'archevêque lui-même a demandé aux autorités allemandes de l'époque d'incinérer les corps de ces victimes au crématorium de Dachau. Mais, malheureusement, ce projet n'a pas pu être réalisé. *Le crématorium, qui ne disposait que d'un seul four, n'était pas en mesure d'accueillir les corps des victimes, pas plus qu'il n'aurait pu accueillir les corps des prétendus juifs.* Les seuls corps incinérés furent ceux des détenus décédés naturellement.

Pour compléter l'histoire d'Auerbach, il a été reconnu coupable en 1952 et condamné à une peine d'emprisonnement pour avoir falsifié des documents censés prouver qu'il avait versé d'énormes sommes de réparations à des Juifs qui n'existaient pas.

Les autres « preuves » ont été concoctées de la même manière. Des Juifs en uniforme de l'armée américaine ont montré une photographie au chef de la police d'une grande ville allemande et lui ont dit : « Regardez, nous comprenons que c'est vous qui avez ordonné l'assassinat de près de 20 000 Juifs dont on voit les corps sur cette photographie ! » La photographie montrait un spectacle macabre, des hécatombes de corps humains horriblement déformés. Mais le chef de la police rétorque sèchement : « Ce ne sont pas des corps de Juifs : *"Ce ne sont pas des corps juifs. Ce sont les corps des habitants de cette ville tués lors des raids aériens. Ce sont tous des Allemands. D'ailleurs, je peux prouver que j'ai moi-même ordonné la prise de cette photo lorsque j'étais chef de la police".*

Des milliers et des milliers de preuves similaires peuvent être produites aujourd'hui, montrant les méthodes et les astuces fantastiques utilisées pour diffuser l'histoire fictive de six millions de Juifs exterminés, concoctée par des propagandistes, des producteurs de films, des journalistes, des officiers de la C.I.C. et des tortionnaires juifs.

Qu'est-il réellement arrivé à ces six millions de Juifs, dont l'érection d'un mémorial est prévue à Manhattan ?

Les *Baseler Nachrichten* du 12 juin, 1946, ont publié la nouvelle qu'une conférence de presse a été tenue à Genève par les principaux membres du Congrès mondial juif, au cours de laquelle le Dr M. Perlzweig, délégué de New York, a fait la déclaration suivante : Le prix de la chute du national-socialisme et du fascisme est le fait que sept millions de Juifs ont perdu la vie à cause d'un cruel "antisémitisme". Le nombre de Juifs survivants en Europe est aujourd'hui d'un million et demi ».

Mais dans son numéro suivant, le *Baseler Nachrichten* a été contraint d'accorder de l'espace au rapport d'un correspondant américain, qui conteste l'authenticité de ce chiffre de propagande dans les termes les plus forts. Ce rapport souligne tout d'abord que si ce chiffre était exact, les *pertes de la communauté juive pendant la guerre seraient plus importantes que les pertes totales de la Grande-Bretagne, de l'Amérique, de l'Australie, du Canada, de la Nouvelle-Zélande, de la France, de la Belgique, de la Hollande et du Danemark additionnées.*

Le plus remarquable dans tout cela est qu'en 1933, le nombre total de Juifs européens, à l'exception de ceux de l'Union soviétique, était de 5 600 000. Ce chiffre était bien connu de l'American Jewish Congress grâce aux statistiques publiées dans le *New York Times* du 11 janvier, 1945. De ces 5 600 000, il faut déduire un million pour le nombre de Juifs restés en Pologne orientale au-delà de la ligne Molotov-Ribbentrop, auxquels il n'est rien arrivé jusqu'au 21 juin, 1941, lorsque la guerre germano-soviétique a éclaté. Selon les statistiques des *Baseler Nachrichten*, cinq millions de Juifs vivaient en Europe, sans compter ceux qui se trouvaient en Russie soviétique. Mais de ces cinq millions, *il faut déduire le nombre de Juifs vivant dans les pays neutres puisqu'il ne leur est jamais arrivé quoi que ce soit.* Selon les statistiques de l'Almanach mondial de 1942, le nombre de Juifs vivant à Gibraltar, dans les îles britanniques, au Portugal, en Espagne, en Suède, en Suisse, en République d'Irlande et en Turquie s'élevait à 420 000.

Le nombre de Juifs à la portée du national-socialisme n'a donc jamais été supérieur à 4 500 000. La même source d'information neutre, les *Baseler Nachrichten,* en se référant aux données statistiques juives disponibles, établit qu'entre 1933 et 1945, 1 500 000 Juifs ont émigré vers la Grande-Bretagne, la Suède, l'Espagne, le Portugal, l'Australie, la Chine, l'Inde et la Palestine, sans parler des États-Unis, où 80 % des immigrants arrivant avec des passeports allemands, australiens, polonais ou tchécoslovaques étaient des Juifs. Selon le rapport du *Baseler Nachrichten*, un demi-million de Juifs se sont enfuis en Sibérie avant que les armées allemandes ne lancent leur attaque contre la Russie soviétique. Par conséquent, le nombre de Juifs restant dans la sphère d'influence d'Hitler ne pouvait être supérieur à 2 500 000. Or, en 1946, si l'on excepte la Russie, il y avait encore 1 559 600 Juifs vivant en Europe !

> « Mais aujourd'hui, une chose est sûre : *la présomption selon laquelle les pertes juives* se situaient entre cinq et six millions (présomption adoptée même par le Comité pour la Palestine) est absolument absurde. Le nombre maximum concevable de victimes juives pourrait être estimé entre 1 et 1,5 million, puisqu'il n'y avait plus de Juifs à la portée d'Hitler et d'Himmler, et nous pouvons raisonnablement estimer que les pertes réelles de la juiverie sont bien inférieures à ce chiffre ».

Les autorités d'occupation américaines en Allemagne ont mené une enquête après la guerre pour déterminer le nombre de personnes qui ont péri dans les camps de concentration. Selon leur rapport publié en 1951, 1,2 million de personnes sont mortes dans ces camps pendant toute leur durée d'existence. Ce chiffre comprend les Juifs, les Tziganes, les Ukrainiens et toutes les autres nationalités, c'est-à-dire tous les prisonniers décédés de mort naturelle dans les camps de concentration. Selon l'estimation la plus élevée possible, le nombre de Juifs qui ont péri ne peut donc pas être supérieur à 500 000 ou 600 000 personnes. En comparaison, les nations chrétiennes ont subi des pertes incommensurablement plus importantes. Prenons le cas de la petite nation hongroise, dont la population totale est à peu près égale à celle de la communauté juive mondiale. Les pertes de guerre de la Hongrie en morts, y compris les victimes des raids aériens et ceux qui sont morts de froid ou de faim dans les camps de la mort en Sibérie, s'élèvent à au moins un million. Et quelles sont les pertes de l'Allemagne ? Trois millions six cent mille soldats allemands sont morts au combat dans la guerre imposée au Reich par la juiverie mondiale. Un million deux cent mille civils ont été tués dans les bombardements de saturation, tandis que deux millions quatre cent mille Allemands de l'Est, six cent mille Allemands des Sudètes et deux cent mille autres personnes d'origine allemande ont été massacrés à la fin de la guerre. Un million quatre cent mille Allemands ont péri ou ont été assassinés dans les prisons, les camps de prisonniers de guerre et les camps d'internement des Alliés et de l'Union soviétique.

Contre l'horrible vérité démontrée par ces faits et ces chiffres, les véritables criminels de guerre ont dû construire une légende du martyre juif et cette gigantesque propagande mensongère a été soutenue par toutes les organisations officielles juives, tous les journaux juifs mondiaux comme le *New York Times*, etc. et tous les Juifs, qu'ils soient des hommes d'État de premier plan ou de petits marchands noirs dans les rues louches. Le *New York Times*, *dans* son numéro du 1er mai 1946, a publié ses fameuses statistiques selon lesquelles le nombre de victimes juives s'élevait à plus de six millions. Dans *Die Neue Zeitung* du 4 février, 1946, un organe semi-officiel des forces d'occupation américaines, le Joint Distribution Committee a publié ses statistiques et, selon celles-ci, le nombre de Juifs qui ont péri pendant la Seconde Guerre mondiale est estimé à 5 012 000. Ces deux statistiques sont des chefs-d'œuvre de jonglerie et le résultat d'une accumulation de mensonges. Leurs auteurs se sont apparemment appuyés sur l'ignorance du reste du monde.

Churchill a dit qu'il y a deux sortes de mensonges : les mensonges éhontés et les *statistiques*. Mais ces mensonges représentent et combinent les deux sortes. Il est révélateur que pour parvenir au résultat voulu, les Juifs aient simplement augmenté le nombre de personnes vivant en Europe en 1939.

Mais la principale question qui reste à traiter est de savoir si le nombre de survivants est correctement rapporté par la communauté juive. Les divers journaux juifs rédigés en hongrois et édités dans différentes parties du monde soulignent continuellement que six cent mille Juifs ont péri en Hongrie. En revanche, les statistiques du *New York Times* évaluent à deux cent mille le nombre de Juifs morts en Hongrie, tandis que l'Office central des statistiques de Budapest, qui, à partir de 1946, était sous le contrôle exclusif de la juiverie et des démocrates populaires, affirme que les pertes de Juifs hongrois s'élevaient à cent vingt mille personnes. Mais même les chiffres de l'Office statistique hongrois n'ont été obtenus qu'en comparant les données des déclarations légales de décès avec les déclarations des Juifs rentrant en Hongrie. Il est remarquable que dans la section relative à la Hongrie, une ligne en pointillé sans chiffres apparaît en face des personnes déplacées hongroises. On peut en déduire qu'aucune personne déplacée juive hongroise n'est restée en Autriche ou en Allemagne. Mais la vérité est que 35 000 Juifs hongrois ne sont jamais retournés dans la Hongrie sous domination soviétique. Si l'on tient compte de ce chiffre, les pertes du judaïsme hongrois ne s'élèveraient donc pas à 120 000 mais à 85 000. Le *New York Times* remarque que 25 000 Juifs hongrois qui ont rejoint la Russie en tant que membres de divisions de travail et ont été capturés plus tard, ne sont pas pris en compte dans la liste des Juifs hongrois perdus. Ils sont tous rentrés plus tard en Hongrie en bonne santé. Une estimation plus juste des pertes des Juifs hongrois serait donc d'environ 60 000 personnes.

Des fraudes statistiques similaires peuvent également être détectées en ce qui concerne les Juifs français. Le procureur général représentant la partie de l'acte d'accusation concernant la France lors des procès de Nuremberg a déclaré que 120 000 Juifs avaient été déportés pour des raisons raciales. Le *New York Times* affirme que sur 320 000 Juifs français, il n'y a eu que 180 000 survivants. Ainsi, 140 000 d'entre eux ont péri. Mais comment ? demandera le lecteur, alors que, selon le procureur français lui-même, 120 000 personnes ont été déportées. De plus, un grand nombre d'entre eux ont survécu. On peut lire dans le livre *Your France,* de Bradley, les horreurs commises contre le peuple français par des Juifs libérés des camps de concentration.

Mais des fraudes plus importantes et encore plus flagrantes se retrouvent dans les statistiques concernant les plus grands blocs de Juifs, c'est-à-dire en Pologne et en Russie. Selon les récits du Joint Distribution Committee et du *New York Times,* sur trois millions deux cent cinquante mille Juifs polonais et russes, il n'y a eu que quatre-vingt mille survivants. La fraude la plus flagrante est que, selon la colonne « Pologne », *il n'y a plus de D.P.S. juifs polonais en Allemagne de l'Ouest ou en Autriche.* Au contraire, ils y pullulent par milliers sur les marchés noirs ! Mais, malheureusement, une surprise très désagréable est venue gâcher la croyance mondiale selon laquelle il ne restait que quatre-vingt mille survivants du judaïsme polonais. Cent cinquante mille Juifs polonais sont soudainement arrivés en Occident, fuyant les pogroms polonais. Ils ont été emmenés en toute hâte en Palestine et en Amérique. Leur émigration s'est déroulée en un temps record.

Voici un autre point remarquable. Dans les statistiques du Joint Distribution Committee, la Russie soviétique n'est pas du tout mentionnée. Quelle est la situation du judaïsme russe ? Le Comité ne donne que les informations suivantes : « Autres pays du continent » — « Pertes : 139 000 personnes ». Mais le *New York Times* corrige ce chiffre et indique que, si l'on inclut la population juive d'Estonie, de Lettonie et de Lituanie, sur les 3 550 000 Juifs russes, seuls 2 665 000 ont survécu. Cela signifie que 885 000 Juifs baltes et russes ont péri.

Il ne fait aucun doute que dans ces territoires, les Juifs ont subi des pertes considérables, et pas seulement dans le cadre de la guerre des partisans. Les troupes allemandes à l'Est n'ont pas commis d'atrocités contre les Juifs. *La population ukrainienne a tué quelques milliers de Juifs, mais pas en tant que Juifs, mais en tant qu'oppresseurs et bourreaux bolcheviques.* À Odessa, les troupes roumaines ont organisé un massacre en représailles à une tentative d'attentat contre leur quartier général. Mais l'intervention des troupes allemandes a permis d'étouffer ces incidents.

Comme l'a prouvé le journal *Der Weg*, les « interrogateurs » ont été envoyés en Europe au début de l'année 1945. Ces « interrogateurs » étaient composés à 100 % de Juifs américains et de Juifs allemands qui avaient émigré pour échapper à Hitler. Ils ont commencé leurs enquêtes en 1945 et, lorsque leurs dossiers ont été résumés, il est apparu que douze millions de Juifs avaient été tués par les Allemands dans les chambres à gaz. Ce résultat était apparemment un peu trop élevé, même pour le juif Walter Lippman, qui a averti les juifs dans les colonnes du *New York Herald Tribune* qu'en utilisant des chiffres aussi manifestement faux, ils ne feraient que se nuire à eux-mêmes. Grâce à son article de tête, le chiffre des Juifs « assassinés » par les Allemands a soudain été ramené à six millions.

On peut toujours se demander s'il aurait été physiquement possible de détruire autant de Juifs que ce qu'affirment les propagandistes. Les Allemands ont-ils eu le temps de le faire ? Possédaient-ils les installations adéquates ? Et puis, pourquoi a-t-il fallu construire si rapidement des crématoires supplémentaires pour tourner des scènes dans les films de propagande ? Est-il possible que les Juifs aient construit ces crématoires supplémentaires pour rendre plus crédibles leurs statistiques incroyablement élevées ? Était-il nécessaire pour les Allemands de détruire systématiquement les Juifs, alors qu'ils manquaient toujours de main-d'œuvre et qu'ils pouvaient très bien utiliser les Juifs à des fins de production de guerre ?

La prétendue « extermination » n'aurait pas commencé avant le début de l'année 1944. Est-il crédible que pendant cette courte période, c'est-à-dire de début 1944 à la fin de la guerre, les Allemands aient pu détruire six ou cinq, voire trois millions de Juifs, comme l'affirment les différentes « sources » ? En effet, on sait aujourd'hui que la population allemande ignorait l'existence des camps juifs. Il est donc impensable que les Allemands aient pu mettre en scène des massacres de l'ampleur de ceux commis par leurs ennemis sur les places publiques de Prague. Dans les camps, il n'y avait que de petites unités de garde, remplacées par la suite par la police des camps, souvent composée en partie de quelques Juifs, qui veillait à l'ordre et à la surveillance des prisonniers. Il est difficile de concevoir un rassemblement de Juifs aussi important en nombre que l'ensemble des forces armées allemandes. À une époque où les Allemands étaient confrontés aux problèmes les plus difficiles en matière de transport de munitions, de nourriture et d'essence, est-il probable qu'ils n'aient transporté et concentré que des Juifs ? Peut-on raisonnablement supposer que la destruction massive de millions de personnes à une échelle aussi vaste aurait pu être tenue secrète ? Pourquoi la radio russe est-elle restée silencieuse ? Et pourquoi les propagandistes occidentaux n'ont-ils rien dit de ces projets d'extermination ? Puisqu'ils connaissaient les secrets les plus intimes de l'état-major allemand et du parti national-socialiste par le biais d'espions et de traîtres, ils auraient certainement eu connaissance de ces « exterminations ». Pourquoi n'ont-ils commencé à parler de ces horreurs que vers la fin des hostilités ?

La véritable vérité sur l'extermination de six millions de Juifs doit donc être trouvée derrière le rideau de fer, et derrière les rideaux de peluche violette de la politique américaine de 1945.

Comment des foules juives si importantes ont-elles pu apparaître en Tchécoslovaquie, en Pologne, en Hongrie et en Bulgarie à l'automne 1945 et au printemps 1946, au point que les populations de ces pays ont dû faire face à une seconde occupation ?

Un témoin juif apparemment authentique donne la bonne réponse à bon nombre de ces questions. Il s'agit de Louis Levine, président de l'American Jewish Council for Russian Relief, qui a effectué une tournée d'après-guerre dans l'ensemble de la Russie soviétique et a ensuite présenté un rapport complet sur le statut des Juifs dans ce pays.

« Au début de la guerre », a déclaré Levine à Chicago le 30 octobre, 1946, « les Juifs ont été parmi les premiers à être évacués des régions occidentales menacées par les envahisseurs hitlériens et à être envoyés en lieu sûr à l'est de l'Oural. Deux millions de Juifs ont ainsi été sauvés.

Voici donc les deux millions de Juifs considérés comme morts et inscrits parmi les six millions de martyrs pour la publicité mondiale et les « preuves » au procès de Nuremberg. Après l'exécution des « criminels de guerre », ces deux millions de réfugiés juifs sont sortis de leurs cachettes derrière l'Oural et d'autres endroits sûrs de l'Union soviétique. Ils sont devenus des bolcheviks à part entière de la classe dirigeante pour prendre le pouvoir dans les pays repoussés derrière le rideau de fer.

Qu'est-il arrivé aux autres ? Où sont les autres Juifs « morts » ? La croissance incroyablement rapide de la population juive en Amérique, au Canada et en Amérique du Sud apporte une réponse supplémentaire à cette question. Nous avons déjà évoqué les Juifs qui ont émigré d'Europe en 1945, au nombre d'un million et demi environ. Nous savons également que 41 000 Juifs, avec l'aide de relations influentes et de déclarations sous serment, ont réussi à émigrer directement d'Europe en Amérique avant l'adoption de la loi sur les personnes déplacées. Nous avons également mentionné qu'avant et pendant la Seconde Guerre mondiale, vingt-sept à cinquante pour cent et même parfois jusqu'à quatre-vingts pour cent des immigrants aux États-Unis étaient des Juifs. Au cours des cinq années qui ont suivi directement la Seconde Guerre mondiale, un autre flot d'immigration juive a déferlé sur l'Amérique. Ils arrivaient soit en tant que députés, soit en tant qu'immigrants ordinaires d'Angleterre et de France, ou peut-être en tant que passagers de luxe de l'autre côté du rideau de fer. Ils portent les insignes d'organisations chrétiennes telles que la Catholic Welfare Conference ou le World Church Service. Certains sont arrivés avec des papiers en règle, d'autres avec de faux passeports. La juiverie a une part plus importante du quota de D.P. que toutes les autres nations réunies. Mais cela ne satisfait pas Herbert H. Lehman, le sénateur de New York, qui déclare que la loi sur les personnes déplacées est « antisémite ». Mais les autorités d'immigration des ports de New York et de Boston et les fonctionnaires des consulats américains sont loin d'être des « antisémites » car ils sont presque exclusivement juifs.

Selon les dernières statistiques, le nombre total de Juifs dans le monde est d'environ quinze millions. Mais si tel est le cas, il est absolument impossible que six millions, ou même un million, de Juifs aient été « détruits ». Le nombre de Juifs américains a augmenté de près de deux millions depuis la guerre. Avant la guerre, les synagogues juives ne comptaient que 4 081 242 membres actifs. Les athées, agnostiques, convertis et communistes qui se considéraient comme juifs pour des raisons politiques mais non religieuses ne sont pas inclus dans ce chiffre qui, de toute façon, doit être considéré comme peu fiable, puisqu'il a été préparé dans le seul but de favoriser les intérêts juifs. Mais nous pouvons démontrer la formidable augmentation de la population juive américaine à partir des chiffres contenus dans les statistiques linguistiques, qui sont de toute façon plus fiables que celles relatives à la croyance et à la religion. Selon ces statistiques, 2 270 000 personnes parlent le yiddish dans la seule ville de New York, et les statistiques de 1950 du Congrès mondial juif nous indiquent que le nombre total de juifs dans le monde ne s'élève qu'à 11 473 353. Mais en dépit de ces statistiques, il semble tout à fait certain que la population juive des États-Unis a atteint le chiffre de sept millions. Il est cependant probable que le Dr Cecil Roth, historien juif et lecteur à l'Université d'Oxford, soit parvenu à la conclusion la plus exacte. Ce courageux historien et leader juif a lu une conférence à la synagogue B'nai B'rith Jehuda de Kansas City le 18 mars 1952, dans laquelle il a déclaré que les *deux tiers de la population juive mondiale vivaient aux États-Unis. Selon Cecil Roth, le total de la population juive mondiale, y compris les membres secrets, s'élève à dix millions.* (Edmondson : *I Testify*, page 57).

Les « morts » juifs représentés par les chiffres truqués des statistiques fictives de Nuremberg vivent en fait soit derrière le rideau de fer de l'Union soviétique, soit derrière les rideaux de peluche violette de la politique rooseveltienne. Ces statistiques frauduleuses multiplient donc par dix le nombre *réel* de Juifs qui ont péri pendant la Seconde Guerre mondiale. L'ONU n'a jamais osé mener une enquête impartiale sur le cas des six millions de victimes juives présumées, et l'Allemagne, alors qu'elle vivait sous occupation militaire, n'a pas eu la possibilité de publier les statistiques officielles en mains allemandes relatives aux camps de concentration, à partir desquelles les faits réels auraient pu être établis. Néanmoins, les listes contenant les noms des détenus des différents camps de concentration, ainsi que toutes les autres preuves, se trouvent dans les archives du gouvernement fédéral allemand. *Pourquoi les Allemands n'osent-ils pas les publier ? Parce que s'ils les publiaient, les conquérants du monde provoqueraient immédiatement l'effondrement du fantastique redressement financier de l'Allemagne.*

Ce chiffre de propagande était nécessaire pour s'assurer la sympathie du monde. En augmentant le nombre de martyrs, on facilitait la conquête du monde et on pouvait terroriser davantage les peuples païens. Si la juiverie mondiale avait dit la vérité et donné les chiffres exacts des victimes juives, elle aurait remporté une victoire morale dans ce débat. Mais avec ses mensonges, elle a dissipé son plus grand atout moral et perdu la sympathie du monde. Des centaines de milliers de personnes ont été torturées dans une frénésie de vengeance pour les mauvais traitements infligés aux Juifs. *Pourtant, le nombre de victimes juives en Europe aujourd'hui est bien plus élevé que le nombre de martyrs juifs sous le régime hitlérien.* Un jour viendra où l'histoire décidera qui ont été les véritables bourreaux des Juifs et qui les ont traités avec le plus de barbarie.

Le 6 avril, 1951, dans *Aufbau, le* journal juif de New York, l'appel suivant a été publié en allemand sous le titre : « Israël cherche des témoins ». "Le ministère israélien de la Justice à Jérusalem recherche des témoins dans les affaires de plusieurs personnes faisant l'objet d'une enquête pour avoir commis de graves crimes contre l'humanité et contre la nation juive pendant la Seconde Guerre mondiale. Presque toutes ces personnes sont accusées de crimes commis contre des internés (juifs)." Et les noms suivants ont été cités : Andre Banek, Mordechai Goldstein, Ria Regina Hanzova, Jacob Honnigmann, Pinkus Pshetitzky, Moses Puesitz, Dr. Joshua Sternberg et Trenk Elsa. Parmi ces huit personnes, sept sont juives.

"L'homme de la rue, qui n'a été informé que des prétendues atrocités du S.S., peut se demander : « Comment des juifs ont-ils pu commettre des atrocités sur d'autres juifs dans les camps de concentration ? Ne s'agit-il pas d'une histoire inventée par les nazis ? ».

Le 27 avril 1951, le Hungarian *Daily Journal (Magyar Jovo)*, un journal communiste juif new-yorkais, a reproduit un article de Sandor Grossman, publié à l'origine dans le journal sioniste *Hatikva*, édité à Buenos Aires :

'L'attention de la presse mondiale est accaparée par des rapports publiés dans des journaux israéliens. Selon ces rapports, le tribunal de Tel-Aviv consacre de longues séances à faire la lumière sur les activités de certains membres de la police KZ (KZ = camp de concentration). On apprend ainsi qu'un médecin juif de Chedera a soigné des déportés avec une grande cruauté. *Il a tué des Juifs en leur faisant des injections mortelles.* Il a refusé d'apporter une aide médicale dans de nombreux cas, en faisant la remarque suivante : "Vous périrez dans n'importe quelle situation : Vous périrez de toute façon comme un chien". D'un autre médecin, les témoins ont dit des choses encore pires dans leur déposition. Un troisième ancien membre de la police du KZ a malmené et torturé ses frères juifs et a causé la mort de plusieurs d'entre eux.

'Ces accusations tardives portées contre d'anciens membres de la police du KZ ont mis en lumière de nombreux actes de violence incroyablement cruels et horribles.... C'est le crime d'une décennie de direction juive officielle que d'avoir permis le développement d'une classe sociale dont les membres sont prêts à entreprendre n'importe quoi, même sans scrupules, *surpassant même les aberrations mentales les plus horribles des voyous fascistes, et à satisfaire leurs instincts égoïstes en torturant et en estropiant leurs propres frères et sœurs de sang.* Il n'est pas nécessaire d'aller bien loin, que ce soit en Hongrie ou dans les autres pays fascistes, pour trouver les principaux coupables : les éducateurs de la police KZ et leurs prédécesseurs. Ces hommes ont toujours été au premier plan des communautés et des offices religieux juifs et des organisations sociales juives'.

Ce ne sont pas des « antisémites » tendancieux qui écrivent cela, mais un nationaliste juif dans les colonnes d'un journal juif. Et bien que la liste complète des cas similaires ne soit pas entre nos mains, il vaut la peine d'en relever un ou deux ici.

En page 4 du numéro de décembre 1946 du journal social-démocrate *Nepszava* de Budapest, l'article suivant a été publié. Il est intitulé « Les actes horribles de la flagellation de Nelly » et se poursuit ainsi : 'Le procureur du peuple a inculpé Mme Mor Klein, greffière au tribunal du peuple. Selon les informations reçues à la suite de l'enquête menée par le procureur du peuple, l'accusée, Mme Mor Klein, était connue par les huit cents malheureux dont elle avait la charge à Bergen-Belsen sous le surnom de « Flogging Nelly ». Elle a toujours pris soin de dissimuler son nom et son origine et a provoqué la mort de tous ceux qui ont pu la démasquer. Selon l'acte d'accusation, "Flogging Nelly" était commandant de bloc et c'est à ce titre qu'elle a commis ses actes scandaleux. En plein hiver, elle ordonna aux femmes de s'aligner nues devant l'établissement de bains et les fit attendre plusieurs heures avant et après leur bain. En s'exposant ainsi, elle a causé la mort de nombreuses femmes dont elle avait la charge. Elle maltraita l'une des déportées — une jeune fille appelée Magda Lowi, qui n'était pas dans son bloc et donc pas sous sa responsabilité — en la fouettant et en la frappant pendant une demi-heure sans interruption, jusqu'à ce que la jeune fille soit à peine reconnaissable, étant couverte de blessures sur tout le corps. La flagellante Nelly versait souvent des boissons brûlantes sur les malheureux internés, qui souffraient ainsi de graves brûlures. Au lieu de distribuer la nourriture prévue pour son bloc, elle la volait, et le nombre d'internés morts de faim était ainsi plusieurs fois supérieur à celui des autres baraquements. Elle n'a pas distribué les provisions les plus nécessaires pendant le froid de l'hiver 1945, les attribuant plutôt à son propre profit'.

Mme Mor Klein a été condamnée à mort par le tribunal populaire et a ainsi été *la seule véritable criminelle de guerre qui a payé la peine pour ses crimes.* Un autre journal de Budapest, *Vilag* (Le Monde), a rendu compte en 1947 d'un cas similaire sous le titre : « Elle a fouetté ses camarades à Auschwitz » : « Elle a fouetté ses camarades à Auschwitz ». Le journal rapporte que la « Tigresse Klara » a été capturée dans l'un des restaurants à la mode. Le récit se poursuit : « Cette femme sadique était le commandant de la caserne A/7 du camp d'Auschwitz. Selon les dépositions de plusieurs témoins, cette femme, âgée de vingt-cinq ans, se déplaçait avec un gourdin dans une main et un fouet dans l'autre. Elle fouettait impitoyablement les femmes déportées et leur ordonnait, pour la moindre faute, de se prosterner et de se faire charger un tas de briques soit sur la poitrine, soit sur le dos. Elle a également contraint des centaines de jeunes filles et de femmes âgées à rester à genoux pendant des heures jusqu'à ce qu'elles s'évanouissent ».

Comme cela a été prouvé à Nuremberg, les gardes S.S. ont été détachés des camps d'internement vers la fin de l'année 1943 et au début de l'année 1944. Dans les camps, à part le personnel du commandant, il ne restait plus que la police juive du KZ et les commandants de bloc. Si un jour la vérité est dite, le monde apprendra qui étaient les véritables tortionnaires des Juifs et ce qu'il est advenu des six millions de Juifs « errants ».

CHAPITRE XII

Persécution spirituelle et économique

Six millions de fantômes, une légende grandiose de Juifs assassinés, ont servi d'investissement en capital pour les conquérants du monde. Nous ne voulons blanchir personne ni rien, et nous reconnaissons volontiers que même si le nombre de Juifs qui ont péri pendant la Seconde Guerre mondiale n'était que de 600 000, cela constituerait un crime aussi grave que si ce nombre avait été de six millions. Mais alors, les meurtres à Prague des Allemands des Sudètes, les meurtres des Roumains de Moldavie, des Grecs, des Hongrois, etc.

Ces crimes sont devenus vraiment sinistres lorsqu'un récit de propagande multipliant par dix le nombre réel des victimes juives a été utilisé non seulement pour exécuter une vengeance de l'Ancien Testament, mais aussi pour servir de prétexte à une nouvelle terreur mondiale. Pour que cette terreur soit fermement établie, il ne suffisait pas de tuer des corps physiques à Nuremberg, car l'*esprit devait également être assassiné*. Non seulement l'esprit du « nazisme » allemand, mais aussi l'esprit du christianisme. Dans le « Nuremberg spirituel », les véritables accusés n'étaient pas Goering Rosenberg et les autres dirigeants, mais la personne de *notre Seigneur Jésus-Christ lui-même*.

En 1946, une conférence juive s'est tenue en Suisse, et à son ordre du jour figurait, entre autres, une proposition visant à modifier le Nouveau Testament dans les parties où il dépeint la juiverie de manière défavorable, et il a été suggéré que tous les exemplaires disponibles dans le monde soient confisqués

(Maurice Bardèche : *Nuremberg ou la Terre Promise.*)[6] En même temps, les Juifs d'Amsterdam voulaient organiser un nouveau procès du Christ devant le tribunal de Jérusalem afin de le « réhabiliter ». À la même époque, une nouvelle attraction se prépare à Hollywood. La presse mondiale rapporte qu'un nouveau film sur le Christ est en cours de tournage, avec Charlie Chaplin dans le rôle-titre. Pendant ce temps, les rabbins juifs demandaient que les chants religieux chrétiens soient interdits dans les écoles américaines parce qu'ils heurtaient leur sensibilité. Anna Rosenberg, sous-secrétaire adjointe à la guerre, refuse que des croix soient placées sur les tombes des soldats tués au combat pendant la guerre de Corée si ces cimetières contiennent des morts juifs.

Knut Hamsun, sourd et à moitié aveugle, l'un des plus grands écrivains européens de notre époque, a été une victime typique de la terreur spirituelle. Bien qu'âgé de quatre-vingt-cinq ans, cet homme célèbre et très respecté a été réduit au silence par son internement dans un asile d'aliénés. Knut Hamsun ne s'est pas tant rallié au nazisme qu'à l'idéologie allemande, car il était lui-même issu d'une famille germanique pure. Mais le fait même qu'une autorité intellectuelle de renommée mondiale endosse les conceptions du national-socialisme est intolérable pour la juiverie. De toute façon, il n'était pas possible de présenter Knut Hamsun au monde comme un rustre inculte et ignorant, et de même l'autre grand génie allemand, Sven Hedin, ne pouvait pas passer pour un S.S. ou une raclure de caniveau. C'est pourquoi Knut Hamsun, âgé de quatre-vingt-cinq ans et aux cheveux grisonnants, a été traîné devant le tribunal « norvégien » sous l'inculpation de « trahison ». Il a été condamné à trente jours de prison, ainsi que sa femme, juste pour le marquer au fer rouge. Celui qui n'est pas un serviteur des conquérants du monde est un coupable. Il est coupable parce que derrière lui se profile l'ombre de six millions de martyrs juifs ! Mais le grand écrivain, sans se

---

[6] Publié par Omnia Veritas Ltd, www.omnia-veritas.com.

décourager, parlant au nom de l'*élite* chrétienne européenne poursuivie et pendue, a déclaré avec défi :

> « Je peux attendre une autre occasion et un autre tribunal. Le jour peut venir soit demain, soit, peut-être, dans cent ans, mais je peux attendre. J'ai assez de temps. Peu importe que je sois vivant ou mort. Mais je peux attendre et j'attendrai. »

Et lorsque, à moitié aveugle, il tente encore d'écrire et de gagner son pain quotidien pour aider ses petits-enfants, il est enfermé dans un asile d'aliénés.

« Je peux attendre », résonne sa voix depuis les hauteurs de l'immortalité, vibrant de la foi ininterrompue d'une Europe démembrée.

La tragédie d'Ervin Guido Kolbenhayer, l'un des plus grands écrivains allemands, auteur de l'histoire de Paracelsus, est similaire, presque dans les détails, à celle de Knut Hamsun. Il a été expulsé de sa maison et un juif émigré a présidé le tribunal « allemand » qui l'a condamné. On lui interdit de suivre sa « vocation », comme si on pouvait interdire à un écrivain, au nom de la liberté et de la démocratie, d'accomplir sa mission divine en utilisant les talents qu'il a reçus de Dieu. Pourtant, face à l'esprit Morgenthau de persécution et de destruction, Kolbenhayer a aussi dit la vérité :

> « Quiconque essaie de se défendre ou de s'excuser est considéré comme coupable ! »

Il est aujourd'hui notoire que les listes noires établies contre les intellectuels ont été introduites en Allemagne bien plus tôt que les listes relatives aux hommes des États-Unis cités comme criminels de guerre. Les conquérants du monde qui sont revenus des États-Unis et qui étaient pour la plupart des communistes fanatiques, ont établi et apporté ces listes à leur arrivée en tant qu'officiers de presse et d'animation théâtrale de l'armée américaine. Bien qu'ils portaient des uniformes américains, ils ne représentaient pas l'Amérique de Jefferson, puisqu'ils n'incarnaient que l'esprit d'intolérance et de vengeance du chauvinisme juif. Cette foule, composée d'intellectuels juifs fanatiques, était un cadeau funeste du pays de la liberté, et elle répudiait toutes les doctrines juives antérieures concernant l'humanité, la philanthropie et le progrès, c'est-à-dire tous les principes mis en avant comme un masque lorsque la juiverie revêtait auparavant le manteau de la démocratie. Ces gens n'avaient qu'un seul but : détruire toute concurrence des classes sociales intellectuelles et des professions libérales, et supprimer l'intolérable supériorité de la vision chrétienne.

On a dit que sur les champs de bataille comme au niveau de la propagande, un combat était mené pour la liberté de l'humanité et de l'esprit humain. Mais voilà que les listes noires, les censures, l'interdiction d'exercer une profession, le musellement de la vérité et les menaces de terreur sont amenés de l'Amérique de Roosevelt sur le continent européen, où se trouve le centre de la culture humaine.

Cette terreur spirituelle, exercée sous le couvert du drapeau américain, a déshonoré l'Amérique et discrédité à jamais les slogans de la liberté américaine, puisque, jusqu'à ce jour, *l'Amérique n'a pas fait officiellement amende honorable pour avoir permis cette persécution.*

Sur cette liste noire figuraient les noms de Sauerbruch, le plus grand génie médical européen de ce siècle, et de Wilhelm Furtwängler, le plus grand chef d'orchestre du monde occidental. Ces listes noires de juifs contenaient également les noms de Richard Strauss, Luise Ulrich, Emil Jannigs, Herbert von Karajan, Clemens Krauss, Julius Patzak, Walter Gieseking, le violoniste mondialement connu, Vasa Prihoda, Paul Linke, Werner Krauss et des centaines d'autres. Fredl Weiss, le célèbre comédien qui faisait souvent des blagues aux dépens d'Hitler, a également été traduit devant le tribunal. Cette terreur juive n'a pas hésité à qualifier de « suspect » un génie intellectuel comme Gerhardt Hauptmann, parce qu'il avait osé écrire quelques lignes tristes sur les ruines de Dresde. Leo Slezak a été qualifié de « nazi », et Max Schmerling a été décrit comme un chef de camp de concentration. Même certains morts figurent sur ces listes, comme Heinrich George, décédé dans un camp de travail forcé soviétique, et Paul Linke, le grand compositeur, mort bien avant la « libération hollywoodienne ».

Gerhard Eisler était le chef de ce groupe d'extermination spirituelle. C'était une figure typique du chauvinisme juif, en réalité un communiste que Mme Eleanor Roosevelt avait fait entrer clandestinement en Amérique, d'où il était ensuite revenu pour pénétrer illégalement dans la zone orientale de l'Allemagne. Avec lui revinrent également un grand nombre d'officiers de presse et de théâtre sous l'uniforme américain. Les émigrants cités dans *Aufbau, le* journal juif de New York, ainsi qu'une foule d'assassins à la plume, se sont installés en Allemagne de l'Ouest. Ils ne se contentent pas d'exterminer l'*élite* du national-socialisme allemand. Ils voulaient rendre collectivement responsable l'ensemble de la vie spirituelle de l'Allemagne. Simultanément, le communisme a commencé à se répandre. La recette est vieille comme le monde : un uniforme démocratique américain pour le spectacle, avec le bolchevisme rampant dans les coulisses. C'est le juif de l'Est sous un masque occidental. Selon les dossiers de la commission d'enquête McCarthy, Cedic Henni Belfrage, agent du New York Intelligence Service, était le chef de la presse. C'était bien sûr un crypto-communiste. James Aaronson, un autre communiste, prescrivait aux journalistes allemands ce qu'ils devaient faire pour construire la démocratie allemande. Cet homme élaborait un programme de presse pour le général Eisenhower qui, avec l'expérience politique d'un soldat, signait tout ce que l'excellent Aaronson ou, plus tard, Kagan, lui proposait sans poser de questions.

Mais ce n'est pas seulement dans l'étranglement de la vie spirituelle européenne que cette conquête du monde spirituel s'est manifestée. Du côté positif, ce qu'on a appelé la rééducation a suivi. Les officiers de presse juifs ont rempli les bibliothèques des « Maisons américaines » en Allemagne d'ouvrages communistes, écrits, bien sûr, par des Juifs pour la rééducation du peuple nazi allemand. Au nom de la liberté et de la démocratie, la publication des journaux a été limitée par une licence. Mais dans un premier temps, seuls les immigrés persécutés pour des raisons raciales et les communistes allemands se voient accorder une licence pour publier des quotidiens. Le Juif occidental qui avait établi tant de contacts avec le Juif bolchevique de l'Est (comme nous l'avons montré plus haut), essayait maintenant, en se drapant dans la bannière étoilée, de « rééduquer » le peuple allemand, c'est-à-dire d'en faire des communistes. Les conquérants du monde ont estimé que la démocratie américaine n'était pas une sécurité suffisante pour eux. La mitraillette soviétique, avec sa terreur ouverte, serait plus satisfaisante pour couvrir les crimes qu'ils ont commis contre l'humanité. La juiverie a essayé d'*établir* un état de fait exceptionnel dans lequel un juif pouvait faire tout ce qu'il voulait. Ce processus a commencé en fait avec les procès de Nuremberg, où ce ne sont pas les « crimes de guerre » qui ont été punis, mais où les actes commis contre les Juifs ont été vengés. La juiverie mondiale a alors déclaré presque ouvertement que *les Juifs se considéraient comme les seuls vainqueurs de la dernière guerre*. Cette conception s'est manifestée dans les codes, la juridiction et les procédures des soi-disant tribunaux populaires dans les différents États soumis au régime bolchevique. En Hongrie, le code et la loi de procédure pénale ont été rédigés par un avocat juif, István Ries, ministre de la Justice, et par son sous-secrétaire, Zoltán Pfeiffer, qui était marié à une Juive, et selon ces lois, *même les choses les plus petites et les plus insignifiantes contre les Juifs constituaient des crimes contre l'État et le peuple*. Le code du peuple et la loi de procédure pénale stipulent que tous les membres d'une unité des forces armées sont responsables si l'un d'entre eux fait quoi que ce soit contre les Juifs. Des centaines et des milliers d'innocents ont ainsi été pendus ou emprisonnés. Un individu a été traduit en justice sur la base d'une « accusation grave » selon laquelle il aurait souri lors de la déportation d'un Juif. Il a été condamné à une peine de prison de deux ans. Selon le code, « si une personne n'a pas empêché » les préparatifs d'une agression contre des Juifs, ou si elle a activement commis une agression contre eux, la peine est la mort dans les deux cas.

L'établissement de droits et de privilèges spéciaux pour les Juifs est particulièrement évident en Autriche et en Allemagne. À cet égard, les mesures les plus graves ont été prises à l'encontre des Allemands. *Sur au moins soixante millions de victimes de la Seconde Guerre mondiale, les Juifs sont les seuls à bénéficier de réparations personnelles.* Les biens juifs, déjà rachetés par le régime hitlérien, ont dû être remboursés par les Allemands après la Seconde Guerre mondiale. Aucune des douze millions de personnes expatriées et expulsées par la Convention de Potsdam n'a reçu de réparations, pas plus qu'aucun membre des nations qui ont été ravagées, violées et pillées par les bolcheviks russes, sans parler des intellectuels qui sont devenus apatrides. Des millions de personnes ont été dépouillées de leurs biens, de leurs terres et de leurs maisons. Des millions de personnes ont été expulsées de leur pays d'origine, n'emportant avec elles qu'une centaine de kilos de bagages. Mais personne, ni l'ONU ni la Ligue des droits de l'homme, n'a jamais suggéré que ces victimes soient indemnisées. Les Arabes expulsés de leurs maisons en Israël n'ont jamais reçu de réparations non plus. Les prisonniers de guerre qui, contre toute convention, ont été maintenus en captivité ou comme simples esclaves pendant huit, dix ans ou plus après la fin de la guerre, n'ont pas non plus reçu de réparations. En revanche, I. G. Farben Industrie a été fermée et l'héritier de Krupps a été puni pour avoir inscrit sur ses listes de paie, à des taux de rémunération normaux, des travailleurs dits déplacés, dont quelques Juifs, qu'il avait dû employer dans son usine sur l'ordre du gouvernement allemand.

Mais la juiverie a reçu des compensations en abondance, non seulement par le remboursement multiple des pertes réellement subies, mais aussi par le pillage systématique des peuples vaincus. La légende des six millions de Juifs morts a donné à Shylock le droit à son morceau de chair, mais celui-ci devait être découpé dans le corps et les finances nationales des nations vaincues, encore et encore. Les Juifs libérés des camps de concentration ont occupé les maisons du peuple allemand dès 1945. Ils ont pillé et gaspillé le contenu de ces appartements modèles dans les magnifiques cités ouvrières allemandes. Ensuite, sur la base de la loi sur les réparations, ils ont extorqué au peuple allemand pauvre un multiple du coût de leurs propres appartements. Ils ont récupéré les subventions de l'O.I.R., de l'U.N.R.R.A., des nations vaincues et des nations victorieuses, qui ont été versées aux persécutés. La majeure partie des coûts de la guerre israélite contre les Arabes a été couverte par la vente des stocks de l'U.N.R.A.A. et de l'I.R.O. sur le marché noir. Ils ont ainsi escroqué les réfugiés ukrainiens, russes et polonais non juifs qui, comme eux, étaient des personnes déplacées.

Mais avec tout cela, ils n'ont pas fini de faire chanter le monde. Le gouvernement israélien a obligé le gouvernement ouest-allemand à s'engager à verser, à titre de réparations, trois milliards et demi de marks à Israël, *un État qui n'existait pas pendant la Seconde Guerre mondiale.* Le comité israélien des réparations a exigé avec insistance le rachat des biens juifs confisqués avant et pendant la guerre. Il est possible que les Allemands eux-mêmes ne sachent pas *combien de fois ces biens juifs ont été rachetés et payés.*

Schäffer, ancien ministre des finances du gouvernement fédéral de l'Allemagne de l'Ouest, a déclaré récemment, lors d'une réunion publique au début de l'année 1958, que *les Juifs avaient déposé une nouvelle demande de* réparations de *vingt-sept milliards de marks allemands* contre l'État de l'Allemagne de l'Ouest. Si l'Allemagne payait cette somme énorme, a-t-il ajouté, cela ruinerait certainement son système monétaire et, par conséquent, la faillite s'ensuivrait. Dans ce cas, l'Allemagne de l'Ouest tomberait dans le piège soviétique.

Mais peut-être est-ce là le véritable objectif des conquérants du monde !

Mais Schäffer a dit quelque chose d'autre qui l'a exposé. Il a dit que comme apparemment quarante à cinquante pour cent des réparations payées ne couvraient que les frais d'avocat, près de la moitié des réparations allaient aux avocats. Toute cette question a été soulevée dans le cadre de la réparation de 41 000 D. M. accordée à Sarah Katz. L'un de ses avocats, M. Greve, a reçu sur cette somme 9 069 D.M. pour ses honoraires. Les ennuis ont commencé du fait que ce M. Greve était non seulement l'un des avocats dans l'affaire, mais aussi le président du « Comité de réparation » au Parlement de Bonn. Il appartenait au parti social-démocrate (S.D.P.). Jakob Diel, député chrétien-démocrate, a commencé à enquêter sur les activités de M. Greve, et c'est ainsi que l'on a appris que ce brave patriote marxiste avait perçu jusqu'à présent 30 000 D. M. d'honoraires, en rapport avec les affaires de réparation juives traitées par l'intermédiaire de son bureau. Dans le monde entier, et en particulier en Amérique, certains avocats se sont regroupés pour former leurs propres « kolkhozes », dans le but de soutirer davantage d'argent à l'État ouest-allemand. Ces avocats et avoués bénéficient tous du soutien des organisations juives mondiales et sont ainsi en mesure d'inspirer la terreur et d'exercer des pressions sur les autorités allemandes.

Le reste du scandale réside dans le fait que les Juifs pouvaient demander des réparations en signant simplement une déclaration sous serment et que, grâce à de nombreuses déclarations sous serment falsifiées, l'État ouest-allemand s'est ainsi vu dépouillé de plusieurs milliards de marks.

Lorsqu'un journaliste a demandé à l'un des principaux responsables de la Commission des réparations quel type de blessure, de maladie ou de deuil devait être subi pour permettre à une personne de recevoir, par exemple, 10 000 D.M. en réparations, le responsable a répondu :

> « En incluant les troubles de la circulation sanguine, nous payons pour toutes les maladies possibles, même si les personnes malades n'ont pas été persécutées du tout. »

Jakob Diel, député chrétien-démocrate, a découvert au cours de ses enquêtes que des *réparations étaient même versées à des communistes et à des criminels professionnels qui avaient été emprisonnés pour des délits de droit commun.*

Il sera difficile d'étouffer ce scandale maintenant, car Jakob Diel a également souligné que le parti social-démocrate allemand souhaite drainer l'argent alloué pour couvrir l'entraînement et l'équipement des divisions que l'Allemagne de l'Ouest s'est engagée à fournir à l'Organisation du traité de l'Atlantique Nord.

Le plan de la juiverie mondiale devient ainsi clair et compréhensible : faire chanter l'État ouest-allemand avec de fausses déclarations sous serment et, au moyen de frais juridiques très élevés, voler aux Allemands les fonds qui devraient servir au réarmement des nouvelles divisions. Ainsi, le travailleur allemand deviendra un éternel payeur d'impôts pour la juiverie mondiale, l'unification de l'Allemagne de l'Est et de l'Allemagne de l'Ouest sera empêchée et la voie sera ouverte à l'inflation et au bolchevisme.

Naturellement, la juiverie mondiale n'a pas tardé à qualifier Jakob Diel d'« antisémite » pour avoir démasqué le plus grand chantage de tous les temps.

Le chantage aux « réparations » n'est pas le seul type d'extorsion pratiqué, il y en a beaucoup d'autres.

Le journal allemand *Der Weg*, édité en Argentine, dans son numéro 6 de 1954, fournit des statistiques choquantes sur les horribles vols commis au détriment de l'Allemagne. Jusqu'en mai 1945, les alliés ont détruit des biens et des propriétés pour une valeur de 320 milliards de D.M., et la population allemande a subi une perte de 15 milliards de D.M. due au pillage. Sous le prétexte de la dé-nazification, divers biens ont été confisqués pour un montant de 108,5 milliards de marks allemands, par le biais de nombreuses formes de confiscation indirecte, ainsi que par les activités d'une organisation d'exportation américaine connue sous le nom de J.E.I.A., et par la saisie de l'argent de la Banque mondiale, et par la saisie de la flotte commerciale allemande, des dommages supplémentaires ont été infligés pour un montant de 1 381 milliards de D.M. En outre, la réforme monétaire a entraîné pour la population allemande une perte de 198 milliards de D. M. Les « billets de banque d'occupation » émis par les puissances alliées ont représenté une perte supplémentaire de 46 milliards de D.M., que les contribuables allemands ont dû assumer. Sur les territoires désannexés, les pertes des citoyens allemands ont atteint la somme de 457 milliards de D.M., le démantèlement des usines allemandes a représenté une perte de 10 milliards de D.M., tandis que le déboisement impitoyable des forêts allemandes par les Français a entraîné une perte de 14 milliards de D.M. Le prix artificiel fixé pour le charbon a entraîné une perte supplémentaire pour les Allemands de 84 milliards de D. M. Mais le dommage le plus caractéristique infligé a été le vol des brevets. Les inventions allemandes sont tombées presque exclusivement entre les mains des Juifs et les entreprises juives américaines ont réalisé un butin de 78,5 milliards de D.M. en exploitant les spécifications des brevets allemands, dont les dossiers ont rempli 2.000 wagons. Le montant des salaires dus aux prisonniers de guerre est estimé à 11,5 milliards de D.M., Les avoirs allemands confisqués à l'étranger représentent une perte de 18 milliards de D. M., et bien que les Allemands aient dû rembourser plusieurs fois les avoirs juifs qu'ils avaient confisqués, les États-Unis, sur intervention directe de la juiverie, ont récemment refusé de restituer les avoirs allemands saisis. En agissant ainsi, les États-Unis ont renié les principes qu'ils professaient en matière d' »inviolabilité » de la propriété privée. Les Allemands ont également dû payer plus de 15 milliards de D.M. sur d'anciennes dettes issues des traités de Versailles et 8,6 milliards de D.M. leur ont été réclamés au titre du plan Marshall. L'État ouest-allemand a jusqu'à présent versé aux Juifs 9,5 milliards de D.M. à titre de « réparations ».

Les grands capitalistes juifs américains empochent chaque année un bénéfice de 2 à 3 milliards de dollars sur les seuls produits des brevets allemands. Plus de 100 000 (à une époque un demi-million) juifs ont reçu 300 D.M. par mois pour avoir séjourné dans les camps de concentration à l'époque hitlérienne. Comme l'a prouvé le procès contre Aurbach, cette compensation a été versée en milliers de marks à des Juifs qui n'existaient pas du tout.

Ce chantage et ce pillage des nations sous un semblant de légalité se poursuivront tant que l'État parasite d'Israël aura besoin d'argent et tant que les nations païennes refuseront de rétablir le droit international tel qu'il était pratiqué en 1945 et avant.

Mais ce n'est pas seulement en ce qui concerne les lois relatives à la propriété privée que la juiverie a créé de dangereux précédents. Elle souhaite établir à tous les niveaux un *statut supranational et privilégié pour les Juifs.* Cela s'est manifesté dans les activités dites « d'assistance » après la dernière guerre. L'U.N.R.R.A. soutenait presque exclusivement les Juifs et les communistes, et quiconque osait dire un mot contre cette discrimination était réduit au silence ou bâillonné comme un « nazi ». L'U.N.R.R.A. ne se préoccupait pas du bien-être des Gentils qui avaient été dans le même camp que les Juifs. L'I.R.O.

faisait généralement dépendre l'émigration des apatrides de ce qu'ils pensaient des Juifs. Les règlements de l'I.R.O. étaient conçus pour répondre à des questions telles que : « A-t-il aidé les Juifs persécutés ? » « A-t-il saboté le travail de son propre gouvernement ? » « A-t-il jamais fait une déclaration "antisémite" ? » ou « A-t-il jamais écrit un article "antisémite" ? ». Le contrôle des émigrants était principalement effectué par les consuls juifs et le personnel des bureaux consulaires. Ils font tout ce qui est en leur pouvoir pour maintenir le nombre d'immigrants païens aux États-Unis à un niveau aussi bas que possible. Le travail de l'I.R.O. était la manifestation d'une parfaite collaboration entre les Juifs de l'Est et de l'Ouest. L'I.R.O., au nom de l'« humanité », remit aux mains des Soviétiques plusieurs réfugiés contre lesquels il n'y avait aucune charge, mais dont le seul « crime » était d'appartenir à une *élite* intellectuelle qu'il fallait exterminer.

La juiverie a créé une situation extrêmement dangereuse en ce qui concerne les droits civiques et les lois de naturalisation, en particulier depuis qu'Israël a été créé en tant qu'État distinct. Dans les États vaincus d'Allemagne, de Hongrie, de Slovaquie, de Roumanie, etc., les Juifs ont rapidement obtenu la citoyenneté à part entière, sans remplir la moindre condition légale. Nombre d'entre eux n'avaient jamais appartenu à ces États et n'avaient absolument aucun droit légal de demander la citoyenneté. Dans les États situés derrière le rideau de fer, seuls les Juifs ont reçu des permis de sortie leur permettant d'émigrer en Israël. Ces mêmes États ont été contraints de reprendre ces Juifs émigrants s'ils décidaient de revenir, soit pour éviter le service militaire, soit parce qu'ils n'étaient pas satisfaits des conditions de vie dans le nouvel État juif. Les lois américaines sur l'immigration, ainsi que les lois et règlements de plusieurs autres nations, tentent manifestement *d'établir une citoyenneté mondiale supranationale pour les Juifs.*

Le tribunal de Nuremberg a également créé de dangereux précédents. Maurice Bardeche souligne que le *concept de pays d'origine a été abandonné.* Chacun, ou plus exactement chaque Juif, est un citoyen du monde. Le migrant juif de Zhitomir est citoyen de votre pays au même titre que vous. Il a les mêmes droits sur votre terre. Vous, travailleurs agricoles, devez respecter les droits des nègres sur la terre et vous devez lui faire une place à votre table. Il se présentera et occupera un poste au sein de votre conseil municipal ou rural, afin de vous familiariser avec la « conscience mondiale » extérieure. Ses fils deviendront peut-être vos maîtres et *ils pourront juger vos fils. Ils* gouverneront votre propre ville et vous revendront votre propre terre, car la « conscience mondiale » leur en donne le droit.

Ce n'est pas une blague ! Le docteur Levy, médecin juif, souhaite s'installer dans la ville allemande d'Offenbach, bien qu'il n'ait jamais été citoyen allemand. Lorsque les autorités municipales ont refusé de le nommer au poste de responsable de la santé publique, les journaux dits « démocratiques » ont menacé le conseil municipal d'une intervention des autorités d'occupation. En Amérique, des informations fictives déposées par un seul juif suffisent à empêcher l'immigration d'une personne. Si le juif dit que le candidat à l'immigration est un « antisémite », le procureur général des États-Unis peut déclarer que cet immigrant est une personne indésirable qui « mettrait en danger la sécurité nationale ». Cela signifie que l'Amérique dépend de l'opinion de la juiverie pour déterminer qui sera accepté comme citoyen des États-Unis.

Mais les pays du monde occidental, même s'ils l'ignorent souvent, ont en fait adopté le système soviétique en inscrivant les privilèges juifs dans leurs constitutions. Comme nous l'avons déjà souligné, aucun citoyen soviétique ne peut être désigné par l'adjectif « juif ». Cela serait puni de mort ou de déportation. Immanuel Birnbaum a évoqué cette question avec une grande satisfaction dans *Aufbau* du 17 mars, 1950, et son article souligne que cette loi est actuellement en vigueur. Au Soviet, où personne n'a prétendument de privilèges, les lois communistes garantissent que les Juifs peuvent exercer leurs pouvoirs et se protéger contre le fait d'être pointés du doigt en tant que Juifs. « Le *secret est le caractère de notre pouvoir* », disent les *Protocoles des Sages de Sion*. On peut donc discuter de l'origine de Malenkov, mais pas de celle de Khaganovitch !

Avec l'aide de l'ONU, une nouvelle loi internationale a été élaborée pour préserver le statut supranational de la juiverie. Cette nouvelle loi immortalise Nuremberg. Il s'agit de la « *Convention sur le génocide* », *c'est-à-dire* la loi relative à l'extermination systématique de groupes raciaux et nationaux. Le moment semble très opportun pour introduire cette loi alors que des millions de personnes, voire des nations entières, disparaissent dans les camps de travail forcé de l'Union soviétique. Mais la loi sur le génocide n'est pas faite pour punir ces crimes particuliers.

La loi qualifie de meurtre racial le fait de provoquer l'extermination partielle ou totale d'une nation ou d'un groupe ethnique, racial ou religieux, ou même d'avoir l'intention de le faire. Mais cette convention prévoit également que les atteintes physiques ou spirituelles ou les insultes à l'encontre des membres de l'un des groupes précités relèvent de l'assassinat racial. Bien entendu, il était normal que l'O.N.U. ait oublié d'appliquer cette nouvelle loi dans le cadre du soulèvement hongrois et de la lutte pour la liberté du 23 octobre, 1956.

Avec cette convention sur le génocide, toute liberté a été supprimée, y compris la liberté d'expression et le droit de tenir des réunions publiques. Si quelqu'un s'oppose au terrorisme du dirigeant communiste juif ou n'a pas une bonne opinion du gouvernement mondial de la juiverie ou des activités publiques de Mendes France, Frankfurter ou Morgenthau, il peut être rapidement condamné en vertu de la convention sur le génocide pour violation spirituelle ou insulte à l'égard du groupe ethnique ou racial concerné. Il s'agit d'un meurtre racial, passible d'une peine de cinq ans de prison dans le monde entier. Bien entendu, cela suppose que la protection des Juifs soit en cause, car les *Chinois, les Anglais, les Arabes, etc. peuvent* naturellement *être violés ou insultés « spirituellement »* en toute impunité. Cette loi offre des possibilités illimitées au terrorisme. La ville de Cincinnati (Ohio, États-Unis) a adopté Munich comme ville jumelle. La communauté juive américaine a immédiatement protesté contre cette décision, affirmant que Munich était un foyer d'hitlérisme. L'action bénéfique des organisations d'aide sociale de Cincinnati constituerait donc une « violation de la judéité ».

Par conséquent, selon la convention sur le génocide, Cincinnati doit être rayée de la surface de la terre comme Sodome et Gomorrhe, ou peut-être comme Dresde et Hiroshima.

Sur la base de la convention sur le génocide, Ahasuerus et Shylock peuvent être bannis de la littérature et l'histoire d'Oliver Twist de Dickens, sous forme de livre et de film, doit être interdite, car elle incite au meurtre contre les « usuriers » et insulte « spirituellement » la sensibilité des nationalistes juifs. Auerbach, le commissaire juif dont le peuple allemand a été affublé et qui, démasqué, s'est réfugié dans le suicide pour échapper aux crimes qu'il a commis, avait interdit l'histoire d'Assuérus dans les livres scolaires allemands, en raison de son « antisémitisme ». La raison invoquée était la suivante : « Après Auschwitz, cette légende biblique juive insoutenable ne peut être tolérée ». Les enfants païens ne peuvent recevoir que ce que la censure juive considère comme approprié.

La convention sur le génocide, bien que soutenue par Felix Frankfurter et Robert M. Kempner, le procureur juif de Nuremberg, a néanmoins fait l'objet de graves critiques. Certains esprits lucides de la vie publique américaine ont attiré l'attention dans des réunions publiques sur le fait que *la convention sur le génocide n'était pas seulement tyrannique et perfide, mais constituait une sorte de guerre permanente contre le peuple américain.* Mervin K. Hart a souligné que, convention de génocide ou pas, les sionistes palestiniens ont assassiné tous les hommes et toutes les femmes du village arabe de Dair Yassin et s'en sont tirés à bon compte, sans qu'aucune accusation ne soit portée contre eux, parce qu'ils étaient juifs. Il a souligné qu'une fois la convention sur le génocide promulguée, « la moindre référence à un seul membre d'une certaine minorité raciale ou religieuse constituerait un acte criminel ». James Finucane, délégué du Conseil national pour la prévention de la guerre, a déclaré que : « *Québec, Yalta et Potsdam ont été des meurtres raciaux sous le drapeau américain* ».

Le fait que la convention sur le génocide ait été l'œuvre du groupe Morgenthau est la meilleure preuve que cette loi sur le meurtre racial n'était destinée à être rien d'autre qu'un privilège exclusif pour la juiverie, ainsi qu'un moyen, approuvé par l'O.N.U., d'exercer la terreur mondiale. « Une guerre permanente contre le peuple américain ! décrit Agnes Wather. Un combat permanent contre la liberté spirituelle. Un privilège à l'ombre duquel les Arabes, les Français, les Allemands, les Roumains, etc. peuvent être assassinés en toute impunité.

La convention sur le génocide — qui n'est évidemment pas appliquée aux dirigeants des pays situés derrière le rideau de fer et dirigés par les Juifs — doit être considérée dans le contexte sinistre des événements qui montrent comment la juiverie tente de réduire au silence toute opinion divergente. Il est généralement connu aujourd'hui que les listes noires établies par la juiverie sont déposées même dans les maisons d'édition dites païennes. Ainsi, aucun ouvrage ne peut être publié par un auteur "dont le nom n'est pas bon" du point de vue du nationalisme juif. Toute personne apparaissant dans un film ou une pièce de théâtre détesté(e) par la juiverie ne pourra plus jamais apparaître dans un rôle, quel que soit son talent.

Veit Harlan, le réalisateur de "Jew Süss", a été acquitté par tous les tribunaux. Néanmoins, les organisations juives continuent d'empêcher la projection de films à caractère social qui pourraient leur porter préjudice. De nombreuses organisations juives ont protesté contre la projection du film anglais "Oliver Twist". Dans le même temps, les Juifs accusent certaines organisations religieuses américaines d' »antisémitisme » parce qu'elles veulent interdire la projection du film blasphématoire d'Ingrid Bergman et Rosellini sur le Christ. Les organisations juives ont à nouveau protesté parce qu'une maison d'édition américaine a édité les essais politiques de Dostoïevski. Parmi ces essais figurent quelques chefs-d'œuvre traitant du problème juif. Gieseking est expulsé du « pays de la liberté » parce qu'il a donné des concerts à l'époque hitlérienne. Ernst Dohnanyi, le compositeur, n'a pas pu se produire pendant des années au Carnegie Hall parce que des vétérans de guerre juifs l'avaient proclamé « fasciste ». Heinrich Gulda, le pianiste mondialement connu, a été envoyé à Ellis Island pour avoir été membre de la Hitler-Jugend à l'âge de dix ans !

Ici, nous pouvons reconnaître la terreur du monde spirituel dans son intégralité. Cohérente et persistante, elle remonte jusqu'au Christ lui-même. Les écrivains allemands dont les œuvres n'étaient ni « antisémites » ni nazies ont néanmoins été condamnés par les tribunaux allemands. Il suffisait qu'ils soient soupçonnés d'avoir des penchants « antisémites » pour qu'ils soient sanctionnés par l'interdiction d'exercer leur métier ou la confiscation de leurs biens, même s'il s'agissait de personnes politiquement inoffensives, telles que des artistes, des écrivains ou des acteurs. Lajos Docvenyi Nagy, l'auteur du roman *Les Khaganoviches*, a été condamné à être emprisonné en Hongrie. Alfons Luzsénszkya, le traducteur du Talmud, a été emprisonné pour cinq ans. Lajos Méhely, l'un des principaux biologistes européens, a été condamné à sept ans de prison à l'âge de quatre-vingt-treize ans. Aloysius Dolány-Kovács, dont le crime est d'avoir préparé quelques statistiques arides sur la répartition de la richesse nationale en Hongrie, est également emprisonné. Des peines similaires ont été prononcées en Roumanie, en Tchécoslovaquie et dans les autres pays situés derrière le rideau de fer.

L'État d'Israël nouvellement formé a grandement contribué à l'instauration de la terreur mondiale dans l'hémisphère occidental. Cinq ans après la guerre, le Parlement israélien a adopté une résolution accordant à Israël le droit de punir les « criminels de guerre » et d'exiger leur extradition de tout autre État. *Cela dépasse largement les limites de toute forme de justice légale.* Un État s'arroge le droit d'être juge de soi-disant « crimes de guerre » qui auraient été commis avant que cet État n'existe. Nous sommes ici en présence non seulement d'un *droit post facto*, mais aussi d'un État qui en bénéficie directement. Toute forme de critique ou d'activité littéraire purement théorique peut être poursuivie. Israël a le droit d'extrader et de pendre des intellectuels suédois, chinois ou argentins. Chinois ou Argentins.

La particularité de cette loi est que, *tout en essayant de placer tous les Gentils sous la loi juive, elle a l'intention d'exempter tous les Juifs des lois des États Gentils.*

Le livre de Henry Ford, *The International Jew*, contient de nombreuses informations sur les tribunaux juifs spéciaux de New York et, à l'heure actuelle, nous avons connaissance d'affaires qui ne peuvent être entendues que par des tribunaux juifs spéciaux. En 1950, un certain Mayer Mittelman a été accusé à New York d'avoir battu à mort un compagnon juif appelé Benjamin Krieger, dans l'un des camps de concentration allemands pendant la guerre. La communauté juive de New York a veillé à ce que cette affaire désagréable ne soit pas portée devant un tribunal américain. Le Congrès juif américain a convoqué un tribunal spécial pour juger cette affaire de meurtre. Le procès s'est terminé par l'acquittement de l'accusé et la conclusion qu'il n'avait pas commis de meurtre.

Nous sommes donc à nouveau confrontés à une double moralité imposée par la terreur. Le journal argentin *Der Weg* a publié un article très intéressant de Felix Schwartzenborn, sous le titre : « La tyrannie mondiale à partir de 1955 », qui décrit les plans relatifs à l'établissement du royaume mondial juif. L'ONU est considérée comme l'organisateur suprême de cette terreur mondiale. L'hebdomadaire américain *Common Sense* confirme également l'existence de ces plans.

« Les plans pour l'établissement de la domination mondiale juive progressent bien vers la réalisation », écrit-elle. « Il est probable que le futur gouvernement mondial sera ce qui est connu actuellement sous le nom d'Organisation des Nations Unies ». Le monde est aujourd'hui divisé en deux hémisphères par deux grandes puissances opposées. L'un est dirigé par les Juifs moscovites sous le « sceau de Salomon » (l'étoile à cinq branches), tandis que l'autre est sous le drapeau de l'ONU. Bernard M. Baruch a été chargé d'accomplir l'unification des forces économiques des États-Unis, ce qui signifiait en fait la remise du pouvoir et des ressources économiques américaines entre les mains des Juifs de Wall Street. L'internationalisation des matières premières, l'armée européenne, le Parlement européen de Strasbourg, le plan Schuman (élaboré en réalité par David Lilienthal), tout cela vise à soumettre le monde non communiste à la terreur économique des Juifs. Il ne manque plus qu'une chose : la fusion des deux blocs géants, régis par l'étoile rouge et le drapeau bleu et blanc de l'O.N.U., en un « super-État », c'est-à-dire un État au-dessus de tous les États. Une fois cette fusion réalisée, les étoiles américaines et l'étoile rouge moscovite seront remplacées par l'étoile à six branches du roi David. Selon les derniers plans, toutes les bombes atomiques, les bombes à hydrogène, les armées, les flottes et les forces aériennes doivent être remises à l'ONU car, dit-on, « il serait trop dangereux de les laisser entre les mains d'une seule puissance ou d'un seul groupe de puissances ». Enfin, les forces armées de l'ONU et la puissance atomique de l'ONU, dont le centre opérationnel se trouve à Jérusalem, pourront réprimer facilement tous les « soulèvements » des païens. L'O.N.U., gouvernée par les Juifs, sera le pouvoir suprême du monde, et sur la base de la convention sur le génocide, élaborée par le Juif polonais Raphael Lemkin, professeur à l'Université de Yale, tout ce qui peut être appelé « antisémite » sera puni de mort ou d'emprisonnement.

L'humanité vit aujourd'hui sous une menace telle qu'elle n'a jamais été connue auparavant. La terreur mondiale s'est en effet mise en marche et l'ombre sinistre de la tyrannie mondiale enveloppe le globe.

Les plans des conquérants du monde sont grandement facilités par un processus en partie naturel et en partie artificiel que l'on peut décrire comme la réduction des masses au niveau de troupeaux de bétail.

CHAPITRE XIII

Classe biologique — Guerre contre toutes les nations

ORTEGA Y GASSET a écrit son livre *La Rebelión de las Masas*[7] en 1929, et il peut être considéré comme un ouvrage de base relatif à la nature et au problème des masses dans la société humaine. Mais l'importance des masses a été reconnue bien avant que le grand sociologue espagnol n'écrive son ouvrage. *Les Protocoles des Sages de Sion* mentionnent dès 1897 qu'ils ont « remplacé le souverain par une caricature de gouvernement », c'est-à-dire « par un Président, pris dans la foule, au milieu de nos créatures fantoches, de nos esclaves ».

« *Nos créatures marionnettes, nos esclaves !* » Cette définition revêt une importance décisive dans l'évaluation du problème de la conquête juive du monde.

Il ne fait aucun doute que le capitalisme, avec son niveau de vie plus élevé, l'amélioration des conditions sociales, la prolongation de l'espérance de vie, la réduction du taux de mortalité, etc. a considérablement augmenté le nombre des masses. Hegel, Malthus et Marx ont tous remarqué cette augmentation des masses et la menace de la surpopulation, qui n'est rien d'autre qu'un simple fait biologique et statistique. Ni la juiverie ni le bolchevisme n'ont rien à voir avec ce phénomène biologique, qui peut être considéré comme un exemple de la fécondité naturelle de la vie. Ensuite, d'abord Marx, puis les *Protocoles*, ont reconnu la sinistre possibilité de « fondre » de

---

[7] Édité par Omnia Veritas Ltd, www.omnia-veritas.com.

grandes foules de gens de manière à former une masse sans caractère. *Faire du peuple une foule semblable à un troupeau est le moyen le plus sûr non seulement de parvenir au pouvoir mondial juif, mais aussi au pouvoir de n'importe quel groupe minoritaire.*

« Sans un despotisme absolu, il ne peut y avoir d'existence pour la civilisation… » affirment les *Protocoles,* car : « Ce que nous devons obtenir, c'est qu'il n'y ait dans tous les États du monde, en plus de nous-mêmes, que les masses du prolétariat, quelques millionnaires dévoués à nos intérêts, une police et des soldats. »

« La division de la société en masses et *élites,* écrit Ortega y Gasset, n'est pas tant une différenciation sociale qu'une classification des personnes en catégories qui ne coïncident pas nécessairement avec les rangs des classes sociales supérieures et inférieures. À *proprement parler, chaque classe sociale a ses masses et son élite* ».

Il n'est pas difficile de reconnaître cet effort incessant d'accroissement des masses au détriment de l'*élite, qui s'est* poursuivi tout au long du siècle. À ce résultat ont sans doute contribué certains facteurs biologiques et héréditaires. Le professeur américain Lothropp Stoddard traite de ces facteurs dans son livre *Rebellion Against Civilisation.* Il attribue la crise actuelle de l'humanité à la dégénérescence biologique des différentes races et à l'augmentation disproportionnée de la population mondiale — en particulier des spécimens les plus bas et les plus inutiles. *Mais la juiverie mondiale a fait tout son possible pour accélérer ce processus* au cours du siècle qui s'est écoulé depuis le manifeste marxiste. Des prolétaires comme ceux qui composaient les troupes d'assaut de Béla Kun ou de Sidney Hillman, qui n'ont jamais pris la peine de s'interroger sur les aspirations réelles de leurs dirigeants, sont devenus les troupes d'assaut naturelles des masses. La théorie de la lutte des classes, invention juive typiquement destructrice, tend en elle-même à augmenter le nombre des émeutiers. Elle nivelle par le bas et coupe les têtes au-dessus de la moyenne. La presse, et plus tard la radio et la télévision, renforcées par la mentalité juive de l'industrie cinématographique hollywoodienne, ont également contribué à la production d'hommes à l'esprit robotique. De plus, l'esprit mercenaire n'éduquera pas les masses et n'élèvera pas leur niveau intellectuel. Au contraire, en s'abaissant au niveau intellectuel bas de l'individu moyen, il améliorera les conditions des commerçants. Dans les pays déjà conquis par le bolchevisme, l'élevage de masses incolores et sans chef, sous le seul contrôle des « élus », se déroule selon des plans soigneusement élaborés. L'aristocratie russe, les classes moyennes, l'*élite* intellectuelle, *la paysannerie terrienne et les travailleurs qui pouvaient être considérés comme l'élite de* la classe ouvrière ont tous été exécutés. La paysannerie indépendante a été spoliée de ses terres et déportée en Sibérie. Les petites exploitations individuelles et indépendantes sont remplacées par le système des kolkhozes, et les prolétaires « libérés » sont enrôlés dans les divisions ouvrières des usines, où ils *n'*ont plus de *chefs, mais seulement des seigneurs et des maîtres.*

Les juifs qui faisaient partie de l'équipe de Staline ont toujours su que le « despotisme impitoyable » des *Protocoles* ne pouvait s'exercer que sur des masses qui ressemblent à des troupeaux. La plus grande menace du bolchevisme est la création d'une mentalité de troupeau dans le peuple, qui pense en termes de niveaux intellectuels les plus bas, qui détruit toute initiative dans l'individu et tue toute différenciation de goût et de personnalité. Il n'y a plus de peuple russe, mais seulement des masses russes, et dans trente ans, la même affirmation s'appliquera à tous les autres États asservis derrière le rideau de fer. Il n'y aura que des masses de Vladivostok à Stettin. La couleur de leur peau sera généralement blanche, parfois jaune, mais leur signe distinctif sera la caractéristique négative d'appartenir à la masse. Il s'agira d'une pâte humaine produite en masse, homogène et sans caractère, qui a été fabriquée sur les chaînes de montage des camps et dans les répliques de la propagande de l'éducation communiste. Il s'agit de la jeunesse produite par le communisme et entraînée à ne pas avoir de pensées ou d'idées individuelles. Ils n'ont que des slogans tout faits, inventés par la propagande. C'est un troupeau d'êtres anthropomorphes, gardé par des commissaires juifs armés de mitraillettes. On ne voit plus les milliards de gouttes d'eau scintillantes, mais des eaux de crue boueuses et troubles.

L'homme soi-disant civilisé du monde occidental ignore encore la signification et l'importance de ces masses anthropomorphes qui ont perdu toute connaissance du monde extérieur, des beautés de la vie et de la valeur de la personnalité. Le rideau de fer les a hermétiquement isolées des pensées et des idéaux vivants. Ils ont moins de connaissances du monde extérieur que les gens du Moyen-Âge. Ils ignorent tout de l'histoire, de la culture et de la vie actuelle en Occident. Ils vivent dans un monde de rêve déformé, produit et projeté pour eux par Ilia Ehrenburg et David Zaszlavszky.

Malheureusement, les fiers citoyens de l'Occident ne sont guère mieux lotis à cet égard. Leurs connaissances, leur vision générale et leurs idées politiques sont également produites en masse, contrôlées et dirigées par les monopoles juifs du divertissement. La personnalité de l'homme occidental s'est atrophiée et ses héros nationaux ont été oubliés. Ils ont été remplacés par la figure la plus ridicule de la démocratie occidentale, « *l'homme de la rue* », c'est-à-dire l'être humain moyen, à moitié éduqué, ignorant et incapable de penser par lui-même. Aujourd'hui, cet homme s'exprime dans la presse, répond aux questions des sondages Gallup et représente l'opinion publique et la « *conscience mondiale* », *au* nom de laquelle le scandale de Nuremberg a été mis en scène et le massacre de Katyn étouffé. Que sait cet individu « à l'esprit vif », ce lecteur assidu de bandes dessinées et de romans policiers, des « Sages » qui se produisent derrière l'écran des partis politiques, des projets des « initiés », des décisions des loges et des mensonges de la presse ? Il se contente de répéter tout ce que lui ont martelé les journalistes et les rois de la presse d'origine juive galicienne. Et les chroniqueurs des organes démocratiques et républicains ne feront, bien sûr, que propager ces « opinions » favorables aux conquérants du monde.

On comprend donc aisément que les soi-disant hommes d'État qui semblent diriger le monde soient, d'une part, les marionnettes des puissances de l'ombre et, d'autre part, les esclaves de la populace. Les hommes politiques n'agissent plus selon les règles du bon sens, mais sont obligés de s'en remettre au goût et à l'humeur des masses. Ils pensent en termes de masses et se laissent emporter par elles. L'homme d'État d'autrefois, après avoir élaboré un programme intelligent, le soumettait aux électeurs en espérant les convaincre de faire le bon choix, c'est-à-dire d'adopter ses propositions. L'homme politique d'aujourd'hui cherche d'abord à connaître la tendance générale de l'opinion publique et y adapte ensuite ses propres vues. Mais lorsque la juiverie, disposant de tous les moyens modernes de propagande, a fait des masses sa caisse de résonance, les hommes d'État dépendant des masses sont devenus des victimes faciles de la volonté de la juiverie.

L'homme politique qui réussit le mieux en ces temps de « paix » est celui qui peut attirer les plus grandes foules vers les isoloirs, pour soutenir par des votes la politique qu'il a diffusée auparavant à la radio et à la télévision.

La guerre elle-même ne sert plus d'ultime recours dans la poursuite d'idéaux plus élevés ; elle n'a qu'un seul but, l'extermination de grandes masses humaines. Les bombes A, les bombes H et les tapis de bombes ne sont plus des armes de guerre entre nations, mais entre *masses*. De nos jours, un meurtre ou un scandale social lié à une star de cinéma fait la une des journaux, mais 300 000 morts à Dresde ou 70 000 à Hiroshima peuvent être ignorés ou peut-être traités dans un petit article de cinq lignes.

Nous avons déjà mentionné que la juiverie mondiale, afin d'augmenter le nombre de masses démunies, utilise le besoin naturel de vengeance de l'humanité. Après la dernière guerre, de nombreuses personnes ont pensé que l'augmentation du nombre de masses démunies était l'œuvre du bolchevisme, et Yalta et Potsdam ont donc été portés au compte de Staline. Cependant, après un certain temps, il s'est avéré qu'au cours de la conférence de Potsdam, tenue sous le triumvirat de Staline, Truman et Attlee, la juiverie mondiale, sous la forme du plan Morgenthau et du plan Gomberg, se tenait toujours prête, sous une apparence démocratique ou bolchévique. L'objectif de ces deux plans était l'extermination de l'*élite* et la réduction du peuple à des masses indigentes, grégaires et sans caractère.

L'accord de Potsdam fait de douze à seize millions de personnes des apatrides. La paysannerie terrienne indépendante d'Europe de l'Est et les artisans qualifiés des Sudètes ont été réduits à une masse prolétaire démunie, jetée de l'autre côté de la frontière avec un poids de bagages de cent livres par tête. Les professeurs nazis ont été forcés de faire le travail de balayeurs de rue et les balayeurs nazis ont été chassés de leur travail. Les Saxons de Transylvanie sont emmenés en Sibérie, tandis que les colons allemands très cultivés du sud de la Hongrie et du nord de la Yougoslavie sont envoyés dans les camps d'extermination de Tito, où de la poudre de verre est mélangée à leur nourriture. Seize millions de personnes ont été arrachées à leur pays et transformées en une foule sans racines, sans État, sans ressources et affamée. Au nom de l'humanité, ils ont été conduits comme du bétail vers l'Allemagne de l'Ouest.

Auparavant, Beria avait liquidé les intellectuels et les dirigeants nationaux polonais dans les bois de Katyn. Onze mille officiers, pour la plupart des médecins, des professeurs et des artistes, ont été arrachés à leur profession civile et exterminés, et plus d'un million de Polonais ont été emmenés en Sibérie. Qui en est responsable ? Selon les archives officielles de la Commission d'enquête du Congrès américain, le père Braun a rapporté sur ses aventures russes (Reports of Investigations, page 197) qu'il avait vu la police secrète à l'œuvre entre 1936 et 1937, à l'époque des camarades Jeshov, Jagoda et, plus récemment, Beria (tous trois juifs). Beria (tous trois juifs — AUTHOR). Ils étaient les chefs successifs de la police secrète. Il avait aussi vu les Russes (juifs) assassiner de sang-froid leurs propres compatriotes. Quand on sait que les internés étaient assassinés par milliers dans les camps de concentration de l'Union soviétique et que ces atrocités étaient considérées comme un simple travail de routine ne méritant pas d'être mentionné, on peut comprendre que l'extermination des Polonais influents tels que les médecins, les écrivains, les professeurs, les enseignants et les fonctionnaires, etc. soit considérée de la même manière. Le rapport ajoute qu'il *ne s'agit là que d'une partie de leur plan général qui est l'extermination systématique des groupes raciaux et nationaux.*

Jeshov, Jagoda-Herschel et Beria sont-ils les seuls coupables qui hantent les fosses communes des victimes du Bois de Katyn ? Goriczki, un témoin polonais qui a échappé aux exécutions de masse, a déclaré au Comité américain chargé d'enquêter sur le massacre des prisonniers polonais à Katyn : « ... lorsque les groupes étaient prêts à marcher, deux officiers de la police politique, le colonel Urbanovitz et un juif moscovite, le commissaire Sirotky, se tenaient près de moi. J'ai entendu Sirotky dire à Urbanovitz : "Oui, ils sont heureux et rient maintenant, mais s'ils savaient ce qui les attend..." (Rapports d'enquête, page 176).

Il apparaît donc que non seulement les Juifs ont organisé et exécuté les massacres du bois de Katyn, mais que, par l'intermédiaire de Robert Kempner, le procureur américain à Nuremberg, ils ont tenté de dissimuler la vérité au monde entier.

Ainsi, en quelques jours ou peut-être en quelques heures, ils ont exterminé l'*élite de* la nation polonaise et, avec elle, la majeure partie de la classe intellectuelle.

L'élite hongroise libre *et* colorée, si individuelle, fut également anéantie en 1945 à l'aide de la loi sur les tribunaux populaires, lorsque la liste des "criminels de guerre" fut remise aux Américains.

C'est ainsi que la *lutte biologique des classes*, basée sur les commandements talmudiques, progresse inexorablement. La théorie marxiste a maintenant atteint un échelon supérieur. Pour l'extermination physique de l'*élite* chrétienne, il y a les prisons soviétiques ainsi que les camps de chercheurs d'or du cercle arctique où, selon des prisonniers de guerre récemment rentrés au pays, cinq millions de personnes sont contraintes à l'esclavage. La juiverie mondiale, dont l'effectif total est d'environ 15 millions d'individus, a clairement conscience qu'elle peut devenir la seule classe dirigeante de toutes les nations, une fois qu'elle aura réussi à exterminer les couches sociales dont la vocation, en raison de leurs facultés intellectuelles et de l'intégrité de leur caractère, est d'être les dirigeants de leurs nations respectives. À cette fin, les masses ignorantes, les intellectuels "roses" et d'autres personnages corvéables sont invités à servir les desseins des conquérants du monde au point de trahir leur propre race et leur propre nation. Les conditions qui prévalent derrière le rideau de fer montrent plus clairement que toute autre chose que les quinze millions de Juifs pourraient bientôt devenir une classe moyenne supranationale, régnant sur des nations entières et des continents entiers. Une classe dirigeante qui n'a plus besoin d'effectuer un travail inférieur ou subordonné. La génération suivante peut occuper en toute sécurité les postes de direction dans tous les États. Ils souhaitent sans doute répéter l'exploit accompli en Russie soviétique, où les juifs sont passés du bas au haut de l'échelle sociale.

Et pour atteindre cette aspiration, il suffit d'appliquer le commandement talmudique :

"Tuez les meilleurs des Goyim !"[8]

Gunnar D. Kümlien a écrit un article très intéressant sur la guerre de classe biologique dans le *Rheinischer Merkur* du 4 octobre, 1957. Cet article est étroitement lié au chancelier Adenauer. Dans cet article, il relate une conversation qu'il a eue récemment à Moscou avec un intellectuel russe qui venait d'être libéré d'un des camps d'esclavage de Sibérie. Il n'a pu parler que dans le plus grand secret avec cet homme intimidé et effrayé, car il s'agissait des quarante années de la "révolution" bolchevique dont ils discutaient.

"La partie de la société qui a conservé une indépendance idéologique, dit le Russe, ne compte plus aujourd'hui. Il y a vingt ans, elle représentait environ vingt pour cent de la population. Il y a dix ans, elle représentait encore dix pour cent de la population. Supposons qu'elle ait été réduite d'un pour cent par an, vous pouvez imaginer ce qu'il en reste."

---

[8] Cf. « Kill the best Gentiles », par James Von Brunn, Omnia Veritas Ltd, www.omnia-veritas.com.

Un journaliste suédois qui a récemment fait un reportage sur le niveau de vie en Union soviétique a donné une image choquante des masses prolétariennes entassées dans des bidonvilles. Le parti les maintient dans une telle pauvreté et dans des conditions de vie si basses que toute leur vie consiste en une lutte incessante pour se maintenir en vie et qu'ils n'ont donc plus le temps de s'occuper des problèmes politiques ou d'avoir la moindre pensée propre.

Si la lutte biologique des classes était appliquée aux chefs spirituels de la juiverie, les juifs la qualifieraient immédiatement d'»antisémitisme». Pourtant, le massacre systématique et de sang-froid de l'*élite* du peuple russe et des nations situées derrière le rideau de fer n'est pas anti-russe, anti-hongrois ou anti-chinois ! Néanmoins, les conséquences de cette lutte biologique des classes resteront des caractéristiques permanentes même après la chute du bolchevisme.

Car l'extermination systématique de l'*élite a de* nombreuses conséquences alarmantes. Du fait que les individus les plus cultivés, les travailleurs les plus capables, les agriculteurs les plus intelligents et les commerçants et artisans les plus habiles ont été détruits dans les pays situés derrière le rideau de fer, *la qualité de la production dans tous les métiers s'est dégradée en conséquence. Il* n'y a plus de goût ni de « finition » dans les différents produits fabriqués. L'ornementation est devenue un luxe, les pieds de chaises ne sont pas rabotés ou lissés, et les biens de consommation les plus courants ne sont plus disponibles. Les « nouveaux intellectuels », produits en masse par des cours « en pot », ne sont rien d'autre que les esclaves des masses et sont donc incapables de diriger le commerce, les finances ou l'agriculture. Le niveau des sciences est réduit au minimum ; le médecin devient un simple charlatan, et le scientifique ordinaire n'a guère plus de connaissances qu'un contremaître. Sur le sol de l'Ukraine, la terre la plus fertile du monde, le rendement du blé est aujourd'hui plus faible que jamais (huit quintaux par acre) ; les vignobles de Tokaj, célèbres dans le monde entier, sont en ruine et les plants sont desséchés ; le niveau de la culture fruitière a régressé de 100 ans. Les champs de blé du Banat (dans le sud de la Hongrie et le nord de la Yougoslavie) où, grâce à l'industrie et à l'habileté des colons allemands, s'épanouissait la meilleure agriculture du monde, sont aujourd'hui envahis par les mauvaises herbes, et les maisons des Sudètes sont en ruines. La population vit et meurt de faim dans la misère. Les bottes de feutre informes et les vestes matelassées et rembourrées sont les seuls vêtements dont disposent les masses asservies. Quiconque peut regarder vers l'avenir ne peut qu'imaginer un futur effroyable : une civilisation ensevelie sous les sables mouvants du désert ou envahie par la jungle. Du fait de l'extermination des *élites,* cette menace pèse sur la civilisation de toutes les nations chrétiennes et sur la culture de toutes les races.

Le grand patriote hongrois martyr, Lászlö Endre, a prophétisé depuis sa prison : « L'Europe prolétarisée fera face à eux [les Juifs] avec des instincts tellement avilis et brutalisés que les moyens les plus sauvages, nécessaires pour réprimer la révolte la plus sauvage des esclaves, devront être utilisés pour maintenir le peuple en esclavage.

Il n'y aura plus de révolutions ni de guerres d'indépendance, mais seulement des soulèvements d'esclaves. Quel avenir !

À ce stade, quelqu'un pourrait faire remarquer que lorsque ce stade aura été atteint, le pouvoir et les privilèges des conquérants du monde prendront probablement fin. C'est peut-être le cas ! Mais les conquérants du monde n'aiment pas regarder vers l'avenir. Ils sont assis dans les sièges des puissants.

CHAPITRE XIV

Les Juifs ont la bombe atomique

LE 6 août, 1945, Harry Truman, président des États-Unis, a surpris le monde en annonçant ce qui suit :

"Il y a vingt-quatre heures, un bombardier de l'U.S.A.F. a largué une seule bombe sur Hiroshima. L'effet de cette bombe était supérieur à celui de 20 000 tonnes de T.N.T. C'était une bombe atomique". Deux ans plus tard, le rabbin Korff, âgé de trente et un ans et l'un des dirigeants de l'organisation terroriste Stern, dirige une marche de 600 rabbins fanatiques vers Washington où, en tant que porte-parole, il demande qu'en raison des événements en Palestine, les États-Unis larguent une autre bombe atomique — sur Londres. Le rabbin Korff a ouvertement menacé le successeur de Washington du pouvoir de la juiverie mondiale. *(The Jews Have Got The Atom Bomb,* page 3, édité par Gerald K. Smith).

Deux ans plus tard, le président Truman a fait une autre annonce. Le 23 septembre, il a déclaré

"Nous avons la preuve qu'au cours des dernières semaines, une explosion atomique a eu lieu en Union soviétique."

Peu de temps après cette annonce, on apprend de Grande-Bretagne que les autorités ont arrêté Klaus Fuchs, physicien atomiste juif et ami intime d'Einstein. *Les Juifs avaient transmis le secret de la bombe atomique à l'Union soviétique !*

La formule de la bombe atomique est tombée entre les mains des Juifs à ses débuts, peu après le début des recherches. Lors de son arrivée en Amérique, Einstein disposait d'informations complètes sur la théorie de la fission atomique du professeur Otto

Hahn et sur les résultats obtenus jusqu'alors par l'Institut Kaiser Wilhelm. Il conseille au président Roosevelt de poursuivre ces expériences dans le but ultime de produire la bombe atomique pour les États-Unis. À partir de ce moment, les Juifs ne cessent de grouiller autour du secret de l'atome. Parmi eux, il convient de mentionner Lise Meitner, une femme scientifique juive, qui a transmis les résultats des expériences du professeur Otto Hahn à l'Amérique par l'intermédiaire d'un physicien atomiste danois, juif lui aussi. Leo Sziárd, un autre juif de Budapest, est également entré en scène, et depuis lors, le plus grand secret de notre époque est entouré d'une équipe étrange et mystérieuse de protégés d'Einstein. Soudain, le juif allemand Robert Oppenheimer, diplômé de l'université de Göttingen, a rejoint cette équipe de juifs. C'était un communiste avec des relations communistes, car *il voyait dans le communisme une réalisation plus vraie, plus impitoyable et plus fanatique des intérêts juifs que dans le système démocratique.* Robert Oppenheimer était avant tout un Juif. Il est l'un des représentants les plus caractéristiques et les plus vénérables du chauvinisme juif conquérant. Alors que le professeur Otto Hahn hésitait entre fabriquer ou saboter la bombe atomique pour Hitler ou la présenter à son propre clan et à sa propre nation, Robert Oppenheimer a jeté toutes ses connaissances, son imagination créatrice et son intelligence inspirée dans la course à l'invention de la bombe atomique. Il a travaillé jour et nuit, sans repos ni répit. Il devint maigre et hagard ; son poids tomba à sept kilos. Il obtient des résultats scientifiques presque fantastiques dans le seul but de détruire les Allemands, ennemis des Juifs.

Naturellement, il est immédiatement entouré par les présidents des différentes banques et sociétés financières juives mondiales, qui voient dans la production de la bombe atomique non seulement un splendide profit, mais aussi une mission nationale. L. Strauss, l'un des directeurs de Kuhn, Loeb and Co, avait déjà été le conseiller financier de David Lilienthal. C'est ainsi que J. Robert Oppenheimer est chargé de la recherche atomique et d'expériences soutenues par d'énormes moyens financiers. Einstein confie à Klaus Fuchs les secrets d'expérimentation et de production de la bombe atomique. Les usines et les bureaux chargés de la production sont rapidement envahis par des Juifs de différents pays. Des réfugiés peu fiables, des immigrants louches, des Juifs allemands, ukrainiens, polonais et hongrois occupent non seulement les postes clés, mais aussi les petits boulots. Julius Rosenberg, David Greenglass et leurs semblables occupent tous les postes à Los Alamos.

Il y a sans doute de nombreuses bonnes raisons à cela. Il y a toujours eu de bons mathématiciens parmi les Juifs. En outre, la recherche atomique semble plutôt convenir à la mentalité juive. La fission atomique est une science typiquement juive. Jusqu'à présent, elle n'a pu que détruire et n'a encore rien créé.

Tout ce qui a suivi n'est que la conséquence naturelle du chauvinisme juif. Si un Juif réussit à occuper un poste clé, il essaiera immédiatement d'employer autant de Juifs que possible. C'est en fait ce qui se passe lors de la judaïsation d'une institution, d'un secteur de la société ou d'une profession. Les Juifs qui réussissent à s'établir aideront d'autres Juifs à s'installer, car à leurs yeux, on ne peut faire confiance qu'à leurs semblables pour faire avancer les aspirations nationales juives. C'est ainsi qu'autour de la personne de J. Robert Oppenheimer s'est constitué un groupe de Juifs fanatiques et chauvins. Selon des sources américaines, seuls les ouvriers des laboratoires de Los Alamos et de Honmouth n'étaient pas juifs. Les noms de Julius Rosenberg, Martin Sobell, Harry Gold et David Greenglass ont été connus plus tard lors des procès des espions atomiques les plus célèbres. Le professeur Pontecorvo, le professeur hongrois Jánosi, inventeur de la bombe à hydrogène, et Edward Teller, appartenaient tous à cette secte atomique.

La spirale du serpent symbolique s'est refermée sur la production de la bombe atomique. Le grand secret de l'Amérique, gardé, produit et administré par les Juifs, était considéré par la juiverie comme sa propre propriété nationale. *Il était donc tout à fait naturel pour la juiverie de partager ce secret avec l'Union soviétique.* Les relations entre les Juifs de l'Est et de l'Ouest ont été renouvelées dans ce domaine également. Bien que les membres, ou les pères et les grands-pères des membres de la secte atomique aient émigré depuis longtemps pour échapper aux pogroms russes, *ils considéraient la Russie bolchevique comme beaucoup plus fiable que l'Amérique.* Les bolcheviks ont combattu Hitler avec fanatisme. Mais en Amérique, il y avait des gens comme Lindbergh, Taft et les isolationnistes. La bombe atomique devait donc être confiée à l'Union soviétique, qu'ils estimaient plus impitoyable et plus résolue que l'Amérique.

Le fait qu'il y ait un certain nombre de communistes parmi les scientifiques atomiques américains n'avait qu'une importance secondaire. Ils avaient toujours les yeux rivés sur les Juifs soviétiques les plus sauvages, les plus impitoyables, les plus fanatiques et les plus revanchards, et ils ne faisaient confiance à personne d'autre qu'à eux. Les Juifs de l'Est en étaient parfaitement conscients. David Zaszlavszkij et Ilia Ehrenburg ne cessent de citer dans la *Pravda* Albert Einstein comme l'un des six meilleurs amis de l'Union soviétique aux États-Unis et comme un ami personnel de Staline. Et pour se rendre plus dignes de la confiance des Juifs américains, ils ont nommé Solomon Abrahamovich Rebach, l'un des principaux organisateurs de la police secrète bolchevique, au poste de haut-commissaire de la recherche atomique soviétique, poste que le camarade Abrahamovich occupe encore aujourd'hui. De l'autre côté de l'Atlantique, les représentants de Kuhn, Loeb, les banquiers internationaux, ont joué un rôle très important dans la production de la bombe atomique. Les mêmes grands capitalistes occidentaux qui ont financé la révolution bolchevique en 1917 et qui ont eu de si belles relations avec Trotsky (Bronstein), n'ont cette fois-ci jamais caché leurs sentiments à l'égard des juifs de l'Est. Albert Einstein lui-même n'a jamais nié qu'en tant que démocrate convaincu, il était enthousiaste à l'égard des Soviétiques. John Rankin, membre du Congrès américain, a *publiquement accusé Einstein d'avoir des liens avec les bolcheviks. Il* ne faut donc pas s'étonner du témoignage du major George Racey Jordan de l'U.S.A.F., qui a déclaré que, dès 1943, des *mains mystérieuses ont commencé et maintenu une livraison constante aux Soviétiques de matières premières, d'équipements et de secrets nécessaires à la production de la guerre.* Au cours de l'enquête sur l'affaire de l'espionnage radar, de la *bombe atomique, c'est-à-dire dans les heures les plus critiques de la*

Seconde Guerre mondiale, étroitement liée à l'espionnage atomique, il est apparu que vingt-six des cinquante-sept dossiers les plus secrets de l'U.S. Signal Corps de Monmouth, qui avaient disparu, ont été retrouvés en Allemagne de l'Est. [Tous les « scientifiques » suspendus à la suite de ces enquêtes appartenaient sans exception à la race des conquérants du monde.

Finalement, il est apparu au cours des procès devant le tribunal de New York que l'*espionnage atomique n'était pas tant le fait des communistes que des juifs*. Les accusés ont admis avoir livré des secrets atomiques aux Soviétiques dès 1943. Ils ont transmis ces informations vitales à titre gracieux, c'est-à-dire sans jamais en attendre la moindre récompense, simplement poussés par le zèle de leur chauvinisme juif. Le fait le plus remarquable dans l'affaire des espions atomiques est qu'aucun des accusés n'a demandé d'argent à l'Union soviétique en échange de ses services. Julius Rosenberg n'a reçu que 500 dollars en remboursement de ses frais. Complètement obsédés par le chauvinisme juif le plus fanatique, ils étaient parfaitement convaincus que trahir l'Amérique et aider ainsi l'Union soviétique était le *devoir le* plus sacré *de la juiverie*.

Tous les accusés des procès d'espionnage atomique, sans exception, étaient juifs. Et nous verrons que derrière eux se tenait l'ensemble de la juiverie mondiale. Pendant les procès, les États-Unis doivent éviter la moindre apparence de tendance « antisémite », sous peine d'être déclarés en faillite ou de connaître une crise économique. Ainsi, le procès contre Julius et Ethel Rosenberg doit être confié à un juge juif — le juge Irving Kaufmann — que l'ensemble de la juiverie mondiale considère comme un traître destructeur et opportuniste de la race juive. Sypol, le procureur de New York, était également juif. Enfin, outre l'accusé, un Juif appelé Bloch était l'avocat de la défense.

Derrière le secret de l'atome trône l'une des personnalités les plus mystérieuses et les plus puissantes de la juiverie mondiale en la personne de Bernard Baruch, le banquier « philanthrope » qui, dans les circonstances les plus obscures, a amassé une fortune personnelle pendant les deux guerres mondiales. Dans l'imagination du peuple américain, peut-être pas sans raison,

Bernard Baruch apparaît comme le « président officieux des États-Unis » et même Churchill doit d'abord rendre visite à Baruch avant de se rendre à Washington pour voir le président officiel des États-Unis. Alors que les soldats américains perdaient la vie au front pendant la Seconde Guerre mondiale, Bernard Baruch, qui contrôlait 351 des plus importantes branches de l'industrie américaine et les deux tiers des matières premières du monde entier, a tout mis en œuvre pour retirer au président et à l'armée des États-Unis le pouvoir sur la bombe atomique. Dans ce cas, la *juiverie a presque complètement tombé le masque.* Si ce n'est par la parole, ce sont les actes et la propagande qui ont déclaré avec force qu'elle considérait la bombe atomique comme sa *propriété nationale* et comme le moyen par lequel elle espérait établir son pouvoir supranational. Comme l'admettent plusieurs écrivains et publicistes américains, le Congrès a commis une haute trahison lorsque, sous le fouet de Baruch, il a adopté la loi qui retirait au président et à l'armée le contrôle de la bombe atomique et de son secret de fabrication, et créait la Commission de l'énergie atomique des États-Unis. Le président Truman, inconscient des conséquences, a signé cette loi.

Cette commission est plus puissante que le président des États-Unis. Elle peut agir indépendamment de tout gouvernement sur terre, même du gouvernement des États-Unis. Selon les déclarations des milieux officiels américains, cette commission possède plus de pouvoir qu'Hitler, Roosevelt et Staline réunis.

Lorsque tout a été soigneusement planifié et préparé, les membres de la Commission de l'énergie atomique ont été nommés. Sur les cinq premiers membres, trois, voire quatre, étaient juifs. Il s'agit de : David E. Lilienthal (juif), Lewis L. Strauss (juif), Robert F. Bacher (juif), William Wymack (?) et Sumner T. Pike (?). Il est à noter que si certains changements ont eu lieu en Amérique, où les enquêtes de la commission McCarthy ont attiré l'attention de l'opinion publique américaine sur bien des choses, la structure de la Commission de l'énergie atomique n'a pas pu être modifiée. Suite à l'affaire Oppenheimer, David E. Lilienthal est démis de la présidence de l'A.E.C., remplacé par Lewis L. Strauss. Pendant ce temps, le professeur Pontecorvo, le juif italien, devient chef de la recherche atomique en Union soviétique. Sous sa direction travaillent les scientifiques atomiques allemands kidnappés, tandis que Solomon Abrahamovich Rebach, commissaire atomique en chef de la police secrète communiste, exerce sur eux un contrôle suprême.

La bombe atomique est tombée entièrement entre les mains des Juifs. La plus grande tragédie de l'histoire a ainsi eu lieu et la menace la plus grave pèse sur l'humanité. La bombe atomique, même entre les mains d'hommes d'État démocratiques dûment élus, est une arme extrêmement dangereuse. Mais la marche vers Washington du rabbin Korff et de ses 600 compagnons rabbins a rappelé au monde le danger que peut représenter la bombe atomique entre les mains d'un groupe nationaliste tribal fanatique. En utilisant la bombe atomique, non seulement la civilisation pourrait être détruite, mais la liberté de l'humanité pourrait être perdue à jamais. La bombe atomique entre les mains de la juiverie mondiale est une menace permanente pour la démocratie, pour l'indépendance de toutes les nations et pour tout mouvement spirituel ou politique défavorable aux conquérants du monde. Les nations qui désobéissent à la juiverie mondiale ou qui considèrent que le taux d'intérêt fixé par Kuhn et Loeb est trop élevé peuvent être facilement rayées de la surface de la terre. Entre les mains de la juiverie, la bombe atomique représente la terreur et une menace horrible, même si elle n'est jamais larguée. La psychose atomique, la peur d'être détruit par l'explosion atomique ou les radiations, peut être exploitée au détriment de nations entières. *« Abandonnez votre liberté et votre indépendance, abandonnez votre foi chrétienne, car nous tenons la bombe atomique au-dessus de vos têtes comme l'épée de Damoclès !* Au moment de l'explosion de la première bombe à hydrogène, les *Juifs ont réussi à faire croire que si l'*Amérique entamait une guerre contre la moitié orientale de leur royaume mondial, l'ensemble de l'univers serait probablement pulvérisé.

Il ne s'agit pas seulement d'une possibilité politique, mais de la matérialisation de la vision de l'Apocalypse de saint Jean, concernant le pouvoir de la bête *« sur toute tribu, toute langue et toute nation »* (*Apocalypse xiii.* 7) et annonçant l'extermination des deux tiers de l'humanité. Même les Sages de Sion, auteurs des *Protocoles*, n'ont pas osé envisager une telle vision il y a cinquante ou soixante ans :

"C'est de nous que part la terreur qui engloutit tout.

La bombe atomique est l'horrible agent de cette terreur qui engloutit tout, et en même temps la preuve la plus horrible que les aspirations à la domination et à la conquête du monde existent réellement. De 1934 à 1948, la propagande juive n'a cessé de proclamer que la démocratie américaine et la liberté de l'humanité pouvaient coexister en bon voisinage avec la tyrannie soviétique. Depuis la fin de la Seconde Guerre mondiale, leur programme mondial a divisé le pouvoir mondial entre les Juifs occidentaux et les Juifs orientaux. Il s'agit en fait d'un partage du globe entre eux ! C'est le règne de l'or à l'Ouest et de la mitraillette à l'Est. *L'objectif suprême est d'éviter la guerre et l'affrontement avec le bolchevisme. Comme nous l'avons déjà souligné, c'est la raison pour laquelle Morgenthau a créé la « Société pour la prévention de la troisième guerre mondiale ».*

Marcel de Briançon, auteur français, le voit bien lorsqu'il écrit :

> Ces deux concepts de puissance apparemment opposés, antagonistes et inconciliables, qui en fait se complètent, se disent : « Si le Soviet bat les États-Unis, la puissance mondiale sera établie sous la forme d'un État mondial communiste par l'organisation d'un Soviet mondial. Si le contraire se produit et que les États-Unis battent l'Union soviétique, un nouvel État mondial plouto-démocratique sera inévitablement établi à la suite de la victoire américaine. Après tout, il importe peu que nous, les Juifs, détenions le pouvoir politique mondial grâce à notre seule possession de capitaux privés concentrés, ou que nous exercions ce même pouvoir politique mondial à partir d'une position clé dans le capitalisme d'État. Pour nous, peu importe lequel de ces deux concepts sort victorieux, car dans les deux cas, la seule victoire à la fin sera la nôtre. Dans ces conditions, l'épreuve de force est-elle nécessaire ? ».

Mais plus tard, lorsque la juiverie mondiale a vu qu'un affrontement était finalement possible, et lorsque l'opinion publique américaine a lentement commencé à comprendre que la coexistence du bolchevisme et de la liberté n'était pas possible, Klaus Fuchs a soudainement été arrêté pour avoir livré tous les détails du secret atomique à l'Union soviétique. Deux noms sortent alors de l'ombre : ceux de J. Robert Oppenheimer et de Julius Rosenberg. Tous deux, comme nous le verrons plus loin, peuvent être considérés comme des figures symboliques du nationalisme juif conquérant.

Tant qu'il fallait détruire le national-socialisme allemand, J. Robert Oppenheimer a travaillé avec l'abnégation d'un ascète et l'inspiration d'un génie à la fabrication de la bombe atomique. Juif occidental au sens plein du terme, *il ne fait confiance qu'à l'impitoyable, au sanguinaire et au fanatique de ses frères de l'Est, et à rien d'autre !* Selon les accusations portées contre lui, entre 1940 et 1942, il a soutenu avec d'importantes sommes d'argent les activités bolcheviques subversives anti-américaines aux États-Unis. Il a épousé une communiste. Son frère et sa belle-sœur étaient également communistes. Le premier mari de sa femme communiste était également un bolchevik pur et dur et a été tué pendant la guerre civile espagnole. Oppenheimer avait employé des communistes à Los Alamos pendant la Seconde Guerre mondiale.

À cette époque, il a mis toutes ses connaissances et son talent au service de la résolution du problème de la production de la bombe atomique. Il n'avait aucun remords, ni la moindre conscience, car il savait que seuls les nazis seraient détruits par la bombe atomique. Mais alors que la défaite du nazisme était un fait accompli et que la bombe H aurait dû être inventée et produite pour mettre en échec la véritable tyrannie du système soviétique, le grand frère occidental est soudain devenu hésitant et peu enclin à faire quoi que ce soit contre les conquérants du monde de l'Est. Il savait très bien que ces despotes bolcheviques et ces répresseurs, même s'ils étaient mille fois pires qu'Hitler, étaient néanmoins ses frères. Avec lui, ils pouvaient réciter à l'unisson : 'Nous sommes tous une même nation ! "Nous sommes tous la même nation ! La même tribu ! La même race ! Nous ne sommes pas des Juifs russes, portugais ou américains, mais des *Juifs et rien d'autre que des Juifs !*

K. D. Nicholson, directeur général de la Commission de l'énergie atomique, a écrit :

> "En 1949, Oppenheimer, en sa qualité officielle de président du Comité consultatif général de la Commission de l'énergie atomique, s'est fermement opposé à la mise au point de la bombe H et s'est efforcé de persuader les autres de ralentir ce projet, même après que le président Truman eut donné des instructions précises pour que les expériences soient poursuivies. (*American Hungarian Voice,* 19 avril, 1954, page 7.)

La bombe H aurait dû être larguée à ce moment-là sur la moitié orientale du royaume juif mondial. Or, le Juif occidental ne voulait pas de la destruction de la moitié orientale de son royaume. Lui, le maître-esprit mathématique, le magicien de la physique au cerveau satanique, a clairement perçu que les *conditions les plus favorables à la conquête du monde consistaient en la division du globe en deux hémisphères, tous deux en possession de la bombe atomique, et tous deux en position de se menacer constamment l'un l'autre.*

Les autres figures symboliques de ce nationalisme conquérant sont les époux Rosenberg. Il s'agit typiquement de petites personnes sans importance qui n'ont peut-être pas aidé l'Union soviétique autant que beaucoup d'observateurs l'ont cru. Ils ont livré le secret atomique par pure conviction raciale, c'est-à-dire par devoir envers leur propre peuple. Ils ont tout donné à l'Union soviétique et, de manière très caractéristique, ont déclaré pour leur défense que l'Amérique était son alliée.

Mais les flammes sulfureuses du « nazisme » supranational s'embrasèrent avec une chaleur des plus intenses et des plus violentes lorsque le couple Rosenberg fut sur le point de passer sur la chaise électrique. Selon la loi, les Rosenberg étaient des espions, des traîtres à l'Amérique. Néanmoins, quatre-vingt-dix-neuf pour cent de la communauté juive mondiale les a défendus par solidarité. Les millions de Juifs du monde, les capitalistes et les prolétaires, les habitants des villas luxueuses de Sea Gate et des bidonvilles du Bronx, les Juifs du West End de Londres et de toutes les capitales du monde, se sont unis solidement dans des manifestations pour forcer le « nazi-fasciste-hitlérien » Eisenhower à exercer sa prérogative présidentielle de clémence. Aux yeux des honnêtes citoyens américains patriotes, toute cette campagne, avec ses piquets de grève, ressemblait à une manifestation communiste. « Si Use Koch, l'*assassin des Juifs, a* pu être gracié » — disaient les pancartes portées par les manifestants — « pourquoi les Rosenberg doivent-ils mourir ? ». « Les professeurs Urey et Einstein demandent la grâce ! » et : Sur d'autres pancartes, on pouvait lire : « D'éminents dirigeants d'Israël demandent un sursis ».

Sur les cinq continents, capitalistes et communistes, intellectuels très cultivés et simples talmudistes ont uni leurs forces pour sauver deux espions communistes. Toute la nation des conquérants totalitaires du monde s'est alignée pour soutenir les traîtres. À Londres, les coreligionnaires des Rosenberg se sont agenouillés, se sont couchés dans les rues et ont crié leur demande de pardon lors d'une manifestation qui a bloqué la circulation pendant des kilomètres. À Moscou, Budapest et Bucarest, et dans d'autres capitales du monde entier, la presse nationale a publié des articles émouvants sur la carrière de ces traîtres. Sur Union Square à New York, les policiers irlandais ont eu du mal à faire face à la situation provoquée par l'évanouissement de juives fanatiques qui s'effondraient en apprenant que leur pays d'adoption, les États-Unis, avait exécuté les traîtres conformément à la sentence de la Cour.

« Il était intéressant d'écouter la radio new-yorkaise après les exécutions », écrit l'*American Hungarian Voice*. 'Il y avait des annonceurs qui sanglotaient presque lorsqu'ils annonçaient la nouvelle. D'autres stations, après avoir annoncé la nouvelle, ont commencé à jouer de la musique funèbre. Sur Union Square, les femmes juives se sont jetées sur le trottoir, gémissant et se lamentant de manière hystérique, et même certains hommes ont commencé à pleurer en criant : « Ils les ont tués... tués ! » *(American Hungarian Voice,* 29 juin, 1953, page 8).

Enfin, sur Church Avenue, à Brooklyn, le « nazisme » conquérant a organisé un rassemblement remarquable par son fanatisme. Des dizaines de milliers de personnes se sont confessées et ont manifesté leur solidarité avec les criminels au nom de leur « nazisme » tribal car, comme les Juifs de l'Est, ils considéraient les espions exécutés comme des martyrs de leur cause.

Lors de la cérémonie commémorative, Emanuel Bloch, l'avocat des époux Rosenberg, a déclaré :

> « Je ne sais pas ce qui se passe, mais je ne sais pas ce qui se passe : Je rejette la responsabilité du meurtre des Rosenberg sur le président Eisenhower, le procureur général Browell et Edgar Hoover, directeur du F.B.I. Ils ont donné l'ordre d'appuyer sur le bouton de la chaise électrique. Ces deux personnes chères, sensibles, tendres et cultivées ont été victimes d'un meurtre délibéré de sang-froid. Ils se sont battus contre le despotisme. L'Amérique gémit aujourd'hui sous le despotisme d'une dictature militaire, habillée en civil ».
>
> (*American Hungarian Voice*, 19 juin, 1953.)

Désormais, le président Eisenhower, dernier successeur de Washington et l'un des exécutants du plan Morgenthau, peut compter sur le fait que son nom figurera lui aussi sur la liste noire des 'criminels de guerre' et des 'ennemis du peuple'. Les gibets de Nuremberg sont désormais tournés vers la Maison Blanche et projettent leurs ombres sur elle. Le 'nazisme' supranational a déclaré la guerre à l'Amérique et à son fidèle serviteur, le président Eisenhower. Il est possible que ce ne soit pas seulement la voix d'Emanuel Bloch que l'on entende sur les cercueils des Rosenberg, mais aussi l'écho des paroles prononcées par Julius Streicher à Nuremberg :

> '... *vous serez pendu par les bolcheviks !*'

CHAPITRE XV

La trahison de l'Amérique

En trahissant finalement l'Amérique, la juiverie mondiale a définitivement retiré son masque. La juiverie peut peut-être penser qu'elle a des griefs à l'encontre de tous les pays du monde. Les États-Unis, cependant, ont donné aux Juifs tout ce qu'un pays peut offrir : l'argent, les affaires, la richesse, la sécurité, une vie paisible, une liberté illimitée qui s'est transformée en débauche débridée et même en influence politique. L'Amérique s'est battue deux fois, sacrifiant ses fils au nom des intérêts commerciaux, des profits et de l'influence politique du nationalisme juif, car ce sont ces forces qui l'ont poussée à entrer dans les deux guerres mondiales. L'Amérique a vaincu Hitler et a également donné onze milliards de dollars à l'Union soviétique pour l'aider à libérer les détenus juifs des camps de concentration.

Elle a pris sa part de l'odieux résultant des procès de Nuremberg et de la danse sur le désir de vengeance de la juiverie.

Il a fallu à peine soixante-dix ans à la juiverie pour acquérir et contrôler la majeure partie de la vie commerciale et financière américaine. Le petit Juif démuni qui avait fui les pogroms russes profitait du côté ensoleillé de la vie aux États-Unis, jouissant de droits civiques et de nombreux privilèges. Pendant la présidence de Roosevelt, il occupe des postes clés dans la vie politique. Il est devenu propriétaire d'un paradis terrestre — d'une grande partie des richesses de Miami, de la Floride et de la Californie. Pour lui, la Terre promise n'était pas la Palestine, mais les États-Unis d'Amérique. La Palestine, ou Israël comme on l'appelle aujourd'hui, a été rétablie dans le seul but d'accueillir ces types indésirables de Juifs indigents et mendiants qui effraient les millionnaires new-yorkais, parce qu'ils transportent partout avec eux les germes de l'" antisémitisme".

Sous l'administration de Roosevelt, l'Amérique est devenue le pays des Juifs. On pourrait donc s'attendre à ce que les conquérants du monde restent fidèles à l'Amérique de tous les pays et ne se retournent pas contre les États-Unis lorsque le moment est venu pour eux de lutter contre le communisme. Mais les Juifs ont montré, dans le cas de l'Amérique également, qu'*ils ne se sentent en sécurité que tant qu'ils sont au pouvoir, et qu'ils ne seront fidèles à un pays que tant que les intérêts de ce pays seront identiques aux leurs.*

En l'absence de connaissance de la question juive, l'Amérique aurait pu être en droit de s'attendre à ce que le judaïsme mondial prenne son parti dans la guerre froide qui a suivi la Seconde Guerre mondiale. Mais c'est exactement le contraire qui s'est produit. Quelque part dans l'intimité voilée des loges du B'nai B'rith, le sort des États-Unis a été décidé par la juiverie mondiale. Il est certain que les politiciens païens de l'Amérique, bien qu'entre les mains des Juifs, ne voulaient pas gagner la Seconde Guerre mondiale pour la seule juiverie, à l'exclusion de tous les autres. Peut-être, à l'exception de Roosevelt, n'ont-ils jamais cru à la possibilité d'un accord durable avec l'Union soviétique. Le sénateur Truman, qui a succédé à Roosevelt, a déclaré le 21 juin 1941, jour du déclenchement de la guerre entre l'Allemagne et la Russie soviétique : "Si nous voyons que l'Allemagne va gagner, nous aiderons la Russie soviétique, mais si c'est l'inverse, nous devrons aider l'Allemagne. *Laissons-les tranquilles pour qu'ils s'affaiblissent l'un l'autre autant que possible.*"

L'amitié avec les Soviétiques n'était pas dans l'intérêt des États-Unis, pas plus que la guerre froide après 1945. Ces deux événements ont servi les intérêts de la juiverie mondiale et de personne d'autre. Les intérêts de la juiverie mondiale ont joué un rôle décisif dans le déclenchement des deux guerres mondiales. Mais une troisième guerre mondiale pour vaincre et liquider les Soviétiques et libérer les nations asservies *n'est pas dans l'intérêt des Juifs.* Au contraire, à Yalta et à Potsdam, le pouvoir mondial a été réparti entre eux.

Comme l'indiquent les *protocoles* :

'*C'est de nous que part la terreur qui engloutit tout.*'

Selon le slogan bien connu, l'Amérique est le « pays de la liberté » et, dans l'estuaire de l'Hudson, la Statue de la Liberté porte haut le flambeau symbolique. Mais en réalité, depuis l'accession de Roosevelt à la présidence, une 'terreur totale' règne au-delà d'Ellis Island. Felix Frankfurter, l'un des juges de la Cour suprême des États-Unis, a déclaré que '*les véritables dirigeants à Washington sont invisibles et exercent le pouvoir dans les coulisses*'. Le citoyen américain a le droit de voter soit pour le parti républicain, soit pour le parti démocrate, mais ceux qui sont dans les coulisses savent très bien que le pouvoir réel reste entre leurs mains, quel que soit le parti qui remporte les élections. Quiconque ose se rebeller, protester ou prononcer un seul mot éclairant sur cette *main cachée* sera soit tué, soit bâillonné, soit poussé au suicide, soit publiquement 'sali'.

Gerald K. Smith, le courageux leader de l'American Christian Crusade, donne dans son livre un compte rendu épouvantable de la terreur provoquée par cette *main cachée ainsi que* des Américains patriotes qui ont été victimes de la 'terreur engloutissante' des conquérants du monde. Nous donnons ici un compte rendu abrégé, tiré de son livre *Suicide*, de la façon dont les puissances en coulisses ont exterminé les Américains qui se sont opposés au bolchevisme et à une seconde guerre mondiale, et qui se sont donc opposés aux aspirations des conquérants du monde.

La réputation de *James Forrestal*, secrétaire à la guerre de l'administration Truman, a été ruinée par Drew Pearson et Walter Winchell (Lipsitz), les deux commentateurs radio, tenants du 'M.V.D.' juif et de l'Anti-Defamation League. Ils ont rendu la position de Forrestal impossible en le taxant d' 'antisémite' pour s'être opposé à la politique étrangère américaine sur la question de la Palestine. Forrestal, après avoir publiquement annoncé à une occasion que « ces Juifs vont ruiner l'Amérique », a été interné dans un hôpital et a mystérieusement trouvé la mort un matin en « tombant » d'une fenêtre du seizième étage. Joseph Kennedy, ambassadeur des États-Unis en Grande-Bretagne, a dû endurer le silence et une sorte d'internement local en Floride, car à son retour en Amérique avant le début de la Seconde Guerre mondiale, il a déclaré : « Ce n'est que sur mon cadavre que ces juifs ruineront l'Amérique » : « Ce n'est que sur mon cadavre que ce pays entrera en guerre ». Le successeur de Kennedy, *John Winant,* après avoir pris connaissance des circonstances qui ont faussement servi à embrigader l'Amérique dans la Seconde Guerre mondiale, n'a eu le choix qu'entre un silence ignominieux et le suicide. Cet honnête diplomate américain a choisi le suicide. *Henry Wallace,* qui était membre d'une étrange secte orientale et croyait qu'avec l'aide d'un sérum sauvage, il vivrait 150 ans, devint le vice-président de Roosevelt. Mais comme il s'est avéré difficile et qu'il ne s'est pas plié aux exigences des pouvoirs en place, il est mort assez soudainement et assez jeune. Le *général Patrick J. Harley* déclare en 1947 que « plusieurs milliers de communistes siègent encore au département d'État ». *Pour cela*, il a été réduit au silence par la mystérieuse Main Noire de Washington qui l'a poussé à l'exil — en disgrâce. *L'épouse du généralissime Chiang Kai-Shek,* fille de Sun-Yat-Sen, vivait dans une peur mortelle chaque fois qu'elle se rendait aux États-Unis pendant la Seconde Guerre mondiale, car elle savait que des agents secrets de la « Gestapo » des conquérants du monde préparaient son assassinat. Il s'est avéré que le discours prononcé par Stettinius, secrétaire d'État, lors de l'ouverture des Nations unies, avait en fait été rédigé par une star du cinéma communiste hollywoodien du nom de Dalton Trumbo. *Morton Kent s'est* suicidé en s'ouvrant une veine. Il savait qui avait volé des dossiers très secrets pour l'Union soviétique. Il savait très bien qu'il importait peu qu'il parle ou qu'il se taise ; il serait assassiné de toute façon.

Whittaker Chambers, Louis Budenz et Tyler Kent vivent toujours, mais leur vie est en danger. *Budenz,* qui était auparavant l'un des principaux membres du parti communiste et qui a dénoncé plusieurs communistes juifs, s'est réfugié à l'université catholique de Fordham. S'il sortait des murs protecteurs des bâtiments universitaires, il ne vivrait pas vingt-quatre heures. On peut en dire autant de l'autre ancien dirigeant communiste non juif, *Chambers*, qui a dénoncé Alger Hiss.

Tyler Kent, qui a décodé les télégrammes secrets échangés entre Roosevelt et Churchill — certains envoyés avant que Churchill ne soit Premier ministre — et qui est ainsi devenu l'un des témoins les plus importants de la manière dont le monde a été poussé à la guerre, a été emprisonné pendant cinq ans en Grande-Bretagne, sur l'île de Wight.

Ce vieux monsieur bienveillant et correct, le *général Vaughan*, *s'était* occupé d'expulser un nombre considérable de Juifs et de communistes du département d'État. Il s'est fermement opposé à David K. Niles, « l'éminence grise » de la Maison Blanche sous les administrations de Roosevelt et de Truman. Dans sa jeunesse, Niles avait été condamné à Boston à plusieurs années de prison pour des délits sexuels. Plus tard, il écrivit des discours pour les présidents américains. Le général Vaughan avait de fortes objections à ce qu'un tel personnage de type Lombroso vive dans l'entourage du président des États-Unis. Mais il fut réduit au silence, démis de ses fonctions et socialement ruiné sous prétexte d' »antisémitisme ».

Le général Frederick Morgan, chef de l'U.N.R.R.A. dans la zone américaine de l'Allemagne occupée, était un Anglais de naissance, qui prit la liberté de déclarer par écrit que les Juifs vivant en Allemagne étaient bien pourvus en argent et en nourriture, et ne souffraient donc d'aucun besoin. À la demande de Herbert H. Lehman, sénateur de New York et chef de l'U.N.R.R.A. à l'époque, le général F. Morgan a été démis de ses fonctions, bien que le gouvernement britannique n'ait pas voulu, dans un premier temps, céder à la pression de la juiverie américaine.

M. Earle, ambassadeur des États-Unis en Bulgarie, a été réduit au silence de la même manière. Von Papen lui avait remis à Sofia un mémorandum secret dans lequel le gouvernement hitlérien proposait de tenir les États-Unis à l'écart de la guerre. Après avoir transmis ce mémorandum à Roosevelt, Earle fut rappelé à Washington, puis appelé au service militaire et envoyé sur une île du Pacifique pour le reste de la guerre. Le peuple américain ne devait en aucun cas apprendre que les « nazis » détestés souhaitaient la paix avec les États-Unis.

Le meurtre de *Huey P. Long.* sénateur de Louisiane, est une affaire des plus mystérieuses. Long était l'un des rivaux de Roosevelt qui avait les meilleures chances d'être élu président des États-Unis. Lors d'un discours devant le Sénat le 9 août 1935, il a prétendu que la « Main Noire » américaine, dirigée par des Juifs, avait commandité son assassinat lors d'une réunion dans un hôtel de la Nouvelle-Orléans. Le Sénat se moque alors de ce vieux combattant. Mais un mois plus tard, il est abattu par un juif nommé Karl Weiss.

Selon le livre de Gerald K. Smith, un grand nombre d'opposants à Roosevelt ont péri dans des circonstances tout aussi mystérieuses. Parmi eux, le *sénateur Cutting du Nouveau-Mexique, le sénateur Shawl du Minnesota* et *M. John Simpson,* président de l'Union des agriculteurs de l'Oklahoma.

Taisez-vous ou mourez ! — tel était également l'ordre donné à l'*amiral Kimmel,* qui connaissait la véritable histoire de Pearl Harbour. Et l'amiral est resté silencieux, ne voulant pas risquer sa vie.

William Wirt, professeur d'université à Gary, Indiana, a reçu, apparemment par erreur, une invitation à une réunion mondaine très exclusive où il a entendu expliquer les plans et les préparatifs des juifs et des communistes pour prendre le pouvoir aux États-Unis. Il a rapporté ce qu'il avait entendu à la presse et a donc été convoqué à l'une des « commissions sur les activités anti-américaines » du Sénat, présidée par le sénateur O'Connor. La commission a qualifié Wirt de menteur. Wirt mourut peu de temps après ces auditions dans des circonstances des plus suspectes. Mais le jour du premier anniversaire de la mort de Wirt, le sénateur O'Connor s'est rendu sur la tombe de Wirt. le sénateur O'Connor s'est rendu sur la tombe de cette victime et a prié pour son pardon.

Gerald K. Smith, le chef de file du mouvement antijuif américain, a été un jour empoisonné à l'arsenic et les médecins ne lui ont sauvé la vie qu'avec difficulté. Ce même Gerald K. Smith écrit que Gerhard Eisler, un juif allemand communiste qui a émigré en Amérique et qui, après avoir été considéré comme un important agent de Staline, a échappé aux autorités américaines pour se réfugier dans la zone soviétique de l'Allemagne, a ordonné l'assassinat de plusieurs milliers de citoyens américains. *Westbrook Pegler*, l'un des publicistes américains les plus connus, a vécu dans la crainte permanente de perdre la vie. Les journaux dans lesquels sont publiés les articles de Pegler exposant les activités subversives des communistes (juifs) sont constamment menacés par la juiverie de boycott et de terreur.

L'histoire de Charles Lindbergh, le valeureux pilote qui a survolé l'Atlantique, est désormais bien connue. Lindbergh s'opposait à la guerre et, au cours d'un de ses discours prononcé à Des Moines, dans l'Iowa, il prononça le mot « juif » sur un ton pas « très flatteur ». Une campagne si intense pour sa destruction morale a immédiatement commencé qu'aujourd'hui encore, dans les cercles de la Ligue anti-diffamation, la mention du « traitement Lindbergh » signifie l'assassinat du caractère, de la carrière et de la position sociale d'une personne. Ces milieux savent très bien que l'élimination de Lindbergh de la vie publique était l'œuvre de la juiverie. Martin Dies a également été réduit au silence par des méthodes similaires au traitement de Lindbergh, parce qu'il a été le premier à essayer de traîner les communistes devant le Sénat et donc sous les feux de la rampe. On a tenté d'enlever son fils et sa femme a été constamment menacée. Eleanor Roosevelt et ses amis assistaient aux séances de la commission sénatoriale pour se moquer de son président. La presse reçoit des instructions confidentielles pour boycotter les travaux de la commission. Pourtant, bien que Dies ait été réduit au silence, le travail de sa commission a été poursuivi par le sénateur *Joseph McCarthy*, sur lequel l'anathème de la juiverie mondiale a été déclaré et qui peut également être assassiné à tout moment. *(Depuis la publication du livre de Gerald K. Smith, le sénateur McCarthy est mort dans les circonstances les plus mystérieuses et les plus suspectes. Plusieurs journaux américains ont ouvertement laissé entendre qu'il avait été assassiné —* AUTEUR).

Ce fut également le sort du député canadien Norman Jacques, l'un des membres les plus populaires du Parlement canadien. Avant sa mort, il a écrit à plusieurs de ses connaissances qu'il allait « ouvrir les yeux de son auditoire lors de son prochain discours au Parlement » : « Dans mon prochain discours au Parlement, je vais ouvrir les yeux de mon auditoire et j'ai l'intention d'exposer toute la conspiration nationaliste juive. Mais avant de pouvoir prononcer son discours, il est décédé d'une « défaillance cardiaque ».

Gerald K. Smith souligne que *la mort de Franklin D. Roosevelt* est elle-même un grand mystère. Il semble presque certain que *Roosevelt n'est pas mort de mort naturelle. Selon* certaines versions, il aurait souffert d'une mauvaise conscience à cause de Pearl Harbour ou de cette amitié soviétique farfelue qui s'est traduite par une promesse de livrer aux Soviétiques cinq millions de personnes composées d'Allemands, d'Italiens, de Hongrois, de Roumains et de Bulgares. Selon une autre théorie, il souhaitait être proclamé président de la République mondiale, simultanément à la création de l'O.N.U., mais a dû se rendre à l'évidence que son état de santé le rendait inapte à cette fonction.

Il ne reste à la postérité qu'une seule photographie montrant le président de la République des États-Unis dans son cercueil. dans son cercueil. Sur ce cliché, on peut voir une fleur blanche recouvrant une blessure à la tête de Roosevelt. Et lorsque son fils Jimmy Roosevelt arriva pour les funérailles, sa mère et sa famille n'osèrent pas ouvrir le cercueil pour qu'il puisse voir son père pour la dernière fois.

Tous ces faits et événements prouvent clairement que Felix Frankfurter a raison. Le pouvoir réel en Amérique ne repose pas sur le gouvernement visible, mais est détenu par des individus dans les coulisses. Ce sont les représentants du « nazisme » supranational, dont les intérêts ont été si bien servis par la Seconde Guerre mondiale, *mais dont les intérêts ne seraient pas servis par une troisième guerre mondiale au cours de laquelle l'épée de l'Amérique déchirerait le rideau de fer.* Que se passerait-il si les prisons soviétiques étaient ouvertes, ou si les soldats américains voyaient dans les territoires libérés les mêmes choses que celles vues après 1941 en Russie soviétique par les guerriers de l'Europe ? Que se passerait-il si les prisonniers politiques étaient libérés avec les esclaves des camps d'internement et de travail forcé ? Ne diraient-ils pas tous au monde qui étaient les véritables geôliers, tortionnaires, bourreaux et usuriers du régime soviétique ? Lénine lui-même n'a-t-il pas dit que « l'antisémitisme est le moyen de la contre-révolution » ? La chute du bolchevisme sera suivie d'un grand réveil des nations païennes. Les archives secrètes seront ouvertes. *Malheur alors aux conquérants du monde !*

La juiverie mondiale a changé de tactique après 1945, parce qu'elle a vu clairement qu'une épreuve de force entre les États-Unis et l'Union soviétique devait être évitée à tout prix. La politique actuelle consiste à affaiblir l'Amérique de telle sorte qu'elle n'ait plus la force de se défendre à la fin. C'est ainsi que le nationalisme juif, après avoir établi une puissance financière et politique sans précédent, à travers les courses à l'armement, l'inflation, le chômage, les guerres mondiales et les révolutions, fait soudain volte-face et devient « pacifiste ». Il entame la plus grande campagne politique de son histoire avec l'aide de l'O.N.U., de l'UNESCO, du Conseil européen de Strasbourg et des divers parlements qui sont sous son influence. Avec la presse mondiale entre ses mains, elle travaille dans le *seul but de rendre l'Amérique faible et isolée, de la laisser sans alliés le jour où l'horloge sonnera et où elle devra faire face à une épreuve de force avec les Soviétiques.* Le but est de rendre la politique des États-Unis impopulaire auprès des autres peuples, au moment où elle devrait rallier à elle les nations chrétiennes et d'autres peuples non-chrétiens, tels que les mahométans.

Les intérêts de la juiverie résident dans un gouvernement mondial juif sur les concepts d'Einstein et dans l'État juif totalitaire. Et ce nationalisme, après avoir mené la campagne de propagande de guerre la plus sanguinaire contre Hitler, fait maintenant volte-face. La main cachée, agissant discrètement dans les coulisses, prend des mesures pour forcer l'Amérique à s'agenouiller en augmentant autant que possible la force de l'Union soviétique et, en même temps, *en paralysant les forces qui considèrent que la guerre contre le bolchevisme est inévitable.*

Ces tactiques ont eu un certain « mérite » dans le passé. Mais en Europe, elles n'ont été utilisées qu'à la fin des guerres perdues. Elles sont connues sous le nom de sabotage et de campagnes de chuchotement qui empoisonnent les esprits. « *Ne vous battez plus, vous autres ! Les Russes sont aussi humains* », murmurait-on à l'oreille de ceux qui étaient prêts à défendre leur pays contre la barbarie soviétique.

La politique de Morgenthau prévoit d'écraser la puissance de l'Amérique par des moyens presque identiques.

"Après tout, se disent les Juifs triomphants — les Juifs qui ont battu Hitler — lisez le livre du prophète Isaïe et vous verrez que non seulement les *Protocoles* nous ont promis le pouvoir sur le monde, mais aussi le Prophète lui-même :

> "C'est pourquoi tes portes seront toujours ouvertes, elles ne seront fermées ni jour ni nuit, afin que l'on t'amène les troupes des nations, et que l'on fasse venir leurs rois. *(Isaïe Ix. 11.)*
>
> 'Car la nation et le royaume qui ne te serviront pas périront, ces nations seront complètement anéanties. (Là-bas, de l'autre côté du rideau de fer, 40 000 chars soviétiques, 15 000 avions et 175 divisions de l'armée soviétique sont prêts à envahir l'Europe et à réaliser notre puissance mondiale. Churchill a déclaré en 1949 que la bombe atomique protégeait à elle seule l'Amérique et l'Europe d'une attaque soviétique. Mais la bombe atomique, comme vous le savez, *est à nous !* ».
>
> 'Ceux qui portent le secret de la bombe atomique à l'Union soviétique sont tous nos frères de sang. C'est comme si Einstein les avait choisis personnellement et les avait envoyés accomplir leurs grandes missions. C'est le cas de Klaus Fuchs, dont la trahison accélère de deux ans la production de la bombe atomique soviétique, et de Bruno Pontecorvo, le juif italien, qui a transporté les secrets atomiques vers l'Union soviétique dans onze grandes malles. Il y en a aussi beaucoup d'autres comme Harry Gold, David Greenglass, Julius Rosenberg, Emmanuel Bloch, William Perl, professeur à l'université de Columbia, Abraham Brothmann, Mirijam Moskovich, Simson le juif voleur

de plutonium, Jánosi le juif hongrois qui protégera l'empire de Lazar Khaganovich avec un rideau de rayons cosmiques, John Vág-Weiszfeld, complice de Harry Gold, David Boehm et Edwin David, tous des membres de notre race. Pourquoi n'y a-t-il pas un seul chrétien parmi eux ? Parce que les Gentils ne sont pas fiables ! Le secret est à nous, nous ne le nions pas. Julius Rosenberg a admis franchement devant le tribunal de New York que « la Russie soviétique est notre alliée et je considérais qu'elle avait donc le droit de recevoir de telles informations de notre part »…

L'Amérique possédait des armes cachées qui auraient pu faire d'elle la première puissance mondiale antibolchevique. Il s'agissait des plus grands secrets militaires de l'histoire, grâce auxquels elle aurait pu délivrer le monde de la menace de la servitude. Ces secrets devaient être volés et vendus, de sorte que, pour remplacer les puissances connues sous le nom d'Amérique et de Russie, une seule puissance subsiste dans le monde : la puissance mondiale du nationalisme juif qui tient à distance à la fois l'Amérique et l'Union soviétique. À défaut d'autre chose, la trahison de l'Amérique prouvera mieux que toute autre chose qu'il *existe un plan juif grandiose visant à diviser le monde en hémisphères oriental et occidental, et par conséquent à les gouverner tous les deux, et que ce plan a été exécuté jusqu'à présent avec l'efficacité la plus impitoyable.*

Le radar et la fusée intercontinentale faisaient également partie des secrets militaires dont disposaient les États-Unis et qui auraient pu leur offrir la plus grande sécurité, même après la perte du secret de la bombe atomique. Mais il est aujourd'hui établi par le F.B.I. que Julius Rosenberg était également à la tête de l'espionnage radar. Des enquêtes menées à l'institut de recherche militaire de Monmouth ont révélé que les coupables qui ont trahi les secrets des radars au profit des Soviétiques étaient presque exclusivement des Juifs. Le professeur H. Coleman et Morton Sobell, un espion condamné à trente ans de prison, Hyman Gerber Yavis, Carl Greenbaum et Miss Glassman peuvent être cités parmi d'autres à cet égard.

La cession de la Chine aux rouges est l'un des chapitres les plus horribles de la trahison de l'Amérique. La Chine était l'un des meilleurs marchés de l'Amérique. Il fallait à tout prix la forcer à entrer dans l'hémisphère rouge. Sinon, en cas de confrontation, les 500 millions de Chinois, parmi lesquels les ambitions subversives juives n'ont jamais pu trouver un terrain favorable, auraient pu devenir un allié redoutable du côté des États-Unis. Il est généralement connu aujourd'hui qu'Owen Lattimore, un professeur américain d'origine douteuse, principal conseiller de Roosevelt sur les questions chinoises, travaillait contre les États-Unis au service de l'espionnage militaire soviétique. Pendant sept ans, il a été rédacteur en chef de *Pacific Affairs,* un journal publié par l'Institute of Pacific Relations, qui fournissait à l'Union soviétique des informations de première main sur la Chine. Les enquêteurs du F.B.I. ont trouvé 1.700 dossiers très confidentiels dans les bureaux d'Amerasia. Le fait que les personnes détenues dans le cadre de cette affaire étaient toutes juives est important. John Stewart Service, Larsen Mano, Andrew Roth, John Abt, Nathan Witt, Lee Pressmann, Philipp Jaffe, ex-ambassadeur, et Maria Bachrach, avaient tous trahi l'Amérique, le pays qui leur avait donné un foyer, pour servir leur nationalisme juif conquérant.

« Le problème était de savoir comment provoquer la chute de la Chine de façon à ce qu'elle n'apparaisse pas comme étant causée par les États-Unis », a écrit Owen Lattimore. « Grâce à l'Amérasie et à l'extension de la politique du compagnon de route, 665 millions d'âmes ont disparu derrière le rideau de fer », ont déclaré plus tard certains journaux américains. L'Amérique a perdu son plus grand marché d'exportation et l'un de ses meilleurs partenaires commerciaux. Et toute la position de l'Extrême-Orient est ébranlée dans ses fondements. Ceux qui ont divisé le monde en hémisphères oriental et occidental ne peuvent nier l'objet de leur action : *Divide et impera !* Divisez vos adversaires et dominez-les. Régner sur l'Amérique comme sur l'Union soviétique.

Pour atteindre cet objectif, la main cachée avait déployé partout ses propres hommes, sur lesquels elle comptait pour servir non pas l'Amérique, mais uniquement les intérêts et les aspirations au pouvoir de la juiverie. Avant le déclenchement de la guerre de Corée, un certain Lyman L. Lemnitzer, portant l'uniforme d'un major-général de l'armée américaine, était le chef militaire en Corée du Sud, et c'est à lui qu'incombe la responsabilité d'avoir négligé les défenses du pays, comme l'a déclaré le Congrès. Plus tard, le général demi-juif Mark Clark, fils de Rebecca Ezekiel, est devenu commandant en chef en Corée. Cet homme, alors qu'il commandait les forces d'occupation américaines en Autriche, a remis des milliers de réfugiés et de personnes déplacées aux Soviétiques. Ce n'est pas non plus une coïncidence si, pendant la guerre de Corée, un certain colonel A. C. Katzin était le délégué en chef des Nations unies auprès du général MacArthur, tandis qu'un autre Juif, George Movahon, dirigeait la section coréenne du Centre d'information des Nations unies. Au moment de la crise du pétrole perse, un certain Michael J. Lee était à la tête de la division Extrême-Orient du département d'État, et l'on a découvert qu'il avait émigré de la Russie soviétique aux États-Unis en 1932 et que son nom d'origine était Efraim Zinoy Liebermann.

Comme en Extrême-Orient, en Europe aussi, les représentants de la juiverie mondiale ont tout fait pour ruiner le prestige et la réputation de l'Amérique et pour éradiquer du cœur des Européens les idéaux qui la représentent comme le pays de la liberté. Nous avons déjà mentionné le fait que le plan Morgenthau a été conçu à Moscou. Harry Dexter White, un juif russe, était sous-secrétaire au département du Trésor et adjoint de Morgenthau dans l'administration Roosevelt. Il était l'un des personnages les plus sinistres des temps modernes, étant à la fois le chef des cellules communistes et des réseaux d'espionnage menant leurs activités au sein du département du Trésor américain. Il a volé et remis à l'Union soviétique les plaques stéréo, le matériel papier et les secrets d'impression des « Marks », les billets de banque conçus pour l'occupation alliée de l'Allemagne, causant ainsi une perte financière d'environ 225 millions de dollars pour les contribuables américains. Outre les blocs stéréo originaux des billets de banque d'occupation et les formules d'impression, les Soviétiques ont reçu d'Harry Dexter White d'autres documents extrêmement confidentiels. Dans la cellule communiste placée sous son autorité, on trouvait des noms tels que Frank Cohen, Harold Glasser, Victor Perle, Irving Kaplan, Solomon Adler, Abraham George, Silverman et Ludwig Ullmann, etc. Le président Truman nomma White à la présidence du Fonds monétaire international, tandis qu'Harold Glasser devint directeur financier de l'U.N.R.R.A.. C'est grâce aux activités de ce réseau d'espionnage juif que les réserves d'or et les effets de change de la Banque nationale hongroise, estimés à 42 millions de dollars, ont également été remis à l'Union soviétique.

Il est impossible de citer ici toutes les centaines et tous les milliers de Juifs qui occupaient les postes clés les plus importants dans les zones d'occupation de l'Allemagne, soutenant secrètement la cause soviétique et faisant de leur mieux pour bolcheviser l'Allemagne, en tant que propagandistes, agents de la C.I.C. ou de l'O.S.S., responsables de la presse et du théâtre, commandants de ville, experts financiers, etc. Les dossiers du comité d'enquête de McCarthy nous en apprennent plus que le meilleur des polars et constituent une documentation historique des plus surprenantes.

Et comme si tout cela ne suffisait pas, le nationalisme juif a produit dans ses rangs le traître en chef Alger Hiss, qui a livré 110 millions de Gentils à la bande de Khaganovitch à Yalta. Et le protecteur d'Alger Hiss après sa condamnation ne fut personne d'autre que le grand sénateur, le roi sans couronne de New York, Herbert H. Lehmann, beau-père de Buttenweiser, qui tenta de cacher le traître en chef de l'Amérique dans son appartement.

Mais le trait le plus caractéristique de la trahison commise contre l'Amérique ne concerne pas la bombe atomique, l'espionnage des radars ou les autres scandales d'espionnage, mais *le rôle actif des juifs américains dans les mouvements communistes*. Là encore, le vieil adage se vérifie : « *tous les juifs ne sont peut-être pas bolcheviques, mais sans les juifs, il n'y aurait pas de bolchevisme* ». *La* majorité de la population juive américaine est originaire de pays situés derrière le rideau de fer. La plupart d'entre eux ont fui vers l'Amérique pour échapper aux pogroms en Russie. L'Amérique n'est pas dirigée par les tsars, mais par un régime dit démocratique. Elle a tout donné aux Juifs, y compris le privilège de participer à l'administration du pays. Pourtant, malgré toute cette générosité, les Juifs étaient, et sont encore aujourd'hui, à la tête de tous les mouvements subversifs anti-américains et communistes.

Le parti communiste a été implanté en Amérique et il est dirigé par le même type de personnes que celles qui étaient à la tête de la révolution bolchevique russe. Les membres du Politburo américain, communément appelés les « *Grands Onze* » sont, sans tenir compte des nègres, presque exclusivement des Juifs : Eugen Dennies, Henry Winston, John Hates, Irving Pothias, Gilbert Green, Carl Winter et Guss Holl. « Si un espion ou un dirigeant communiste est détenu quelque part », se vante la voix du « nazisme » de l'Ancien Testament, « il vient toujours de nos rangs ». Judith Coplon, la belle juive de Brooklyn, a vendu les dossiers les plus confidentiels du Département d'État à Gubichev, un agent soviétique. Et nous avons veillé à ce qu'elle ne subisse aucun préjudice grave ».

Une fois de plus, nous percevons l'enroulement clignotant du serpent symbolique en Amérique, l'emblème du nationalisme juif, dont le réseau couvre et atteint tout. Il contrôle les banques, la propriété immobilière, la vie familiale, l'État, la presse, la société et les syndicats.

Lorsque la conspiration communiste californienne a été détectée, les mêmes personnages bien connus ont été tirés de leurs cachettes souterraines par le F.B.I. La race de ces traîtres est imprimée sur leurs traits. Le livre de Robert H. Williams, *Know Your Enemy*, présente une série de photographies des traîtres américains. Sous des visages caractéristiques apparaissent des noms caractéristiques. Alexander Bittelman apparaît dans cette galerie de photos comme l'un des membres fondateurs du Parti communiste américain, et les autres dirigeants avec lui sont : Gerhard Eisler, Jack Stachel, Leon Josephson, Alex Trachtenberg et J. Peters (Goldberger). Les participants au récent complot d'Hollywood sont « Sidney Weinbaum, Jacob Dubnov, Philip Bart, directeur du *Daily Worker,* Alex Trachtenberg, V. J. Jerome, dirigeant du Comité culturel bolchevique (dont le vrai nom est Isaac Romaine), Simon, Gerson, Elisabeth G. Flynn, Alex

Bittelman, Betty Gannet, Isadore Begun, Jacob Minden, Claudia Jones (négresse), Israel Amter, W. Weinstone, George Charney, Fred Fine, Sid Steinberger, Louis Weinstock et Js. Jackson.

Le *Reader's Digest* confirme que sur les onze principaux dirigeants du parti communiste américain, six sont juifs, deux sont noirs et seulement trois sont des citoyens nés aux États-Unis. Selon le même journal, les principaux dirigeants bolcheviques sont les suivants : Jacob Stachel, John Gates (alias Israel Regenstreif), rédacteur en chef du *Daily Worker,* Gill Green (alias Gilbert Greenburg), Gus Hall (alias Arvo Mike Hallberg, d'origine juive lituanienne), Irving Potiash, un juif russe soviétique, et Carl Winter (alias Philip Carl Weinberg).

Tout cela peut-il être considéré comme accidentel ? Est-ce une simple coïncidence étrange que les noms de ceux qui dirigent les activités subversives en Amérique soient les mêmes que ceux qui apparaissent sur la liste des dirigeants des bolcheviks soviétiques et des communistes hongrois et roumains ? Est-ce une autre coïncidence que les cinq premiers hommes à avoir été renvoyés de l'armée américaine pour activités communistes, à savoir Harry Specor [sic], Phil Weiss, Irving Specor, Abraham Kotlechuk et Rheabel Mendelsohn, étaient également juifs ? Ne serait-ce pas un hasard si 95 % des personnes convoquées devant le comité d'enquête McCarthy pour activités antiaméricaines et reconnues coupables étaient également juives ? Et ne serait-ce pas un sentiment de culpabilité que, selon le Congressional Record du 17 mai 1946, *tous les membres juifs du Congrès aient voté en faveur de l'interruption des auditions de la commission Dies enquêtant sur les activités antiaméricaines* ? En outre, le sénateur McCarthy n'a-t-il pas informé Bernard Baruch lui-même que, comme tous les réseaux de télévision des États-Unis étaient aux mains des Juifs, il n'aurait pas la possibilité de dénoncer les traîtres américains par le biais de la télévision ?

Une autre preuve décisive de l'existence du « nazisme » juif est le fait que les participants aux mouvements communistes américains ne proviennent jamais du « prolétariat », c'est-à-dire de la classe ouvrière ou des personnes démunies, mais des Juifs occupant les couches les plus élevées de la société américaine. La publication *Red Stars Over Hollywood* attire l'attention sur le fait que parmi les stars du cinéma hollywoodien qui gagnent des millions de dollars, cent sont des bolcheviks et tous sont juifs. L'Amérique a donné à ces gens le glamour, la richesse et le succès. Et malgré tout, ils restent des bolcheviks ou, pour être plus concis, nous pensons qu'ils sont des bolcheviks.

Ces vedettes, avec à leur tête Charlie Chaplin (alias Israël Thorstein) sont avant tout des Juifs, qui voient dans le bolchevisme l'accomplissement parfait du pouvoir juif mondial et considèrent le bolchevisme comme le rempart de ce pouvoir juif mondial totalitaire dont ils seront eux-mêmes l'*élite* intellectuelle.

Les 3500 professeurs américains qui ont participé aux différentes manifestations communistes font également partie des troupes d'assaut de ce nationalisme de l'Ancien Testament. L'écrasante majorité d'entre eux sont juifs. Les professeurs communistes contre lesquels des mesures disciplinaires ont été prises en raison de leurs activités bolcheviques, font également partie des pionniers de ce « nazisme » supranational. Parmi eux, Abraham Biedermann, Cellis Lewis, Citron, Mark Friedlander, Isadore Rubin, Abraham Feingold, David Friedman, Louis Jaffe, etc. Les premiers saboteurs arrêtés au début de la guerre de Corée étaient : Max Schnalzer, Minton Silverman, Samuel Zakkman et Samuel Kerr. À cette époque, Nathan Ostroff vend aux communistes chinois pour dix millions de livres de caoutchouc afin de s'assurer que les armées de la Chine rouge marchent avec des bottes en caoutchouc contre les soldats américains : John Howard Lawson, Dalton Trumbo, Ring Lardner, Albert Malz, Alva Bessie, Herbert Bieberman et Samuel Ornitz, tous juifs.

Le plus grand acte de trahison de la juiverie mondiale à l'égard de l'Amérique est d'avoir sapé la bonne volonté et la confiance des autres peuples à l'égard de l'Amérique, en particulier au Proche-Orient et dans les pays mahométans. Et il ne sert à rien aux Américains d'essayer de trouver des excuses. Ce n'était pas une erreur d'une diplomatie « inexpérimentée », car cela faisait partie d'un *plan mondial juif délibéré*.

La corruption s'est répandue au sein du département d'État et a ensuite pris des proportions démesurées pendant les activités anti-américaines de Roosevelt. Selon les chiffres cités par *The Hidden Empire*, 86 % du personnel employé au département d'État était juif. Et selon la commission McCarthy, 5000 homosexuels étaient alors employés dans la fonction publique. *Cette corruption et cette dégradation se sont révélées être le meilleur allié du bolchevisme partout dans le monde.*

Par les fissures dans la structure de l'administration, par les fautes et les faiblesses de fonctionnaires malhonnêtes et corruptibles.

Des espions, des agents et des gangsters communistes s'infiltrent dans le gouvernement du pays. En même temps, la propagande communiste dira aux masses ignorantes : « Regardez-les ! Ces hommes sont-ils vos maîtres ? » Mais cela n'explique pas le point le plus important, à savoir que ces hommes, ou en *tout cas la majorité d'entre eux, sont des Juifs.* Lorsque la *démocratie tombe à un* niveau si bas que les Juifs peuvent se comporter comme ils l'entendent, la corruption ne peut plus être endiguée et la progression rapide du bolchevisme est assurée.

Le programme de la juiverie mondiale depuis 1945 consiste à affaiblir l'*Amérique autant que possible.* L'Amérique doit être minée par la conspiration communiste et les pratiques de corruption. Son industrie de l'armement doit être désorganisée afin que le bolchevisme — *la forme la plus élevée et la plus sûre du système communiste et du pouvoir mondial juif* — puisse remporter une victoire facile.

Il est vrai que les organisations juives américaines ont publié en 1950 une déclaration contre le communisme, mais ce n'était qu'une tromperie ! Les Juifs américains souhaitent en fait atteindre des objectifs très différents de ce qu'ils disent. L'une des personnalités les plus influentes parmi les Juifs américains a écrit dans l'article principal du *B'nai B'rith Messenger* du 1er novembre 1948 :

"Mon âme se révolte lorsque j'entends et que je dois digérer le fait que le fascisme et le communisme sont des concepts de composition identique. Certains parlent de communisme.... Je dis : *c'est de l'idéologie juive !* ».

Et chaque fois que la juiverie a ôté son masque pour un ou deux brefs moments à diverses occasions historiques, c'est à peu près le même message qui a été délivré.

Pour célébrer la révolution bolchevique, la même idée a été exprimée dans le journal parisien *Peuple Juif,* le 8 février, 1919 :

« La révolution mondiale, que certains d'entre nous vivront peut-être, est et doit rester notre préoccupation, et sa préparation doit être entre nos mains. Par le biais de cette révolution mondiale, *le pouvoir de la juiverie sera établi sur toutes les nations du monde* ».

Zinovjev-Apfelbaum, le grand frère de l'Est, a annoncé la même chose lorsqu'il a reçu un prêt-bail de onze milliards de dollars de la main de La Guardia :

« Nous avons exterminé les capitalistes et les propriétaires terriens en Russie soviétique, et nous ferons *tout pour faire de même avec l'intelligentsia d'Europe et d'Amérique* ».

Et le juif d'Allemagne, qui serait aujourd'hui un immigré aux États-Unis, un vice-gouverneur en Allemagne ou peut-être un attaché de presse américain, a dit essentiellement la même chose dans son journal allemand peu après la Première Guerre mondiale :

Nous devons poursuivre notre lutte non seulement pour notre propre existence, mais aussi pour que le judaïsme dans son ensemble accède au pouvoir mondial ; c'est dans ce but que nous avons travaillé sans relâche au cours des 2 000 dernières années ». (Israelitische Wochenblatt, 5 janvier, 1926, Leipzig.)

Toutes les nations, y compris les États-Unis, doivent disparaître. Il s'agit après tout d'un programme de l'Ancien Monde. Ce grand leader de la juiverie, Adolph Crémieux, président de l'Alliance israélite universelle, a déclaré il y a près de cent ans : « Il faut que toutes les nations, y compris les États-Unis, disparaissent :

Les nations doivent disparaître et les religions doivent être supprimées. Seul Israël ne doit pas disparaître, car cette petite nation est le peuple élu de Dieu ».

Pourquoi, dès lors, les Américains croient-ils que, parmi les divers groupes nationaux qui ont immigré en Amérique et s'y sont installés, le groupe qui compose la juiverie est comme tous les autres ? Comment le peuple américain peut-il imaginer que les Juifs resteront fidèles à l'Amérique alors qu'ils n'ont pas été fidèles à l'Empire romain, à l'Espagne, au Portugal ou à n'importe quel État du monde ? Il ne fait aucun doute que le rêve le plus resplendissant de la juiverie est de devenir le maître des États-Unis et de les traiter de la même manière que les autres nations ont été traitées.

Et pourquoi les Américains croient-ils que ce n'est pas possible ?

La proportion de communistes dans les États conquis par le bolchevisme ne dépassait pas trois à cinq pour cent de la population au début de l' »action directe ». En Russie, personne n'avait jamais entendu parler du bolchevisme avant 1917, lorsque l'état-major impérial du Kaiser a autorisé Lénine et sa bande à traverser l'Allemagne pour se rendre de Suisse en Russie. Jusqu'en 1919, c'est-à-dire jusqu'à l'éphémère régime de terreur de Béla Kun, on ne trouve pas un seul bolchevik en Hongrie. Les dirigeants étaient envoyés par Lénine et sa bande opérant depuis la Russie. Lorsqu'en 1945, Mátyás Rákosi-Roth et ses confédérés sont rentrés en Hongrie, le nombre total de membres du parti communiste clandestin n'était plus que de 140. Fin 1945, lors des élections hongroises, les communistes obtiennent 17 % des voix. En Autriche, ils n'obtiennent pas plus de 3 à 4 % des voix à la même époque, bien que les communistes autrichiens et hongrois soient soutenus par les baïonnettes des armées soviétiques. La situation était similaire en Roumanie, en Allemagne de l'Est et en Bulgarie. Néanmoins, tous ces États sont aujourd'hui sous la férule de dictatures bolcheviques.

Le parti bolchevique est par nature conspirateur, c'est une secte fanatique. Au début, Churchill l'a vu clairement et l'a dit. Ce fanatisme est capable de vaincre la démocratie la plus parfaite.

La liberté est bonne parce qu'elle peut être exploitée et utilisée à mauvais escient ! *Plus la liberté est grande, plus la menace du bolchevisme est grande.*

Selon les estimations américaines, les membres du parti communiste aux États-Unis ne sont que 60 à 100 000. Par conséquent, disent les Américains, il ne peut y avoir de bolchevisme en Amérique, où le niveau de vie est le plus élevé du monde. Comme on le voit, la démocratie américaine fonctionne moyennement bien et une si petite majorité communiste n'a aucune chance de soumettre un pays puissant de 160 millions d'habitants.

Edgar Hoover, directeur du F.B.I., affirme qu'aux 100 000 bolcheviks s'ajoutent 500 000 compagnons de route.

Si c'est le cas, l'image globale du bolchevisme en Amérique est immédiatement modifiée et peut être résumée comme suit : nous avons 100 000 conspirateurs plus 500 000 compagnons de route (dont beaucoup occupent des postes importants), plus cinq à six millions de Juifs, plus douze millions de Noirs, plus la corruption, plus l'espionnage soviétique, plus la presse nationale, les réseaux de télévision et de radio (dont 100 % sont aux mains des Juifs), et enfin, plus la vague de criminalité en constante augmentation dans laquelle la délinquance juvénile joue un rôle choquant.

Parmi les nègres, il y a beaucoup de citoyens craignant Dieu, civilisés et de qualité. Mais le nègre se sent « lésé » et les bolcheviks ont toujours recruté leurs cinquièmes colonnes parmi ces personnes. De nombreux Juifs ne sont pas du tout bolcheviques. Mais le Juif est toujours un nationaliste et il devient bolchevique dès qu'il reconnaît le caractère juif du bolchevisme. Selon Gerald K. Smith, il y a déjà au moins un demi-million de bolcheviks consciencieux et fanatiques dans les rangs des Juifs américains. Et, selon les estimations les plus élevées, la révolution russe a été déclenchée par seulement 500 juifs.

Dans cette optique, le Parti communiste américain, dirigé par des Juifs américains, a adopté la résolution suivante le 5 février 1951 :

« … et notre congrès a donc inscrit à son ordre du jour, comme principale préoccupation, la lutte pour la paix, la lutte pour la classe ouvrière et pour les gens de couleur, tout en appelant à la mobilisation de toutes les forces pacifiques du pays ».

L'aile communiste de la juiverie a l'intention, comme il ressort de ce qui précède, de mobiliser la population noire d'Amérique. Un demi-million de Juifs entendent ainsi réaliser un horrible rêve américano-juif. *Ils prévoient d'organiser et d'armer une force de terreur noire d'un million d'hommes, dirigée par des commissaires juifs américains.*

L'aile communiste de la juiverie coopère avec les juifs qui défendent les droits de l'homme noir. *Le Hungarian Daily Journal*, un journal communiste juif reconnu, a publié un article très éclairant dans son numéro du 14 avril 1950, sous le titre : « Les Juifs ont lutté pour les droits des Noirs et des travailleurs ». L'article nous parle d'E. L. Rose, un juif né en Pologne, qui est venu en Amérique après la défaite de la révolution de 1848 à Vienne, et qui a fait plusieurs discours en faveur des nègres, devenant ainsi le leader du mouvement pour la libération des nègres à Saint-Louis. Le juif russe S.A. Bierfield est cité par la propagande communiste juive comme un martyr de la coopération entre juifs et nègres, lorsque des gangsters l'ont assassiné dans son magasin avec son serviteur nègre. L'article susmentionné souligne également que lorsque le pamphlet « Labour and Capital » de Carl Marx a été édité en yiddish en 1888, des Juifs enthousiastes de l'East Side ont entrepris d'organiser des syndicats parmi les Noirs.

En raison de l'opposition des nègres religieux, le grand rêve des Juifs communistes américains — l'organisation d'une grande force de terreur nègre — a jusqu'à présent échoué, mais il nous apparaîtra moins comme un rêve si nous lisons les rapports du Comité spécial américain sur les activités anti-américaines. Selon ces rapports, le parti communiste américain comptait 1.160 organisations parmi les ouvriers, les fermiers et les nègres, y compris des groupes et des sections politiques et même soi-disant religieuses.

John T. Flynn, le courageux publiciste américain, dans son livre *The Road Ahead*, cite une liste assez formidable d'organisations *communistes* nègres. Nous y apprenons qu'il existe quatre-vingt-huit grandes organisations nègres qui travaillent pour le bolchevisme américain. Parmi celles-ci, on trouve l'African Blood Brotherhood et de nombreux autres mouvements et sectes portant les titres les plus divers et opérant sous le prétexte de mouvements religieux pour la paix.

Les Américains ne connaissent pas encore les tactiques du nationalisme juif. Mais il suffirait d'une crise économique, d'une troisième guerre mondiale ou de l'instabilité résultant d'une guerre perdue pour que l'enfer se déchaîne en Amérique. Les démons du bolchevisme ont été lâchés de la même manière en Russie en 1917, dans la monarchie danubienne en 1918 et dans toute l'Europe de l'Est en 1945.

Et si cela se produit en Amérique, le jour du royaume mondial se sera levé. L'ancienne promesse se réalisera conformément aux instructions écrites :

"C'est de nous que part la terreur qui engloutit tout."

L'armée noire sera dirigée par les onze principaux membres du Politburo américain, dont six sont juifs. Ce sera une force d'un million de fanatiques soumis à une discipline de fer, à qui l'on promettra des femmes blanches américaines. Ce sera le M.V.D. le plus gigantesque du monde, dirigé par 500.000 commissaires, officiers, agents et policiers secrets de la race d'Abraham, et il prendra le pouvoir sur l'Amérique. Mais les plus impitoyables sortiront des ghettos de Brooklyn, des quartiers juifs du Bronx et les masses austères d'immigrés polonais de l'Est se mettront en mouvement. Une armée noire émergera également de Harlem. Le cœur des soldats noirs sera imprégné de haine et leur soif de sang, désormais déguisée par un vernis de civilisation, sera aiguisée par la propagande juive. Ces Noirs haïssent les Blancs, mais ils ne haïront pas les Juifs qu'ils croient être leurs libérateurs, alors qu'en réalité ils sont leurs seigneurs et leurs maîtres, et qu'à ce titre ils seront protégés par la force brute des Noirs.

Les capitaux privés amassés par les juifs et d'autres personnes seront repris par le capitalisme d'État juif afin d'obtenir un contrôle total sur l'énorme richesse des États-Unis d'Amérique. La juiverie dirigera le gouvernement fédéral ainsi que les gouvernements des États, et abolira la démocratie et le vote par bulletin.

Les Juifs raisonnent sans doute un peu comme suit :

> Les Américains disent : « Ce n'est pas possible chez nous ». *Mais jusqu'à présent, cela s'est avéré possible partout.* Et si le peuple américain tentait de nous résister, nous érigerions une potence au Capitole, devant la Maison Blanche, et cette potence serait gardée par les féroces gardes du corps noirs du roi David, par douze millions de nègres et six millions de juifs. Ce pouvoir sera aussi solide qu'un roc. Essayez donc de vous révolter, peuple de Washington…! Essayez de vous dresser contre nous, combattants de la liberté américains, et votre sort sera celui des gardes de Wrangel qui, un jour, ont essayé de se dresser contre nous aussi ! L'épée de Damoclès est désormais suspendue au-dessus de votre tête. *L'artillerie atomique vous exterminera si vous osez entrer en guerre contre notre grand roi David.* Nous aurions déjà dû dresser des échafauds et vous ne devez pas vous attendre à ce que l'on fasse preuve d'humanité ou de philanthropie une fois que le pouvoir total sera entre nos mains. Non, c'est de nous que vient la terreur qui engloutit tout !

> « Pensez à ce qui est arrivé aux combattants de la liberté qui ont défendu les différentes villes d'Europe de l'Est contre nos armées bolcheviques. D'un côté de la rue, on se battait encore lorsque nous sommes sortis des ghettos, car nous, qui n'avions jamais combattu, avons enlevé notre masque au dernier moment. Et lorsque le combattant de la liberté regardait dans son viseur la ville occupée par nos troupes bolcheviques, il pouvait voir qu'au bout d'une demi-heure, des potences se dressaient là. Nous les avions érigées et nous étions sortis des ghettos pour y pendre nos ennemis, les chrétiens ».

Et cette vision peut devenir une réalité à tout moment, car la juiverie a trahi l'Amérique. La seule question qui se pose aujourd'hui est la suivante : *Le peuple américain se réveillera-t-il pendant qu'il est encore temps d'agir ?* S'il le fait, une autre vision terrible pourrait se réaliser, celle d'Oscar Strauss, grand financier et homme d'affaires américain :

> « C'est mon peuple. Je vous dis, mon ami, que si mon peuple ne s'amende pas et ne devient pas un bon citoyen, le temps viendra où l'Amérique connaîtra des pogroms à côté desquels les pogroms d'Europe n'auront rien été ! »

Une chose qu'Oscar Strauss n'a pas soulignée, c'est que la *manière de résoudre le problème juif n'est pas celle du pogrom.* La force physique ne promeut qu'un nationalisme désarmé.

La conquête juive du monde doit être vaincue, mais par des méthodes différentes. Car si elle n'est pas rapidement enrayée, les heures de liberté des Américains et du reste de l'humanité s'écouleront rapidement avec les sables du temps.

CHAPITRE XVI

L'accomplissement des protocoles et la lettre d'adieu d'un martyr hongrois

En analysant la situation mondiale actuelle, nous ne saurions trop insister sur l'importance d'un fait que personne ne semble vouloir regarder en face, à savoir que la juiverie, qui a réussi à déclencher deux guerres mondiales parmi les nations chrétiennes et qui, comme nous l'avons souligné dans les chapitres précédents, a été le principal criminel de guerre de la Seconde Guerre mondiale, *ne considère pas qu'il soit dans son intérêt de permettre une épreuve de force avec les Soviétiques ou avec le bolchevisme en général.* Ce ne serait pas dans l'intérêt de la juiverie, car une fois la dictature bolchevique vaincue, le monde apprendrait qui sont les véritables meurtriers, bourreaux, commissaires et geôliers des nations asservies et les auteurs de la guerre biologique des classes.

Outre leurs rêves de puissance mondiale, l'horrible alliance de la mauvaise conscience est le facteur de liaison entre les Juifs de l'Est et de l'Ouest. Ceux qui ne comprennent pas pourquoi la juiverie mondiale s'efforce d'empêcher l'Amérique de lutter contre le bolchevisme et pourquoi le rideau de fer est maintenu entre l'Est et l'Ouest, feraient bien de lire la déclaration du Dr Goldman, dirigeant américain du Congrès juif mondial, selon laquelle « *une troisième guerre mondiale signifierait l'extermination totale de la juiverie* ». Pinkas Lubianker, chef de la délégation israélienne à Londres, a dit essentiellement la même chose. Solem Traitsman, grand rabbin de la Pologne communiste, a vendu la mèche en envoyant la circulaire suivante au monde juif en 1951, l'exhortant à signer les pétitions de paix soviétiques :

> « *Pour la juiverie, la fin de la paix signifierait sa propre fin. La troisième guerre mondiale est une nouvelle arme entre les mains des anciens ennemis jurés de la juiverie. Les pétitions de paix, qu'elles soient lancées par la droite ou la gauche, doivent être signées en toutes circonstances par la majorité de l'humanité, mais surtout par la juiverie. En ce qui concerne la juiverie, il ne s'agit pas d'une question d'opposition entre l'Est et l'Ouest. Pour la juiverie, c'est une question de vie ou de mort !* ».

En France, les rabbins ont rejoint les mouvements pacifistes et ont fait des déclarations similaires. Ce n'est pas non plus un hasard si, en 1950, 160 000 Juifs d'Israël ont signé des pétitions communistes en faveur de la paix. Le pourcentage de ceux qui ont signé, dit le *Daily Worker*, est plus élevé en Israël que dans n'importe quel autre pays, à l'exception de l'Union soviétique !

Nous comprenons mieux pourquoi il a fallu présenter aux Soviétiques les secrets de la bombe atomique, pourquoi le rideau de fer est maintenu, pourquoi les faux slogans de paix et les slogans de coexistence ont un sens et pourquoi la guerre froide se poursuit. Nous comprenons également pourquoi il n'existe pas de communauté de défense européenne active ni d'armée européenne. On comprend mieux pourquoi les nations sont asservies et coupées en deux et pourquoi la moitié de l'humanité tolère l'existence des camps d'esclaves soviétiques.

La réponse est simple. Le pouvoir mondial sur les deux hémisphères est entre les mains de la juiverie mondiale.

On a dit que les *Protocoles de Sion* étaient des faux. Mais en l'espace d'un demi-siècle, la Grande Vision s'est réalisée. Dans ce court laps de temps, la juiverie mondiale a franchi les deux premières étapes de la lutte pour le pouvoir mondial et s'est approchée de la troisième, mais n'a pas encore définitivement ôté son masque.

Mais le pouvoir mondial est désormais entre les mains des conquérants et ce n'est qu'une question de temps avant que les Juifs de l'Est et de l'Ouest ne se serrent ouvertement la main à travers les nations asservies et les masses barbares.

En 1904, Chaim Weissmann commente ainsi le *Judenstaat* de Theodor Herzl :

> « Il y a quatre ans, la communauté juive mondiale était divisée en deux camps : l'un à l'est et l'autre à l'ouest. Lorsque Herzl est arrivé, il nous a dit que nous devions unir les juifs de l'Est et de l'Ouest, et nous avons exécuté cet ordre en conséquence. *Notre unité d'aujourd'hui est l'héritage que Theodor Herzl a légué au peuple juif* ».

Le *Judenstaat* de Theodor Herzl affirme : " Wi r sind ein Volk ! — Nous sommes un seul peuple ! *Aujourd'hui, c'est la seule unité* qui existe dans un monde divisé en deux hémisphères.

> "Nous sommes un seul et même peuple, en dépit des apparents clivages, fissures et différences entre les démocraties américaine et soviétique. Nous sommes un seul peuple et il *n'est pas dans notre intérêt* que l'Occident libère l'Est, car en faisant cela et en libérant les nations asservies, l'Occident priverait inévitablement la juiverie de la moitié orientale de sa puissance mondiale. »

Le grand programme des *Protocoles* est presque accompli et c'est la meilleure preuve de leur authenticité. Il y a cinquante ans, la Société des Nations et l'O.N.U. n'étaient qu'un rêve, mais les auteurs des *Protocoles ont* clairement envisagé le rôle et l'objectif de ces organisations.

C'est ainsi qu'a été créée l'Organisation des Nations Unies, en remplacement de la Société des Nations, qui n'a pas réussi à s'imposer et qui a disparu. Son palais a été construit à Lake Success, où les gouvernements du monde s'unissent sous les couleurs bleues et blanches de Sion. En Corée, des soldats américains sont morts en combattant sous les couleurs sionistes. Dans ces conditions, les *Nations unies peuvent être considérées à juste titre comme l'organisation de pouvoir la plus accomplie et la plus perfectionnée de la juiverie mondiale.*

La formation du gouvernement mondial juif n'est pas encore annoncée officiellement. Mais Einstein, le prophète, ainsi que l'Organisation des Fédéralistes Mondiaux et les Organisations Fédéralistes de plusieurs pays européens, le proclament ouvertement (voir le programme des Fédéralistes Mondiaux).

(Dans la partie de l'État de New York la plus peuplée de Juifs, le sénateur Herbert H. Lehman et le député Jacob Javits sont élus dans le cadre de ce programme.

La section la plus importante des Nations unies est l'UNESCO (Organisation des Nations unies pour l'éducation, la science et la culture). Elle est presque exclusivement sous le contrôle de la juiverie. L'UNESCO souhaite diriger et contrôler l'éducation de toute la jeunesse du monde. C'est d'ailleurs l'une des instructions des *Protocoles* :

> « Nous devons diriger l'éducation des communautés Goyim de telle sorte que, chaque fois qu'elles sont confrontées à une question nécessitant une initiative, elles puissent laisser tomber leurs mains dans une impuissance désespérée ». *(Protocole V.)*

L'UNESCO est donc l'organisation phare envisagée par les auteurs des *Protocoles,* créée à un moment donné pour produire et former une jeunesse mondiale composée exclusivement de prolétaires mondiaux athées, sans loyauté envers leur pays et leurs traditions nationales, et considérant tout ce qui est défavorable à la conquête juive du monde comme un méprisable « antisémitisme ».

> « A la place des gouvernants actuels, nous mettrons en place un monstre qui s'appellera la Super Administration Gouvernementale », est-il prophétisé dans le *Protocole V.* « Ses mains s'étendront dans toutes les directions comme des pinces et son organisation sera d'une dimension si colossale qu'elle ne pourra manquer de soumettre toutes les nations du monde ».

A l'ONU, le démocrate occidental et le juif soviétique de l'Est, le rabbin new-yorkais et le commissaire soviétique sont aujourd'hui assis côte à côte et coopèrent pleinement. Alors que les soldats païens sont occupés à verser le sang les uns des autres, la guerre se poursuit à l'intérieur même de l'ONU, où le célèbre dicton de Theodor Herzl influence toutes les déclarations de paix des Nations unies :

« Nous sommes un seul peuple. Nous sommes tous le même peuple ! » *Et tout le reste n'est que farce, que mise en scène.* Au sein de la Commission de l'énergie atomique de l'ONU, des juifs parlent à des juifs déguisés en démocrates ou en bolcheviks, et discutent entre eux du problème le plus redoutable du monde. Bien que l'auteur de la Charte des Nations Unies, Leon Pavlovsky, soit un juif américain, il a copié mot pour mot la constitution soviétique dans la Charte de l'O.N.U. Les informations considérées comme appropriées pour les nations païennes doivent être transmises par le Centre d'Information dirigé par un juif, Jacob Sappiro. Au sein de la Commission de l'énergie atomique, Bernard Baruch représente les États-Unis et au sein du Comité politique, D. J. Manuilsky, un juif soviétique, représente la Russie soviétique. L'Organisation internationale du travail de l'O.N.U. est dirigée par David A. Morse, de son vrai nom Maskovich, un juif russe. Bien que le secrétaire général de cette puissante organisation mondiale ne soit pas juif, Benjamin Cohen, secrétaire général adjoint, l'est. Il est également remarquable que *pendant la guerre de Corée, Constantin Zinkovich, un juif russe, était le chef du service de sécurité de l'O.N.U. Cela signifie en fait qu'il était le patron du général MacArthur pendant les opérations coréennes.*

Désormais, ce n'est plus le Congrès américain qui décidera du sort de l'Amérique, mais une organisation inconnue, contrôlée par les Juifs. Ainsi, les soldats turcs doivent mourir sur ordre des Juifs des Nations unies, et ces mêmes Juifs peuvent saboter ceux qui luttent contre le bolchevisme. Et encore, l'O.N.U. dictera et dira à la France, à la Grèce ou à l'Allemagne de l'Ouest qui ces pays peuvent accepter comme citoyens, s'ils peuvent recevoir des prêts, et quel type de réglementation du travail doit être adopté. Nous aborderons ce sujet dans le prochain chapitre.

Voyons dans quelle mesure les instructions énoncées dans les *Protocoles* ont été appliquées à l'Est comme à l'Ouest. Nous commencerons par le bolchevisme. Une comparaison montre qu'il serait plus juste de considérer les *Protocoles,* plutôt que les œuvres de Lénine, comme la Bible du bolchevisme.

« Le peuple, sous notre direction, a anéanti l'aristocratie... » (Protocole III, rédigé en 1897). (dit le *Protocole III*, écrit en 1897) « qui était sa seule et unique défense et sa mère nourricière au nom de son propre avantage qui est inséparablement lié au bien-être du peuple ». Aujourd'hui, avec la destruction de l'aristocratie, le peuple est tombé entre les mains d'impitoyables canailles avides d'argent qui ont mis un joug impitoyable et cruel sur le cou des travailleurs ».

Mais, en fait, la juiverie mondiale a réalisé bien plus que cela en un demi-siècle. Elle a réussi à détruire non seulement l'aristocratie fondée sur la naissance, mais aussi celle fondée sur les compétences, ainsi que l'*élite* intellectuelle, *qu'elle appartienne* à la classe ouvrière, à la paysannerie terrienne ou à l'»aristocratie» des classes moyennes. La décapitation intellectuelle de la Russie s'est achevée après 1917, et à la place de Dostoievsky et de sa classe, des gens comme Ilia Ehrenburg représentent aujourd'hui l'»*élite* intellectuelle» de la Russie soviétique. La moitié de l'*élite* européenne a été exécutée, certains sous le prétexte de la libération, d'autres parce qu'ils ont été reconnus coupables de crimes de guerre. Le peuple est en effet tombé dans les « griffes de la canaille ».

Aujourd'hui, alors que ce chapitre est en cours de rédaction, on peut jeter un coup d'œil sur ce qui se passe en Russie et derrière le rideau de fer. Tout d'abord, les rois ont été détrônés et leurs sceptres et couronnes leur ont été retirés, ensuite l'aristocratie a été détruite, puis les classes moyennes des différents pays ont été fusillées et enterrées dans des fosses communes sur le modèle des meurtres du bois de Katyn ou déportées dans des camps de travail forcé ou d'extermination, et maintenant c'est au tour des dirigeants des travailleurs de subir le même sort.

> « Ce que nous devons obtenir, c'est qu'il n'y ait dans tous les États du monde, en plus de nous-mêmes, que les masses du prolétariat, quelques millionnaires dévoués à nos intérêts, des policiers et des soldats ». *(Protocole VII.)*

Cet objectif a été complètement atteint en Union soviétique, et sa réalisation dans les autres pays situés derrière le rideau de fer est en bonne voie. Le royaume juif mondial s'est matérialisé sous la forme du bolchevisme, dans lequel on ne trouve que des masses asservies et des commissaires juifs.

« De cette façon, nous détruirons chez les goyim l'importance de la famille et sa valeur éducative, et nous supprimerons la possibilité pour les esprits individuels de se séparer... », déclare le protocole X.

Dans les écoles des pays situés derrière le rideau de fer, des professeurs juifs enseignent l'insémination artificielle à des enfants de treize ans. Dans les collèges populaires, les garçons et les filles de treize à quinze ans dorment ensemble. En Russie soviétique, la vie familiale est dispersée, mais pas seulement par la déportation. Le cheminot ou le facteur né en Ukraine est envoyé à Vladivostok et vice versa. Les mouvements de jeunesse soviétiques détachent impitoyablement les enfants du cercle familial.

La citation suivante, tirée de rapports américains authentiques, prouve qu'une partie du programme des *Protocoles* a été réalisée en Amérique également :

> « La délinquance juvénile augmente à un rythme alarmant dans l'Amérique d'aujourd'hui. La police ne peut citer un article du code pénal que les jeunes Américains, filles et garçons, ne connaissent pas. Les meurtres de parents, de frères et de sœurs, ainsi que toutes sortes de meurtres sexuels, de vols, de braquages, de cambriolages de banques, d'enlèvements ordinaires et de trafic de drogue ne sont pas rares chez les jeunes. L'image reflétée par les statistiques est tout simplement épouvantable ». *(The Hidveroek,* décembre 1955, page 939.)

Dans *Der Weg,* Vol. VI, No. 8, nous lisons que lors d'une interview, Herbert Hoover, chef du F.B.I., a donné des chiffres encore plus choquants. En 1951, il y a eu au total 1.790.030 cas de criminalité. La moyenne quotidienne des personnes assassinées ou attaquées était de 301 ; celle des maisons cambriolées de 1 129 ; celle des personnes volées de 146 ; et celle des voitures volées de 468. Ainsi, toutes les cinq minutes, un meurtre, un vol ou un enlèvement a eu lieu. La caractéristique la plus inquiétante de la vague de criminalité est que les jeunes sont si souvent impliqués. Presque tous les jours, on lit des cas de garçons de quinze ans, armés de revolvers, qui commettent des braquages et des vols à main armée. Selon les statistiques, des centaines de milliers de jeunes sont armés. Aujourd'hui, en Amérique, une atmosphère criminelle semble avoir été *produite intentionnellement* et est inhalée à chaque respiration. Cela commence par le fait que les enfants lisent régulièrement des histoires obscures dans ce que l'on appelle les bandes dessinées. Plus d'une centaine de ces publications de caniveau produisent plus de quarante millions d'exemplaires. Quatre-vingt-dix pour cent des enfants âgés de six à onze ans lisent ces histoires d'horreur. Les romans policiers inondent les étals des librairies par lots de 100.000 exemplaires ou plus. Six cents « auteurs » travaillent à plein temps pour les écrire et les produire. Il convient peut-être d'ajouter que plus de quatre-vingt-dix pour cent de ces « auteurs » sont juifs.

L'atmosphère criminelle créée artificiellement est encore intensifiée par la télévision, explique l'article paru dans *Der Weg*. *L*'année dernière, selon les scripts, 16 932 morts violentes étaient visibles sur les écrans lumineux des récepteurs de télévision - 9 652 personnes ont été abattues par des revolvers et 762 autres ont été fauchées par des mitrailleuses. Diverses enquêtes menées dans les écoles secondaires ont mis en lumière le fait qu'environ la moitié des élèves de moins de dix-huit ans sont des drogués invétérés ; la marihuana, l'héroïne et la morphine ont été citées parmi les stupéfiants qu'ils consomment.

Comme nous savons que les films, la télévision, la radio et la presse en Amérique sont presque exclusivement entre les mains de la juiverie, cette vague de crimes peut difficilement être considérée comme accidentelle. Les auteurs des *Protocoles* savaient pertinemment que la stabilité de leur pouvoir dépendait de la possibilité de rendre les masses corrompues et sans caractère. Le programme des *Protocoles* a été réalisé :

> « … les Goyim s'amusent avec les liqueurs alcooliques ; leur jeunesse est devenue stupide. » (Protocole I.)

> « Dans notre programme, un tiers de nos sujets observera les autres par sens du devoir, selon le principe du service volontaire à l'État. Ce ne sera pas une honte d'être un espion ou un informateur, mais un mérite… » *(Protocole XVII.)*

Aujourd'hui, dans les bureaux, les usines et les ateliers des pays bolchevisés, plusieurs centaines de milliers d'informateurs et d'agents du régime rivalisent pour observer et rapporter les faits les plus insignifiants. Le *protocole XI* nous dit :

> « Les Goyim sont un troupeau de moutons et nous sommes leurs loups. Et vous savez ce qui se passe quand les loups s'emparent du troupeau… ».

La léthargie des masses et la terreur induite en elles se sont révélées être des garanties importantes pour la survie du régime bolchevique. « Pas une seule annonce ne parviendra au public sans notre contrôle », déclare le *protocole XII*, et aujourd'hui, toute la censure dans les pays situés derrière le rideau de fer, et en particulier en Russie soviétique, est à cent pour cent entre les mains des Juifs.

> « Lorsque nous sommes dans la période du nouveau régime transitoire à celle de notre accession à la pleine souveraineté, nous ne devons admettre aucune révélation par la presse d'une forme quelconque de malhonnêteté publique ; il est nécessaire que le nouveau régime soit considéré comme ayant si parfaitement satisfait tout le monde que même la criminalité a disparu… les cas de manifestation de la criminalité ne doivent rester connus que de leurs victimes et des témoins fortuits — pas plus ». *(Protocole XII.)*

Aujourd'hui, derrière le rideau de fer, les nouvelles de la police et les rapports sur les crimes sont absents de la presse. Le commandement juif secret des *Protocoles* a été fidèlement exécuté par le « nouveau régime » cinquante ans plus tard.

> « Lorsque nous entrerons dans notre royaume, il ne sera pas souhaitable pour nous qu'il existe une autre religion que la nôtre… », déclarent les Sages de Sion dans le *Protocole XIV*. Et il est dit qu'en Union soviétique, aujourd'hui, la foi juive est la seule à jouir de la liberté religieuse. « Nous ferons en sorte que des complots n'existent plus contre nous… Nous tuerons sans pitié tous ceux qui prendront les armes pour s'opposer à notre entrée dans notre royaume. Toute nouvelle institution qui ressemblerait à une société secrète sera également punie de mort… » *(Protocole XV.)*

Cet ordre juif a été exécuté avec une sévérité presque classique par le M.V.D., dirigé par les Juifs. Les purges et les massacres en Russie soviétique et dans les pays situés derrière le rideau de fer prouvent que les juifs au pouvoir appliquent impitoyablement les instructions des *Protocoles.*

> « Toute nouvelle institution ressemblant de près ou de loin à une société secrète sera également punie de mort ; celles qui existent déjà, qui nous sont connues, qui nous servent et nous ont servis, nous les dissoudrons et les enverrons en exil sur des continents très éloignés de l'Europe. C'est ainsi que nous procéderons avec les maçons goys qui en savent trop ». *(Protocole XV.)*

Cela explique pourquoi la franc-maçonnerie a été liquidée en Europe de l'Est après l'instauration du communisme, alors qu'elle avait ouvert la voie au bolchevisme. Les francs-maçons derrière le rideau de fer vivent aujourd'hui dans une contrée assez éloignée — en Sibérie en fait ! Les *Protocoles VIII* et *X nous l'*apprennent :

> « Pendant un certain temps, jusqu'à ce qu'il n'y ait plus de risque à confier les postes de responsabilité de nos États à nos frères juifs, nous les confierons à des personnes… qui, en cas de désobéissance… devront faire face à des accusations criminelles. » « … nous organiserons des élections en faveur des présidents qui ont dans leur passé une tache sombre, non découverte. Un "Panama" ou autre — ils seront alors des agents dignes de confiance… par peur des révélations… » *(Protocole X.)*

Ce système a été utilisé avec une effroyable minutie par les bolcheviks dans les pays situés derrière le rideau de fer, jusqu'à ce que leur pouvoir soit fermement établi. L'exemple de la Hongrie en est la meilleure illustration. Depuis 1945, le véritable détenteur du pouvoir en Hongrie était un juif moscovite appelé Mátyás Rákosi-Roth. Le premier président de la République était Zoltán Tildy, un prêtre calviniste alcoolique dont l'épouse, Elizabeth Gyenis-Gruenfeld, est juive. Le deuxième président était Árpád Szakasits, un informateur de la Gestapo dont la femme a été envoyée en prison pour vol à l'étalage. Le troisième président était un gitan du nom d'Alexander Rónai-Roma, dont la femme était juive. Mais le pouvoir réel est toujours entre les mains de la police secrète hongroise (A.V.H.) dirigée par des Juifs.

> « ... on ne peut admettre que, par crainte d'une erreur possible, une possibilité d'évasion soit donnée à des personnes soupçonnées d'une faute politique... » dit le *Protocole XVIII*, qui poursuit : « ... dans ces matières, nous serons littéralement impitoyables... il n'y a pas d'excuse possible pour des personnes qui s'occupent de questions auxquelles personne, sauf le gouvernement, ne peut comprendre quoi que ce soit... »

En effet, en Europe centrale, la plupart des prisonniers politiques croupissent dans les prisons soviétiques, dans les camps d'internement des pays asservis ou dans les colonies de déportation. Les « criminels » politiques ont été punis par l'application de lois rétroactives. Selon les statistiques de l'American Federation of Labour (A.F.L.), quatorze à vingt millions d'esclaves construisent la structure du royaume mondial juif dans les camps de travail forcé de l'Union soviétique. Les *Protocoles* donnent même une prescription sur la façon dont les prisonniers politiques doivent être traités afin d'éviter que les gens n'éprouvent de la sympathie pour eux :

> « Afin de détruire le prestige de l'héroïsme pour le crime politique, nous le jugerons dans la catégorie du vol, de l'assassinat et de toute autre forme de crime abominable et répugnant. L'opinion publique confondra alors dans sa conception cette catégorie de crimes avec l'opprobre qui s'attache à toutes les autres et la marquera du même mépris ». *(Protocole XIX.)*

Quiconque suit de près les procès politiques derrière le rideau de fer se rend compte que, là aussi, les dirigeants de l'Union soviétique suivent les instructions des *Protocoles*, vieilles de cinquante ans. Ainsi, sous la contrainte. Le cardinal Mindszenty a dû avouer qu'il avait fait de la contrebande de devises, l'évêque Lajos Ordass a été contraint d'admettre qu'il avait fait de la contrebande de dollars et Lászl ó Rajk, ancien ministre communiste de l'intérieur, a dû plaider coupable de larcin. Tous ceux qui n'aiment pas la domination juive enrobée de bolchevisme sont des ennemis du peuple. Ils « commettent des crimes » contre une race, c'est-à-dire contre la juiverie.

Les auteurs des *Protocoles* ne pensent pas seulement au présent, mais aussi à l'avenir. Ils veulent s'assurer la puissance mondiale pour toujours, et le seul moyen d'y parvenir est d'effacer le passé historique de l'esprit des jeunes de toutes les nations. Ces jeunes viendront alors grossir les rangs des masses serviles, dépourvues de toute tradition.

> « Nous remplacerons le classicisme, ainsi que toute forme d'étude de l'histoire ancienne, dans laquelle il y a plus de mauvais que de bons exemples, par l'étude du programme de l'avenir », peut-on lire dans le *protocole XVI*. Le marxisme et le léninisme enseignent également cela :

> « Nous effacerons de la mémoire de l'homme tous les faits historiques des siècles passés qui pourraient nous être défavorables. Nous abolirons toutes les écoles privées et l'enseignement privé ».

Tout ce programme a été exécuté derrière le rideau de fer avec une extrême précision, les instructions citées ci-dessus étant suivies mot pour mot. Les classiques ne sont plus enseignés dans les écoles soviétiques. Les jeunes doivent apprendre les doctrines de Marx et de Lénine, ainsi que les détails des différents plans quinquennaux et des programmes relatifs à l'avenir. Tout enseignement privé est aboli. La langue latine est interdite et remplacée par le russe. La salissure du passé et la falsification de l'histoire sont systématiques. La domination juive mondiale, qui pulvérise et pourrit tout, se manifeste ici sous sa forme absolue : le bolchevisme.

La propagande juive a récemment laissé entendre que l'»antisémitisme » existait derrière le rideau de fer. Les procès à grand spectacle de quelques Juifs communistes semblent corroborer cet argument, par exemple les cas de Slansky-Salzman, Anna Pauker-Rabinovich, Gábor Péter-Auspitz et l'exécution de Beria « ... nous avons sacrifié beaucoup des nôtres, mais pour cela nous leur avons déjà donné une position sur terre telle qu'ils n'auraient même pas pu en rêver. Le nombre relativement faible des victimes par rapport au nombre des nôtres a préservé notre nationalité de la destruction ». *(Protocole XV.)*

Cela explique le soi-disant « antisémitisme » de la Russie soviétique. Les corps de Pauker, Beria et Slansky apparaissent comme des barreaux de l'échelle menant à la puissance mondiale.

Quels espoirs avez-vous pour l'avenir, vous, hommes d'Occident, vivant dans des pays « libres », bombardés comme vous l'êtes par des phrases creuses sortant des lèvres des hommes d'État et des dirigeants dirigés par les juifs ? Ne voyez-vous pas que *votre démocratie tant vantée n'est en réalité pas une démocratie, mais une judéocratie* ? À l'Est, c'est la mitraillette, à l'Ouest, c'est l'or associé à l'influence politique. Avez-vous l'espoir, hommes d'Occident, d'échapper au sort de vos frères chrétiens d'Orient que vous avez abandonnés ? Peut-être que ceux qui vous promettent des choses meilleures vous désignent en réalité entre eux selon les termes des *Protocoles* :

> « Les Goyims sont un troupeau de moutons et nous sommes leurs loups.

Dans quelle mesure le programme des *protocoles a-t-il été mis en* œuvre en Amérique jusqu'à présent ?

Lorsque Roosevelt rompt les relations diplomatiques avec l'Allemagne en raison de la « persécution des Juifs », il devient évident que les États-Unis d'Amérique sont désormais entre les mains du gouvernement juif secret. La conférence de Québec et l'adoption du plan Morgenthau prouvent que le pouvoir sur l'Amérique est presque entièrement passé aux mains de la juiverie. Les bombardements aériens de la Seconde Guerre mondiale, la campagne de vengeance de Nuremberg et l'alliance soviétique sont le reflet d'une Amérique *qui n'a conservé que peu de traditions du passé.*

> « Les administrateurs, que nous choisirons parmi le public, en tenant strictement compte de leur capacité à obéir servilement, ne seront pas des personnes formées aux arts du gouvernement, et deviendront donc facilement des pions dans notre jeu entre les mains des hommes d'étude et de génie qui seront leurs

conseillers, des spécialistes élevés dès leur plus jeune âge pour diriger les affaires du monde entier. » *(Protocole II.)*

F. D. Roosevelt était un tel pion. Comme nous l'avons souligné précédemment, le nombre de Juifs parmi les soixante-douze conseillers présidentiels de Roosevelt était de cinquante-deux.

"La formule de subversion graduelle et de désintégration destructrice scientifiquement planifiée qui a été appliquée dans le cas des États-Unis est prescrite par les Protocoles :

> « Ce mal est le seul et unique moyen d'atteindre la fin, le bien. C'est pourquoi il ne faut pas s'arrêter à la corruption, à la tromperie et à la trahison lorsqu'elles doivent servir à atteindre notre but. En politique, il faut savoir s'emparer sans hésitation des biens d'autrui si l'on peut ainsi s'assurer la soumission et la souveraineté ». *(Protocole I.)*

À cet égard, pour ne pas offenser l'Amérique, il suffit de citer un article intitulé « Return to Paganism », paru dans le journal catholique américain *The Wanderer,* le 23 juillet 1950 :

> « Les citoyens de ce pays ont dû assister tout au long de ces dernières années à une honteuse pièce de théâtre au cours de laquelle les principaux membres de notre gouvernement, tant dans le domaine des affaires étrangères que dans celui des affaires intérieures, ont été dénoncés comme étant des communistes et des traîtres. D'autres ont été reconnus coupables de parjure, et certains de vol, de chantage et de falsification. Des *observateurs fiables pensent que, selon l'estimation la plus modeste, il y a au moins* 5 000 *homosexuels employés dans l'administration de l'État à Washington, et que, parmi les chefs de département de l'administration, il n'y a pas une seule personne disposée à essayer de remettre les choses en ordre et de nettoyer ce gâchis dans notre vie publique* ».

Les *protocoles* décrivent cet état de fait de manière assez précise :

> 'Si, dès à présent, nous avons réussi à nous approprier l'esprit des communautés goys... si, dès à présent, il n'y a pas un seul État où il existe pour nous des barrières à l'entrée dans ce que la stupidité goy appelle les secrets d'État, quelle sera alors notre

position lorsque nous serons reconnus comme les seigneurs suprêmes du monde en la personne de notre roi du monde entier ? *(Protocole XII.)*

Les scandales d'espionnage américain, la divulgation du secret de la bombe atomique, la transmission d'informations confidentielles du Département d'État et le vol de secrets militaires montrent que la juiverie suivait les instructions des *Protocoles* puisque, comme nous l'avons déjà souligné, ces crimes ont été commis presque exclusivement par des juifs.

Simultanément à la corruption des classes supérieures américaines et de l'administration de l'État, la démoralisation des masses a commencé par le biais de leurs divertissements. L'ignorance des masses américaines concernant les affaires publiques n'est pas naturelle au caractère américain. Ce résultat a été obtenu artificiellement et correspond aux commandements des *Protocoles* :

> « Pour que les masses elles-mêmes ne devinent pas de quoi il s'agit, nous les distrayons encore par des amusements, des jeux, des passe-temps, des passions, des palais du peuple.... Bientôt nous commencerons par la presse à proposer des concours d'art, de sport de toutes sortes... » *(Protocole XIII.)*

Les films américains sont aujourd'hui produits par Louis B. Mayer, Jack Warner, Harry Warner, Nick Schenk, Joe Schenk, Goldwyn, Zukor et d'autres rois du cinéma aux noms similaires. Parmi les principales vedettes de cinéma, on compte plus d'une centaine de rouges et de communistes. Quatre-vingt-cinq pour cent de la presse est contrôlée par des Juifs. Ces mêmes éléments s'occupent également des masses à la radio et à la télévision. C'est ainsi que les réfrigérateurs sont aujourd'hui plus importants que la fabrication d'armes pour défendre le monde « libre ».

> « De plus en plus déshabitués à réfléchir et à se forger une opinion, les gens commenceront à parler sur le même ton que nous, parce que nous serons les seuls à leur offrir de nouvelles pistes de réflexion... bien sûr par l'intermédiaire de personnes qui ne seront pas soupçonnées d'être solidaires avec nous ». *(Protocole XIII.)*

Tout cela s'est produit. Aujourd'hui, la presse, la radio, le cinéma et la télévision détournent l'attention du public des problèmes nationaux et internationaux vitaux. Le gigantesque réseau de l'industrie du divertissement ne représente pas seulement le « côté ensoleillé de la vie », mais reste en même temps l'arme la plus redoutable pour les ambitions destructrices d'une certaine race.

Pas un mot n'est prononcé par la presse contre cet état de fait. L'accent mis sur le mot « liberté » n'est souvent rien d'autre que de l'hypocrisie, ou peut-être une excuse pour la juiverie de faire ce qu'elle veut. Il suffit de lire l'article de Dorothy Thompson, dans lequel elle avoue qu'elle n'a pas trouvé de rédacteur en chef disposé à accorder un espace dans son journal à son feuilleton condamnant la haine artificiellement créée pour faire la guerre. La liberté de la presse est soit morte, soit transformée en monopole, et seules les choses favorables aux intérêts juifs sont publiées. Cet état de fait a également été prescrit par les auteurs des *Protocoles* :

> « Et s'il s'en trouve qui veuillent écrire contre nous, ils ne trouveront personne qui veuille imprimer leurs productions ». *(Protocole XII.)*

Les journaux américains qui comprennent les questions juives ne fonctionnent que grâce à des dons privés. Leur tirage est faible et leur influence négligeable. La vérité qu'ils défendent et prêchent ne peut pas atteindre le grand public.

> 'Nous nous sommes intéressés à l'administration de la loi, à la conduite des élections, à la presse, à la liberté de la personne, mais surtout à l'éducation et à la formation en tant que pierres angulaires d'une existence libre. *(Protocole IX.)*

Le célèbre Felix Frankfurter est aujourd'hui l'un des juges de la Cour suprême américaine. Dans son livre « *The International Jew* », *Henry Ford s'est opposé il y a de nombreuses années à la judaïsation de l'administration judiciaire.* Henry Ford s'est élevé, il y a de nombreuses années, contre la judaïsation de l'administration de la justice. Aujourd'hui, dans les cours de justice de New York, les Juifs constituent la majorité des juges.

La justice n'a plus les yeux bandés, elle regarde attentivement pour reconnaître et favoriser la race conquérante. Comme à Nuremberg, le nationalisme juif administre une justice qui favorise les nationalistes juifs.

Il est bien connu que l'éducation publique est entre les mains de la juiverie. Diverses organisations, ligues et associations « éducatives » transmettent aux jeunes des idées socialistes obscures et trompeuses. L'American Liberty League, sous la direction de Robert Filene, le célèbre multimillionnaire juif de Boston, est la plus importante de ces organisations. Comme l'écrit Flynn dans son livre *The Road Ahead, il est apparu* qu'entre soixante et soixante-dix professeurs des universités de Chicago et de Harvard étaient des membres actifs du parti communiste. L'un de ces professeurs appartenait à quatorze organisations du front bolchevique. Dans plusieurs collèges, les enseignants et les professeurs étaient tous juifs. Le résultat est que la prochaine génération est éduquée avec des idées bolcheviques qui conduisent à la dépravation morale.

> « Nous avons trompé, déconcerté et corrompu la jeunesse des Goyim en l'éduquant selon des principes et des théories dont nous savons qu'ils sont faux… ». *(Protocole IX.)*

Et le jeu lugubre qui a consumé et plongé dans la pauvreté et la servitude les peuples de l'Europe de l'Est se joue également en Amérique.

> « Nous augmenterons le taux des salaires, ce qui, cependant, n'apportera aucun avantage aux travailleurs car, en même temps, nous produirons une hausse des prix des produits de première nécessité… ». *(Protocole VI.)*

Si la grande richesse du sol a porté le niveau de vie des travailleurs américains à des sommets fabuleux, la fin de ce jeu économique est toujours la même. Pendant l'apogée de la production d'armement, les salaires ont augmenté, mais le prix de tout le reste a également augmenté. Le dollar a perdu la moitié de son pouvoir d'achat pendant le boom de l'armement.

> « Ce que nous devons obtenir, c'est qu'il n'y ait dans tous les États du monde, en plus de nous-mêmes, que les masses du

prolétariat, quelques millionnaires dévoués à nos intérêts, des policiers et des soldats ». *(Protocole VII.)*

Aujourd'hui, le travailleur américain possède encore sa propre maison, son automobile et son réfrigérateur, et pourtant, par le biais de la lutte factice entre le capital et le travail, les Juifs le conduisent inexorablement vers le bolchevisme.

Les sectes chrétiennes se sont également engagées dans une guerre des nerfs. Le principe du « Free State Religion » affaiblit les églises chrétiennes. Les rabbins juifs protestent contre la diffusion de chants chrétiens dans les écoles à l'occasion de Noël.

> « Lorsque nous entrerons dans notre royaume, il ne sera pas souhaitable pour nous qu'il existe une autre religion que la nôtre.... Nous devons donc balayer toutes les autres formes de croyance ». *(Protocole XIV.)*

La théorie du « Royaume de Dieu », dont nous avons parlé dans la première partie de ce livre, est un moyen très efficace d'induire un simulacre de christianisme avec une touche juive et bolchevique. En outre, à l'arrière-plan des différentes sectes, on retrouve le même pouvoir mystérieux auquel les *Protocoles font référence* et qui est connu sous le nom de franc-maçonnerie.

> « Entre-temps, cependant, jusqu'à ce que nous arrivions dans notre royaume... nous créerons et multiplierons les loges franc-maçonniques dans tous les pays du monde, nous y absorberons tous ceux qui peuvent devenir ou qui sont en vue dans l'activité publique, car c'est dans ces loges que nous trouverons notre principal bureau de renseignements et nos moyens d'influence. Nous réunirons toutes ces loges sous une administration centrale, connue de nous seuls et de tous les autres absolument inconnus, qui sera composée de nos savants aînés ». *(Protocole XV.)*

Le B'nai B'rith, la plus grande organisation franc-maçonnique juive, compte aujourd'hui 267 loges sous une direction centrale. À elle seule, elle assure au judaïsme plus d'influence que toutes les autres organisations similaires réunies.

Le Protocole XV, entre autres, nous dit :

> « Dans ces loges, nous ferons le nœud qui unit tous les éléments révolutionnaires et libéraux. Elles seront composées de

toutes les couches de la société. Les complots politiques les plus secrets nous seront connus et tomberont sous nos mains directrices le jour même de leur conception.... Il est naturel que ce soit nous, et personne d'autre, qui dirigions les activités maçonniques, car nous savons où nous menons, nous connaissons le but final de toute forme d'activité, alors que les Goyim ne connaissent rien, pas même l'effet immédiat de l'action ».

En Amérique, tout cela se produit depuis longtemps. La franc-maçonnerie est le véritable gouverneur de la démocratie américaine et constitue un auxiliaire très puissant et obéissant dans la cause du « nazisme » juif. C'est une S.S. invisible, recrutée parmi les dirigeants de toutes les nations et les membres de toutes les classes sociales. Elle a joué un rôle de premier plan dans la Révolution française, dans la première dictature bolchevique hongroise de Bela Kun, dans le lancement des mouvements anticléricaux et antireligieux et dans l'élaboration des traités de Versailles après la Première Guerre mondiale. En conséquence de tout cela, la franc-maçonnerie et ses filiales, les Rotary Clubs, ont été condamnées par le Pape.

Une chose est sûre. La franc-maçonnerie est la négation même de la démocratie. Lorsque la direction est exercée par une organisation secrète et que les lois sont conçues et élaborées dans les loges avant d'être soumises au parlement, il ne peut être question de l'expression de la volonté du peuple. Dans ces conditions, la démocratie n'est plus qu'une ombre. Lorsqu'un État est guidé par la franc-maçonnerie, contrôlée par les Juifs, sa démocratie n'est rien d'autre qu'une étape dans une descente rapide vers le bolchevisme.

Le grand patriote hongrois LászI ó Endre, qui fait autorité sur la question juive en Europe, a écrit, peu avant le début de la Seconde Guerre mondiale, un livre très intéressant sur les *Protocoles des Sages de Sion,* dont il a établi l'authenticité par des études et des recherches approfondies. Faut-il s'étonner qu'en 1946, il ait été l'un des premiers à être traîné à la potence dans la Budapest bolchevisée ? Cet homme qui a souffert le martyre pour ses idéaux a écrit une lettre d'adieu dans la nuit précédant son exécution. Dans cette lettre, datée du 21 mars 1946, il déclare :

> « Les *Protocoles des Sages de Sion* sont vrais... les moyens d'établir un royaume mondial sont entre leurs mains et ils détruiront tout ce qui pourrait constituer un obstacle à leur formation du nouvel État mondial. Tout ce qui se passe ici relève de la prévention et de la vengeance, et n'a bien sûr rien à voir avec l'administration de la justice. Car la politique juive consiste à *exterminer non seulement ceux qui ont fait quelque chose, mais même ceux qui pourraient encore faire quelque chose ou qui auraient pu faire quelque chose...* »

Les *Protocoles des Sages de Sion* sont vrais. La raison d'accepter leur authenticité n'est pas qu'un martyr hongrois les pensait vrais, mais que *tout ce qui y est écrit s'est avéré vrai jusqu'à présent.* Peut-on trouver un meilleur test de véracité ?

CHAPITRE XVII

Les positions clés du pouvoir mondial juif

La civilisation moderne est gouvernée politiquement et contrôlée économiquement par des hommes occupant des postes clés. L'influence exercée par ces hommes est souvent plus décisive que les décisions des chefs d'État ou les résolutions des parlements. Les Juifs ont toujours su comment occuper et garder pour eux ces postes clés, et comment les utiliser soit pour s'emparer du pouvoir politique, soit pour gouverner dans l'ombre.

Les services d'information du monde entier sont pratiquement tous entre les mains de quelques grandes agences de presse juives. Ainsi, quelque 2 000 millions de personnes entendent des nouvelles généralement favorables aux Juifs et aux aspirations du nationalisme juif. Les Juifs contrôlent le *cinéma et l'industrie cinématographique,* non seulement en Amérique, mais dans presque tous les pays du monde, y compris l'Union soviétique. L'*industrie textile et le commerce du coton* sont également presque partout entre les mains de la juiverie. Le *commerce et la production d'or* sont associés dans le monde entier aux noms suivants : Rothschild, Bleichroeder, Mendelsohn, Japhet, Seligman, Lazard, Strauss, Morgenthau et Schiff. Les Oppenheimers contrôlent la quasi-totalité de la *production de diamants en* Afrique du Sud et la quasi-totalité du commerce mondial de diamants. L'influence politique hostile d'un membre de la famille Oppenheimer est bien connue des ministres du gouvernement sud-africain. Avec la Diamond Trading Company, Sir Ernest Oppenheimer a construit l'un des plus grands monopoles du monde, qui possède même sa propre police secrète. Ce monopole se compose presque exclusivement de juifs et maintient l'Allemagne occidentale sous le coup d'un boycott, même aujourd'hui. Par conséquent, les besoins de l'Allemagne en diamants industriels ne peuvent être couverts que par le marché noir ou avec l'aide de contrebandiers. *(Der Spiegel,* Vol. XI, No. 35.) Les Oppenheimers possèdent 100 des plus grandes mines de diamants, d'or, de cuivre et d'uranium du monde. Sa fortune privée s'élève à environ un milliard de dollars. Bien que Sir Ernest soit décédé récemment, la position du monopole Oppenheimer reste inchangée.

Lord Melchett (Alfred Mond) contrôle le *nickel,* tandis que le *commerce du blé est entre les* mains de Louis Dreyfus.

L'*encyclopédie juive* donne un aperçu très intéressant de la manière dont les Juifs ont gagné de l'influence dans les différents pays par le biais de transactions de prêts. Les Stern et Goldschmidt au Portugal, le baron Hirsch en Turquie, les Rothschild en France, les Strassberg en Roumanie, Poljakov, Speyer and Co. en Russie, et Kuhn, Loeb and Co. ont financé la construction des chemins de fer aux États-Unis. L'*Encyclopédie juive* confirme également que le *commerce du mercure* est entre les mains des Rothschild ; Barnato Brothers et Wernek, Bett and Co. contrôlent une part importante du *commerce des diamants ;* Levinson et Guggenheim le *commerce du cuivre ;* et Graustein et Dreyfus l'*industrie du papier.*

Mais plus intéressant encore que l'*encyclopédie juive* est un numéro du *Edmondson Economic Service Bulletin,* daté de 1939, d'où il ressort que les 440 familles américaines les plus riches, c'est-à-dire les vieux millionnaires gentils établis, possèdent en tout vingt-cinq milliards de dollars, tandis qu'une poignée de juifs américains possèdent une fortune estimée à 500 milliards de dollars. Même une entreprise juive aussi petite et relativement peu connue que les frères Insull exerce un contrôle sur cinq milliards de dollars.

La Syrie est un exemple typique de l'influence néfaste des conquérants du monde. *Hatikva, le* journal sioniste écrit en hongrois, se vante que toute la vie économique de la Syrie est sous le contrôle d'une minorité juive syrienne de 60 000 personnes. Près de 100 % des professeurs de l'université de Damas sont juifs.

Selon les sources sionistes, la minorité juive syrienne de 60 000 personnes occupe des postes clés dans la vie économique et joue un rôle majeur dans la vie culturelle, industrielle et commerciale de la Syrie.

En conséquence, la Syrie, qui vit dans un monde imaginaire, se rapproche dangereusement du statut de satellite soviétique.

Le canal de Suez lui-même, dont la nationalisation a failli entraîner l'humanité dans une troisième guerre mondiale, a été contrôlé pendant près de 100 ans par les intérêts financiers des conquérants du monde. À l'origine, Disraeli, le Premier ministre juif de Grande-Bretagne, avait acquis une grande partie des actions du canal pour le compte du gouvernement britannique. La banque Rothschild de Londres a réalisé un bénéfice de plus de 100 000 livres sterling rien que sur la première opération de crédit. Lorsque le président égyptien Nasser a voulu mettre fin à l'un des plus grands intérêts commerciaux des conquérants du monde, Israël, la Grande-Bretagne et la France ont vainement tenté de les protéger à l'aide de flottes, de chars et de roquettes. Dans les chapitres précédents, nous avons cité les *Protocoles* et indiqué les paragraphes qui donnent des indications sur la manière d'établir un gouvernement au-dessus de tous les autres gouvernements. Le *protocole V* stipule que « A la place des gouvernants actuels, nous mettrons en place une entité qui s'appellera l'Administration du Super Gouvernement ». Ce point est étroitement lié à certaines des instructions les plus importantes des *Protocoles*, qui nous disent que tant qu'il ne sera pas *conseillé de placer des Juifs aux postes les plus élevés, les postes importants seront occupés par des personnes à la moralité douteuse.*

Il faut noter que le judaïsme, en tant que nationalisme très discipliné, a obéi à cet ordre sans faille. Qu'il s'agisse de la dictature soviétique ou de la démocratie américaine, les Juifs occupent partout des postes derrière un front païen. Une marionnette païenne est au premier plan en tant que chef d'État, Premier ministre, etc. mais à son coude se tient un Juif. Eisenhower vient en premier, puis Baruch, qui est beaucoup plus influent. De même, Staline a été suivi par Khaganovich. Il convient de noter que ce plan a été mis en œuvre non seulement dans les cas concernant les postes clés les plus importants, mais aussi souvent dans ceux concernant des postes de moindre importance. Le chef du bureau est un Gentil, son adjoint est un Juif. Le commandant en chef des forces d'occupation est un général américain ou soviétique, mais son adjoint est juif. À Nuremberg, des juges païens siègent, mais Robert M. Kempner, aidé de 2 400 autres Juifs, travaille dans l'ombre.

Le premier président de l'ancienne Société des Nations était un juif appelé Hymans. Mais il fut rapidement remplacé par un païen. Le temps n'était pas encore venu de placer des Juifs aux postes de direction. Pourtant, selon le *New York Times* du 22 août, 1922, Nahum Sokolow a souligné dans un discours prononcé au Congrès sioniste de Carlsbad que la création de la Société des Nations était « une idée juive ».

Le Dr Dillon, se référant dans son livre à la conférence de paix de Versailles, nous dit que les représentants les plus influents de toute la réunion et ceux qui avaient les intérêts les plus caractéristiques étaient des Juifs venus de Palestine, de Russie, d'Ukraine, de Grèce, de Grande-Bretagne et des Pays-Bas. Mais les délégués juifs envoyés par les États-Unis étaient les plus importants de tous. Le lecteur sera peut-être surpris d'apprendre que la plupart des délégués étaient convaincus que la véritable influence du peuple anglo-saxon était juive.

Ici aussi, les Juifs se sont appuyés sur un front païen. Les délégués qui recevaient la publicité et ceux qui signaient les traités étaient des Gentils. Mais ceux qui agissaient en tant que conseillers et représentaient le pouvoir réel étaient juifs.

Aujourd'hui, le pouvoir mondial juif est basé sur le système d'un front païen. Il s'agit d'une sorte de mimétisme. « Le secret est le caractère de notre pouvoir. Si l'on pouvait dresser une carte du pouvoir juif mondial, elle représenterait en fait un schéma des positions clés occupées. Nous pourrions ajouter que cette carte ne pourra jamais être parfaite et qu'elle est encore très incomplète aujourd'hui. Elle montrerait les positions clés occupées jusqu'à présent par la juiverie, ou une petite fraction d'entre elles, à partir desquelles elle dicte la politique mondiale au front païen.

Les Nations unies (ONU) sont devenues l'organisation la plus puissante de la juiverie mondiale. L'ONU est la principale organisation de la juiverie orientale et occidentale. C'est le début, et un exemple, d'un gouvernement mondial supranational, et c'est au sein de son personnel que se rencontrent les Juifs de l'Est et de l'Ouest, les capitalistes et les « nazis » bolcheviques de l'Ancien Testament. Au sommet du palais de verre des Nations unies à Manhattan, le drapeau de l'ONU est déployé, dont les couleurs bleu pâle et blanc sont remarquablement identiques à celles du drapeau israélien. Mais il n'y a pas que les couleurs des drapeaux qui se ressemblent. Les personnes représentées par les drapeaux se ressemblent également. Les postes clés les plus importants dans le monde sont occupés par des hommes de la même race. En prenant 1951 comme base de notre enquête, nous donnons une liste de noms. Elle est presque aussi sinistre que la liste des dirigeants bolcheviques russes en 1917.

LE SECRÉTARIAT DES NATIONS UNIES

- Dr. H. S. Bloc, chef du département de l'armement.
- Antoine Goldet, directeur principal, département des affaires économiques.
- Ansgar Rosenberg, conseiller spécial, département des affaires économiques. David Weintraub, directeur, Stabilité et développement économiques.
- Karl Lachman, chef du département fiscal.
- Dr. Leon Steinig, directeur de la division des stupéfiants.
- Henry Langier, chef adjoint du département de l'aide sociale.
- Dr. E. Schwelb, chef adjoint du département des droits de l'homme.
- H. A. Wieschoff, in Administrative Dept. of the Non-Autonomous territories.
- Benjamin Cohen, secrétaire général adjoint, département de l'information publique.
- Ivan Kerno, secrétaire général adjoint, département juridique.

- Abraham H. Feller, chef et conseiller principal du service juridique.
- J. Benoit-Levy, directeur, Division du Bureau des films et de l'information visuelle.
- Marc Schreiber, conseiller juridique.
- G. Sandberg, conseiller juridique au département de la codification du droit international.
- David Zablodowsky, chef du département de l'imprimerie.
- George Rabinovich, chef du département des interprètes.
- Max Abramovitz, chef adjoint du Bureau de planification.
- P. C. J. Kien, chef du département de comptabilité.
- Mercedes Bergmann, fonctionnaire du service du personnel.
- Dr. A. Signer [?], chef de la clinique de santé.
- Paul Rodzianko, secrétaire de la commission de recours.

BUREAU D'INFORMATION DES NATIONS UNIES

- Jerzy Shapiro, chef du Bureau central d'information des Nations unies à Genève.
- B. Leitgeber, chef du Bureau central d'information des Nations unies à New Delhi.
- Henri Fast, chef du Bureau central d'information des Nations unies à Shanghai.
- Julius Stawinski, chef du Bureau central d'information des Nations unies à Varsovie.

BUREAU INTERNATIONAL DU TRAVAIL

- David A. Morse (Mo[s] covitch), chef du département de l'O.I.L., Genève. Trois des quatre chefs de l'O.I.L. sont juifs. Il s'agit de :
- Altman (Pologne), David Zellerbach (États-Unis), Finet (Belgique).
- V. Gabriel-Garces, correspondant et délégué équatorien.
- Jan Rosner, correspondant et délégué polonais.

ORGANISATION POUR L'ALIMENTATION ET L'AGRICULTURE

- Andre Mayer, premier vice-président.
- J. Jacobsen, délégué danois.
- M. M. Libman, chef du département des engrais chimiques.
- E. de Vries, délégué néerlandais.
- Gerda Kardos, chef du département Fibres.
- M. Ezekiel, chef de la Direction de l'analyse économique.
- Kardos, chef du département de la section des produits divers.
- M. A. Hubermann, chef du département technique forestier.
- J. P. Kagan, agent technique Section exploitation forestière et équipement
- J. Mayer, chef de l'Office alimentaire.
- F. Weisel, chef du département administratif.

ORGANISATION DES NATIONS UNIES POUR L'ÉDUCATION, LA SCIENCE ET LA CULTURE (UNESCO)

Sur les quatre membres du comité exécutif, Alfred Sommerfelt et Paul Carneiro sont juifs.

- J. Eisenhardt, président du Comité de rééducation.
- Mlle Lauffman, chef du département de la compréhension internationale et de l'éducation.
- Dr. O. Klineberg, directeur du département.
- H. Kaplan, chef du Bureau d'information du public.
- C. H. Weitz, chef du département administratif.
- B. Abramski, chef du département du logement et des voyages.
- S. Samuel Selsky, chef du bureau du personnel.
- B. Wermiel, chef de l'emploi administratif.
- A. Welsky, chef de l'Office de coopération scientifique.

BANQUE INTERNATIONALE POUR LA RECONSTRUCTION ET LE DÉVELOPPEMENT

- W. M. Mendels, secrétaire.
- Leonhard B. Rist, directeur économique.

- Leopold Chmela, président et président du conseil d'administration.
- E. Polask, membre du Conseil des gouverneurs de Tchécoslovaquie. Gouverneurs (Tchécoslovaquie). [sic]
- P. Mendès France, membre du Conseil supérieur français.
- M. de Jong, du Conseil des gouverneurs de Hollande.
- D'Abramovich, du Conseil des gouverneurs de Yougoslavie.

Fonds monétaire international

- Josef Goldmann, du Conseil des gouverneurs (Tchécoslovaquie).
- Louis Rasminsky, directeur général canadien.
- W. Kaster, sous-directeur néerlandais.
- Louis Altman, directeur général adjoint.
- E. M. Bernstein, chef du département des enquêtes.
- Joseph Gold, avocat principal.
- Leo Levanthal, conseiller principal.

Organisation internationale pour les réfugiés

- Mayer Cohen, chef du département de la santé et du bien-être de l'I.R.O.
- Pierre Jacobsen, directeur du département des rapatriements.
- R. J. Youdin, directeur de la division des rapatriements.

Organisation mondiale de la santé

- Z. Deutschmann, chef du département technique.
- G. Mayer, chef du département des traductions.
- M. Siegel, chef du département financier.
- Dr. N. Goodman, directeur général du département de la coopération.
- Zarb, directeur de la section juridique.

Organisation internationale du commerce

- Max Suetens, président de l'organisation.

Union internationale des télécommunications

- F. C. de Wolfe, délégué américain au Conseil d'administration.
- Gerry Gross, directeur général adjoint d'I.T.O.
- H. B. Rantzen, président du Comité international des télécommunications.

Organisation de l'aviation civile

- G. Berg, responsable de l'organisation.

Projets divers

- Col. A. C. Katzin, représentant de l'ONU en Corée.
- George Novshon, responsable de l'information des Nations unies en Corée.
- Ernest A. Gross, deuxième délégué des États-Unis à l'ONU.
- Isador Lubin, chef de la commission de l'économie et de l'emploi.
- Julius Katz-Sochy, délégué permanent de la Pologne.
- Ales Bebler, délégué permanent de la Yougoslavie.

Les listes déjà citées montrent que *les postes clés vitaux sont partout occupés par des Juifs.*

Examinons maintenant en détail le plus haut gouvernement politique des États-Unis. Entre 1945 et 1951, le non-juif Harry Truman était au premier plan, mais selon une déclaration du *Chicago Tribune,* la deuxième ligne, le gouvernement secret des États-Unis, se composait des membres suivants : Morgenthau, Herbert H. Lehman et Felix Frankfurter : Morgenthau, Herbert H. Lehman et Felix Frankfurter. Alors que Marshall était secrétaire à la Guerre, Mme Anna Rosenberg, une juive de Budapest, occupait le poste de vice-secrétaire à la Guerre. Sous l'administration Truman, bien que Dean Acheson ait été secrétaire d'État, les affaires étrangères étaient en fait dirigées par Felix Frankfurter. À la même époque, on disait que Bernard Baruch était le véritable président des États-Unis.

Comme, selon l'*Empire caché,* quatre-vingt-deux pour cent des employés du département d'État étaient juifs, on ne peut s'étonner de cet état de fait. Le triste tableau est complété par le fait que les postes clés du bureau de l'immigration américaine, ainsi que ceux du grand capital, de la presse, de l'industrie cinématographique, de la radio et de la télévision sont entre les mains de la juiverie. Nous pouvons ajouter que, selon la même autorité, les Juifs contrôlent au moins 60 % du revenu national des États-Unis.

En tout cas, il faut mettre au crédit du « petit » Harry Truman le fait que, sous son administration, les enquêtes de la commission McCarthy aient pu se dérouler sans encombre. Après la mort de Roosevelt, la Maison Blanche, dont Harry S. Truman a pris la direction, ressemblait à une synagogue. Au départ de Truman, il n'y avait pratiquement plus aucun membre des conquérants du monde à la Maison Blanche. David Niles en fut expulsé, de même que Samuel Roseman.

Sous l'administration Eisenhower, la situation ne s'est pas améliorée mais s'est plutôt aggravée. Les enquêtes McCarthy ont cessé et les conquérants du monde expulsés par Truman ont été remplacés par d'autres Juifs. La brochure « *The Coming Red Dictatorship* » *(La dictature rouge à venir)*, éditée en tant que numéro spécial par le journal américain *Common Sense,* donne une image épouvantable de la véritable configuration de l'administration Eisenhower. Le principal conseiller économique d'Eisenhower, par exemple, est un jeune juif appelé Arthur F. Burns, l'un des hommes de Bernard Baruch installés à la Maison Blanche. Le président de la Commission de l'énergie atomique est Strauss ; l'expert militaire pour les questions d'Extrême-Orient est le général Lyman Lemnitzer ; le chef du gouvernement mondial secret est le banquier James P. Warburg ; et l'un des principaux délégués américains à l'ONU est Jacob Blaustein. Isidore Lubin dirige les réparations allemandes. Il serait trop long d'énumérer tous les postes clés occupés par les conquérants du monde dans le régime Eisenhower. Mais il est certain que la situation est, en tout cas, pire aujourd'hui qu'elle ne l'était à l'époque de Roosevelt.

En ce qui concerne les États-Unis, nous nous tournons à présent vers l'Union soviétique. La rumeur voudrait nous faire croire que l'écrasante majorité des participants juifs à la révolution de 1917 a été poussée dans la clandestinité et que, par la suite, un grand mouvement russe ou panslave a pris le dessus. Cela aurait été évident au moins au sein du Politbureau et aux postes gouvernementaux les plus importants.

Ce serait se méprendre totalement sur les affaires soviétiques que de penser que le « moscovitisme » constitue la forme juive du bolchevisme, ou que le titisme et le national-communisme sont le moindrement « antisémites ». Le *moscovitisme représente sans aucun doute la forme la plus perfectionnée du système juif de domination mondiale.* Le caractère essentiel de ce système est que les travailleurs civilisés, cultivés et intelligents de tous les pays situés derrière le rideau de fer doivent être gouvernés par des méthodes russes, sans tenir compte du fait que ces méthodes ont été prescrites à l'origine pour les seuls citoyens soviétiques. Lazar Khaganovitch était sans aucun doute le représentant le plus déterminé de ce plan. En revanche, il est tout à fait possible que certains dirigeants communistes des différents États situés derrière le rideau de fer aient refusé de se soumettre au moscovitisme. Slansky-Salzman et Anna Pauker étaient eux-mêmes juifs et communistes. Ce n'est donc pas le caractère juif du moscovitisme de Khaganovitch qui a suscité leurs objections. Ils estiment cependant que le programme prescrit pour l'usage domestique ne convient pas au travailleur tchécoslovaque, roumain ou bulgare. *Ils souhaitent adopter les méthodes auxquelles les Juifs roumains, tchécoslovaques, bulgares et hongrois sont habitués depuis longtemps.*

Tout cela est loin de signifier que l'Union soviétique est devenue « antisémite ». La conclusion de Louis Levine en 1945, selon laquelle l'Union soviétique était gouvernée par un million de Juifs occupant des postes clés, est toujours valable aujourd'hui. Les Juifs soviétiques croient fermement que le *communisme de type moscovite représente la forme la plus perfectionnée de la domination juive sur le monde, et* ils extermineront donc sans pitié même les autres Juifs qui ne sont pas disposés à partager leur point de vue sur ce point.

En Union soviétique, Lazar Khaganovitch était un représentant aussi prédominant de la manière dont les conquérants du monde gouvernent derrière le front des Gentils que l'est Bernard Baruch dans les États-Unis « démocratiques » d'Amérique. Le vrai dictateur est là, qu'il agisse derrière Staline, Malenkov ou Kruschev. Sa sœur cadette Rosa Khaganovitch fut la troisième épouse de Staline, tandis que son fils Mikhaïl Khaganovitch épousa la fille de Staline, Svetlana.

La récente destitution de Khaganovitch ne signifie pas grand-chose. Il a pris sa retraite pour le moment, mais le million de conquérants du monde occupant des postes clés restent les véritables maîtres de la Russie soviétique.

Les relations de Molotov sont intéressantes à noter. Il n'est pas juif, mais sa femme, Karpovszkaja, la plus jeune sœur de Samuel Karp, le magnat américain du pétrole multimillionnaire, est juive.

Sur les neuf membres de l'ancien Politbureau, Khaganovitch et Mikoyan étaient juifs, Saburov appartenait très probablement aux conquérants du monde et Swernik était un membre suppléant.

À l'instar des démocraties, le système soviétique se caractérise par le fait que les dirigeants visibles ne sont généralement pas les véritables dirigeants. *Ainsi, Vladimir Ashberg, un banquier juif, joue un rôle très important en Union soviétique.* Sa position ressemble à celle de Morgenthau sous l'ère Roosevelt. Il entretient des relations plus ou moins étroites avec toutes les grandes familles bancaires juives et il est également membre du Congrès mondial juif. Il est le principal financier de l'Union soviétique.

Si nous examinons les titulaires de postes clés en *Union soviétique, nous verrons que ce pays est également sous le contrôle des Juifs.* L'année en question est 1951.

Le professeur Mark Mitin, président de l'Académie des sciences de l'Union soviétique, la plus haute autorité en matière d'idéologie marxiste-léniniste, et rédacteur en chef du document du Kominform « *Pour une paix durable et une démocratie populaire* », est juif.

Pavel E. Yudin, l'un des personnages les plus importants de l'Union soviétique, chef du département d'histoire de l'Académie des sciences de l'Union soviétique, vice-président de la maison d'édition d'ouvrages de vulgarisation scientifique, rédacteur en chef du journal Kominform qui publie la propagande soviétique officielle, l'un des principaux responsables des « purges » derrière le rideau de fer, conseiller politique de l'Armée rouge dans la zone d'occupation de l'Allemagne de l'Est et actuel dictateur de l'Allemagne de l'Est, est lui aussi juif.

- M. Z. Saburov, président du Bureau et du Comité de planification de l'État, est juif.
- I. Lavrentiev (de son vrai nom Lippmann), vice-ministre des Affaires étrangères, ancien ambassadeur en Tchécoslovaquie, ami intime d'Alger Hiss, directeur de l'espionnage diplomatique soviétique dans le monde entier et chef du réseau d'espionnage étranger qui a organisé les troubles en Perse, est juif.
- Eugène Varga-Weiszfeld, directeur de l'Institut économique et politique mondial de l'Union soviétique, l'un des principaux responsables de la vie économique de l'Union soviétique, est également juif.
- Ilia Ehrenburg, chef de la propagande, rédacteur des principaux articles de la *Pravda*, principal publiciste de l'idéologie soviétique et directeur du « Mouvement pour la paix » du Kominform, est juif.
- Leonid Menikov, ambassadeur soviétique en Roumanie, est juif.
- Nosenko, ministre de l'industrie lourde et des transports, est juif. Anatole Yakovlev, ambassadeur soviétique aux États-Unis pendant les audiences de l'affaire de trahison Rosenberg, et aujourd'hui l'un des chefs de l'espionnage soviétique, est juif.
- M. N. Svernik, ancien président de l'Union soviétique et actuel dirigeant des syndicats russes, est juif.
    - F. Gorkin, secrétaire général du présidium du Soviet suprême, est juif.
- David Zaslawsky, rédacteur en chef de la *Pravda*, est juif.

- S. A. Losowsky, ancien chef du ministère soviétique des Affaires étrangères et actuel directeur du service soviétique d'information et de nouvelles, est juif. Le professeur I. P. Trailin, procureur général de l'Union soviétique, ancien membre moscovite du « Comité de poursuite des criminels de guerre » et directeur de la faculté de droit de Moscou, est juif. Boris Stein, directeur de l'école du service diplomatique du ministère soviétique des Affaires étrangères, l'un des délégués soviétiques à l'ONU, est juif. Le ministère soviétique des Affaires étrangères est tellement rempli de Juifs que les Russes l'appellent avec humour la « Synagogue ».
- *Franktine Schul, l'un des principaux représentants du communisme mondial, qui parle seize langues,* est également juif. En 1950, il était le chef des terroristes rouges en Indochine et il est actuellement à la tête du groupe N. 3 ; à ce titre, il dirige l'extermination des anticommunistes derrière le rideau de fer.
- S. V. Kraftenov, ministre de l'Enseignement universitaire et secondaire de l'Union soviétique, est juif.
- Le général K. Gorshenin, ministre de la Justice, est juif.
- Jacob Malik, ancien délégué soviétique en chef auprès de l'ONU et actuellement ambassadeur soviétique à Londres, est juif.
- Le major-général Boris Rasin, attaché militaire en Grande-Bretagne, est juif.
- Solomon Abrahamovich Reback, directeur adjoint du Comité soviétique de l'énergie atomique et chef de la sécurité du département spécial du M.V.D. qui contrôle les scientifiques atomistes, est juif.
- Le colonel I. Vigdor, officier de contre-espionnage au service de sécurité de la recherche atomique soviétique, est juif.
- Le major Kahan, fonctionnaire de la police secrète, affecté au comité de l'énergie atomique, est juif.

- Mikoyan, membre du Politburo et ministre du Commerce, est un juif arménien.
- M. M. M. Brodin, chef de presse, est juif.
- Peter Levitsky, vice-président du Conseil des États soviétiques, est juif.
- D. Manuilsky, dictateur de l'Ukraine, est juif.
- Kornejchuk, auteur et président nominal de la République ukrainienne, est juif.
- N. Jacobson, dictateur de l'Estonie et délégué représentant l'Estonie, est juif.
- N. Jakovliev, directeur de l'enseignement public soviétique, est juif.
- Yu Masenko, expert spécial des affaires indiennes et directeur du mouvement communiste en Inde, est juif.
- G. I. Levinson, expert de la section orientale de l'Académie des sciences soviétique sur les affaires chinoises et l'un des dirigeants communistes chinois, est juif.
- D. Danyalov, membre du Présidium du Soviet suprême, est juif.
- F. T. Gusev, vice-ministre des Affaires étrangères, est juif.
- S. Y. Romin, ministre de la construction et des routes, est juif.
- D. I. Fumin, ministre de l'Alimentation et des matières premières, est juif. Jacob Suritz, ambassadeur soviétique au Brésil, est juif.
- Le colonel Rudenko, procureur général délégué par les Soviétiques au procès de Nuremberg, est probablement juif.
- Isaac Zaltman, directeur de la production des tracteurs, est juif.
- G. Bosakov, directeur de l'industrie cinématographique, ayant rang de ministre, est juif.
- Le professeur Pontecorvo, directeur de la production de la bombe à hydrogène soviétique, est juif.
- S. Z. Ginsburg, président de la banque d'État, est juif.
- K. R. Herzberg, président de la banque Torg, est juif.

- o G. Samuelenko, président de la banque Vnieshtorg, est juif.
- ➢ X. Yacob Simenov, président de la Prombank, est juif.

Nous devons également garder à l'esprit que les membres et les dirigeants de l'Académie des sciences soviétique sont presque exclusivement des Juifs.

En 1957, les révélations les plus choquantes ont été publiées sur l'étendue de l'influence des conquérants du monde sur la Russie. Joseph Staline, le dictateur le plus puissant et le plus impitoyable, a construit le pouvoir soviétique tel qu'il est aujourd'hui, et ce avec l'aide des Juifs. Sa femme était Rosa Khaganovich, et la famille Khaganovich a exercé une terrible influence sur l'Union soviétique. Nous savons, d'après des témoins juifs authentiques, que l'Union soviétique n'est un jardin d'Eden que pour les Juifs, puisqu'ils y occupent des postes clés au sein du gouvernement, de l'armée, des académies, des bureaux de planification et des directions d'usine. Selon des rapports britanniques et américains fiables, le yiddish était souvent parlé dans la maison de Staline dans les conversations générales.

Mais Staline, à l'origine grand ami des Juifs et second père spirituel du bolchevisme, a été ébranlé dans ses convictions par les événements. C'est ce qu'affirme Emmanel Birnbaum, écrivain juif, ainsi qu'un article paru dans *Aufbau*. La foi de Staline dans les Juifs est ébranlée lorsque les armées hitlériennes atteignent les lignes de chemin de fer circulaires à la périphérie de Moscou, ce qui permet à Staline de constater le degré de panique parmi les 500 000 Juifs moscovites, qui fuient en abandonnant à elle-même « la grande et glorieuse révolution bolchevique » qui a tant fait pour eux.

Dans ce contexte, l'article publié dans *France Soir* du 7 juin, 1957, porte la marque de l'authenticité. Dans l'article cité, le journal français jette une lumière crue sur les circonstances de la mort de Staline, décrites à la presse polonaise par Ponomarenko, ambassadeur soviétique en Pologne.

Selon le récit de l'ambassadeur, en février 1953, Staline a soumis au Conseil présidentiel du Soviet un décret stipulant que tous les Juifs de l'Union soviétique devaient être déportés vers la République soviétique du Birobidjhan. De nombreux Polonais, Russes, Géorgiens, Estoniens, Lettons, Lituaniens, Hongrois et autres — plus que le nombre total de Juifs en Union soviétique — avaient déjà été déportés sur ordre de Staline, mais aucun des dirigeants soviétiques n'a jamais protesté contre ces déportations.

Mais lorsque, comme nous l'apprenons, Staline a voulu toucher à la juiverie, tous les dirigeants soviétiques se sont immédiatement retournés contre lui. Khaganovitch et Molotov, dont la femme est juive, sont immédiatement intervenus, et Vorochilov, dont la femme est également juive, a déclaré qu'il quitterait immédiatement le parti communiste si Staline osait toucher aux Juifs soviétiques.

Selon le récit de Ponomarenko, Staline est entré dans une colère noire, ce qui l'a conduit à une crise cardiaque qui l'a fait s'effondrer et mourir sur place.

Le récit de l'ambassadeur soviétique à Varsovie est parfaitement crédible. Mais la mort de Staline aurait eu lieu en mars et non en février 1953. Si c'est le cas, peut-être que sa mort n'a pas été instantanée, due à une crise cardiaque, mais causée par autre chose... *peut-être un coup de poignard, une balle de revolver ou du poison l'ont-ils tué. Le bras vengeur de la juiverie peut aller très loin.*

Mais cette histoire devient encore plus sinistre si l'on examine ce qui s'est passé après la mort de Staline.

L'hebdomadaire hongrois bien informé *Way and Purpose* (Vol. IX, No. 8, page 10) a publié un article très intéressant sur Kruschev.

Ce document indique que la biographie de Krouchtchev a été récemment publiée en Amérique. Elle a été écrite par un juif et nous apprend que le successeur de Staline, la personne la plus puissante du parti communiste, vient d'Ukraine et est le fils d'un forgeron cosaque. Dans sa jeunesse, il a vécu dans la ville ukrainienne de Mariupol (Zhdanov), un port sur la mer d'Azov, et a gagné de bons salaires en tant que tourneur. Il loge chez des

Juifs et apprécie tellement leur compagnie qu'il apprend à parler le yiddish. Cette famille juive orthodoxe s'est prise d'affection pour le jeune homme, qui se mettait volontiers à son service le samedi, lorsqu'il allumait le feu de la cuisine ainsi que ceux des autres pièces de la maison, et qui mangeait avec un excellent appétit le poisson farci et d'autres plats particulièrement savoureux de l'art culinaire juif, que sa propriétaire au grand cœur se faisait un plaisir de lui offrir. À cette époque, la vie n'était pas très agréable pour les Juifs vivant dans l'empire du tsar. À cette époque, l'affaire Beilis est portée devant les tribunaux de Kiev. Beilis était accusé de meurtre rituel, c'est-à-dire d'avoir tué un jeune chrétien et d'avoir prélevé son sang. Cette affaire engendre une grande haine contre les Juifs et une organisation « antisémite », les Cent-Noirs, terrorise les Juifs de Russie. La population excitée se livre à des pogroms dans diverses régions du pays. La situation est assez dangereuse à Mariupol également. Le chef local des Cent-Noirs, un maître boucher, incite la population sur la place du marché à déclencher un pogrom, et il est fort probable que les Juifs de Marioupol n'échappent pas à un sort effroyable. Pour empêcher le pogrom, un professeur juif organisa à la hâte un groupe d'hommes pour disperser la foule qui s'était rassemblée pour le massacre des Juifs. Krouchtchev se porte volontaire et, au moment de passer à l'action, il participe courageusement aux combats. Saignant de ses blessures à la tête, il retourne dans sa famille juive qui, entre-temps, avait commencé à le soupçonner d'appartenir aux Cent-Noirs. Mais cet incident a dissipé tous les soupçons, et les Juifs ont lavé et nettoyé les blessures du boiteux Krouchtchev, tandis que le cordonnier, son propriétaire, annonçait avec satisfaction : « C'est un bon gars et je suis content de lui : "C'est un brave type et je suis sûr qu'il ne nous fera jamais de mal !" ».

Il ne l'a jamais fait et les Juifs n'ont pas été ingrats envers lui. Le fils du cordonnier, qui n'était autre que Lazar Khaganovitch lui-même, a aidé Krouchtchev tout au long de sa vie, le soutenant dans toutes les difficultés. Il a fait entrer Krouchtchev dans le mouvement bolchevique et a exercé son influence en sa faveur chaque fois que cela était possible. Khaganovitch l'a fait venir d'Ukraine à Moscou et l'a présenté à Staline. Il ne fait donc aucun doute que les relations de Krouchtchev avec les Juifs sont excellentes et qu'il s'est révélé être un fidèle serviteur des aspirations au pouvoir mondial énoncées dans les *Protocoles des Sages de Sion*.

Certains intellectuels occidentaux ont essayé de produire toutes sortes de preuves pour établir l'attitude soi-disant "antisémite" du Soviet. Ils citent des preuves telles que la liquidation de Beria, les procès des médecins juifs, le récent renvoi de Khaganovich, l'affaire Slansky et le départ pacifique d'Anna Pauker-Rabinovich. Mais croire que le bolchevisme puisse être capable d'un changement aussi fondamental serait méconnaître l'essence du système soviétique. Dans le journal juif *Aufbau* de New York, habituellement bien informé, l'organe représentant les Juifs qui ont fui Hitler pour se réfugier en Amérique, un article très intéressant a été publié le 4 mai 1951, sous la plume de Jehojachim Alkalai, un Juif de Tel-Aviv. À une époque où Staline était déjà soupçonné d' »antisémitisme », cet article nous apprend que, lors de l'invasion allemande de la Russie, les Juifs qui ont dû fuir les troupes d'Hitler ont été envoyés par le gouvernement soviétique en Asie centrale pour y être réinstallés. Ainsi, plus de 400 000 Juifs ont non seulement été mis à l'abri des persécutions allemandes, mais ils ont également trouvé d'excellents postes dans les républiques du Kazakhstan, de l'Ouzbékistan et dans d'autres États d'Asie centrale membres de l'Union soviétique. Ces postes se trouvaient dans les territoires où les nouveaux grands centres de production d'armement et de recherche atomique de l'Union soviétique devaient être construits.

L'article souligne qu'avec la réinstallation des Juifs, le gouvernement soviétique a atteint plusieurs objectifs importants. Tout d'abord, les *Juifs ont été retirés des parties de l'empire soviétique où la majorité de la population est composée de Russes qui, selon l'expérience passée, sont enclins à l' »antisémitisme »*. Les Juifs sont également préservés de toute suspicion de la part d'une certaine fraction du parti bolchevique dont l'idéologie présente des traits « cosmopolites », car parmi les habitants du Kazakhstan et de l'Ouzbékistan, ils n'ont aucune chance d'exprimer les soi-disant sympathies occidentales qu'on leur prête. Mais l'objectif le plus important de cette réinstallation était d'assurer que l'industrie soviétique d'armement lourd qui devait être établie dans ces districts soit entre des mains fiables.

« Pour l'instant, il semble certain, écrit Jehojachim Alkalai, qu'en raison de leur intelligence supérieure à la moyenne et de leur longue expérience, les scientifiques, techniciens et experts administratifs juifs sont presque indispensables à l'Union soviétique. Il est également indiqué dans cet article qu'il y a trois ministres juifs dans le gouvernement de l'Ouzbékistan et deux vice-ministres juifs dans le gouvernement du Khazakhstan. *"Dans les ministères de ces États, une longue liste de postes clés importants sont occupés par des Juifs.* Les Juifs sont très fortement représentés au sein du bureau de planification de l'État, connu sous le nom de 'Gosplan', qui *contrôle l'ensemble de l'économie de l'État. Ce* même journal nous informe que parmi les cadres du parti, il y a de nombreux juifs et qu'ils sont particulièrement nombreux à l'" Agitrop » (le ministère de la Propagande). Dans les organisations commerciales et industrielles, les Juifs sont également employés en tant que directeurs et scientifiques de premier plan. Enfin, cet article bien informé de l'*Aufbau* conclut en affirmant que la situation économique et sociale des Juifs est bien meilleure dans les républiques soviétiques d'Asie centrale que dans n'importe quelle autre partie de l'Union soviétique.

En fait, la Russie soviétique a réussi à transférer la base de son pouvoir. Les éléments les meilleurs et les plus indispensables de la juiverie ont été transférés dans les nouvelles régions industrielles d'importance vitale. L'industrie de l'armement et la production d'uranium de l'Union soviétique sont aux mains des Juifs et sous administration juive. C*'est ainsi qu'un deuxième et un troisième* rideau de fer ont été construits, cachant les conquérants du monde derrière les montagnes de l'Oural. En conséquence, la Russie européenne, qui est profondément infectée par l'»antisémitisme », est presque dépourvue de scientifiques juifs, de directeurs d'usine et de concepteurs de plans d'État qui constituent la base indispensable de la puissance soviétique. Ils sont loin dans les nouveaux centres de production vitaux de l'Union soviétique qui sont difficilement accessibles même aux missiles balistiques inter-continentaux américains à longue portée.

Il convient également de noter que, selon le rapport publié dans *Aufbau* en 1951, Lazar Khaganovich contrôlait toujours ce nouveau centre de pouvoir stratégique soviétique. Il a été élu au Politburo soviétique par le district de Tachkent de la République d'Ouzbékistan. Il est également certain, selon *Aufbau*, que ces hauts fonctionnaires juifs, leaders de la vie politique, économique et culturelle du Soviet, ont été envoyés dans ces régions avec une mission précise.

Derrière les deuxième et troisième rideaux de fer, *un gigantesque anneau de postes clés a été érigé*, qui régit l'ensemble de l'Union soviétique. C'est sur lui que repose tout l'avenir du système soviétique. Et pourtant, la détention, le procès et l'acquittement de quelques médecins juifs ont permis de faire savoir au monde extérieur que « nous sommes des antisémites » ou des « antisionistes ». Bien que Lazar Khaganovich ait été démis du poste visible qu'il occupait auparavant en Russie européenne, où il était bien connu, il n'a été ni pendu ni emprisonné. L'observateur politique d'aujourd'hui pourrait à juste titre se demander ce que Khaganovitch faisait dans le nouveau centre de pouvoir du Soviet, où sont produits la bombe à hydrogène, les missiles balistiques intercontinentaux et les spoutniks du Soviet.

En 1956, une délégation du Parti socialiste français, conduite par son secrétaire général, Pierre Comin, s'est rendue en Union soviétique. A son retour, Pierre Lochak, l'interprète russo-français, publie le compte-rendu sténographique de l'ensemble des conversations qui ont eu lieu lors de cette visite entre Kruschev et Khaganovitch d'une part et la délégation française d'autre part. Au cours de ces échanges plutôt francs, Lazar Khaganovitch a répondu aux remarques françaises sur l'humanitarisme occidental :

« Il n'y a plus de place pour l'humanitarisme tant que nous n'aurons pas assuré la victoire finale de la révolution soviétique. Le seul devoir de la dictature du prolétariat est d'assurer et d'achever la victoire totale de la révolution... »

Selon Khaganovitch, la victoire de la révolution ne peut être que la domination absolue du monde. Et Kruschev, lui aussi, s'est empressé d'ajouter que le gouvernement soviétique repose aujourd'hui sur une direction juive et que ce n'est qu'en raison de certaines considérations que la juiverie a été masquée par un front païen.

« *Si les Juifs occupaient aujourd'hui tous les premiers postes de notre République* », a déclaré le successeur de Staline, « *ils ne seraient probablement pas très populaires auprès de la population russe autochtone.* Si, par exemple, nous nommions un Juif à un poste administratif élevé en Ukraine et qu'il s'entourait ensuite de personnel juif, cela susciterait certainement la jalousie et l'animosité de la population locale à l'égard des Juifs. *Mais nous ne sommes pas des "antisémites". Si vous regardez M. Khaganovich, vous verrez qu'il est juif. Et M. Mitin, ici présent, est également juif. Et cette chère Lydia Faktor, notre interprète, est également juive. J'ai moi-même un petit-enfant à moitié juif. Nous luttons tous contre l'antisémitisme* ». (Sueddeutsche Zeitung, 5 juillet, 1957.)

Le système soviétique a pour corollaire que pour tromper le monde occidental, et en particulier les nations arabes anti-israéliennes, il a besoin de créer occasionnellement une fausse apparence d'»antisémitisme». Mais la véritable puissance de l'Union soviétique — l'industrie lourde et la production de guerre fondées sur le leadership juif — existe toujours aujourd'hui derrière les deuxième et troisième rideaux de fer. L'Union soviétique n'a pas non plus oublié la déclaration des vénérables rabbins en 1951 que nous avons déjà citée, à savoir qu'»une troisième guerre mondiale entraînerait l'extermination totale de la population juive du monde». Et si le judaïsme mondial disparaissait, le bolchevisme disparaîtrait avec lui. Kruschev, Molotov et toute la nouvelle intelligentsia soviétique pourraient, bien sûr, finir par devenir ouvriers agricoles. Mais c'est exactement ce que même la section païenne du mouvement bolchevique ne voudrait pas voir se produire.

La presse occidentale aime à répandre des histoires sur l' »antisémitisme » de Kruschev et des Soviétiques en général. Le *Rheinischer Merkur*, journal chrétien-démocrate ouest-allemand, réputé proche du chancelier Adenauer, a publié récemment un long article écrit par Stephen Pollak, publiciste juif à Londres. Ce journaliste juif, bien informé et honnête, se plaint dans son article que le système soviétique étrangle la culture juive. En Union soviétique, les théâtres yiddish sont fermés et plusieurs acteurs juifs ont été exécutés. Il déplore qu'il n'y ait pas de grand rabbin en Union soviétique et que les équipements des écoles rabbiniques soient insuffisants. Il se plaint amèrement que le développement de la vie culturelle parmi les trois millions et demi de Juifs soviétiques soit rendu impossible. *Mais cela vaut pour toutes les autres nations de l'URSS.* Le bolchevisme a réussi à étouffer la culture russe elle-même.

« Au cours du Congrès mondial juif de Londres, écrit Pollak, le Dr Levenberg, représentant de l'Agence juive en Grande-Bretagne, a tenu des propos très intéressants sur la situation sociale et économique des Juifs vivant aujourd'hui en Union soviétique. Alors qu'en 1933, 270 000 Juifs travaillaient dans l'agriculture, *aujourd'hui, toute la population juive de l'Union soviétique travaille dans les villes comme fonctionnaires, médecins, scientifiques, etc. Ils se considèrent même comme les détenteurs de quelques postes clés dont les Russes n'ont pas encore réussi à les évincer. Selon les statistiques officielles,* 25 000 *scientifiques juifs travaillent encore en Union soviétique ». (Rheinischer Merkur* n° 50, du 13 décembre, 1957.)

Un fait très important est admis ici, bien qu'il soit enveloppé sous la forme d'une plainte. Les faits et les chiffres enregistrés par Louis Levine concordent parfaitement avec les statistiques du Dr Levenberg : La Russie soviétique est gouvernée par environ trois millions de Juifs occupant des postes clés et administratifs, 25 000 *d'entre eux travaillant aux plus hauts postes scientifiques du Soviet responsables des bombes atomiques et des fusées spatiales.*

La réponse à cette question du soi-disant « antisémitisme » dans l'Union soviétique peut être donnée sans parti pris en citant Kruschev lui-même. Comme nous le savons, Eleanor Roosevelt a rendu visite à Krouchtchev en 1957, et la première chose qu'elle a faite a été d'interroger Krouchtchev sur la position des Juifs soviétiques. Voici ce que Krouchtchev lui a répondu :

Le communiste ne peut pas être « antisémite », car le communisme s'oppose à toute forme de discrimination raciale. Et si un membre du parti communiste était connu pour être un « antisémite », aucun d'entre nous ne lui serrerait la main. *Comment un communiste pourrait-il devenir « antisémite » alors que Karl Marx était lui-même juif ?* Mon propre fils, qui a été tué pendant la guerre, a épousé une femme juive. Les Juifs soviétiques ont toutes les chances d'obtenir la meilleure éducation et les postes les plus élevés ». *(Bridge Builders,* Vol. X, No. 23.)

À cet égard, la position de la Pologne est des plus éclairantes. La politique du front des Gentils est ici démontrée de la manière la plus évidente. La juiverie a soigneusement évité de nommer un juif Premier ministre de Pologne. Mais l'archevêque polonais, lors de sa visite en Amérique en 1946, a déclaré avec insistance que la majorité du parti communiste polonais était composée de Juifs qui terrorisaient impitoyablement la Pologne. Le Premier ministre polonais n'a jamais été juif. Aujourd'hui, le front des Gentils se compose du Polonais Gomoulka, mais derrière lui se trouvent les véritables détenteurs du pouvoir : Roman Zabrovszky (juif), secrétaire général du parti communiste, Hilary Minc (juif), ministre de l'économie, et Jacob Berman (juif), sous-secrétaire du ministère de l'économie. Les Juifs occupent les postes clés du gouvernement polonais, d'où ils dictent leur loi au malheureux peuple polonais.

Le sort de la Hongrie, surtout après la tentative de soulèvement pour obtenir l'indépendance en 1956, est un autre exemple frappant du front des gentils. En 1951, le président de la Hongrie était Sándor Rónai, un demi-gitan de naissance, bien que sa femme soit juive. Le président du bureau politique hongrois est également un non-Juif appelé Istvan Dobi, un cheminot buveur, toujours à l'écoute de Moscou en échange de quelques verres.

Jusqu'au printemps 1956, Mátyas Rákosi-Roth est le véritable dictateur juif *dans les coulisses*. Il était secrétaire du parti communiste. Un autre Juif moscovite important, Ernoe Geroe-Singer, a repris ce rôle de Rákosi plus tard.

Avec quelques changements et remplacements ici et là, les Juifs étaient les maîtres de la Hongrie.

> - Josph Révai, alias Moses Kahana, ministre de l'Éducation, instigateur notoire des procès Mindszenty, est juif.
> - Mihály Farkas, ministre de la Défense (de son vrai nom Israel Wolff), un autre juif moscovite, était auparavant imprimeur à Kassa.
> - Ernoe Geroe, alias Singer, a joué un rôle important dans la guerre civile espagnole du côté communiste. Plus tard, au cours de la Seconde Guerre mondiale, il a contribué à la mise en place de l'organisation perfide connue sous le nom de Freies Deutschland (Allemagne libre), sous la direction du général Paulus, et a ensuite été pendant longtemps le représentant personnel de Staline en Extrême-Orient. Le discours radiophonique d'Ernoe Geroe Singer du 23 octobre 1956 a largement contribué à provoquer le soulèvement hongrois, car il a demandé aux Soviétiques de maintenir leur occupation de la Hongrie. Les jeunes travailleurs et étudiants hongrois, furieux, ont répondu à cette demande par une révolte spontanée.
> - Zoltán Vass, alias Weinberger, ministre de l'Économie et directeur du trust minier Komlo, était également juif. Sa femme, qui était l'un des médecins de l'hôpital juif et qui a remis aux bourreaux soviétiques les blessés et les malades dont elle s'occupait, était juive.
> - Gábor Péter, alias Benjamin Auspitz, le tristement célèbre chef de la M.V.D. (police secrète) hongroise, était naturellement juif lui aussi. D'assistant tailleur dans une petite ville, il est devenu chef de la police

secrète communiste hongroise et est responsable du meurtre et de la torture de 30 000 personnes. Plus tard, il est tombé en disgrâce et, d'après les maigres informations dont on dispose sur son sort, a été condamné à neuf ans et demi d'emprisonnement.
> Le ministre des Affaires étrangères, Erik Molnar, était lui aussi juif. Il avait rédigé un long traité « scientifique » concluant que les Hongrois, en tant que peuple « asiatique », devaient être réinstallés dans la steppe de Golodnia.
> Ivan Boldizsar, alias Bettelheim, chef de la propagande du régime communiste hongrois, était également juif.

Les Juifs se sont emparés des postes clés de l'ensemble du réseau de la police secrète communiste en Hongrie. Ils sont devenus les commissaires, les dirigeants du gouvernement local et les directeurs des usines du peuple. Il n'est pas difficile de suivre les changements qui ont eu lieu en Hongrie entre le front des Gentils et ceux qui formaient son arrière-plan. En 1956, Rákosi est remplacé. Son successeur au poste de secrétaire du parti communiste hongrois, c'est-à-dire dans la dictature, était un autre Juif, Ernoe Geroe-Singer, qui représentait la même ligne moscovite et pro-sioniste que son prédécesseur. Lorsque le soulèvement hongrois a commencé le 23 octobre 1956, les jeunes Hongrois qui, au cours des douze années précédentes, avaient été éduqués dans l'idéologie communiste et n'avaient donc aucune connaissance des aspirations juives au pouvoir mondial, voulaient qu'Imre Nagy devienne Premier ministre.

Très peu de gens savent qu'Imre Nagy était un petit paysan à moitié juif de l'ouest de la Hongrie et que son vrai nom était Grosz. Sa mère était hongroise, mais son père était juif. Sa femme est juive. Il a vécu longtemps à Moscou et a été étudiant sous le régime stalinien. Son rôle de leader dans la rébellion hongroise semble avoir été *inefficace et son comportement suspect.*

Quelle que soit l'ampleur du crime qu'il a pu commettre contre l'Union soviétique, *il n'a été jugé que très récemment.*

La lutte hongroise pour la liberté, tout comme sa répression, ont prouvé que *même si beaucoup de choses peuvent changer dans le communisme, ses caractéristiques de domination mondiale juive et sioniste sont permanentes et immuables.* Après les attaques soviétiques du 4 novembre 1956, les postes clés hongrois ont de nouveau été occupés par les Juifs qui agissent désormais comme des dictateurs impitoyables sur le malheureux peuple hongrois réprimé. Ils dictent dans les usines, dans les centres du parti et à partir de tous les postes de direction de la police secrète réorganisée.

La position de la Roumanie est également intéressante et mérite d'être étudiée de plus près. Cette jeune et courageuse nation d'Europe centrale a connu pendant des siècles les aspirations de la puissance juive mondiale et aurait pu être l'un des meilleurs alliés de la Hongrie. Juste avant la Seconde Guerre mondiale, un nouveau mouvement, connu sous le nom de *Garde de fer, a* gagné le soutien de toutes les couches de la population roumaine. Les anciens concepts du socialisme ont été adoptés par ce groupe fanatiquement chauvin qui, malheureusement, s'est souvent heurté aux Hongrois et à d'autres voisins. Mais derrière Carol, le roi roumain, sa maîtresse, Mme Lupescu, alias Maggie Wolf, la rousse juive, poursuivait ses intrigues et persuadait le roi de déraciner le mouvement, ce qu'il fit effectivement. Il est effroyable de penser que même l'Allemagne hitlérienne, à la recherche de son propre « grand concept politique », a mal compris et aidé à liquider ce mouvement roumain, dont les dirigeants ont côtoyé des Juifs dans les camps de concentration jusqu'en 1944. Il fallut la trahison du roi Michel pour que les dirigeants allemands prennent conscience de l'importance de la Garde de fer, qui fut alors organisée en légion antibolchevique. Leur formation fut achevée et leur équipement fourni au cours des derniers mois de la guerre, et le 8 mai, 1945, la légion de la Garde de fer roumaine constitua la dernière résistance armée aux unités bolcheviques.

Après la guerre, un front païen fut organisé avec une grande efficacité en Roumanie. George Groza devint Premier ministre, mais derrière lui se tenait la juive Anna Pauker-Rabinovich, disciple fidèle de Staline. Kisinevszky, premier secrétaire du parti communiste roumain, est évidemment juif. Theohary Georgescu-Lebovich, ministre de l'Intérieur, Maurice Roller, responsable de l'enseignement public, Maurice Bercovici, responsable du commerce extérieur, Max Salamon, responsable de la propagande, et Mondy Kerkovici, qui, avec Rebecca Nathason, dirigeait les affaires culturelles soviéto-roumaines, étaient tous juifs.

Avec l'arrivée au pouvoir de Georghiu Dej et l'éviction d'Anna Pauker-Rabinovich, la situation peut sembler changée, mais ce n'est qu'une vue superficielle. Le malheureux peuple roumain est toujours soumis à la même terreur que celle exercée auparavant par Anna Pauker-Rabinovich.

La Tchécoslovaquie est un autre exemple de front païen. Ici, le Premier ministre, le camarade Gottwald, était un demi-Juif. Mais derrière lui, Slansky-Salzman était le premier secrétaire du parti communiste tchèque, le chef de la lutte biologique des classes et un Juif caractéristique. Slansky-Salzman, comme le Hongrois non juif Lászl ó Rajk, a été exécuté, bien que communiste, parce qu'il n'était pas disposé à accepter la domination mondiale juive de type moscovite. Il voulait que le pouvoir soit réservé aux seuls Juifs occidentaux. À l'heure actuelle, un Juif du nom de Dr. Kosta dirige le service de presse étrangère de cet État hybride. Eugen Loebl, secrétaire adjoint au commerce extérieur, est juif. Ludwig Frejka, conseiller économique du président Gottwald, est également juif. Vasely, chef de la police secrète tchécoslovaque, réplique tchèque de Gábor Péter (Benjamin Auspitz) ; Bruno Kohler, commandant de la milice, ainsi que Lomsky, Bubona, Fuchs et Taussigov, importants secrétaires de district ; Bistricky et Goldstecker, ambassadeurs tchèques ; Truda Jakaninova Cakutrova, chef de la délégation tchécoslovaque auprès de l'O.N.U. ; Jiu K., secrétaire général de l'O.N.U., est également juif. N.O. ; Jiu Hironek, chef de département du ministère de l'Information, ainsi que Augenthaler et Gottlieb, les deux hauts fonctionnaires du ministère des Affaires étrangères, sont tous juifs. Le journal hongrois mi-communiste *Világ (Monde)* écrivait le 15 mars,

1953 : « Avec l'aide du M.V.D. soviétique, de nombreux Juifs ont réussi à occuper des postes de direction au sein du parti communiste. Avec l'exécution de Slansky-Salzman, le milieu juif semble avoir été liquidé. Il a fallu montrer aux travailleurs tchèques antijuifs que le bolchevisme n'était pas juif. Néanmoins, le milieu juif est toujours présent et détient le pouvoir réel. La Yougoslavie est un autre exemple de ce qui précède. Le maréchal Tito — de son vrai nom Joseph Broz — n'est pas juif. Mais jusqu'à sa mort récente, un Juif, Mojse Pijade, y exerçait le pouvoir réel. Le nom de Mojse Pijade est lié à l'assassinat et à la famine de 200 000 membres de la communauté allemande, ainsi qu'à d'autres cas macabres de génocide en Yougoslavie. Trente mille Hongrois ont été victimes de l'extermination systématique des groupes raciaux et nationaux en Yougoslavie.

Wilhelm Grothewohl, Premier ministre de l'Allemagne de l'Est, n'est pas juif. Mais Gerhard Eisler, le Juif qui se trouve derrière lui, est le seul détenteur du pouvoir réel. Il agit avec l'autorité des juifs de l'Est et de l'Ouest. Il est le fidèle disciple et le protégé d'Eleanor Roosevelt. Paval E. Yudin, commissaire soviétique, détenteur du pouvoir soviétique en Allemagne, est naturellement juif. L'organisation terroriste est entre les mains de la juive sanguinaire Hilda Benjamin.

La liste ci-dessus est bien sûr loin d'être complète. Mais elle donne quelques informations sur l'organisation du front païen, c'est-à-dire sur le vrai visage du pouvoir juif masqué. Nous savons également que le nombre de Juifs occupant des postes clés et des postes de direction est en réalité beaucoup plus élevé dans les pays asservis situés derrière le rideau de fer que ne le montrent nos listes. Cela s'explique par le fait que les juifs bolcheviques vivent partout sous différents noms, et que la plupart d'entre eux ont même changé de prénom afin de ne pas être reconnus par leurs anciens noms de l'Ancien Testament. De tous les pays situés derrière le rideau de fer, la Pologne semble être le plus dominé par le pouvoir juif. La déclaration du cardinal Hlond faite en Amérique le 6 juillet, 1946, attire l'attention sur ce point. Il a dit :

"Le leadership juif au sein du gouvernement a créé une forme de gouvernement qui déplaît à la majorité de la population. La question importante n'est pas de savoir combien de Juifs siègent au gouvernement, mais plutôt quel *type de postes ils occupent.*

Dans les pays situés derrière le rideau de fer, c'est généralement le premier secrétaire du parti communiste qui est le véritable dictateur. Il dispose de tout l'appareil de la police politique, du parti communiste et de l'administration soviétique. C'est pourquoi le fait qu'en 1951, à l'exception de la Bulgarie, le poste de premier secrétaire des partis communistes de tous les pays situés derrière le rideau de fer *ait été occupé par des Juifs est un* signe des plus dangereux. Cela est vrai même dans la Yougoslavie de Tito. Les Juifs sont également les chefs de la police politique (secrète) ou occupent le poste de ministre de l'Intérieur. En outre, il semblerait que les postes ministériels de l'éducation, de la propagande et de la défense soient également progressivement occupés par des Juifs. Il est d'ailleurs révélateur qu'au même moment, les Juifs souhaitent obtenir le poste de ministre de la Défense dans le monde occidental. À l'heure actuelle, Jules Moch est ministre de la Défense en France, Emmanuel Shinwell en Grande-Bretagne, tandis qu'aux États-Unis, Anna Rosenberg est secrétaire adjointe à la Guerre. M. Eisenhower a récemment nommé un juif au poste de secrétaire adjoint à la guerre auprès de M. McElroy.

M. Bernard Baruch, 'Elder Statesman' américain, qui contrôlait les 351 industries les plus importantes des États-Unis pendant la Seconde Guerre mondiale, a déclaré avec fierté :

> 'Il est sans doute vrai que j'ai probablement eu plus de pouvoir que n'importe quel autre homme pendant la guerre !

J'avais plus de pouvoir que n'importe qui d'autre ! — dit Baruch, et ce pouvoir lui-même fait partie du pouvoir mondial juif.

C'est un fait politique clairement perceptible dans le monde occidental que plus il y a de Juifs aux postes clés d'un État démocratique, plus vite cet État dérive vers le bolchevisme. Par exemple, l'ensemble de la position politique et des perspectives de la France aujourd'hui s'explique par la judaïsation incommensurable de la vie politique française. Au moment où nous écrivons ces lignes, le Premier ministre français est Pierre Isaac Isidore Mendés-France, fils de David Mendele Cerf-Hirsch et de Sarah Farburger Cohen. À l'instar des États derrière le rideau de fer, Robert Hirsch, en tant que chef de la Sûreté, exerce le pouvoir policier suprême en France. Jacques Duclos, le deuxième communiste de France, est lui aussi juif. Jules Moch, l'une des personnalités les plus influentes du parti social-démocrate français, qui a été longtemps ministre de la Défense dans les gouvernements français d'après-guerre — et a donc été l'un de ceux qui ont saboté l'intégration des divisions allemandes dans l'armée européenne — vient lui aussi des rangs des conquérants du monde pour reprendre les glorieuses traditions d'un héritage napoléonien.

Paris reste le centre de la diaspora, nous dit avec fierté le *Monde Juif.* Et la France, pendant ce temps, dévale vertigineusement la pente de la corruption à l'instar des empires romain et espagnol en perdition.

Depuis l'occupation américaine, l'industrie lourde allemande a été infiltrée par le capital dit 'américain', dont la pression domine aujourd'hui l'Allemagne occidentale. À Berlin-Ouest, le regretté Ernst Reuter, seul, a été accepté comme bourgmestre — lui qui avait été auparavant premier secrétaire du parti communiste allemand et qui était, bien sûr, juif. Pendant ce temps, un juif du nom de Lipschitz est ministre de l'Intérieur à Berlin-Ouest.

Nous avons déjà souligné qu'en 1951, tous les premiers secrétaires des partis communistes des pays situés à l'est du rideau de fer étaient juifs. Avec l'éviction de Slansky-Salzman à Prague, de Gábor Péter, alias Benjamin Auspitz, chef de la terreur, en Hongrie, d'Anna Pauker-Rabinovich en Roumanie et de Beria en Union soviétique, certains changements semblent avoir eu lieu aux postes clés. La propagande radiophonique occidentale, elle aussi fermement sous l'emprise des conquérants du monde, aime à attribuer cela à l'" antisémitisme" en Union soviétique et dans les pays asservis. Mais l' »antisémitisme » n'existe tout simplement pas. Les données détaillées relatives à l'Union soviétique et aux pays asservis derrière le rideau de fer ont permis de *démontrer que, là aussi, le pouvoir est fermement entre les mains des Juifs. Le fait que des* personnalités politiques soient déplacées dans ces pays et que certaines tâches désagréables soient parfois confiées à des communistes non juifs ne signifie absolument rien. La liquidation occasionnelle d'un ou deux Juifs n'a pas non plus de signification, puisque les *Protocoles* disent qu'un ou deux de leurs semblables seront sacrifiés. C'est ainsi que s'explique la liquidation de Beria, Slansky, Peter-Auspitz et Pauker, étant donné que la population de ces pays subissant leur tyrannie a peu à peu pris conscience du caractère essentiellement juif du pouvoir bolchevique et que, dans sa rage, elle s'est retournée contre les patrons de la terreur. Il fallait donc sacrifier Beria et quelques autres pour *créer l'illusion* que l'État était contre les Juifs. Tous ceux qui ont mis en œuvre ces mesures étaient eux-mêmes juifs. Personne ne connaissait mieux qu'eux les vraies raisons et les motifs de leurs actions et la juiverie occidentale les comprenait parfaitement elle aussi. Lorsque, ici et là, dans le monde occidental, des signes de tendances antibolcheviques se font jour, il est opportun de détourner l'attention du public du caractère juif du pouvoir bolchevique.

« Nous sommes un seul peuple », a écrit Theodor Herzl.

Tant que la vérité ne sera pas reconnue par le monde non juif, tous les discours sur les différences entre le monde occidental et le monde oriental ne sont que mensonges et stupidité. Il n'y a aucune différence ! Les Juifs sont assis aux postes clés de l'hémisphère oriental et de l'hémisphère occidental, et ils ne s'attaqueront jamais les uns les autres, car ils savent qu'ils ne feraient que s'autodétruire. Ils détruiraient ainsi le pouvoir mondial juif. *Ces considérations ont donné naissance à l'idée de coexistence, au sabotage du réarmement européen et aux mouvements populaires patriotiques, à la vente de la bombe atomique et à toutes ces découvertes et inventions offrant aux hémisphères oriental et occidental la possibilité de vivre côte à côte.*

Tant qu'il en sera ainsi, tous les discours à la radio des nations occidentales sur « l'antibolchevisme » sont des mensonges. Et tant qu'il ne sera pas dit franchement en Occident que le bolchevisme n'est rien d'autre que la forme la plus perfectionnée du pouvoir mondial juif, il est inutile de parler du monde occidental libre et de la démocratie occidentale. De même, tant que l'on ne pourra pas dire franchement à l'Est que le monde occidental n'est pas gouverné par le « capitalisme impérialiste » mais par la terreur silencieuse de l'influence politique et par l'exploitation impitoyable de la part du pouvoir financier et de la presse juifs, il est malhonnête de parler de « socialisme » à propos du système qui prévaut dans les États supprimés derrière le rideau de fer.

Les Juifs font aujourd'hui du commerce avec notre blé, nos diamants, nos vêtements, notre religion et nos prières. Ils contrôlent les partis communistes en Chine et en Inde, ainsi que les partis républicains du monde occidental libre, comme on l'a vu lorsqu'ils ont planifié la destruction du sénateur McCarthy. Au Viêt Nam, ils s'opposent aux communistes et, alors que des milliers de « légionnaires » non juifs sont morts héroïquement à Diên Biên Phu, ils ont tenu les bolcheviks informés des mouvements français depuis le Conseil national de défense français lui-même. Tout en se faisant les champions de la réunification et de l'intégration de l'Europe, ils la rendent simultanément impossible. Ils parlent de la possibilité d'assurer la coexistence, bien qu'ils sachent très bien que la coexistence est, en fait, parfaitement possible. Le juif occidental et le juif oriental se sont toujours compris. En 1917, pendant la guerre d'intervention, le Juif occidental a aidé le Juif oriental par la construction matérielle du Soviet, et pendant la Seconde Guerre mondiale, il l'a aidé par le prêt de onze milliards de dollars, par le Lend and Lease Act et par le soutien apporté à Yalta, à Téhéran et à Nuremberg. En fin de compte, le Juif occidental et le Juif oriental, en se vendant mutuellement le secret de la bombe atomique, ont déployé le drapeau noir d'une possible mort atomique au-dessus de la tête des nations non juives, afin d'asseoir leur domination sur le monde.

Le monde occidental ne manque pas de rêveries. Les bolcheviks « modérés », les intellectuels roses et les soi-disant anti-bolcheviks doivent apprendre que l'humanité ne peut pas être classée correctement en groupes de bolcheviks, de bolcheviks «modérés» et d'»anti-bolcheviks». La classification correcte se fait en deux groupes : ceux qui voient et reconnaissent le danger du nationalisme juif, et les autres qui le nient. *Quiconque est «pro-juif» ou nie que les principales caractéristiques du bolchevisme sont juives ne peut être en même temps un véritable antibolchevik !*

«Nous sommes un seul peuple ! Nous sommes le même peuple», a déclaré Theodor Herzl.

Le front païen est pour «l'homme de la rue», pour «notre créature et notre esclave», pour les masses. C'est une illusion, comme la souveraineté de la Maison Blanche, la démocratie ou l'égalité des droits. Mais en deuxième ligne, dans les coulisses, à des postes clés, se trouvent Bernard Baruch, Frankfurter, David Lilienthal, Strauss, Oppenheimer et la poigne de fer de Jéhovah qui exerce le pouvoir qui mettra en pièces les royaumes et les démocraties. Pour les masses de l'hémisphère oriental, le non-juif Krouchtchev est un dieu ; mais la deuxième ligne est tenue par la dynastie des Khaganovitch, par Yudin, par les tommy-guns du M.V.D. et par les Maccabées aux casques d'acier.

«Nous sommes un seul peuple ! Mais un peuple qui abandonne son pays d'accueil chaque fois que ses intérêts l'exigent. À une occasion, ils ont même abandonné l'Union soviétique elle-même. C'est ce qui s'est passé lorsque les armées européennes se sont opposées au réseau ferroviaire circulaire dans les environs de Moscou. Les Juifs, après avoir exproprié pour leur seul usage les dernières voitures et véhicules et les avoir chargés de tous les trésors du peuple soviétique, s'enfuirent, laissant derrière eux les Russes en colère.

Mais aujourd'hui, grâce à leur grande victoire dans la guerre, ils peuvent dire : "Nous avons conquis le monde : «Nous avons conquis le monde. Nous contrôlons l'humanité à partir de positions clés dans les coulisses».

CHAPITRE XVIII

Pouvoirs secrets

LES conquérants du monde ne pourraient se maintenir un instant au pouvoir sans les troupes auxiliaires qu'ils commandent depuis les postes clés. Il est effrayant de constater que les démocraties et une certaine partie des églises chrétiennes sont contrôlées par ces troupes auxiliaires, au même titre que les dictatures bolcheviques et les loges maçonniques. Les parlements et les gouvernants, ainsi que les médias de divertissement public tels que la scène, la radio et la télévision, qui s'emploient à droguer systématiquement l'opinion publique, sont organisés pour jouer le rôle de troupes auxiliaires au même titre que le congrès du parti des dictatures bolcheviques. Mais derrière les gouvernements, les commissaires et les marionnettes de l'opposition se tient le Directeur Satanique — le Veau d'Or — le « pouvoir de l'argent », lavant l'or du sang et de la sueur des 2.500 millions d'habitants de la terre.

Comment en est-on arrivé là ? Le monde est-il vraiment gouverné par une puissance obscure et maléfique ?

Sur le front russe, pendant la Seconde Guerre mondiale, un officier de la Division bleue espagnole a trouvé, près du corps d'un policier bolchevique nommé Guzmin, un dossier contenant des documents d'un intérêt unique. Ces documents, rédigés en 1939 par Guzmin, contenaient une déclaration de Rakovszky, alors ambassadeur soviétique à Paris, incriminé dans la grande conspiration contre le général Tuhachevsky. Ces documents, dont l'authenticité semble incontestable, lèvent le voile sur le bolchevisme et dévoilent l'un des plus grands secrets du monde. Ils ont été dictés par un témoin authentique, l'un des plus proches collaborateurs de Lénine. Il va sans dire que Rakovszky était juif.

Rakovszky admet franchement dans les archives qu'à la fin de la Première Guerre mondiale, la position du bolchevisme est devenue extrêmement critique en raison de la propagation et de la progression de la contre-révolution russe. À la fin de l'année 1917, les bolcheviks avaient été repoussés jusqu'au territoire de la principauté de Moscou. Mais c'est à ce moment qu'*apparaît une puissance supérieure qui, selon Rakovszky, gouverne le monde*. Cette puissance supérieure a agi depuis l'Ouest et a interrompu l'approvisionnement militaire et économique de la contre-révolution, qui avait été jusque-là constant et fiable.

Dans une série de confessions confidentielles, Rakovszky déclare également que le grand krach financier de Wall Street en 1929 était l'œuvre d'un groupe mystérieux composé de quelques personnes dirigées par une puissance supérieure. Cette même puissance mondiale a mis en œuvre le fameux New Deal de Roosevelt, mais elle a aussi soutenu le mouvement hitlérien dans ses premières difficultés financières avec l'*aide de Schacht, qui était franc-maçon*.

> « Ce pouvoir mondial est plus grand et plus omnipotent que le Komintern lui-même », a déclaré M. Rakovszky.

A la question répétée de Guzmin de savoir qui étaient les détenteurs de ce pouvoir mondial, Rakovszky a donné diverses réponses évasives, comme par exemple : « Eux », « Ces gens », etc : « Eux », « Ces gens », etc. Apparemment, il ne voulait pas prononcer le mot « juif » !

Il a dit qu'il ne savait pas exactement qui étaient ces personnes. Mais il savait qu'ils étaient omnipotents et qu'on pouvait les appeler n'importe où. Ils n'ont pas de forme visible et apparaissent principalement sous la forme d'intérêts financiers internationaux. On les appelle parfois les « puissances de l'argent ». Mais une chose était sûre : cette puissance mondiale ne manquerait pas d'intervenir si une force écrasante se présentait pour détruire le communisme. Trotsky, plus proche de ces cercles, dit un jour à Rakovszky : « L'homme qui a réussi à briser le blocus du Soviet est Walter Rathenau, le millionnaire membre du gouvernement de Weimar. »

Ces documents laissent également entendre que cette puissance mondiale inconnue est incarnée par une sorte d'organisation franc-maçonnique. Mais il est encore plus intéressant d'apprendre de Rakovszky que Karl Marx n'était pas le véritable fondateur de la révolution communiste mondiale. Son véritable père était Adam Weishaupt, fondateur de l'ordre franc-maçon des Illuminati. Ce Weishaupt, originaire d'Allemagne, était un élève de Moses Mendelssohn, le philosophe juif.

Selon les statistiques de 1935, Kuhn, Loeb et Co. contrôlaient une fortune de quatre milliards de dollars et en contrôlent sans doute beaucoup plus aujourd'hui.

La politique mondiale de cette puissance secrète est des plus intéressantes. La haine de la juiverie pour la Russie tsariste était telle que cette même banque, Kuhn, Loeb and Co, a accordé un prêt de 130 millions de dollars aux Japonais afin de financer la guerre russo-japonaise. Plus tard, lorsqu'il est apparu que les bolcheviks seraient vaincus, à la fin de la Première Guerre mondiale, elle a également sauvé le bolchevisme. Elle savait très bien que la victoire de la contre-révolution conduisant à la vengeance du peuple russe torturé et trompé se terminerait par la destruction de la juiverie russe.

Mais le chapitre le plus horrible de cette politique satanique est celui où, selon Rakovszky mais aussi d'autres sources allemandes fiables, cette même puissance mondiale donne des sommes encore plus importantes à Hitler et au national-socialisme, afin d'aider Hitler et son mouvement à surmonter les difficultés initiales. Ils savaient que si Hitler parvenait à prendre le pouvoir, l'Allemagne pourrait être contrainte à une nouvelle guerre. *Le véritable objectif n'était pas seulement la destruction du national-socialisme allemand, mais quelque chose d'encore plus grand : la réalisation de la dernière grande et glorieuse aspiration, qui est la destruction biologique et l'asservissement de toutes les nations non juives.*

Certaines parties des déclarations de Rakovszky atteignent des sommets impressionnants. Il devait bien connaître la nature de cette puissance mondiale secrète pour avoir prophétisé, depuis sa cellule de prison, dès 1938 : 'Hitler serrera la main de Staline pour pouvoir liquider la Pologne : « Hitler serrera la main de Staline pour pouvoir liquider la Pologne, et Staline acceptera l'offre d'Hitler. Bien que tous deux aient ainsi attaqué un pays catholique important pour l'Occident, l'Occident déclarera néanmoins que seul l'un d'entre eux est l'agresseur, et ce sera l'Allemagne hitlérienne. »

Les documents du Grand Orient relatifs à la réunion du Grand Conseil du 29 mai, 1939, sont tombés entre les mains du service de contre-espionnage allemand avant le début de la dernière guerre. Il en ressort que Groussier, le Grand Maître, a eu à cette époque d'importantes consultations avec l'ambassadeur de Roosevelt à Paris, M. Bullit, qui a été informé du point de vue du Grand Orient, selon lequel *toutes les mesures possibles devaient être prises pour empêcher qu'un accord sur la question polonaise ne soit conclu soit entre Hitler et les Polonais, soit entre Hitler et les puissances européennes. Dès* mars 1939, Chamberlain fut informé que s'il poursuivait sa politique de conciliation, les États-Unis retireraient tout soutien moral et financier à la Grande-Bretagne.

Les comptes rendus du Congrès juif, qui s'est tenu à Paris bien avant la Seconde Guerre mondiale, ont été publiés dans la *Gazette catholique* de février 1936. Lors de ce congrès, nous dit-on, le pouvoir mondial secret a démontré toute l'ampleur de son arrogance. Les orateurs ont évoqué avec fierté le fait que les dirigeants les plus importants de toutes les nations étaient des francs-maçons et qu'ils étaient donc mobilisés pour promouvoir les aspirations d'Israël.

"Nous sommes maîtres de la guerre et de la paix" : tel est le défi lancé avec assurance par les conquérants du monde. "La France est tombée entre nos mains ; la Grande-Bretagne dépend de notre argent et est notre esclave. Beaucoup d'autres États et nations, y compris les États-Unis, s'inclinent devant notre puissance et notre organisation."

Le fait que cette puissance mondiale non seulement existe, mais qu'elle est en fait maîtresse du monde, est fortement souligné, premièrement par les déclarations de Rakovszky, deuxièmement par l'ex-roi Alphonse XIII, troisièmement dans les rapports secrets trouvés par les Allemands après l'occupation de Paris, quatrièmement par le journal de Forrestal, et enfin par les documents confidentiels d'un diplomate polonais. Le comte Jean Szembek, l'un des principaux fonctionnaires du ministère polonais des Affaires étrangères, a publié son journal en France sous le titre *Journal 1933-1939*. Il y relate son entretien avec le roi d'Espagne, Alphonse XIII, le 19 février, 1939. "Le roi d'Espagne s'est fait une opinion très pessimiste de la situation mondiale", peut-on lire dans le journal. 'La juiverie mondiale et la franc-maçonnerie jouent un rôle très important dans la tentative de déclencher la guerre.

Le 6 juillet 1939, Jerzy Potoczky, ambassadeur de Pologne aux États-Unis, revient de Washington à Varsovie pour faire un rapport à son gouvernement. Au cours de son récit, il déclare : « Toutes sortes de personnes à l'Ouest nous poussent à la guerre : les Juifs, les grands capitalistes et les entreprises d'armement. Ils pensent entrer dans une ère de prospérité. Ils nous considèrent et nous traitent comme des nègres, dont le seul devoir est de travailler et de transpirer dans l'intérêt de la multiplication de leur capital. » Juifs et francs-maçons trouvent des alliés dans des cercles inattendus. Le 19 mars 1939, le comte Szembek rendit visite au comte Ledochowszky, le général de l'Ordre des Jésuites, et consigna ce qui suit : 'J'ai assisté par hasard à la consultation du comte Ledochowszky avec le cardinal Marmaggi au sujet de l'arrivée d'une députation de la Phalange espagnole. Au cours de leur entretien, tous deux ont vivement condamné le fascisme et l'hitlérisme et sont arrivés à la conclusion que la Phalange était un mouvement similaire. Ledochowszky qualifie tous ces systèmes d''opera del diavolo', c'est-à-dire d'« œuvres du diable »…' Le 21 avril 1939, Monsignore Montini, légat du pape en Pologne à l'époque, a déclaré au comte Szembek que, selon le *point de vue officiel du Vatican, si la Pologne décidait de faire la guerre, ce serait une guerre juste et légitime.*

Szembek rapporte également dans ses mémoires que le 11 août 1939, l'ambassadeur polonais au Vatican lui a dit qu' »une attitude inflexible doit être maintenue à l'égard de l'Allemagne et que cette politique est ouvertement encouragée par le Vatican » !

C'est ainsi que le Vatican lui-même se range parmi les satellites des conquérants du monde, sans apparemment prendre le temps de réfléchir au danger inhérent au bolchevisme.

Nous avons déjà traité des positions clés occupées par les conquérants du monde. Mais l'avancée politique n'a été qu'une conséquence assez modeste de la puissance économique mondiale dont la juiverie mondiale s'est emparée dès le début de ce siècle pour dominer les nations.

L'apparition de cette mystérieuse puissance mondiale a été qualifiée par les marxistes, les léninistes et autres socialistes rêveurs d' »impérialisme du dollar ». Bien que les drapeaux des « impérialistes du dollar » aient été portés par des Américains qui sont morts pour les défendre, derrière ces drapeaux d'une nation nouvelle et puissante, politiquement ignorante et inexpérimentée, se tenaient les conquérants du monde qui, en fait, marchent aujourd'hui vers l'asservissement de tous les peuples libres et indépendants.

Nous allons donner quelques exemples pour illustrer cela. Speyer and Co, la grande banque juive, a accordé au Mexique, en 1903, son premier prêt de douze millions et demi de dollars. Ils ont acquis par cette transaction toutes les concessions pétrolières du Mexique. Rockefeller, Morgan, Jacob Schiff et les autres grands financiers juifs leur emboîtèrent le pas, si bien que la quasi-totalité des ressources naturelles du Mexique tomba entre les mains des juifs. Bernard Mannes Baruch, la National City Bank sous direction juive, et Guggenheim, le magnat juif du cuivre, devinrent les véritables maîtres du Mexique.

En 1906, les mêmes conquérants du monde ont obtenu le monopole du revenu national du Nicaragua provenant des douanes et des accises, ainsi que des chemins de fer et des lignes maritimes.

La banque Kuhn, Loeb and Co. a été l'un des fondateurs et le principal financier de la Panama Canal Co.

La majeure partie de l'industrie cubaine est contrôlée par les Guggenheim.

La Bolivie est transformée en colonie de « l'impérialisme du dollar » par Spire et Guggenheim, qui exploitent les mines de zinc.

Depuis 1935, trente-cinq pour cent de l'industrie du nitrate de potassium et quatre-vingt-dix pour cent de l'industrie du cuivre du Chili sont entre les mains des trusts Guggenheim et Morgan.

Au Pérou, les mines de cuivre sont aux mains des Seligmans et des Goldschmidt.

Lord Melchett, sous son nom d'origine de Mond, contrôle l'industrie du nickel au Canada. Sur un total de trente milliards de dollars qui constituent les actifs nationaux du Canada, un total de trois milliards est entre les mains des Juifs.

Le commerce extérieur avec la Chine était organisé par les Morgan, mais aussi par la National City Bank et, bien sûr, par Kuhn, Loeb. Plus tard, l'International Banking Corporation, dirigée par Edward Harriman, le roi du chemin de fer, et Isaac Guggenheimer, a commencé l' »exploitation » économique de la Chine. Schiff, Morgan, Kuhn, Loeb et Harriman ont fait fortune grâce à la construction de chemins de fer dans ce pays.

Selon Rakovszky, des forces similaires ont sauvé le bolchevisme et, dans le but ultime de détruire l'Allemagne, ont soutenu le mouvement hitlérien à ses débuts. Elles sont également à l'origine du pacte de Staline et de la guerre aérienne totale, de l'expulsion de dix-huit millions d'Allemands de leur pays d'origine, qui a conduit à l'asservissement de l'Europe, et de la suppression des nations asiatiques qui luttaient pour leur indépendance. Cette puissance mondiale s'identifie aux procès de Nuremberg, au sordide marchandage de Yalta, alors que la mort du démocrate Forrestal comme celle du communiste Zhdanov sont dues au fait que ces hommes voulaient provoquer une épreuve de force entre le monde bolchevique et le monde capitaliste. Elle a exterminé de nombreux dirigeants des peuples chrétiens d'Europe sous le prétexte de « crimes de guerre », et c'est de là qu'est née la dernière théorie de la coexistence pour sauver l'Union soviétique. Rakovszky nous informe que cette puissance « supérieure » a révélé sa véritable identité lors du procès des espions atomiques.

Pourquoi Julius Rosenberg a-t-il refusé de révéler à la Cour les noms de ceux qui lui avaient donné ses ordres, alors qu'il aurait pu ainsi sauver sa vie et celle de sa femme ?

La réponse est simple ! Ce petit Juif sans envergure était, avec ses complices, l'agent de cette puissance « supérieure ». Ce n'est pas de sa propre initiative qu'il a transmis des secrets atomiques à Khaganovitch et à ses amis. Certaines personnes lui ont ordonné de le faire ; certaines personnes ont réussi à le convaincre que c'était un devoir sacré, patriotique et religieux pour lui — un petit Juif loyal — de transmettre au Kremlin le secret de la bombe atomique, et d'empêcher ainsi une troisième guerre mondiale qui conduirait à l'extermination totale de la juiverie.

Ce qui est certain, en revanche, c'est que ces Juifs relativement insignifiants, Rosenberg et sa femme Ethel, sont morts en martyrs, emportant dans la tombe l'un des plus grands secrets du vingtième siècle. Les Juifs qui ont suivi leurs cercueils jusqu'au cimetière dans un cortège funèbre animé par des incidents dramatiques et fanatiques, savaient très bien que ce couple avait sacrifié sa propre vie pour la survie du judaïsme mondial. C'est pourquoi les noms des vrais coupables n'ont jamais été révélés.

Dans son numéro du 15 juin 1955 ( ), *le* journal français *La Voix de la Paix a* publié un article intéressant sous la plume d'un écrivain de gauche, qui jette, sans doute bien involontairement, une lumière très vive sur la nature fondamentale des « démocraties » gouvernées à partir de postes clés. « Le Parlement français lui-même, écrit-il, est une sorte de société fermée dans laquelle se réunissent les représentants des grands groupes bancaires. Il s'agit de :

> (1) L'Union des Banques Américaines qui est représentée dans le champ politique français par Ren é Pleven, qui a commencé sa carrière comme secrétaire de Jean Monnet ;

(2) L'Union Européenne, à laquelle appartiennent les maisons bancaires des Rothschild. Ce groupe est représenté politiquement par René Mayer, ancien directeur des affaires Rothschild ».

Louis est aujourd'hui sous la dictature de divers groupes financiers juifs aidés par des parlementaires démocratiques pourris, et qu'elle sert en même temps de base principale à la conspiration internationale qui étrangle le monde.

Parmi les nombreuses révélations sur cette puissance mondiale secrète parues après la Seconde Guerre mondiale, l'article de Francis Quisney est peut-être le plus remarquable. Il a été publié dans le périodique *Der Weg*, édité en Argentine, et traitait de la politique mondiale des Rockefeller. Pour résumer, l'actuel dirigeant de la banque « chrétienne » des Rockefeller, Nelson Aldrich Rockefeller, travaille depuis longtemps en étroite collaboration avec la banque juive Kuhn, Loeb & Co. de New York. Pendant la Seconde Guerre mondiale, Roosevelt a nommé Nelson Aldrich Rockefeller au poste de coordinateur de la défense de l'hémisphère, dont l'objectif était de « garder la main » sur les États d'Amérique du Sud et de contrôler les marchés sud-américains.

Il faudrait un volume pour tenter de décrire en détail le rôle fatal joué par le patron de la banque Rockefeller dans la bolchevisation du monde alors qu'il était sous l'influence de Kuhn, Loeb et Cie, qui ont financé la révolution bolchevique et la bombe atomique. Dans le *Wall Street Journal* du 13 mai 1948, Ray Cromley, journaliste américain, confirme que non seulement à Yalta mais bien avant cette conférence, un accord secret avait été conclu entre Nelson A. Rockefeller d'une part et Gromyko, le représentant juif du Kremlin, d'autre part, pour diviser le globe en deux hémisphères. La ligne de démarcation qui divise le globe passe par les frontières orientales de la Finlande, longe les côtes de la Suède, traverse l'Allemagne divisée pour longer les frontières orientales de l'Autriche, d'où elle suit les limites septentrionales de la Turquie et se termine dans le golfe Persique. Cet accord secret entre les conspirateurs orientaux et occidentaux tenait compte du fait que les riches champs pétrolifères d'Arabie

Saoudite devaient rester sous le contrôle des Rockefeller et des magnats juifs du pétrole qui les soutiennent. Une autre partie alarmante de cette exposition est l'affirmation, dûment étayée par des preuves, que le pétrole livré par les usines saoudiennes de Rockefeller et de Kuhn, Loeb and Co. pour la machine de guerre communiste, a permis aux rouges coréens de mener à bien leur attaque contre la Corée du Sud.

À plusieurs reprises, le bolchevisme a été sauvé de la destruction par une conspiration secrète occidentale. Cette même puissance secrète l'a sauvé à l'origine en exerçant des pressions par l'intermédiaire des syndicats britanniques et des banquiers américains pour mettre un terme à la guerre d'intervention antibolchevique ; plus tard, elle a aidé Staline dans l'industrialisation de l'Union soviétique. Elle a de nouveau sauvé l'Union soviétique lorsque, à l'époque du pacte Ribbentrop-Staline, seul Hitler a été désigné comme l'ennemi. Elle a encore sauvé l'Union soviétique lorsque La Guardia a remis le chèque de onze milliards et demi de dollars à Litvinov, et une autre fois lorsque le deuxième front a été prématurément établi par l'invasion de l'Europe sans attendre que les armées des dictatures allemande et russe « se saignent à blanc ».

C'est ce qui a été fait, bien que Truman, que nous pouvons considérer comme le seul président « antisémite » des États-Unis depuis Jefferson, ait déclaré au moment du déclenchement de la guerre germano-soviétique en 1941 :

> « *Laissons-les s'entretuer. Nous devrons plus tard soutenir la partie la plus faible* ».

Truman n'était encore que vice-président et Roosevelt approchait de la fin de sa vie lorsque la suggestion de régler définitivement la question soviétique a été sérieusement envisagée par le monde occidental. Truman a même imaginé la possibilité de détruire le bolchevisme et Hitler d'un seul coup. *C'était la dernière chance pour les démocraties et le monde libre de remporter une véritable victoire.*

Des consultations ont été entamées avec les chefs militaires de l'armée allemande vaincue. Il fut proposé qu'après une capitulation formelle, les Allemands unissent leurs forces à celles des alliés occidentaux et tombent sur les armées soviétiques épuisées. Tous ceux qui vivaient en Europe à cette époque fébrile avaient le sentiment que le monde était au seuil d'un nouvel affrontement qui déciderait du sort de l'humanité. Il semblait que, même si le nazisme allemand pouvait être détruit, la Wehrmacht victorieuse marcherait à nouveau en alliance avec les forces britanniques et américaines encore plus victorieuses.

En mars 1945, les opérateurs des stations de radio allemandes et hongroises, ainsi que les états-majors, savent que l'Union soviétique est sur le point de s'effondrer. En Hongrie et dans les territoires de l'Allemagne de l'Est, les messages codés envoyés à Moscou par les différents commandements soviétiques sont interceptés et décodés. Ils consistaient tous en des appels désespérés à l'aide des généraux soviétiques « victorieux » — pour des armes, des munitions et des renforts.

Mais à cette époque, alors que les démocraties avaient la possibilité d'anéantir le bolchevisme avec l'aide du national-socialisme allemand, la puissance mystérieuse mentionnée dans les archives de Rakovszky est à nouveau intervenue en la personne d'une marionnette typique : le général Dwight Eisenhower, qui devint plus tard président des États-Unis.

Les nouvelles des négociations entre la Wehrmacht allemande et les Britanniques ne sont pas des histoires en l'air. Rokossovsky, le feld-maréchal « rouge » et récent commandant en chef des armées communistes polonaises, a mis en lumière des détails remarquables à ce sujet. Il a déclaré que le maréchal Joukov possédait des preuves du fait qu'en avril 1945, les Britanniques avaient l'intention de conclure un accord avec la Wehrmacht allemande pour se jeter sur les armées soviétiques qui avaient progressé loin en Europe occidentale. Entre-temps, le haut commandement soviétique a intercepté et décodé les télécommunications entre les états-majors britannique et allemand. La seule condition est que l'armée allemande offre sa capitulation pour le 22 avril 1945. Une attaque combinée suivra immédiatement afin de repousser les armées soviétiques, au moins jusqu'à l'Oder.

Un colonel de l'armée britannique aurait communiqué ce plan à Eisenhower qui, à son tour, a rapidement fait savoir aux Britanniques que s'ils aidaient les Allemands contre les Bolcheviks, il couperait tout le matériel de guerre vital à la Grande-Bretagne qui serait obligée de faire cavalier seul.

Aujourd'hui, le maréchal Joukov évoque ce moment qui constituait peut-être la dernière chance pour la liberté de l'humanité en disant : « L'intervention de mon bon ami Eisenhower a fait échouer ce plan perfide » : « L'intervention de *mon bon ami* Eisenhower a fait échouer ce plan perfide. *(Das Neue Zeitalter,* du 28 septembre, 1957.)

C'est ainsi que le général docile de Roosevelt, l'influent maître de la franc-maçonnerie américaine, à propos duquel le général MacArthur a fait une remarque acerbe : "Eisenhower n'était pas mon officier d'état-major mais mon commis" — a détruit le dernier espoir de l'humanité. L'Union soviétique a non seulement été sauvée, mais elle est devenue l'une des plus grandes puissances du monde. Après cela, il était tout à fait naturel que le favori de Baruch et Morgenthau et l'exécuteur du plan Morgenthau devienne président des États-Unis, alors que les puissances en coulisses empêchaient les nominations de Taft et MacArthur pour les élections présidentielles. Une fois Eisenhower élu à la présidence, les enquêtes de la commission McCarthy ont été interrompues. Les conquérants du monde retournèrent à la Maison Blanche et, au vu des événements ultérieurs, même un enfant peut comprendre l'attitude indifférente à l'égard de l'historique rébellion hongroise du 4 novembre, 1956, ainsi que l'omission de lui apporter une aide efficace.

Grâce à M. Eisenhower, la moitié orientale de la puissance juive mondiale a été sauvée une nouvelle fois. Grâce à l'irresponsabilité de ce soldat fantoche et carriériste, les secrets des fusées sont également tombés entre les mains des Soviétiques. En apprenant l'approche des bolcheviks, les scientifiques allemands ont évacué Penemuende en 1945. Les fusées de type V-1 et V-2 avaient été fabriquées ici, et la V-9, l'équivalent du spoutnik soviétique de 1958, était également prête. Les scientifiques allemands ont apporté avec eux cinquante-quatre wagons de plans et de matériel scientifique qu'ils ont l'intention de remettre aux Américains. Le C.I.C. américain, qui se composait alors presque exclusivement de conquérants du monde, ordonna aux scientifiques allemands de laisser les cinquante-quatre wagons de matériel scientifique entre les mains des Soviétiques. Les scientifiques eux-mêmes seraient autorisés à accéder au territoire occupé par les forces américaines, mais en apportant seulement 100 livres de bagages personnels par tête. On peut se demander si ces éléments étaient connus d'Eisenhower, le commandant en chef de Morgenthau. On peut en douter. Il n'en reste pas moins que les secrets des fusées, comme ceux de la bombe atomique, sont tombés entre les mains des Soviétiques.

A la question "Existe-t-il une conspiration supranationale couvrant toutes les nations ?", nous ne pouvons donc donner d'autre réponse qu'un "oui" catégorique. Cette conspiration a pris forme et est intervenue dans toutes les grandes crises qui ont affecté l'humanité. Elle a joué un rôle dans la Révolution française, dans les mouvements socialo-communistes du XIXe siècle et dans les traités de paix après la Première Guerre mondiale. Ses traits sont devenus visibles pendant un instant en 1917, lorsque la Russie tsariste a été détruite, et selon les archives de Rakovszky citées plus haut, c'est grâce à cette conspiration que le bolchevisme a été sauvé au moment où la contre-révolution russe était sur le point de réussir. Cette puissance mystérieuse a déclenché la Seconde Guerre mondiale, détruit l'Europe chrétienne et exterminé l'*élite* intellectuelle européenne. Cette mystérieuse puissance conspiratrice a transmis le secret de la bombe atomique aux Soviétiques et a trahi l'Amérique.

Qui sont donc les membres de ce groupe de conspirateurs ? Il ne fait aucun doute que l'on trouve en premier lieu les dirigeants de la juiverie mondiale, les fanatiques obsédés du "nazisme" conquérant de l'Ancien Testament, dirigés par les banquiers des grands groupes et intérêts financiers internationaux, ainsi que par les commissaires en chef du bolchevisme, c'est-à-dire les maîtres du Kremlin. Il n'est peut-être pas possible de les inclure tous, mais ils sont nombreux à lutter sous la direction de Khaganovitch pour l'établissement du royaume juif mondial.

Presque plus dangereux que ces chefs conspirateurs sont les troupes "auxiliaires" qu'ils ont réussi à rallier à leur cause il y a près d'un demi-siècle. Selon les dernières statistiques, il y a plus de six millions de francs-maçons dans le monde, dont quatre millions aux États-Unis. La majorité de ces francs-maçons ne sont probablement pas communistes, mais ils encouragent néanmoins involontairement les objectifs communistes. En outre, motivés par des intérêts ou des convictions financières ou matérielles, ils servent consciemment les aspirations juives, dont la cible finale est le communisme et, à travers le communisme, l'instauration d'une dictature juive totalitaire et l'abolition complète de la liberté humaine.

Pour comprendre les dimensions et les conséquences colossales de cette conspiration, il faut savoir que l'humanité vit aujourd'hui dans ce que l'on pourrait appeler un "âge du seuil" et qu'elle est peut-être déjà passée de l'âge du fer à l'âge de l'atome. Il n'est pas besoin de beaucoup d'imagination pour voir que le monde est surpeuplé et que l'avenir du globe entier — la vie et le pain de la population — dépend d'une forte augmentation de la production grâce à l'utilisation la plus efficace de l'énergie atomique. Cette énergie, qui peut être une source de malheur ou, au contraire, une bénédiction céleste, est contrôlée par un groupe fermé de prophètes du "nazisme" supranational. La majorité de l'humanité est déjà impuissante face à ce groupe qui, par le biais d'expériences d'explosion atomique, ne sert que ses propres intérêts lucratifs, sans se soucier du fait qu'il a peut-être déjà empoisonné notre eau et notre pain et même affecté les gènes de nos enfants à naître par les radiations atomiques. Que se passera-t-il si ce groupe prend le contrôle exclusif de cette énergie fatale sous le nom d' »énergie atomique à des fins pacifiques » ? Il ne s'agit ni d'une utopie ni d'un rêve cauchemardesque, mais au contraire d'une forte probabilité que cette énergie puisse servir de support à l'instauration d'une dictature mondiale. Seul le continent qui se soumet inconditionnellement recevra du carburant et de l'énergie électrique. Ceux qui ne sont pas prêts à servir ce groupe juif et à assurer ainsi leur position au sommet de la pyramide sociale en profitant du côté ensoleillé de la vie, mais qui oseraient résister à l'exploitation générale, périront misérablement. Car ce « nazisme » de l'Ancien Testament ne connaît ni la pitié ni l'humanité.

Si son pouvoir n'est pas rapidement éradiqué et s'il continue à jouir de monopoles politiques, économiques et intellectuels, alors, dans une ou deux décennies, la terreur mondiale totalitaire s'installera, entraînant la destruction de la liberté humaine, de l'esprit libre de l'humanité et de tous les idéaux humains, y compris le concept de sa propre terre natale et de la fierté nationale. Il restera à la fin, d'un côté, les masses d'esclaves qui s'élèvent à quatre milliards de personnes sans liens nationaux, raciaux ou religieux, et de l'autre, quinze millions d'élus qui ont accompli la prophétie de la Torah et *sont devenus les maîtres de toutes les nations.*

CHAPITRE XIX

La révolte hongroise pour la liberté

En octobre 1956, des combats ont éclaté en Hongrie pour la liberté nationale.

Une nation entière s'est soulevée, non seulement contre l'Est, mais aussi contre l'Ouest. Les combattants hongrois de la liberté qui, avec une bravoure inébranlable, se sont opposés à la police secrète de l'A.V.H., dirigée par les Juifs, ont, avec le même héroïsme, refusé d'accepter le régime corrompu du chéquier du capitalisme occidental.

Bien qu'une Hongrie libre n'ait pas encore vu le jour, un nouveau monde a été envisagé dans le cœur des hommes. Le concept de socialisme, vieux de plusieurs milliers d'années, prend forme et se matérialise à nouveau dans le cœur et l'imagination des masses — un concept qui peut également être considéré comme faisant partie d'un nouveau monde exemplaire contenant l'ordre social le plus moderne. L'esclave exploité dans les mines et les usines du capitalisme d'État soviétique, l'élève de l'institut marxiste-léniniste, l'officier d'origine ouvrière de l'armée populaire et le petit paysan s'élèvent unanimement contre le bolchevisme, forme la plus développée de la domination juive sur le monde.

Les combattants de la liberté semblent avoir évité de soulever le problème de la domination juive. Les chefs et les terroristes de la police secrète (A.V.H.) ont été exterminés, non pas en tant que Juifs, mais en tant qu'assassins ordinaires et en tant qu'éléments antisociaux coupables de crimes contre le peuple et l'humanité. Néanmoins, dans ses caractéristiques essentielles, cette lutte pour la liberté constituait la première véritable révolution contre les conquérants du monde, car les dirigeants du régime de terreur bolchevique en Hongrie, occupant des postes clés dans les organisations de terreur de la police et de l'armée, étaient presque exclusivement des Juifs. Le *caractère de la terreur elle-même était essentiellement juif* et seulement, dans une faible mesure, slavo-bolchevique.

« C'est de nous que part la terreur qui engloutit tout », disent les *Protocoles*. Et tout ce qui a été prophétisé et envisagé dans les *Protocoles* concernant la police secrète juive a été ici matérialisé et hautement développé. Le Département de la sécurité d'État, contrôlé exclusivement par des Juifs, a enregistré tous les habitants de la Hongrie dans ses fichiers de police selon le système des fiches. Ces « cartes de cadre » donnaient des détails sur chaque membre de la population. Le caractère, les particularités, etc. de chaque personne y étaient consignés avec un soin méticuleux, y compris l'expression occasionnelle de ses opinions ou de ses idées. Il était notoire que la pire inscription possible sur la carte d'un individu était d'être enregistré comme « antisémite ». Nous connaissons le cas d'une jeune employée qui a été estampillée « antisémite » simplement parce qu'elle n'était pas encline à rechercher l'amitié de ses collègues, qui ont ainsi « senti » qu'elle n'aimait peut-être pas les Juifs.

La Sûreté de l'État (A.V.H.) employait 40 000 personnes pour tenir ces registres secrets, compilés par 400 000 espions à partir d'éléments transmis par les usines, les travaux, les bureaux et tous les secteurs de la vie. Toutes les personnes convoquées au département de la sûreté de l'État étaient traitées avec la plus grande cruauté et sans pitié.

En 1945-46, la Fraternal Society of Jewish Labour Companies a organisé la police communiste de terreur à Budapest. Cette organisation était dirigée par le Dr Zoltan Klar, ancien médecin millionnaire juif notoire de Budapest, aujourd'hui actif en Amérique en tant qu' »éditeur ». Les différents groupes de cette société se rendaient régulièrement dans les prisons et autres lieux de détention où ils violaient les détenues plusieurs fois par jour. Ils ont inventé des méthodes de torture si bestiales qu'elles n'ont pas d'équivalent, même parmi les méthodes des tortionnaires chinois. Les prisonniers condamnés à de longues peines étaient obligés d'organiser des querelles qui se terminaient par des combats sanglants lors de leur promenade quotidienne dans la cour de la prison. Il est intéressant de noter que l'actuel Premier ministre, Janos Kadar, a également été torturé lorsqu'il a osé défier le système moscovite pendant une courte période. Tous ses ongles ont été arrachés et, selon des rapports parus dans plusieurs journaux suisses, il a été castré.

Des milliers de cas similaires ont été rapportés par les combattants de la liberté et par les personnes libérées des prisons communistes qui se sont rendues en Occident. Lorsque les combattants de la liberté ont réussi à occuper les bâtiments de la police secrète, ils ont trouvé d'autres preuves d'une terreur presque incroyable pour le monde occidental. D'immenses halls et de grandes pièces étaient remplis des conversations téléphoniques les plus insignifiantes, enregistrées sur bande magnétique et classées. Des lettres sans importance en provenance de l'étranger ont été photographiées sur des microfilms et classées dans un gigantesque système de fiches. Sur la place Tisza Kálmán à Budapest, une prison secrète de 3000 cellules a été construite et équipée sur le site d'une gare souterraine à moitié achevée, dont l'existence était inconnue jusqu'au début des combats pour la liberté. Des prisons souterraines similaires ont également été découvertes dans des centres provinciaux, ainsi que des passages souterrains permettant aux « dirigeants » communistes de s'échapper en cas d'urgence.

Ainsi, si l'on tient compte du fait qu'en Hongrie, les dirigeants étaient juifs, on peut dire en toute vérité que *le rêve le plus extrême du royaume mondial de la juiverie s'est concrétisé dans ce pays.*

Ce royaume juif mondial disposait d'autres moyens que la terreur. Outre la lutte biologique des classes qui détruisait physiquement les personnalités les plus douées de la vie sociale hongroise, il y avait aussi la lutte politique des classes. Toute personne dont le grand-père avait été un petit exploitant, propriétaire de vingt à vingt-cinq acres de terre, ou dont le père avait été un petit fonctionnaire avant 1945, a été *déclarée « étranger de classe »*. *Un* tel homme peut posséder les plus hautes qualifications en tant que médecin, professeur d'université, avocat ou scientifique, mais tout cela est inutile une fois qu'il a été déclaré « étranger de classe », après quoi le seul emploi qui lui est ouvert est celui d'ouvrier non qualifié. Les postes ainsi rendus vacants sont en partie occupés par des communistes ignorants et sans éducation, mais aussi, dans une plus large mesure, par les Juifs qui occupent des postes clés au sein du régime. Dans le même temps, 50 000 intellectuels ont été déportés dans les provinces, où ils vivaient dans des conditions extrêmement pénibles. En 1953, il y avait environ 95 000 prisonniers politiques astreints aux travaux forcés dans les camps d'internement, tandis qu'environ 25 000 se trouvaient dans les différentes prisons. En outre, *selon les archives du régime communiste, 15 000 exécutions « officielles » ont eu lieu entre 1945 et 1956.* Ce dernier chiffre a été révélé lorsque les combattants de la liberté ont libéré la prison centrale le 1er novembre 1956.

Ces chiffres sont surprenants. Dans toute la Russie tsariste, il n'y avait que 40 000 exilés, et en Hongrie, entre 1867 et 1939, le nombre total de personnes tuées au cours de grèves, d'émeutes et de troubles, à la suite de l'utilisation légale de la force par les services armés, ne s'élevait qu'à dix-sept.

Il est clair que l'objectif de ces atrocités était de réduire le peuple hongrois à une masse d'esclaves intimidés, conformément à la formule des *Protocoles*, et d'établir ainsi la domination de la juiverie sur le peuple hongrois. C'est contre la domination de ce royaume juif mondial que la nation hongroise s'est soulevée le 23 octobre 1956, parce que, malgré tout, il n'avait pas été possible de briser et de réduire ce peuple en une masse anthropomorphe et irréfléchie.

Sur les trottoirs maculés de sang de la capitale Budapest, les deux aspects des conquérants du monde ont été attaqués en même temps. Le prolétariat hongrois et les étudiants universitaires, les armes à la main, ont lutté désespérément contre la troisième étape de la conquête juive — contre la campagne de terreur et son organisation de répression. Mais le peuple hongrois était également opposé à la deuxième étape, qui consistait à réintroduire le capitalisme libéral.

Leur programme non écrit était le suivant : Le socialisme sans la terreur ! Liberté nationale sans subordination économique !

Il est évident que ce programme ne pouvait pas être toléré par l'Est, pas plus que par l'Ouest. La lutte hongroise pour la liberté avait un caractère nationaliste. Elle s'opposait donc autant à Moscou qu'à la terreur alternative et au système esclavagiste de l'O.N.U.

La réalité de la division du monde en deux hémisphères a été bien démontrée lorsque le peuple hongrois a tenté de s'extraire de l'hémisphère oriental et lorsque le monde arabe, dirigé par les nationalistes égyptiens, a tenté de s'extraire de l'hémisphère occidental. Il semblait tout à fait naturel que Khaganovitch, une fois de plus sous les feux de la rampe, commence à faire entrer les divisions blindées de Joukov en Hongrie. En revanche, il ne semblait pas aussi naturel qu'Israël, allié à la Grande-Bretagne et à la France, attaque l'Égypte aussi soudainement.

Presque le même jour, les événements ont prouvé que *l'existence des deux hémisphères était un fait avéré. Bien entendu,* les accords de Yalta et de Potsdam étaient également en vigueur, de même que le plan Gomberg. Les lignes de démarcation définies dans ces accords ne peuvent être transgressées ni par la Hongrie ni par l'Égypte. Sinon, les divisions blindées de Ben Gourion et de Khaganovitch viendront anéantir toute forme de nationalisme avec son aspiration à la liberté et à l'indépendance.

Le soulèvement hongrois pour la liberté a commencé le 23 octobre et les forces israéliennes ont franchi les frontières de l'Égypte le 29 octobre. Ce même jour, les radios des combattants hongrois de la liberté signalent que de fortes unités soviétiques ont commencé à envahir la Hongrie par l'Est.

Le monde occidental a grossièrement trahi la Hongrie et l'Égypte. La juiverie de New York a tenu une réunion spéciale dans les premiers jours de la rébellion hongroise et a rapidement qualifié la guerre d'indépendance hongroise de mouvement « antisémite », de sorte que l'O.N.U. a rapidement décidé de ne pas aider les combattants de la liberté mais de donner carte blanche aux divisions blindées de l'Union soviétique. Pendant ce temps, la Grande-Bretagne et la France, en alliance avec Ben Gourion, s'empressent de bombarder les « antisémites » de Port-Saïd.

Mais la trahison du monde occidental a été plus insidieuse et plus fatale que la brutalité ouverte des Soviétiques. Le monde occidental a trahi ses propres intérêts ainsi que ses principes tant vantés, sans parler de la démocratie et de l'humanité, lorsqu'il est devenu de plus en plus certain que derrière les phrases grandiloquentes prononcées pendant la crise de Suez se cachait un intérêt étranger, à savoir l'intérêt du nationalisme juif mondial. Il va sans dire que personne n'a traîné Ben Gourion devant le tribunal de Nuremberg « pour avoir planifié une guerre agressive », ce qui a valu aux généraux Jodl et Keitl d'être exécutés. Pendant ce temps, les Nations unies, avec leurs 1 200 Juifs sur un total de 1 800 personnes, regardaient sans un murmure les Soviétiques commettre sous leurs yeux les actes de génocide les plus horribles.

Mais tout cela était naturel et conforme au plan, puisque le royaume juif mondial, complet et parfait, était restauré en Hongrie, même sans Mátyás Rákosi-Roth.

Il plaît à une certaine partie de la presse occidentale de répandre la rumeur selon laquelle le « gouvernement » communiste hongrois formé après la répression de l'insurrection serait en fait « antisémite ». Examinons ce qui se cache derrière les gros titres. Voici un excellent exemple du fonctionnement du « front des gentils ». La marionnette János Kádár, de son vrai nom Csernák, est en fait d'origine slave et non juive.

Mais les deux vice-premiers ministres, Antal Apró-Apfelbaum et Ferenc Muennich, sont tous deux juifs. Le ministre des Affaires étrangères, Imre Horváth, et ses deux vice-ministres des affaires étrangères, Endre Silk et István Sebes, sont juifs. En outre, Géza

Révész, ministre de la Défense, István Antos, ministre des Finances, Ferenc Nezvál, ministre de la Justice, Sebestyén Bakonyi, premier vice-ministre du Commerce extérieur, János Tausz, ministre du Commerce intérieur, Gyula Kállai (Campescu), ministre de l'Éducation, et son vice-ministre, Gyõrgy Aczél, principal organisateur de la campagne antireligieuse et de la persécution des églises, sont tous juifs.

Les conquérants du monde pullulent au sein du Comité Central du Parti Communiste Hongrois, une autorité plus importante que le gouvernement lui-même. Les membres juifs du Comité Central sont actuellement (1958) : Antal Apró-Apfelbaum, Gyõrgy Aczél, Jan õ Fock, Lászl ó Földes, István Friss, Imre Horváth, Gyula Kállai (Campescu), Károly Kis, Ferenc Münich, Dezs õ Nemes, président du comité éditorial du quotidien communiste hongrois *Né pszabadság*, Ferenc Nezvál, Sándor Nógrádi, Lászlo Orbán et Kálmán R évai.

La fameuse police secrète (A.V.H.), avec son organisation de la terreur, de la torture et du meurtre, est à nouveau mise en place et, comme auparavant, ses dirigeants sont presque exclusivement des membres de la fraternité juive.

Nous ne nous sentons pas coupables de préjugés en affirmant que la lutte hongroise pour la liberté en 1956 a revêtu une importance historique considérable. Elle a prouvé que *toutes les formes de marxisme* avaient complètement échoué à gagner les travailleurs et les vrais socialistes, malgré le fait que, dans la promotion du royaume du monde juif, les valeurs avaient été nivelées par le bas pendant plus d'un siècle. Le pouvoir mondial exercé à partir de postes clés a également échoué, car les travailleurs et le prolétariat se sont ralliés instinctivement aux sections intellectuelles et leur première action a été de liquider ces postes clés. Il est devenu évident en Hongrie que les travailleurs et le reste de la nation ne voulaient plus du système capitaliste dit occidental. Ils refusent d'accepter la forme d'exploitation orientale ou occidentale. *La nation hongroise souhaite que les moyens de production restent entre ses mains, et ce non pas sous la forme d'un communisme national, mais sur la base d'un nouveau système national et socialiste libre de tout totalitarisme.*

Ce concept devrait faire réfléchir le monde capitaliste occidental et les travailleurs occidentaux. L'humanité ne peut être sauvée des horreurs de la guerre et de la mort atomiques que si le monde occidental montre aux travailleurs de l'Est cette même forme de socialisme qui est née lors des combats pour la liberté en Hongrie en 1956 et dont la charte reste à écrire. Ce socialisme pourrait retirer le pistolet à grenades des groupes terroristes, briser le Veau d'Or et liquider le pouvoir de la finance juive internationale.

Seule une société socialiste purgée de ses haines peut sauver l'humanité. Tant que le monde ne sera pas libéré de la haine dont il a été infecté par la mentalité juive au cours des 2 000 dernières années, le danger de la mort atomique ou de la servitude sans fin sera toujours présent.

La première mesure à prendre devrait être l'abolition de toutes les formes infantiles d' »antisémitisme ». Il doit être clair que nous ne sommes pas des « antisémites ». Nous condamnons l' »antisémitisme » avant tout sur une base raciale, car les vrais sémites, les nations arabes, sont nos frères et les alliés naturels de toutes les forces nationalistes dans la lutte mondiale.

Nous ne sommes pas non plus « antisémites » au sens hitlérien du terme, c'est-à-dire pour des raisons raciales, car nous n'enseignons ni n'acceptons la supériorité d'aucune race.

Nous ne sommes pas non plus des « antisémites » au sens religieux du terme, car nous sommes suffisamment libéraux pour respecter une religion autant que l'autre.

Enfin, nous ne sommes pas du tout « antisémites » au sens où nous détestons toute caractéristique personnelle juive. La forme de son nez ou ses manières sociales ne nous dérangent pas.

Ce que nous détestons, c'est le *pouvoir juif mondial, avec ses 2 000 ans de machinations et de complots « nazis » visant à conduire l'ensemble de l'humanité à la servitude, à la mort atomique et à l'exploitation. C'est* pourquoi nous ne devons pas attaquer les caractéristiques personnelles, raciales ou nationales des Juifs, mais en revanche, que nous soyons démocrates, socialistes ou nationaux-socialistes, *nous devons accomplir notre devoir d'êtres humains en résistant par tous les moyens légaux — et même, si nécessaire, par la révolution — à la survie de toute forme de domination juive sur le monde. Nous avons le droit de nous opposer à un pouvoir illégal pour écarter ceux qui occupent des postes clés derrière le front des Gentils.*

Partout où cette domination s'exerce, son identité doit être impitoyablement révélée. Pour cette raison et d'autres encore, il convient de créer une organisation mondiale antijuive internationale ou, mieux encore, supranationale.

Cette organisation définirait les tactiques à employer en fonction des caractéristiques des différents pays. Elle ne devrait pas tenter de prescrire aux différentes nations la forme de gouvernement à adopter, ni de les conseiller en matière de politique. En Amérique, les meilleures armes seraient peut-être les armes démocratiques du vote, soutenues par une politique d'information générale et, si nécessaire, de boycott social et financier. Dans les pays dits fascistes, il faudrait gagner le pouvoir central et dans les pays socialistes, convaincre les socialistes honnêtes et sincères. Derrière le rideau de fer, il s'agirait de mener des campagnes de guérilla et de partisans contre les dirigeants juifs du régime. Ici, la mitraillette est une arme légitime dans la lutte que ces héros des combattants de la liberté hongrois ont menée avec une résolution si exemplaire. La terreur est la réponse au terrorisme, *mais elle ne doit être utilisée que contre les terroristes.*

L'ordre public ne signifie pas la suppression de la liberté. La seule « liberté » à abolir est cette tolérance fallacieuse qui permet aux représentants du « nazisme » tribal de faire tout ce qui leur plaît. Lorsque toutes les « libertés », jusqu'à présent limitées au « peuple élu », lui permettant de répandre la terreur, l'exploitation et le profit illimité, seront abolies, la juiverie, privée de ses privilèges et de ses monopoles, sera confrontée à la grande question de son propre destin. Combien de temps la tendance actuelle des événements peut-elle se poursuivre ? Combien de temps encore les nations devront-elles être entraînées d'une tromperie à l'autre ? Combien de temps le bolchevisme pourra-t-il se maintenir et quand l'Amérique se réveillera-t-elle enfin ? Les nations doivent-elles continuer à être asservies — supprimées et trompées — et de temps en temps soumises à des guerres sanglantes planifiées par un nationalisme étranger ?

Si cette conquête mondiale s'est poursuivie avec un élan croissant au cours des 2000 dernières années, elle s'est toujours appuyée sur les baïonnettes d'autres nations. « Le juif occidental équipera une armée de vingt millions d'hommes à l'Est... », annonçait le prophète hongrois. Mais les forces les plus grandes et les plus puissantes de la juiverie mondiale, les armées rouges soviétiques, ont été ébranlées par les sacrifices des prolétaires hongrois. Dans la ville provinciale de Miskolc, au nord de la Hongrie, les officiers des divisions blindées russes qui avaient reçu l'ordre d'avancer contre les étudiants universitaires se sont suicidés dans la rue en se tirant une balle dans la tête plutôt que d'accomplir leur tâche meurtrière. Les soldats russes se sont souvent rendus en disant qu'ils ne tireraient pas sur leurs frères hongrois. Dans les moments les plus critiques de l'insurrection à Budapest, il est souvent arrivé que des unités blindées russes entières passent du côté des combattants de la liberté et tirent avec eux sur les terroristes. On rapporte de source sûre qu'une grande unité de division blindée russe comptant 400 chars a envoyé des émissaires aux combattants de la liberté hongrois pour leur dire qu'elle était prête à retourner ses canons T-54 contre leurs oppresseurs, à condition que les Hongrois refusent de négocier avec les capitalistes occidentaux. (Un accord a été conclu, mais il était trop tard. Le 4 novembre, 1956, les divisions russes reçurent l'ordre d'attaquer et, pour l'instant, la discipline militaire s'avéra plus forte que les sentiments individuels des soldats).

La confiance et la foi de la plus grande armée de la juiverie mondiale ont été ébranlées. Il en va de même pour les soldats des autres nations opprimées qui ont ouvertement pris parti pour le peuple hongrois. L'armée roumaine ne peut être envoyée en Hongrie car les dirigeants juifs roumains ont averti Moscou que ses unités passeraient du côté des Hongrois.

« Lorsque l'heure sonnera », a déclaré un officier russe de haut rang aux dirigeants des combattants de la liberté hongrois, « nous aussi, nous tournerons nos armes contre nos oppresseurs juifs, comme vous l'avez fait. Votre erreur est seulement d'avoir agi prématurément ! »

Les pouvoirs en place ne peuvent plus compter sur le soldat russe.

Mais peuvent-ils compter sur le soldat *américain* ? Bien que la vie politique américaine soit encore largement orientée vers la perspective de Morgenthau, l'armée américaine a beaucoup appris depuis 1945. Elle a vu le corps écrasé du général Patton, les souffrances du peuple allemand, elle a été abondamment saignée en Corée et elle a été témoin de la façon dont la juiverie mondiale a éliminé le général MacArthur, le chef militaire américain victorieux.

Le soulèvement hongrois de 1956 n'était pas la fin, mais le début. Et pour les conquérants du monde, ce début a posé la grande question : jusqu'à quand pouvons-nous continuer ?

Est-il possible de continuer à être des conquérants pour toujours ? Est-il possible de se déplacer éternellement dans des voitures blindées comme Rabinovich, Rákosi-Roth et leurs semblables, gardés pour l'instant par des gardes du corps mongols, hongrois ou roumains ? Peut-on être sûr que les Mongols ne se révolteront pas un jour ? Pouvons-nous naviguer dans de luxueux yachts au large de la Floride et nous asseoir au sommet de la civilisation sans être la proie de craintes incessantes que notre pouvoir ne s'effondre à tout moment ? Combien de temps encore le monde pourra-t-il être hypnotisé et croire que tous ceux qui voient clair dans nos desseins ne sont que des « antisémites » haineux ? Et combien de temps encore faudra-t-il entretenir les feux d'une haine brûlante entre les nations pour répéter les horreurs d'un nouvel Auschwitz en Amérique ?

Combien de temps encore pourrons-nous envoyer l'*élite des* nations à la potence tout en criant « antisémitisme » lorsqu'elle s'élève contre notre nationalisme ? Combien de temps encore pourrons-nous prêcher l'internationalisme aux nations alors que nous pratiquons nous-mêmes le nationalisme racial et tribal le plus extrême ? Combien de temps pourrons-nous maintenir la fiction selon laquelle tout mal qui nous est fait est de l' »antisémitisme », alors que lorsque *nous* tuons quelqu'un ou massacrons des nations entières, il s'agit d'un acte de démocratie américaine ou de libération soviétique ? Lorsque nous détruisons, c'est de la construction ; lorsque nous assassinons, c'est de la liberté ; lorsque nous terrorisons le monde entier, c'est de la démocratie ; mais lorsqu'un membre de la race sainte d'Abraham est perdu, il est du devoir du monde entier de pleurer avec nous ! Si nous exploitons d'autres peuples selon nos principes égoïstes, ce n'est pas du nationalisme, mais si d'autres peuples veulent vivre leur propre vie indépendante, c'est de la barbarie !

Combien de temps cela va-t-il durer ? Quand le monde se réveillera-t-il ? Combien de temps tolérera-t-on un état de double moralité, selon lequel un juif est libre de commettre presque n'importe quel crime contre d'autres personnes ? Quand le monde comprendra-t-il que derrière les guerres, les révolutions et les effondrements, ce sont nos projets qui prospèrent ? La bobine du serpent symbolique a encerclé le globe entier ainsi que la vie, la mentalité et le moral des nations. Il a nivelé les masses par le bas et détruit l'individualité pour asservir les peuples. Quand donc notre créature et notre esclave — les masses barbares — se lèvera-t-elle ? Quand le monde découvrira-t-il qu'il n'existe pas de peuple élu, mais seulement des oppresseurs ? Ne vaudrait-il pas mieux que nous nous réveillions nous-mêmes et que nous trouvions un pays que nous pourrions vraiment appeler le nôtre ? Dans ce pays, nous ne devrions plus être des oppresseurs, mais des citoyens libres ; nous ne devrions pas être des étrangers détestés, mais des natifs du pays. Ne vaudrait-il pas la peine de sacrifier le veau d'or et la mitraillette et de fonder notre propre pays par le travail et la sueur ? Ne serait-il pas préférable d'avoir un foyer sûr dans notre propre pays plutôt que de vivre une vie dangereuse en tant qu'oppresseurs, banquiers, dictateurs ou classe dirigeante, toujours hantés par l'éternelle inquiétude et l'incertitude de notre position ?

Les Sages de Sion ont dû penser à tout cela auparavant, mais aucun compromis n'est possible sur les pentes d'une telle folie chauvine. Encore moins face à un nationalisme plusieurs fois millénaire qui n'a d'autre choix aujourd'hui que la victoire ou la mort — la *domination du monde ou la destruction !*

Mais le peuple chrétien déclare qu'il existe une autre voie meilleure. Pour le monde asservi, étranglé par l'emprise du serpent symbolique, il y a l'exemple du Christ avec son fléau — le Christ, le plus grand « antisémite » de tous. Derrière le crucifix de la haine sadducéenne, il brandit le fléau parmi les voleurs d'argent du temple. C'est la contre-révolution chrétienne qui remplacera toutes les valeurs que le judaïsme a enlevées à l'humanité : le respect de l'autorité personnelle, la restauration de l'indépendance des nations et de la justice pour les pauvres. Elle favorisera le sort des masses prolétaires et détournera le regard des hommes du monde matériel vers les étoiles.

C'est la Résistance chrétienne, c'est l'esprit du Jeudi Saint qui s'élève contre le royaume mondial des Juifs. C'est le Nouveau Testament, dont la vérité sera peut-être victorieusement revendiquée à la dernière heure.

En effet, saint Pierre se tient une fois de plus devant les masses populaires trompées et, inspiré par le Saint-Esprit, crie à haute voix à ces païens judaïsés qui sont « sous la loi » des Juifs :

« Sauvez-vous de cette génération néfaste ! (Actes *II*, 40). Contre l'accomplissement des ordres des *Protocoles, le message du Nouvel Âge* résonne clairement avec sa promesse de liberté. Au siècle dernier, un autre slogan disait :

« Les travailleurs du monde entier s'unissent !

Mais aujourd'hui, dans cette civilisation souffrante et à moitié détruite, le nouveau slogan d'un peuple qui s'éveille doit être :

"Les antijuifs du monde entier s'unissent avant qu'il ne soit trop tard.

ÉPILOGUE

LA lutte pour la liberté menée par les ouvriers, les paysans et les classes moyennes hongrois impose une obligation à tous les hommes de bonne volonté. Elle ne concerne pas seulement les Hongrois, mais toutes les nations de la terre. Nous devons unir nos forces pour briser le pouvoir des conquérants du monde, sinon il y aura une troisième guerre mondiale et les survivants seront soit les misérables esclaves de la juiverie, soit des épaves humaines et des idiots dégénérés par les radiations atomiques et les effets du strontium.

C'est cette conviction, et non la haine, qui m'a poussé à écrire ce livre. Nous ne sommes pas anti-américains, car nous aimons et admirons les fermiers, les travailleurs et les courageux pionniers américains. C'est seulement l'Amérique de Morgenthau et de Baruch que nous détestons en Europe. De même, nous ne sommes pas les ennemis du peuple russe, mais nous sommes les ennemis mortels de l'Union soviétique de Kaganovitch et du bolchevisme juif.

À l'avenir, pour qu'il y ait la paix dans ce monde, il ne doit pas y avoir de « peuple élu », mais des nations libres et égales en droits. Telle est la vérité ! La vérité doit finir par l'emporter.

BIBLIOGRAPHIE

Livres

(arch./anon.) - TALMUD DE BABYLONE.

(arch./anon.) — SAINTE BIBLE.

(arch./anon.) — HIDDEN EMPIRE, THE (références diverses 1888, 1945, 1946 ; peut-être par The National Republic, ou par Christian Nationalist Crusade, St. Louis (fondateur : Gerald L. K. Smith) ; comprend une partie d'un tract de Minerva Press, Londres, 1888).

(arch./anon.)—ENCYCLOPÉDIE JUIVE.

(arch./anon.) — PROTOCOLES DES SAGES DE SION (Sergei Nilus 1905, EN. traduction Victor E. Marsden (1934)).

Bardeche, Maurice — NUREMBERG OU LA TERRE PROMISE (1948).

Beaty, John — LE RIDEAU DE FER SUR L'AMÉRIQUE (1951).

Bradley— VOTRE FRANCE (après la Seconde Guerre mondiale ; par (le général Omar) Bradley ? Introuvable sous ce titre).

F. Yeats-Brown—JUNGLE EUROPÉENNE (1939).

Chamberlain, Houston Stewart - Die Grundlagen des neunzehnten Jahrhunderts (LES FONDEMENTS DU DIX-NEUVIÈME SIÈCLE) (2nd édition, 1912).

Churchill, Winston—STEP BY STEP 1936-1939 (Londres, 1939).

Disraeli, Benjamin (comte de Beaconsfield) — CONINGSBY OU LA NOUVELLE GÉNÉRATION (1844).

Dodd, Maurice Leon—HOW MANY WORLD WARS (New York, 1942).

Edmond[t]on, Robert Edward—FAMOUS SONS OF FAMOUS FATHERS—THE ROOSEVELTS (date inconnue).

Edmonson, Robert Edward — I TESTIFY ; amazing memoir—exposure of international secret war-plotting (1953).

Fagan, Myron C. —RED STARS OVER HOLLYWOOD (1948).

Fahey, Révérend Denis — THE MYSTICAL BODY OF CHRIST IN THE MODERN WORLD (3ème édition, juin 1939).

Fehér, Lajos—JEWRY (en hongrois, démystifiant l'histoire et les objectifs juifs) (date inconnue).

Flynn, John T. —The Road Ahead [America's Creeping Revolution] (1944).

Ford, Henry —The International Jew (compilé à partir d'une série d'articles parus dans The Dearborn Independent, 1920).

Gasset, Ortega y —La Rebelión De Las Masas (La révolte des masses). (1929)

Grimm, Hans —The Answer Of A German : [An Open Letter To The Archbishop Of Canterbury] (EN. trans. By Lyton Hudson, 1952).

Gyula, Sziliczei-Várady - Du ghetto au trône (1923).

Gwynne, H.A. —The Cause Of World Unrest (1920).

Haertman, Charles G. —There Must Be No Germany After War (New York, 1942).

Hedin, Sven—Ohne Auftrag In Berlin (Sans commission à Berlin) (Buenos Aires, 1949).

Herzl, Théodore - Judenstaat (1896).

Hitler, Adolf - Mein Kampf (traduction EN, 1939).

Huber, Canon Lipót—Jewry And Christianity [vol. 1 : Krisztustól a középkor végéig (1936) ; vol. 2 : Újkori és modern zsidók Jézus Krisztusról és a kereszténységről (1933)].

Hull, Cordell— The Memoirs Of Cordell Hull (Macmillan, 1948).

Jouin, Mgr — Le Péril Judéo Maçonnique : Les "Protocoles" des Sages de Sion (1920).

Kaufman, Th. Nathan—Germany Must Perish (1941).

Keyes, Frances Parkinson—Joy Street (p.456 cité d'après un exemplaire de la bibliothèque de la Maison américaine de Munich) (1950).

Kovach, Aladar —In The Shadow Of The Mindszenty Trials (date inconnue).

Lemann, Abbott — L'entrée Des Israélites Dans La Société Française Et Les États Chrétiens D'après Des Documents Nouveaux (1886).

Levine, (Lord) Louis — La Russie soviétique aujourd'hui (1946).

Moccata, David — Les Juifs en Espagne et au Portugal (date inconnue).

Nagy, Docvenyi — LES KHAGANOVICHES (date inconnue).

Newman, William L. —MAKING THE PEACE, 1941-1945 (date inconnue).

Ossendowski, Ferdinand [Antoni] — Lénine, Dieu des sans-dieu (1931).

Palil, Einzig—CAN WE WIN THE PEACE ? (Londres, 1942).

Pike, Albert—[MORALES ET DOGMES DU RITE ÉCOSSAIS ANCIEN ET ACCEPTÉ DE LA FRANC-MAÇONNERIE (1871)].

Encycliques papales — RERUM NOVARUM et QUADRAGESIMO ANNO.

Reichenberger, E.J. —EUROPA IN TRÜMMERN (L'EUROPE EN RUINES) (1950).

Roth, Samuel— LES JUIFS DOIVENT VIVRE (1934).

Rubens, William—DER ALTE UND DER NEUE GLAUBE IM JUDENTHUM (L'ANCIENNE ET LA NOUVELLE FOI DU JUDAÏSME) (1878).

Runes, Dagobert Davis — L'IMPACT DES HÉBREUX SUR LA CIVILISATION OCCIDENTALE. (NY 1951).

Smith, Gerald K. —THE JEWS HAVE GOT THE ATOM BOMB (1948).

Stoddard, Lothropp—REBELLION AGAINST CIVILISATION (1922).

Szembek, Comte Jean—JOURNAL 1933-1939 (date inconnue).

Tharaud, Jean & Jérôme —À L'OMBRE DE LA CROIX (1917).

Theobald, Rear-Admiral Robert A. —THE FINAL SECRET OF PEARL HARBOR : THE WASHINGTON BACKGROUND OF THE PEARL HARBOR ATTACK (appelé dans le texte "The Real Secret of Pearl Harbor") (1954).

REGISTRE DU CONGRÈS AMÉRICAIN (29 février 1933 et 17 mai 1946).

Williams, Robert H. —KNOW YOUR ENEMY (1950).

Congrès juif mondial — UNITY IN DISPERSION [: A HISTORY OF THE WORLD JEWISH CONGRESS] (New York, 1948).

Zajthy, Ferenc — Hungarian Millennia (date inconnue).

Journaux/Périodiques :

AMERICAN HUNGARIAN VOICE—article de K.D. Nicholson, A.E.C. (page 7, 19 avril 1954 ; voir aussi le même article, 19 juin 1953 et page 8, 29 juin 1953).

Journal AUFBAU, NY (6 avril 1951 / 17 mars 1950).

BASELER NACHRICHTEN (12 juin 1946).

LES BÂTISSEURS DE PONTS — Eleanor Roosevelt interroge Kruschev sur l'antisémitisme (Vol. X, No. 23).

CATHOLIC GAZETTE — archives du Congrès juif : la plupart des dirigeants mondiaux sont des francs-maçons (février 1936).

COMMON SENSE newspaper (Conde McGinley, pub.) special edition [Christian Educational Association]—THE COMING RED DICTATORSHIP : LES JUIFS MARXISTES ASIATIQUES CONTRÔLENT LE MONDE ENTIER ALORS QUE LA DERNIÈRE GUERRE MONDIALE COMMENCE. THOUSANDS OF PLOTTERS PLACED (c. 1953).

COLLIERS magazine (26 août 1950).

DAS NEUE ZEITALTER — Eisenhower est intervenu pour empêcher les Alliés et les Allemands de s'associer à la fin de la Seconde Guerre mondiale pour vaincre les Bolcheviks (28 septembre 1957).

DER SPIEGEL — article sur les diamants industriels (Vol. XI, No. 35).

DER WEG — articles de Hagen, Walter (pseud. Dr Wilhelm Hoettl).

DER WEG — article sur Justice Wenersturm : DAS LETZTE WORT ÜBER NURNBERG" (Le dernier mot sur Nuremberg) (n° 6 de 1954) ; {sc.: ? Mark Lautern, DAS LETZTE WORT ÜBER NURNBERG, Dürer, Buenos Aires 1950}. Voir aussi Vol. VI, No.8.

DIE NEUE ZEITUNG (4 février 1946).

BULLETIN DU SERVICE ÉCONOMIQUE D'EDMONSON (1939).

FRANCE SOIR — article sur les circonstances de la mort de Staline (7 juin 1957).

HUNGARIAN DAILY JOURNAL—article « The Jews Fought for the Rights of the Negroes and Workers » (14 avril 1950).

ISRAELITISCHE WOCHENBLATT, Leipzig (5 janvier 1926).

JEWISH CHRONICLE (US) (6 janvier 1933).

CHRONIQUE JUIVE (4 février 1949).

LA VOIX DE LA PAIX — un article décrit les démocraties parlementaires comme des lieux de rencontre représentatifs pour les groupes bancaires (15 juin 1955).

LE TEMPS (3 septembre 1897) — discours du Dr Mandelstein cité dans un article sur le Congrès sioniste.

MAGYAR JOVO (27 avril 1951).

NINETEENTH CENTURY magazine (septembre 1943).

Peuple Juif — article célébrant la révolution bolchevique (8 février 1919).

Pittsburgi Magyarsag (2 juillet 1954).

Revue politico-anthropologique — article sur la pureté raciale des Juifs (page 1003, mars 1904).

Portland Journal (12 février 1933).

Rheinischer Merkur — Kümlien, Gunnar D. : article sur la guerre biologique de classe (4 octobre 1957 ; également n° 50, 13 décembre, 1957).

St Louis Despatch — James Whiteside : — « Mr Roosevelt and Communism » (date inconnue).

Saturday Evening Post (13/20 mai 1944)—article de Forest Davis : « What Really Happened in Teheran ? » (Que s'est-il réellement passé à Téhéran ?)

Süddeutsche Zeitung—article sur les fronts gentils citant Kruschev (5 juillet 1957).

The Hidveroek—article sur la délinquance juvénile (page 939, décembre 1955).

The Key To The Mystery—l'article décrit comment « lors de la fête de Pourim, qui commémore le massacre de 75 000 païens, les Juifs se saluent encore en levant le poing serré » (page 21, 7 août 1939).

The New York Herald Tribune (22 décembre 1938).

The New York Times—rapport sur un discours de Nahum Sokolov : La Société des Nations est une « idée juive » (22 août 1922).

The New York Times—article : Roosevelt Jewish (14 mars 1935).

The New York Times (1942, date inconnue)—article de Douglas Miller affirmant que soixante-dix millions d'Allemands sont « trop nombreux ».

The New York Times (11 janvier 1945/1er mai 1946).

The Wanderer—article : « Return to Paganism » (23 juillet 1950).

Uj Kelet (30 avril 1954).

Vilag (Monde) — Les Juifs du parti communiste hongrois aidés par le M.V.D. soviétique (15 mars 1953).

Wall Street Journal—article de Ray Cromley rapportant qu'à Yalta, un accord secret a été conclu entre Nelson A. Rockefeller et Andrei

Gromyko pour diviser le globe en deux sphères de contrôle/influence. (13 mai 1948).

WAY AND PURPOSE (page 10, Vol. IX, No.8) (date inconnue).

WIENER FREIE PRESSE — article de Walter Rathenau (un juif qui fut plus tard assassiné) sur le Comité des 300 / Cahilla (Kahal) (24 décembre, 1921).

WORLD SERVICE/WELT DIENST, (1936, I 1) (date inconnue).

ZENTRAL EUROPA OBSERVER—article d'Ivor Duncan : « Die Quelle des Pan-Germanismus » (mars 1942).

AUTRES TITRES

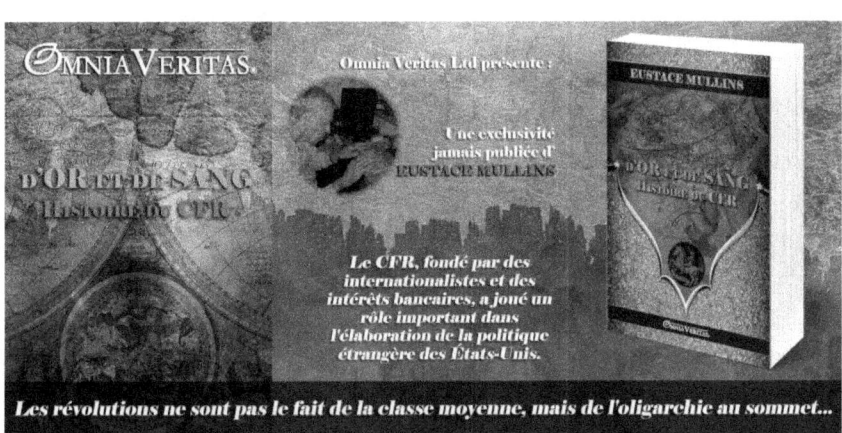

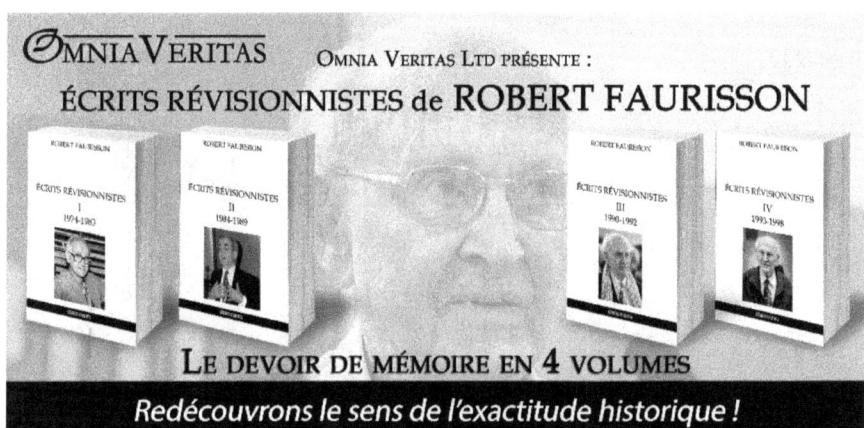

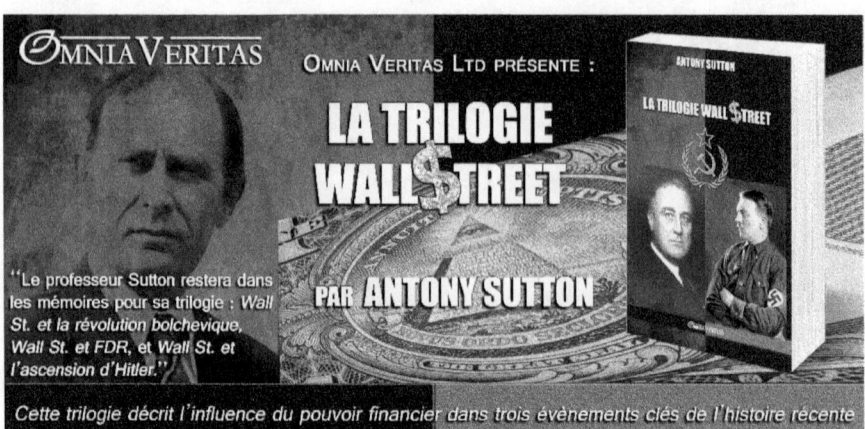

www.ingramcontent.com/pod-product-compliance
Lightning Source LLC
Chambersburg PA
CBHW060107170426
43198CB00010B/797